人文大讲堂

lecture

中国逻辑学十讲

孙中原 著

中国人民大学出版社
·北京·

前　言

　　本书面向广大读者，用现代科学方法，讲解中国逻辑学知识，分析中国传统思维表达方式，对今人的正确思维和有效交际，有积极的启发和借鉴意义。文字通俗生动，可读性强。

　　本书是笔者近年在中国人民大学、清华大学、中国政法大学、南京大学、武汉大学、燕山大学、中央国家机关、北京市逻辑学会、上海教育电视台、北京超星数字图书馆等处和成都等地，以及台湾东吴大学、辅仁大学、元智大学和云林科技大学等处，演讲中国逻辑学的录音整理稿。

　　本书的构思和写作，从笔者 1961—1964 年师从中国科学院汪奠基、沈有鼎教授专攻中国逻辑学以来，历经五十多年教学研究生涯的磨炼，现列入中国人民大学出版社"人文大讲堂"丛书出版。感谢中国人民大学出版社领导、编辑的慧眼和辛勤劳动。

孙中原

2013 年 10 月 10 日

于加拿大多伦多寓所整理

2014 年 3 月 20 日

于北京世纪城寓所校毕

目　录

第一讲　论概念：概念明确的艺术

题头诗：

> 概念明确苦追求，思维艺术排第一。
> 思维细胞是概念，概念不明害肌体。
> 概念定义和分类，内涵处延得明晰。
> 概念明确不算难，钻研逻辑长技艺！

一、恩格斯论用概念

第一讲题目叫"论概念"，也叫"概念论"，是关于概念的理论学说，讲解从逻辑上明确概念的方法，即正确运用概念的艺术。恩格斯说，自然科学家应该摆脱自己从工作中带来的经验主义弊端，重视理论思维，学会运用概念的艺术。而运用概念的艺术，并不是天生的，是需要通过后天的学习和训练，才能掌握的。

恩格斯的话，很值得仔细咀嚼品味。他说："如果自然科学不忘记，那些把它的经验概括起来的结论是一些概念，而运用这些概念的艺术不是天生的，也不是和普通的日常意识一起得来的，而是要求有真实的思维（它也有长期的经验的历史，其时期之长短和经验自然科学的历史正好是一样的），——如果自然科学不忘记这些，那么，它就会使自己比较容易地经历这个过程。正是由于自然科学正在学会掌握二千五百年来的哲学发展所达到的成果，它才一方面可以摆脱任何与它分离的、处在它之外和之上的自然哲学，而同时也可以摆脱它本身的、从英国经验主义沿袭下来的、狭隘的思维方法。"①

恩格斯的意思是，自然科学家学会运用概念的艺术，就会使自己比较容易地从自发的经验主义，过渡到自觉的理论思维，用科学概念正确概括研究成果，不至于在理论上迷失方向，陷于谬误。

二、孔子论用概念

中国逻辑学中的概念论，正确运用概念的艺术，导源于孔子（公元前551—前479）。孔子从政治伦理实践中，提出"正名"论，提倡"名正言顺"。如《论语·为政》说："子游问'孝'。子曰：'今之孝者，是谓能养。至于犬马，皆能有养。不敬，何以别乎？'"

"孝"是个概念，子游请孔子给"孝"下个定义。孔子说："现在有人把对父母的'孝'，说成是'能够养活'，但对狗马也有'能够养活'的问题。如果对父母不尊敬，仅把对父母的'孝'说成是'能够养活'，这同养活狗马，有什么区别呢？"

孔子对"孝"的解释，是应用逻辑学对概念下定义的方法。定义是从内涵上明确概念的逻辑方法。对概念下定义，是揭示概念的内涵，说出概念所反映的事物本质属性、特有属性，揭示一个属概念下各个种概念的差别。

对父母和对狗马都有"能够养活"的特征，这是二者的共同属性。二者

① 恩格斯：《反杜林论》，12页，北京，人民出版社，1970。

的性质，除共同属性之外，还有各自的特有属性，即"种差"：种与种之间的差别。孔子批评当时有人把对父母的"孝"，仅说成是"能够养活"，这没有把握对父母"孝"的本质特征、特有属性，没有跟养活狗马区别开。

对狗马也有"能够养活"的特点，但对父母"孝"的本质特征、特有属性是"尊敬"。如果对父母不尊敬，把对父母的孝，仅说成"能够养活"，就跟对狗马的"养活"混淆不清。针对这一混淆，孔子从内涵上指出"孝"的本质特征、特有属性和"种差"，是对父母"尊敬"，这就把对父母的"孝"，跟对狗马的"养活"，明确区分开。

孔子把从内涵上区别概念的方法，制定专门术语，叫"正名"。"正名"是矫正语词概念，正确运用概念的艺术。孔子从当时的政治论争和教育实践中，体会到矫正语词概念，正确运用概念的艺术。

孔子首创"正名"方法，是孔子跟学生子路（公元前542—前480）的顶嘴辩论中提出的。

孔子学生子路，性情耿直，敢说敢做，常在对话中，提出跟孔子不同的见解，顶嘴辩论。《论语·先进》载，有一次子路跟孔子顶嘴辩论，孔子生气地对子路说："是故恶夫佞者！"意即：所以我讨厌像你这样强嘴利舌的人！

《论语·子路》载，一次子路给孔子赶大车，在通往卫国的大路上，师徒二人对话："子路曰：'卫君待子而为政，子将奚先？'子曰：'必也正名乎！'子路曰：'有是哉？子之迂也！奚其正？'子曰：'野哉！由也！君子于其所不知，盖阙如也。名不正则言不顺，言不顺则事不成。故君子名之必可言也，言之必可行也。君子于其言，无所苟而已矣！'"

即子路对孔子说："如果卫国国君等着您治理国政，您想先做什么呢？"孔子说："那一定是矫正用词不当的现象！"子路批评孔子："您竟然迂腐到这种程度，怎样矫正用词不当的现象？"

孔子反唇相讥："你怎么这么粗野？君子对他所不懂的问题，应该采取谦虚态度。语词概念不正确，说话就不能顺理成章。说话不能顺理成章，事情就办不成。所以，君子用词，一定可以做出解释。做出解释，一定可以行得通。君子说话，一定严肃认真，不能苟且随便！"

孔子率先提出说话用词是否正确，语词概念是否具有确定性、确指性的问题。孔子的"正名"（语词概念正确），要求名称跟实际一致，名实相符，纠正语义，保持语词意义的确指性、确定性。"名不正"，就是语词跟所指对象脱离，语义转变，名不符实。如对父母的"孝"，要跟对狗马的"养活"相区别。

孔子认为"觚"这个名的本义和转义有区别。"觚"这个词的本义，是指有角的酒器。这种酒器上圆下方，腹部和足部有四条棱。后来"觚"这个词用多了，用滥了，把不是上圆下方且没有棱的圆形酒器，也叫"觚"。孔子认为这是"名不正"的现象，一定得纠正。《论语·雍也》载孔子批评说："觚不觚，觚哉？觚哉？"意即：现在说的"觚"，没有棱，这也叫觚吗？这也叫觚吗？

孔子认为君臣父子的名，各有确定所指，不能混淆。《论语·颜渊》载，齐景公问孔子怎么治国，孔子回答说："君君，臣臣，父父，子子。"意即：称呼"君"之名，要合乎君之实，称呼"臣、父、子"之名，也一样。

孔子提出"正名"方法的社会背景，是伴随历史进步，导致原有的语词概念使用混乱。孔子"正名"的目的，是解决社会上用名混乱的现象。孔子在教育游说中首创"正名"方法，在中国逻辑学领域产生重大影响。战国诸子百家，都受孔子"正名"论的影响，接续孔子的主张，竞相提倡"正名"，从各种不同角度，发挥"正名"的理论。

墨家激烈"非儒"（批判儒家），有《非儒》一篇，放肆地攻击儒家，指名道姓指责"孔丘"。[①] 但在《墨经》中专设条目，传承孔子"正名"的主张，在"正名者"的总标题下，对逻辑同一律和矛盾律给出元逻辑的经典论述，构成中国逻辑学的重要内容。

荀子在战国末推出逻辑名篇《正名》，凝结儒家智者智辩逻辑的精粹，形成有儒家特色的中国逻辑学，影响到晋代鲁胜的"名"（名学）"辩"（辩学）

---

① 《道藏》本《墨子·非儒》篇，指名道姓批判"孔丘"，提到"孔丘"名字 19 次。后人为孔子忌讳，隐去"丘"名字，把"孔丘"改为"孔某"。本书以下引《墨子》，一般只标篇名，略《墨子》书名。

合流，清末翻译家严复把翻译引进的西方逻辑学叫"名学"，胡适1915—1917年（24～26岁）在美国哥伦比亚大学哲学系利用西方方法，用英文撰写博士论文，自署中文书名叫《先秦名学史》。①

西汉大史学家司马谈、司马迁把《庄子·天下》称呼的"辩者"学派，定名为"名家"学派，东汉班固《汉书·艺文志》沿用至今。名家公孙龙写《名实论》，提出跟墨家、荀子一致的中国逻辑学"正名"规律，是有中国特色的同一律、矛盾律元逻辑表述。

经过战国时期二百多年诸子百家争鸣辩论，在前三世纪战国后期，相继出现《墨经》、《荀子·正名》和《公孙龙子·名实论》三足鼎立的中国逻辑学元典，总结概念论，构成正确运用概念艺术的系统理论。

近代中国思想家用"辩学"、"名学"，称呼引进的西方逻辑学。严复译《穆勒名学》，金陵金粟斋木刻1905年出木刻本，原书名直译《逻辑体系：演绎与归纳》（J. S. Mill，*A System of Logic*，*Ratiocinative and Inductive*，1843）。

严复译《名学浅说》，商务印书馆1909年出版，原书名直译《逻辑初级读本》（W. S. Jevons，*Primer of Logic*，1876）；王国维译《辨学》（"辨"通"辩"），北平文化书社1908年版，原书名直译《逻辑基础教程：演绎与归纳》（W. S. Jevons，*Elementary Lesson in Logic*：*Deductive and Inductive*，1870）。

三、语词概念

"名"即语词概念。语词和概念，是一个统一体的两个侧面，对立统一的

---

① 胡适：《先秦名学史》，上海，亚东图书馆，1922；英文版 *The Development of the Logical Method in Ancient China*（胡适自署中文题："先秦名学史"；直译："中国古代逻辑学方法的发展"），by Hu Shih（Suh Hu），Professor of Philosophy at the National University of Peking，Theoriental Book Company Shanghai，1922；中文新版，上海，学林出版社，1983。

整体，简称"一体两面"。语词和概念，是表里关系。语词是语言的物质外壳，概念是思维的意识内容。瑞士语言学家索绪尔（Ferdinand de Saussure，1857—1913）把语词符号比作一张纸。他说，纸的一面是声音意象，声音的听觉形象，或笔画组合的视觉形象，是意谓者。纸的另一面，是概念的内容，是被意谓者。

索绪尔认为，语词符号是由声音意象和概念组成的精神实体。他说，不可能去掉一张纸的一面，而不同时毁坏另外一面。同样，在语词指号中，声音是不能够同概念（意义）分开的。①

对"名"即语词概念，可以从语言学和逻辑学两方面研究，使用符号学和概念论两种方法。方法的运用，由对象的性质决定。说"名"中有概念，并不否定"名"是语言符号。说"名"是语言符号，并不否定"名"中有概念。用符号学和概念论两种方法分析"名"，并行不悖，互相兼容。

不能像有人那样，强调用符号学研究"名"，就走向极端，说"名"中没有概念，谁要是说其中有概念，中国逻辑学有概念论，就是无知，就是不懂得逻辑学的基本常识，表现十分肤浅、偏激和片面。

中国有数千年文字可考的历史。公元前 17 世纪，商汤在鸣条之战后灭夏朝，建商朝。公元前 1046 年 1 月 20 日，周武王牧野之战，灭殷纣王，建周朝。商周时代甲骨文金文中有"名"这个字。商周时代甲骨文金文文献，"名"这个字由"夕"、"口"两部分合成。

甲骨文的"夕"模拟月牙形状，表示在黑夜。"口"模拟口部形状，表示说出名称。"夕"、"口"两部分会合为"名"，表示在黑夜里，用眼睛看不清对象，需要用口说出名称，区分说明对象。

东汉许慎《说文解字》说："名，自命也，从口、夕，夕者冥也，冥不相见，故以口自名。"清段玉裁注说："故从'夕'、'口'会意。""名"这个汉字的构造和形成过程，透露出名（名称语词）的指谓和交际功能。

我把甲骨文金文文献和传统辞书对"名"的解释，跟西方现代符号学的

---

① 参见沙夫：《语义学引论》，罗兰、周易译，200 页，北京，商务印书馆，1979。

理论接轨，从"名"的字形结构，分析"名"的语词和概念意涵，在1987年出版的《中国逻辑史》（先秦），最早提出这个看法，被学界采用，变成共识。①

有人辗转引来最早出自拙著的大段说辞，反过来指责我不懂得这一点。并知其一不知其二，无限夸大"名"的语言符号意义，否认"名"中的概念内容；认为只能用语言符号学研究"名"，不能用逻辑学概念论研究"名"，表现十分偏激和片面。

"名"是中国逻辑学的范畴，相当于语词概念。墨家"辩学"，荀子"名学"，都以"名辞说辩"作为思维表达的基本形式。"名辞说辩"，对应于今日说的概念、命题、推理和论证。这酷似逻辑学概念论、命题论、推理论和论证学说的架构。范畴对应关系，见表1。

表1 范畴对应关系

中国逻辑学范畴	名	辞	说、辩
今日逻辑学范畴	概念	命题	推理、论证
逻辑学知识部门	概念论	命题论	推理论、论证学说

"名辞说辩"密切联系，相辅相成，构成思维表达的有机整体。语词概念是思维表达的基本单位。概念是思维的细胞。正确思维，有效表达，包含恰当构造命题，合乎逻辑推论，有说服力论证，这些都依赖于准确地运用概念，学会运用概念的艺术。

"名"是语词概念的集合体。如"人"、"马"、"牛"，既是语言符号，又是概念。研究语言符号的学问，叫符号学（Semiotics）。符号学有三个分支。第一个分支：语法学（Syntax），研究符号跟符号的关系。第二个分支：语义学（Semantics），研究符号跟对象的关系。第三个分支：语用学（Pragmatics），研究符号跟使用者的关系。名（名称语词）的指谓和交际功能，是语义学和语用学的研究对象。

中国逻辑学中的"正名"论，涉及名（名称语词）的指谓和交际功能，

① 参见拙著《中国逻辑史》（先秦），26页，北京，中国人民大学出版社，1987。

是语言符号学中语义学和语用学的研究对象，也是逻辑学概念论的研究对象。荀子说"制名以指实"，是用名（名称语词）指谓对象，是语义学的应有之义，其中也包含概念的意义，即用概念反映实体。

发挥名（名称语词）的指谓功能，用名（名称语词）概括对象的本质，形成概念。中国古代没有"概念"这个术语，不等于中国古代没有概念，没有运用概念的艺术。"概念"这一术语，是日本学者在明治维新时期最早用汉字对英文 concept 的翻译。

日本学者翻译的"概念"这个术语很好，通俗易懂，一看"概念"两个字，就知道它的意思，符合荀子说的制名原则："径易而不拂，谓之善名。"即直截了当，通俗易懂，不引起混乱和矛盾，叫做好的名称语词。"概念"这个术语，很快在日本和中国流行，被学术界普遍采用，约定俗成。

"概念"顾名思义，是概括性的观念。"概"是概括，"念"是念头、意念、思想、思维。概括，就是在思维认识事物的性质时，抽取一部分，排除一部分。"概"，中国古代指量粟米时，用来刮平斗斛的木板，是一个用具名，指刮平的动作。《韩非子·外储说左上》说："概者，平量者也。"引申为刮平、削平，引申为大略、大体、大概。"括"是包括、包容。

在思维认识中，概括事物的性质、抽取一部分叫"抽象"。"抽象"这个术语是日本学者从英文 abstract 翻译过来的。英文 abstract 有"提取、抽取、分离"的意义，引申为"抽象"的意义。

"抽象"的"抽"，是抽取。"象"，也写作"相"，是事物的性质。事物的特殊性质，叫"殊相"。事物的普遍、一般、共同性质，叫"共相"。抽象就是抽取性质。科学抽象是抽取事物的本质属性。如抽象人的性质，说人会制造工具、会劳动、有理性、有语言、有道德等，形成人的概念，舍弃人的非本质属性，如性别、肤色等。舍弃非本质属性叫"舍象"。"舍象"即舍弃性质。

对事物性质抽象概括的结果，形成概念。概念是人脑抽象概括的意念。形成和运用概念，叫抽象思维、理性思维、理论思维、逻辑思维。概念是理性认识的形式，是抽象的思想、意念、意识。概念这种抽象思想，借助语词凝结和表达，储存认识成果，进行信息交流和交际。

　　概念是抽象思想，不能用感官感知，只能下定义，用语句说出，让人了解。语词是用声音和笔画构成的语言单位，声音可听，笔画可见，盲文可摸。借助可感知的语词，了解抽象概念。

　　墨家著作《墨经》，是"运用概念来思维"的典范，有丰富深刻的概念理论和范畴体系。《墨经》的概念论，涉及名（语词概念）的性质、作用和种类等，解释上百个科学和哲学范畴，是中国逻辑传统概念论的宝库。

四、墨家论用概念

　　墨家对概念的性质和作用有独到见解，对概念从外延、内涵做出种类划分，建立中国古代逻辑学、哲学和科学范畴体系，对今日有重要的启发借鉴意义。德国哲学家黑格尔（1770—1831）说："中国人是笨拙到不能创造一个历法的，他们自己好像是不能运用概念来思维的。"①

　　黑格尔的说法，不合道理和事实。从道理说，人跟动物有区别，人能用概念思维，动物不能。中国人"不能运用概念来思维"，岂非怪事？从事实上说，有数千年灿烂文明的中华民族，自古有发达的物质和精神文明，从古到今，有跟农业季节相适应的合用历法，还拥有浩如烟海的丰富文化典籍。仅乾隆年间编《四库全书》和近代编《四部丛刊》两部大型丛书，共有十一亿字。遍读经史子集四大类图书，可知中国人跟西方人一样，"能运用概念来思维"。

　　2001—2007年，我作为设在中宣部和国务院新闻出版总署的《中华大典》办公室聘任的《中华大典·哲学典》编委，任《中华大典·哲学典·诸子百家分典》副主编、主要撰稿人，撰名、墨、法、杂、兵家和《管子》各总部范畴稿170余万字。

　　我从历代典籍中，选取成百上千概念，构成世界观、认识论、方法论、逻辑学、历史哲学、政治哲学、道德哲学、美学等领域的范畴体系。以《墨

① 黑格尔：《哲学史讲演录》，第2卷，贺麟、王太庆译，275页，北京，三联书店，1957。

经》为例，就有中国逻辑学、哲学和科学范畴数以百计，俨然是范畴的"王国"，有"运用概念思维"的娴熟技巧和丰富理论。

以"人"概念为例。《尚书·泰誓上》说："人，万物之灵。"孔颖达疏："人是万物之最灵。"宋欧阳修《秋声赋》说："人为动物，惟物之灵。"又《怪竹辩》说："有知莫如人，人者万物之最灵也。"

朱熹《四书集注·大学》说："人心之灵，莫不有知。"宋袁燮《絜斋家塾书钞》卷八说："人亦天地间一物尔，而惟人最灵"；"灵者，言其有所知也"。以上说法相当于定义"人是有知识的动物"。

《春秋·穀梁传·僖公二十二年》说："人之所以为人者，言也。人而不能言，何以为人？"这是把语言作为人的特有属性，相当于定义"人是有语言、会说话的动物"。东汉刘熙《释名》说："人，仁也，生物也。"这相当于定义"人是有仁义道德的动物"。唐刘禹锡《天论上》说："人之所能者，治万物也"；"人之能，天亦有所不能也"。这是说人有治理万物的属性。

《荀子·王制》说："人有气，有生，有知，亦且有义，故最为天下贵也。力不若牛，走不若马，而牛马为用，何也？曰：人能群，彼不能群也。""群"即社会性。这是把社会性作为人的特有属性，相当于定义"人是社会的动物"。

《荀子·非相》说："人之所以为人者，非特以其二足而无毛也，以其有辨也。"古希腊柏拉图（公元前 427—前 347）说人的特有属性是"二足无毛"。相声演员调侃说："鸡是'二足无毛'，故鸡是人。"荀子说"二足无毛"，不是人的特有属性，人的特有属性是"有辨"，即能辨别是非、有道德伦理观念。这相当于定义说："人是有道德，懂礼义的动物。"

《墨经》由战国墨家创作，从墨子酝酿，到战国后期总结，《墨经》知识体系的形成，持续积淀二百多年。《墨经》成书约在公元前 3 世纪，跟荀子和公孙龙同时。墨家、荀子和名家三家争辩唱和的踪迹脉络，历历可寻。

《墨经》用先秦古汉语"经"体写作，浓缩精炼，惯常省略，是用于墨家学派传承教学的札记纲要，独创概念甚多，其知识结构、话语系统，跟现代人差别很大，现代人很难读懂。清代古文字学家孙诒让（1848—1908）校勘注解《墨子》几十年，他说，"先秦诸子之讹舛不可读"，未有甚于《墨子》者，而《墨子》"最难读者，莫如《经》、《经说》四篇"。

孙诒让说："《经》、《经说》上下及大小《取》六篇文义既苦奥衍（深奥），章句又复襦贸（错乱），昔贤率以不可读置之（读不懂，弃置不读）。"孙诒让说，《墨经》的学问，几乎需要"九译乃通"，反复解释多次，才能使人懂，所以历代学人"罕能津逮"（很难深入把握）。孙诒让的同乡黄绍箕（1854—1908）《墨子间诂·跋》说，《墨经》"文体繁变，有专家习用之词，有雅训简质之语，有名家奥衍之旨（逻辑学家深奥的道理）"，是难读的原因。

墨家的概念论，运用概念的艺术，是中国逻辑学家对世界逻辑史的重要贡献。《诗·小雅·鹤鸣》说："他山之石，可以攻玉。"马克思说："人体解剖对于猴体解剖是一把钥匙。低等动物身上表露的高等动物的征兆，反而只有在高等动物本身已被认识之后才能理解。"① 我们研究者的使命，是用全人类发达完善的共同逻辑工具和现代语言，解释墨家逻辑的概念论，阐发墨家运用概念的艺术，供今人借鉴。

五、概念的性质和作用

《小取》说："以名举实。"《经上》第 31、32 条说："举，拟实也。言，出举也。"《经说上》解释说："告以之名举彼实也。故言也者，诸口能之，出名者也。名若画虎也。言，谓也。言由名致也。"

名（语词、概念）的实质，是举实、拟实，列举和模拟事物。"以名举实"，是用语词、概念列举实物。"举"的定义，是"模拟"，用模拟事物性质、状态的语句、短语或摹状词，反映事物。

如说："人有理性、有知识、会说话、能劳动。"起到"举实"、"拟实"的作用。"举实"、"拟实"，表示语词（词项）的指谓、表意和认识功能。用

① 马克思：《〈政治经济学批判〉导言》，见《马克思恩格斯选集》，1 版，第 2 卷，108 页，北京，人民出版社，1972。

语句"举实"、"拟实",构成概念的内涵和外延。"之名"即"此名","以此名举彼实",表明名与实的相对性。

名对实的反映作用,通过语句实现。从结构上说,语句由名联结而成。从认识作用上说,名对实的反映,靠语句对事物的列举、指谓来实现。利用名(语词、概念)和言(语句),认识事物,表达感情,进行交际,指导行动,是人类特有的性质。

名的作用,是列举事物。列举是模拟,"摹略"即反映、抽象、概括。列举、模拟、摹略,是人类对事物的认识作用。列举、模拟、摹略,是概念范畴的抽象概括作用,通过语言实现。表达概念范畴的"名"(语词),用口说出。用"模拟"定义"列举",拿图画比喻概念范畴对事物的反映作用,表明墨家概念论的哲学基础是反映论。

《大取》说:"名,实名。实不必名。"名称标志实体,有实体不一定有名称。这是从实际出发的观点。告诉你这个名称,列举那个事实,语言是用口说出名称,表明名称、语言的交际作用。指谓和交际,是语言的两大功能。墨家从事物、语言和意义三者关系,说明名的性质和作用。名称(语词、概念)是语言的构成元素,逻辑研究从概念论开始。

《经说上》第79条说:"声出口,俱有名。若姓字丽。"声即言,言为心声。人注定要跟语词概念打交道,语词概念为人所普遍运用。"名"、"言"与事物的关系,犹如有一个姓名,后面就跟着一个人一样,姓名附属、联结于人。

黑格尔说:"当一个人说话时,在他的话里就有一个概念。"① 列宁把这句话翻译为"人一开口说话,他的话里就包含着概念",并评论说:"非常正确而且重要——恩格斯用比较通俗的形式重复的正是这一点,他写道:自然科学家应当知道,自然科学的结论是一些概念,但运用概念的艺术不是天生的,而是自然科学和哲学两千年发展的成果。"②

---

① 黑格尔:《哲学史讲演录》,第1卷,贺麟、王太庆译,310~311页,北京,三联书店,1956。

② 列宁:《哲学笔记》,290~291页,北京,人民出版社,1960。

《墨经》讨论名称的指谓作用。《经上》第 80 条说："谓：命、举、加。"《经说上》解释说："谓犬'狗'，命也。'狗，犬。'举也。叱：'狗！'加也。"列举指谓的三种含义：命名、列举和附加感情因素。把犬叫做"狗"，是命名。用"狗"名作主项构成命题，说："狗是犬。"是用名称列举事物。对狗叱责说："狗！"是附加感情因素。

《墨经》还跟"指"相比较，进一步阐述"名"的抽象概括作用。"指"这种认识形式，是用指头指着事物说，相当于"实指定义"。一个人不认识鹤，指着鹤说："这是鹤。"《经说下》第 153 条说："或以名示人，或以实示人。举友富商也，是以名示人也。指是鹤也，是以实示人也。"

我的朋友某某不在眼前，我用概念说："我的朋友某某是富商。"这是给"我的朋友某某"的主项，加上"富商"的谓项，用一般概念使人了解。指着面前的鸟说："这是鹤。""名"是脱离事物的一般概念，"指"是不脱离事物的感性直观。

《经下》第 140 条说："所知而弗能指，说在春也、逃臣、狗犬、遗者。"《经说下》解释说："春也，其死固不可指也。逃臣，不知其处。狗犬，不知其名也。遗者，巧弗能两也。"有些知识，只能用概念表达，不能用手指着说。

名叫"春"的女仆，因病死了，不在人间，无法指着说。逃亡的奴仆，不知他现在哪里，无法指着说。小孩子不知道狗、犬的名称，必须分别解释，仅用手指指着实物，区分不出这两个名称。遗失的东西，不能指着说，即使能工巧匠，也难以造出与原物同样的个体。

《墨经》认为科学概念，通过心智的抽象概括。《经下》第 146 条说："知而不以五路，说在久。"《经说下》解释说："以五路知久，不当以目见。若以火见。"有些知识获得，不是直接通过五种感官（眼耳鼻舌身），要通过心智的抽象概括。五种感官提供经验，是形成抽象知识的条件。

"时间"概念的获得，通过概括。五种感官经验，是认识时间概念的条件，犹如光线是见物条件，不是见物器官，见物的器官是眼睛。"以五路知久"，不相当于"以目见"的"以"，相当于"以火见"的"以"，"五路"（五种感官）是认识时间概念的条件，心智是认识时间概念的器官。

《经上》第 40 条对"久"（时间）的定义，是"弥异时"，概括各种不同的具体时间"古、今、旦、暮"。感官只能感知个别时间，思维抽象一切时间的共同性质、普遍本质，用语词"久"概括，成为"时间"的哲学范畴。《墨经》上百科学范畴，是运用心智理性的概括。

严复 1905 年出版《穆勒名学》和 1909 年出版《名学浅说》称"名"，不称概念。1921 年梁启超出版《墨子学案》把《小取》"以名举实"对应于"概念"（concept）。中国古代没有"概念"这一术语的事实，不意味中国古代没有概念和概念论。但用现代汉语对古汉语文献的正确诠释，完全可以恰当认识、理解中国古代的概念和概念论。说中国古代没有概念和概念论，是黑格尔的胡说。

墨家的概念论，涉及名（语词概念）的性质、作用和种类等问题，《墨经》列举并解释成百科学范畴的定义和分类，对概念的理论和应用，有杰出贡献。我们的宗旨，是研究解释墨家关于概念的理论和应用。

六、范畴、普遍和单独概念

《韩非子·外储说左上》说："郑县人有得车軛者，而不知其名，问人曰：'此何种也？'对曰：'此车軛也！'俄又复得一，问人曰：'此是何种也？'对曰：'此车軛也！'问者大怒曰：'曩者曰车軛，今又曰车軛，是何众也？此汝欺我也！'遂与之斗。"

即郑县有人在路上捡到一个车軛，不知道叫啥名，问人说："这是啥？"对方说："这是车軛！"过一会儿，又拾到一个，问人说："这是啥？"对方说："这是车軛！"问的人大怒说："以前说车軛，现在又说车軛，哪有这么多车軛？你这是骗我！"于是跟人搏斗。

"车軛"是车辕前端，用来夹住拉车牲畜脖子的器具，是一个普遍概念，类概念，不是单独概念，专有名词。韩非所讲故事中的这位郑县人，似乎只能理解单独概念，不能理解普遍概念。

公元前 375 年，韩国灭郑国，设郑县，韩国迁都郑县。韩非（公元前
281—前 233）时，韩国以郑县为都城已一百多年，出身韩国贵公子的韩非，
似乎仍歧视郑人，喜欢说郑人的笑话，寻开心，讲哲理。

我出生于民国时期的郑县，跟韩非和他所嘲笑的这位"不识车轭"者，
是古今同乡。韩非讲这个故事的时代，恰好是《墨经》制作的年代。《墨经》
总结概念的分类理论，极为精到深刻。

《经上》第 79 条说："名：达、类、私。"《经说上》解释说："物，达也，
有实必待之名也命之。马，类也，若实也者，必以是名也命之。臧，私也，
是名也止于是实也。""名"（语词、概念）从外延上分为三种：达名、类名和
私名。

达名是外延最大的普遍概念（general concept，最高类概念），相当于范
畴（category）。如"物"（物质）是一个哲学范畴，它同"实"（实体、实际
事物）的范围一样大。凡是存在着（"有"，即存在）的实体，都一定等待着
"物"这个名来称谓概括。

类名是一般的普遍概念（类概念，属或种概念）。类名可以根据其外延大
小，构成一定序列，如"兽"、"马"、"白马"等。就"马"而言，凡具有如
此这般性质的实体（"若实也者"）都一定用这个名来称谓概括。

私名是外延最小的单独概念，反映特定的个体，又叫专有名词（专名）。
如"臧"作为一个人的名字。达名、类名和私名，对应于一般、特殊、个别
三类实体。《墨经》以这种分类层次为基础，制定囊括各门科学的范畴体系。
《墨经》从外延上，把概念划分为"达、类、私"，即范畴、普遍和单独概念
三种，准确精到，与西方逻辑相关论述一致。

七、实体、属性和关系概念

《大取》概念分类，涉及实体、属性和关系概念："以形貌命者，必知是
之某也，焉知某也。诸以形貌命者，若山丘室庙者皆是也。长人之与短人也

同，其貌同者也，故同。指之人也与首之人也异，人之体非一貌者也，故异。将剑与挺剑异，剑以形貌命者也，其形不一，故异。"

"不可以形貌命者，虽不知是之某也，知某可也。苟是石也白，败是石也，尽与白同。诸非以举量数命者，败之尽是也。是石也虽大，不与大同，是有使谓焉也。""诸以居运命者，苟人于其中者，皆是也，去之因非也。诸以居运命者，若乡里齐荆者皆是。"

"以形貌命者"，以事物的形态状貌命名，指实体概念（具体概念），如山丘室庙等。其特点是一定要知道它指谓哪种对象（实体），才能了解它。高身材和短身材的人，都是"人"，因为其形态状貌相同。人指和人首不同，它们是人体的不同部分。用于威仪装饰的"将剑"，和用于刺杀敌人的"挺剑"不同，因为其形态状貌不同。

"不可以形貌命者"，是指属性、关系概念（抽象概念），它不是以事物的形态状貌命名，是指谓事物的属性和关系。对这种概念，虽不知道它是指称哪种对象（实体），也可以了解它。这里又可分为属性和关系两种情况。

属性概念带有绝对性，它不依赖于跟别的事物相比较，而本身就是如此。说这块石头"白"，这"白"不依赖于跟别的事物相比较，本身就是"白"。"白"的性质，渗透于石头的每一颗粒。把这块石头打碎，它的每一颗粒都是"白"。

"诸非以举量数命者"，指属性概念。所谓"败之尽是也"，对于机械物体的一部分性质，才是如此。一块坚硬的石头打碎，每一小块仍是坚硬的。若把这一点普遍化，会带来谬误。一架连弩车，可以一次射箭数十只，若把连弩车拆散，其每一部分就不具有这种性质。一只活狗会吠，解剖而死不会吠。因此不能说属性概念都有"败之尽是"的特点。

关系概念带有相对性，它依赖于跟别的事物相比较，才是如此。说这块石头"大"，这是由于有小石头作为参照物，才可以这样说（"是有使谓焉也"）。把这块石头打碎，不能说每一部分仍"大"。所谓"举量数命者"，是指"大小多少"数量方面的关系概念。

《大取》从"不可以形貌命者"中，分出一种"以居运命者"，是反映空间范围的概念，如乡里齐楚。这指人在一个空间范围内居住和运动，一旦离开了那里，不再属于那个空间范围。某人生于齐，长于齐，是齐人，举家离齐，居楚，服务楚，称楚人，不再是齐人。《大取》关于概念分类的理论，从概念内涵的角度着眼，大体跟现代科学理解一致。

八、集合和元素概念

集合和元素概念的层次关系，在古代曾引起困惑诧异。战国辩者对这个问题有深入思考，但他们不想合理地解决这个问题，却故意利用这个问题恣意诡辩。辩者首领公孙龙，从年轻到晚年，都对这个问题感兴趣。《庄子·天下》载，辩者用"鸡三足"、"黄马骊牛三"之类辩题，"与惠施相应（对辩），终身无穷"，指名说公孙龙等辩者，精于这类诡辩。

惠施是战国中期人，当时公孙龙是位翩翩少年，辩者的后起之秀。《吕氏春秋·淫辞》和《孔丛子·公孙龙》载，公孙龙到晚年，还津津有味地跟孔穿辩论"臧三耳"。《公孙龙子·通变论》保存有"鸡三足"和"牛羊足五"辩题的论证。

"鸡三足"之类诡辩的成因，是故意混淆集合和元素概念的层次关系：鸡足的元素是二，鸡足的集合是一，加起来说是三。"黄马"的元素是一，"骊牛"的元素是一，加上"黄马骊牛"的集合，说是三。臧的耳朵，从元素说是二，从集合说是一，加起来说是三。牛、羊足，从元素说是四，从集合说是一，加起来说是五。

当把集合和元素概念的不同层次关系加以区分时，不应产生诡辩，当把二者加以混淆时，就产生纠缠不清的诡辩。在这些诡辩的刺激下，出于清理这类诡辩的需要，《墨经》区分兼名和体名，指出集合和元素概念的不同性质，为廓清辩者的诡辩提供锐利武器。

《墨经》把集合概念叫做"兼名"。《经下》第 167 条说："牛马之非牛，与可之同，说在兼。""牛马"是一个"兼名"（集合概念）。《经上》第 2 条说："体，分于兼也。"《经说上》解释说："若二之一、尺之端也。"

"兼"：整体。"体"：部分。集合概念，叫做"兼名"。相对而言，元素概念，叫"体名"。"牛马"是"兼名"，"牛"、"马"是体名。"二"是兼名，其中的"一"，是体名。直线是"兼名"，其中的点是"体名"。

《经下》第 113 条说："区物一体也，说在俱一、惟是。"《经说下》解释说："俱一若牛马四足，惟是当牛马。数牛数马则牛马二，数牛马则牛马一。若数指，指五而五一。"区分事物为不同的集合，都具有两方面的性质，即元素的各个独立性和集合的唯一整体性。

"俱一"和"惟是"是墨者独创的两个范畴。"一体"解为一个集合，是把许多不同的"体"（部分、元素）统一、整合，而得到高一层次的集合。这个集合，在集和子集的序列中，可解为整体，亦可解为部分。如对"兽"而言，"牛马"为一子集，一部分。对"牛"、"马"而言，"牛马"为一集合，一整体。《墨经》对概念的划分，有相对和辩证的观点。

"俱一"指每个元素的各个独立性，字面意思是"每一个都是独立的一个"。"俱"在《墨经》是全称量词。《经上》第 43 条定义"尽，莫不然也"，举例是"俱止、动"，"俱"与"尽"同义。《经说上》第 39 条说："二人而俱见是楹也。"

《经说上》第 103 条说"俱一不俱二"。《经下》第 105 条说"俱一与二"为"不可偏去而二"的一个例子。"俱一"是墨家惯用词语。"惟是"指集合的唯一整体性、不可分配性，字面意思是"仅仅这一个"。"惟"是独、仅仅，"是"即这一个。

《墨经》常以"牛马"为例。"俱一"如说"牛马四足"，指的是牛四足，马四足。"四足"的性质，不是从"牛马"这一集合的意义上说的，而是从非集合即类的意义上说的："四足"的性质，可以同等地分配给"牛"和"马"两个元素（或子集合）。

"惟是"如说"牛马"的集合。数起元素来，"牛马"有"牛"和"马"两个，而数起集合来，"牛马"只是一个。《经说下》第 167 条说："牛不二，马不二，而牛马二。则牛不非牛，马不非马，而牛马非牛非马。"

这是从另一角度，说集合和元素的不同。即"牛"不是两样元素，"马"也不是两样元素，而"牛马"则有"牛"和"马"两样元素。套用逻辑同一律说，牛是牛，马是马，牛马是牛马。

在《经说下》第 168 条，被概括为"彼止于彼"、"此止于此"、"彼此止于彼此"的规律。这是用汉字表达的元素和集合的同一律。用字母来表达改写即：A＝A，B＝B，AB＝AB。由此可见《墨经》逻辑的合理性。

《墨经》常以"数指"为例："若数指，指五而五一。"在讲集合和元素这种抽象逻辑理论时，数手指是方便形象的教学手段，可随意取用的天然教具。设老师问学生："右手有几个手指头？"学生回答："有五个。"

这是从手指集合的元素角度说的（即"俱一"）。这就是"指五"的意思。老师再问学生："右手五指的集合有几个？"学生回答："有一个。"这是从手指集合的角度说的（即"惟是"）。这就是"五一"的意思。左手情况相同。

老师问学生："两只手有几个指头？"学生回答："有十个。"这是从元素即"俱一"角度说。老师问："两只手五指的集合有几个？"学生答："两个。"这是从"惟是"角度说。于是《经说下》第 159 条总结说："五有一焉，一有五焉。十，二焉。""五有一焉"，即五指的集合有一个。"一有五焉"，即一指的元素有五个。"十，二焉"，即十指中"五指"的集合有两个。

在这个基础上，《经下》第 159 条总结说："一少于二，而多于五，说在建、住。""一少于二"从元素角度说，一指少于二指，更少于五指、十指。"一多于五"从元素跟集合的关系说，因为从一只手说，一指的元素有五个，而"五指"的集合只有一个。从两只手说，一指的元素有十个，而"五指"的集合只有两个。

"建、住"提示元素和集合（"俱一"和"惟是"）两个角度。"建"指建立集合。如在一只手上建立一个"五指"的集合，在两只手上建立两个"五指"的集合。"住"指在集合中住进（放进）元素或子集。如在一个"五指"的集合中住进五个一指的元素，在两个"五指"的集合中住进十个一指的元素。

从住进元素的数目说，住一少于住二、住五、住十。从住进元素的数目和建立集合的数目相比较来说，住一多于建五。如从一只手或两只手的情况说，住进一指元素的数目，多于建立五指集合的数目。

这就是"一少于二，而多于五"趣味数学命题的奥妙谜底所在。《墨经》从清理古代辩者诡辩的需要出发，表述集合和元素概念的理论，讨论集合和元素概念的区分与联系，为古代逻辑学理论增添异彩。

九、范畴体系

黑格尔在《哲学史讲演录》第一卷"中国哲学"部分说，中国哲学"没有能力给思维创造一个范畴［规定］的王国"，"中文里面的规定［或概念］停留在无规定［或无确定性］之中"。在《逻辑学》上卷"第二版序言"中说，中国语言"简直没有，或很少达到""对思维规律本身有专门的和独特的词汇"的地步。这种说法不符合事实，他对《墨经》的范畴一无所知。

范畴是大概念，即《墨经》的"达名"（外延最广的概念）。《墨经》六篇，定义上百个各门科学范畴。如世界观范畴，有物（物质）、实（实体）、久（时间）、宇（空间）、有穷、无穷、化（性质变化、质变）、损益（量的增加和减少，量变）、法（规律）。

如认识论范畴，有虑（思考），知（知识）。"知，接也"的"知"，指感性认识。"知，明也"的"知"，指理性认识。从来源说，知识分为闻知、说知和亲知。从内容说，知识分为名知、实知、合知和为知。

亲知是用感官亲自感知外界事物而取得的直接知识。闻知是传授而来的（听来的）知识，有亲闻（亲自听到的）和传闻（经别人传播听到的）两种。说知是由已知引出未知的推论之知。

名知是知道语词、概念。实知是知道实物。合知是既知语词、概念，又知实物。为知是有意识的自觉行动。政治学范畴，有功、罪、赏、罚、诽（批评）、誉（表扬）。伦理学范畴，有仁、义、礼、忠、孝、任、勇、利、害。物理学范畴，有动（运动）、止（静止）、力。数学范畴，有方、圆、平、直、中、厚、倍。

《经上》从"故"至"正"共 100 条，用定义分类，从内涵外延上规定上百个科学范畴，俨然是一个范畴的"王国"，表明《墨经》作者是创制概念范畴的专家。《墨经》的概念范畴，各有专门和独特的规定，至今仍不失其科学价值。①

诗以咏之：

> 中国岂能无概念，墨经概念理论丰。
> 三种概念达类私，实体属性关系明。
> 集合元素细分辨，剖析诡辩如刀锋。
> 概念范畴称王国，科学理论方法精！

---

① 参见拙文《墨家运用概念的艺术》，载《南通大学学报》，2006（3）；《中国古代逻辑中的概念论》，载《逻辑与语言学习》，1987（4）。

第二讲　论命题：判断恰当的艺术

题头诗：

> 判断恰当共追求，断定判明好推理。
> 概念展开是判断，判断不当难推理。
> 判断形式有多种，仔细辨明费心机。
> 判断恰当难不倒，钻研逻辑长技艺！

一、命题、语句和判断

第二讲题目叫"论命题"，也叫"命题论"。墨家有独到的命题论，运用命题的技巧。其中对实然、或然和必然等模态命题，祈使句的主观或然模态和客观必然模态的区分，全称、特称命题，假言命题，以及命题的评价标准等，有精妙论述，巧妙运用，对今日逻辑研究，做到判断恰当，十分有用。

命题是表达判断的语句，有断定和真假可言。断定是对事物的认知，真假是对认知是否符合实际的评价。语句是表达完整意思的基本语言单位。南朝梁刘勰《文心雕龙·章句》说："句者，局也。局言者，联字以分疆。""人之立言，因字而生句，积句而成章，积章而成篇。篇之彪炳，章无疵也。章之明靡，句无玷也。"

即语句是语言的区划，联缀字词，构成各自分别的单位。人们说话写文章，用字造句，积句成章，积章成篇。全篇光彩，是因为每章没有瑕疵。章节明丽，是因为每句没有毛病。语句优美，是因为每字都不乱用。

"局"即局限、分界、区划。命题语句是语言的细胞单位。命题、语句和判断恰当，才能构造合乎逻辑的篇章。作品由字而句，由句而章，积章成篇，有条不紊，写成结构严密的文章，要一句不苟，一字不妄。这说明语句篇章的本末主从关系，语句是构成文章的基础。

古人说"辞"，相当于语句命题。其语言形式是语句，认知内容是命题。墨家逻辑专论《小取》说："以辞抒意。"即用语句表达判断命题。"意"是心中意思，判断命题。《吕氏春秋·离谓》说："辞者，意之表也"；"言者，以谕意也"。

"抒"、"表"、"谕"，即抒发、表达和说明。"言"即"辞"，狭义指语句。后世构成双声词"言辞"或"言词"。先秦一般说"辞"，汉以后逐渐以"词"代"辞"。"言辞"今一般多作"言词"。

"辞"这个简体字，对应的繁体字是"辭"，原意是讼辞、口供、理乱、理辜、治理狱讼案件的结论和法官的判词。《周礼·秋官·乡士》："听其狱讼，察其辞。"《说文》："辞，讼也。""犹理辜也。""辜，罪也。"引申为一般意义的言辞、语句、判断、命题。

跟中国古代的"辞"相当，英文 judge 作为及物动词，指审判、审理、判决、裁判、评定、裁决、判断、断定、鉴定、识别、评价；作为不及物动词，指下判断、做裁判、做评价。judgement 作为名词，指审判、判决、裁判、判断、鉴定、评价。

日本学者用汉字"判断"（繁体"判斷"）翻译英文 judge、judgement，贴切准确。《说文》："判，分也。从刀，半声。"它是形声兼会意字。清段玉裁注："古辨、判、别三字意同也。""判"字右半边"竖刀"是意符，"半"是音符，表示分辨、分别，指用刀切开、分开，引申为判断。

《说文》："断，截也。""断"是会意字，右半边"斤"，是"斫木斧"（砍木头用的斧子），左半边是古文"绝"字，是用斧子切丝意，引申为断绝、裁决、决断、断定。古今中外语词的对应，有神奇般的相合，若合符契，引人深思，韵味无穷。

二、实然命题

《庄子·天下》载诡辩家公孙龙等，提出"孤驹未尝有母"等诡辩论题，跟惠施辩论，"饰人之心，易人之意，能胜人之口，不能服人之心"，即蒙蔽人心，惑乱人意，使人口服，但不能使人心服。"孤驹未尝有母"的诡辩，是借口孤驹"现在无母"，诡辩说"孤驹从来无母"，把现在时态夸大为全时态（所有时态）。

《列子·仲尼》载，公孙龙的追随者魏牟，与乐正子舆辩论"孤犊未尝有母"等论题说："中山公子牟者，魏国之贤公子也。好与贤人游，不恤国事，而悦赵人公孙龙。乐正子舆之徒笑之。公子牟曰：'子何笑牟之悦公孙龙也？'子舆曰：'公孙龙之为人也，行无师，学无友，佞给而不中，漫衍而无家，好怪而妄言，欲惑人之心，屈人之口，与韩檀等肆之。'公子牟变容曰：'何子状公孙龙之过欤？请闻其实！'子舆曰：'吾笑龙之诒孔穿。龙诳魏王曰：孤犊未尝有母，其负类反伦，不可胜言也公子。'牟曰：'子不谕至言而以为尤也，尤其在子矣。孤犊未尝有母，有母非孤犊也。'乐正子舆曰：'子以公孙龙之鸣皆条也，设令发于余窍，子亦将承之。'公子牟默然良久，告退曰：'请待余日，更谒子论！'"

战国时魏国公子魏牟，因封于中山，叫中山公子牟，是贤能的公子，喜欢结交才学之士，不问国事，尤其喜欢赵国公孙龙。乐正子舆等人嘲笑他。魏牟说："你们为什么笑我喜欢公孙龙呢？"子舆说："公孙龙为人，行动没有老师，做学问没有朋友，巧辩不合道理，思维散漫，不成系统，爱好怪诞，胡言乱语，以迷惑人心，折服人口，与韩檀等人一起钻研。"

魏牟变脸说："你怎么这样形容公孙龙的过错？请举出证据！"子舆说："我笑公孙龙欺骗孔穿（孔子六世孙）。公孙龙还欺骗魏王说：'孤犊未曾有母'，混淆类别，违反常理，这类例子举不胜举。"

魏牟说："你不懂最高深的言论，却误认为荒谬，真正荒谬的恰是你自己。孤犊未曾有母，有母不叫孤犊。"乐正子舆说："你把公孙龙的奇谈怪论，看做条条是道，是香臭不分。"魏牟沉默很久，告辞说："请等待几天，我再跟你辩论！"

《列子·仲尼》说公孙龙子用"负类反伦"（违背事实，违反常理）的诡辩，欺骗魏王，其中有"孤犊未尝有母"的诡辩。其论证是："孤犊未尝有母，有母非孤犊也。"这种诡辩，歪曲利用模态命题。墨家为澄清这类诡辩，精心研究关于命题的理论，特别是关于时间模态的理论。

"实然"即确实如此。实然命题，反映确实发生的事实。用过去时间模态词"已"（已经）、"已然"（已经如此）或"尝然"（曾经如此），表达确实发生的事实，即实然命题。《墨经》讨论用过去时模态词"已"表示的实然命题。《经上》第 77 条说："已：成；无。"《经说上》解释说："为衣，成也。治病，无也。"

"已"（已经）是表示过去时、完成式的时间模态词。模态是英文 mode 的音译，是一种特殊的命题形式，表示断定的程度、样式、方式。《墨经》研究古汉语中模态词的性质和用法。过去时模态词"已"的用法有两种：一种是表示建设性的，如说："已经制成一件衣服。"一种是表示破坏性的，如说："已经找到病源，消除病根。"

《墨经》仔细研究过去时的实然性质。《经下》第 161 条说："可无也，有之而不可去，说在尝然。"《经说下》说："已然，则尝然，不可无也。"《经下》第 149 条说："无不必待有，说在所谓。"

《经说下》解释说："若无马，则有之而后无。无天陷，则无之而无。"一件事情可以是"无"（从来没有），但是一旦有了（发生了），就不能把它从历史上抹掉（有之而不可去），因为它确实曾经发生过。

所谓"已然"（已经如此）就是"曾经发生过"（尝然），就不能说"没有发生过"（不可无也）。"无"不以"有"为必要条件，这里就看你说的是哪种"无"。如说："我现在无马。"这是指过去曾经有马，而后来无马（有之而后无）。

又如说："没有天陷（天塌下来）这回事。"这是指从来就没有（无之而无）。"杞人忧天"，是怕天塌陷下来。李白诗句："杞国无事忧天倾。"杞国本无事，庸人自扰之。怕天塌陷，是多余的顾虑。

"孤驹未尝有母"诡辩的谬误，是很明显的。说是"孤驹"，就是说"现在无母"。而"现在无母"，不等于"过去无母"。既然说是"驹"，就是说它"曾经有母"，而不能由"现在无母"推出"未尝有母"（未曾有母，从来无母）。

这正是"有之而不可去"，"已然则尝然，不可无也"的一例。辩者"孤驹未尝有母"诡辩的成因，是故意混淆时间模态，即以"现在无母"的事实，抹杀"过去曾经有母"的事实，使用偷换概念的诡辩手法。

《墨经》定义时间模态词"且"。《经上》第33条说："且，言然也。"《经说上》解释说："自前曰且，自后曰已，方然亦且。""且"是表述事物存在状况和样式（"然"）的。且有两种基本用法，一是在事物发生之前说"且"，相当于现代汉语"将"、"将要"，表将来时态，是或然命题（可能命题）。

二是在事物发生过程中说"且"，相当于现代汉语"正在"、"刚刚"，表现在时态，是实然命题。"已"（"已然"、"尝然"），相当于现代汉语"已经"、"曾经"，表过去时态，也是实然命题。在一事物过程已经完成之后来表述它，使用过去时间模态词"已"（"自后曰已"）。

在一事物发生过程中表述它，可以使用现在时间模态词"方"或"且"，即《经说上》所谓"方然亦且"。"方"即"开始"、"正在"。"方兴未艾"（方兴未已），可以说"且兴未艾"。"来日方长"，可以说"来日且长"。

"国家方危"，可以说"国家且危"。"日方中方睨，物方生方死"，可以说"日且中且睨，物且生且死"。既然现在时语句，表示一种事实开始发生、正在发生，从模态上说，是实然命题。

辩者"卵有毛"诡辩的成因，是混淆可能性和现实性的不同模态。晋司马彪解释说："胎卵之生，必有毛羽。""毛气成毛，羽气成羽。虽胎卵未生，而毛羽之性已着矣。故曰卵有毛也。"

这是从"卵有毛"的可能性，而说"卵有毛"已成现实性，是混淆可能性和现实性的谬误论证。可能性是事物现象出现之前所具有的某种发展趋势，用或然命题（可能命题）表示。现实性是可能性已实现，为既成事实，存在的现实，用实然命题表示。

这是两种不同的模态，不能混淆。《墨经》逻辑对此明确区分。"卵有毛"的可能性，不等于"卵有毛"的现实性。其公式是："可能 P≠P。""可能 P"和"P"两个命题的关系，是从属（差等）关系，"可能 P"真，"P"命题真假不定，其间不是等值关系。

三、或然命题

在事物过程发生之前，断定它有可能发生，用将来时模态词"且"（将、将要），即《经说上》所说的"自前曰且"。这相当于或然命题（可能命题）。《小取》有如下辩论："且入井，非入井也；止且入井，止入井也。且出门，非出门也；止且出门，止出门也。若若是：且夭，非夭也；寿且夭，寿夭也。有命，非命也；非执有命，非命也。无难矣。此与彼同类，世有彼而不自非也，墨者有此而非之，无他故焉：所谓内胶外闭，与心无空乎内，胶而不解也。此乃不是而然者也。"其中有如下三组模态命题推论式：

（1）且入井，非入井也。止且入井，止入井也。（意即："将要入井"可能性，不等于"入井"事实；阻止"将要入井"可能性发生，却等于阻止"入井"事实发生。）

（2）且出门，非出门也。止且出门，止出门也。（意即："将要出门"可能性，不等于"出门"事实；阻止"将要出门"可能性发生，却等于阻止"出门"事实发生。）

（3）且夭，非夭也。寿且夭，寿夭也。（意即："将要夭折"可能性，不等于"夭折"事实；阻止"将要夭折"可能性，却等于阻止"夭折"事实发生。即采取措施，使"将要夭折"的人长寿，却真就是使"夭折"的人长寿。）

在推论式（1）中，"且入井"（将要入井），表示"入井"可能性（或然性，或然命题），不等于"入井"事实（现实性，实然命题）。但是，采取措施，阻止"且入井"可能性发生（如拉住将要入井的人，或盖住井口），则"入井"事实也不会出现。

同理，在推论式（2）中，"且出门"（将要出门）可能性，不等于"出门"事实。但采取措施，阻止"且出门"可能性发生（如拉住将要出门的人，或把门关上），则"出门"事实也不会出现。

在推论式（3）中，"且夭"（将要夭折），不等于"夭"（夭折）。但采取措施，阻止"且夭"可能性发生（如治好将要夭折的人的病，改善营养状况和卫生条件），使"且夭"的人有"寿"（"寿且夭"），就等于"寿夭"（使夭折的人有寿）。

墨家出于批判儒家宿命论的需要，特设这一类型的推论式。《论语·颜渊》载，子夏说："死生有命，富贵在天。"墨子在跟儒家信徒公孟子辩论时，公孟子说，贫富寿夭，全然在天，不可损益。

墨家反对儒家这种消极的命定论思想，主张强力而为，有病主张医治，改善营养，益人寿命。（1）和（2）是为（3）提供类比论证的前提和论据。墨家在这样做的时候，自然也就发展了古典逻辑的理论。这里三个推理式，从模态逻辑的形式规律看，是正确合理的。

令一事实（如"入井"、"出门"、"夭"）为 P，这 P 就是一个实然命题。而可能 P，则为一个或然命题。实然命题 P，比或然命题"可能 P"断定的多，所以在模态命题的对当关系中 P 处于上位，"可能 P"处于下位。

根据模态命题对当关系的规律，断定下位命题真，则上位命题真假不定。可能 P 真，则 P 真假不定。可能 P，不等于 P。于是，"且入井，非入井"、"且出门，非出门"和"且夭，非夭"成立。

而断定下位命题假，则可断定相应的上位命题假，即如下公式成立："$\neg \Diamond P \rightarrow \neg P$。"读作：如果并非可能 P，则并非 P。于是，"止且入井，止入井也"、"止且出门，止出门也"和"寿且夭，寿夭也"成立。墨家有关时间模态逻辑的推论，是科学合理的。

《小取》用古汉语工具，概括这一类型推论式的元逻辑公式为："不是而然"。其模型解释为：前一命题否定，后一命题肯定。从其所举例来看，其元逻辑公式可转换为如下符号表达式：A≠B，并且 CA＝CB。如："将要入井"不等于"入井"；阻止"将要入井"等于阻止"入井"。"将要出门"不等于"出门"；阻止"将要出门"却等于阻止"出门"。

如果是这样的话，那么我们说，将要夭折不等于夭折；阻止将要夭折，等于阻止夭折（采取措施，使将要夭折的人有寿，却真把夭折的人转变为长寿）。儒家主张有命论，不等于真有命存在；墨家非难儒家执有命，等于非命（墨家反对儒家坚持有命，等于否定命存在），就也应该是没有困难的。

后者和前者是属于同类，世人赞成前者，而不自以为不对，墨家人主张后者，却要反对，没有其他原因：这就是所说的内心胶结，对外封闭，听不进不同意见，与心里没有留下一点空隙，胶结而解不开的缘故。不是而然推论式，见表2。

表2 不是而然推论式

元逻辑公式		不是而然
解释		前一命题否定，后一命题肯定
符号表达式		A≠B，并且 CA＝CB
1	原文	且入井，非入井也；止且入井，止入井也
	解释	将要入井，不等于入井；阻止将要入井，等于阻止入井
2	原文	且出门，非出门也；止且出门，止出门也
	解释	将要出门，不等于出门；阻止将要出门，等于阻止出门
3	原文	且夭，非夭也；寿且夭，寿夭也
	解释	将要夭折，不等于夭折；阻止将要夭折，等于阻止夭折
4	原文	有命，非命也；非执有命，非命也
	解释	儒家主张有命论，不等于真有命；墨家非难儒家执有命，等于否定命

四、必然命题

《经下》第132条说:"无说而惧,说在弗必。"《经说下》解释说:"子在军,不必其死生。闻战,亦不必其死生。前也不惧,今也惧。"如下推论不成立:"所有军人都必死,所以,所有军人都死,所以并非有军人不死。"如下推论成立:"有军人不死,所以,并非所有军人都死,所以,并非所有军人都必死。"

墨家用这种负必然命题及其推论,对参加防御战争的军人父母做工作,希望他们不要为参军和参战的儿子担心恐惧,认为这种担心恐惧是没有根据的。《小取》说:"以说出故。""说"即有根据的推论。这是因不具有全称性而得出负必然命题的例子。

必然命题的否定(负必然命题),叫做"不必"、"非必"或"弗必"。对一类事物而言,如果不具有全称的意义或全时间性的意义,那就不能说是"必",就是"不必"、"非必"或"弗必"。

必然命题带有必然模态词"必"。《墨经》指出,必然命题的论域,如果涉及一类事物,则带有全称性和全时间性(贯穿于过去、现在和将来三个时态)。《经上》第52条说:"必,不已也。"《经说上》解释说:"谓一执者也。若弟兄。一然者,一不然者,必不必也,是非必也。"

当必然命题涉及一类事物时,"必然"蕴涵着"尽然"(所有个体都是如此,即全称)。如果是"一然者,一不然者"(有是这样的,有不是这样的),即"不尽然",那就一定不是"必然",而是"非必然"。下列两个公式成立:第一,所有 S 必然是 P→所有 S 是 P→并非有 S 不是 P。第二,有 S 不是 P→并非所有 S 是 P→并非所有 S 必然是 P。

"必然"除了具有"尽然"即全称性以外,还具有全时间性,即作为一种永不停止的趋势而贯穿于过去、现在和将来三种时态。"不已",即不停止。"一执",即维持一种趋势,永不改变。

如说："有弟必有兄。"这对所有场合，都是如此（全称性），并且对任何时刻，都是如此（全时间性）。《经说上》第 88 条说："二必异。"（只要是两个事物，必然相异）《经说下》第 164 条说："行者必先近而后远。"走路的人，必然是先近后远。"民行修必以久。"人走一定长度的路，必然要用时间。这些都是对任何场合和时间都适用的必然命题。

同样，如不具有全时间性，也会得出负必然命题。已知过去和现在"凡人都有死"，假如将来有一天，可以研究出一种办法，使自己不死，那么"凡人必有死"这种必然性，也就可以推翻。根据科学原理，可以断言，将来任何时刻，也不会做到长生不老。所以"凡人必有死"，是既有全称性又有全时间性的正确必然命题。

五、荀子模态

《荀子·性恶》说："涂之人可以为禹则然，涂之人能为禹，未必然也"；"足可以遍行天下，然而未尝有能遍行天下者也。夫工匠农贾未尝不可以相为事也，然则未尝能相为事。用此观之，然则可以为，未必能也"；"然则能、不能之与可、不可，其不同远矣"。

案例分析。荀子分三组，分析模态命题的典型案例。第一组："涂之人可以为禹则然，涂之人能为禹，未必然也。"这一组又细分为三点。第一，"涂之人可以为禹"，即"路人可能为禹"：可能 P，或然命题。第二，"涂之人能为禹"，即"路人能为禹"：能 P，实然命题。第三，"未必然也"，即"并非路人必然能为禹"：并非必然 P，等值于"路人可能不为禹"：可能不 P。荀子说的"可以"，指或然 P，可能 P；"能"，指实然 P；"未必然"，指"并非必然P"，等值于"可能不 P"。

第二组："足可以遍行天下，然而未尝有能遍行天下者也。"这一组又细分为三点。第一，"足可以遍行天下"，即"足可能遍行天下"：可能 P，或然命题。第二，"然而未尝有能遍行天下者也"，即"并非足能遍行天下"：并非实然 P，实然命题的否定，负实然命题。第三，"并非足必然能遍行天下"：并非必然 P，必然命题的否定，负必然命题。

第三组："夫工匠农贾未尝不可以相为事也，然则未尝能相为事也。"这一组也细分为三点。第一，"工匠农贾未尝不可以相为事也"，即"工农商可能互相交换做事"：可能 P，或然命题。"相为事"，指互相交换做事。第二，"然则未尝能相为事也"，即"并非工农商能互相交换做事"：并非实然 P，实然命题的否定，负实然命题。第三，"并非工农商必然能互相交换做事"：并非必然 P，必然命题的否定，负必然命题。

逻辑总结。荀子在分析以上几组模态命题典型案例的基础上，总结这些命题间的逻辑关系，构成逻辑规律："用此观之，然则可以为，未必能也。""然则能、不能之与可、不可，其不同远矣。"分以下两点：

第一，"可以为，未必能也"，指可能 P，可能非 P，并非必然 P。用现代汉语表达模态逻辑的公式："或然（可能）P"不等于"实然 P"，不等于"必然 P"。即"或然（可能）P"的模态断定程度，弱于"实然 P"和"必然 P"。

第二，"能、不能之与可、不可，其不同远矣"，指实然 P、实然不 P 和可能 P、可能不 P 有很大不同。用现代汉语表达模态逻辑的公式："实然 P"、"实然不 P"的模态断定程度，强于"或然 P"、"或然不 P"。唐杨倞《荀子注》说："工贾可以相为，而不能相为，是'可'与'能'不同也，'可'与'能'既不同，则终不可以相为也。"

这是说"或然 P"的模态断定程度，弱于"实然 P"，工商可能相互交换做事，但始终做不到，不可能做到。荀子和墨家总结模态逻辑规律，证明用古汉语表达的逻辑规律，同西方和现代逻辑规律本质一致。古今中西人类遵守同一逻辑。

荀子分辨以下不同的模态命题：路人可能为禹；路人能为禹；路人必然能为禹。足可能遍行天下；足能遍行天下；足必然能遍行天下。工农商可能相为事；工农商能相为事；工农商必然能相为事。这说明荀子对模态命题区分及其逻辑关系的理解，跟西方和现代逻辑本质一致。荀子模态命题，见表 3。

表3 荀子模态命题

公式	可能 P	能 P	必然能 P
名称	或然命题	实然命题	必然命题
荀子公式	可以为	能为	必然能为
荀子案例	路人可能为禹 足可能遍行天下 工农商可能相为事	路人能为禹 足能遍行天下 工农商能相为事	路人必然能为禹 足必然能遍行天下 工农商必然能相为事

六、祈使句模态

祈使句模态，《墨经》区分为主观或然模态和客观必然模态两种。《经上》第78条说："使：谓；故。"《经说上》解释说："令、谓，谓也，不必成。湿，故也，必待所为之成也。""使"有两种含义。

一种含义是指使，即甲用一个祈使句命令或指谓乙去干某件事，仅仅由于这种主观指使，乙"不必成"，即不必然成功。如甲命令乙："你必须把丙杀死！"这种祈使句中的"必"实际上只表达甲主观上的杀人意图，并不构成乙杀死丙的充分条件。即尽管甲有这种主观上的杀人意图，乙也可能由于主观或客观原因，而没有把丙杀死。所以，不能仅仅用甲的这一祈使句，给乙定杀人罪。

第二种含义是原因，相当于充分条件，即如果 P 必然 Q。如天下雨，必然使地湿。所以说："湿，故也，必待所为之成也。"祈使句的主观或然模态，是"不必成"，即为负必然命题"不必"。

在模态命题的等值关系中，"不必然 P"等值于"可能不 P"。如"乙不必然杀死丙"，等值于"乙可能没有杀死丙"。客观必然模态是"必成"，即如果 P 必然 Q。如果天下雨，则地必然湿。祈使句主观或然模态和客观必然模态有原则区别，墨家对这种区别有明确认识，说明在现代逻辑中作为一个重要分支而存在的模态逻辑，在《墨经》中初见端倪。

七、全称特称

在墨家的语境中，"尽"、"俱"表全称命题。"或"、"有"表特称命题。墨家通过一些实例，列举几种直言命题（性质命题），正确理解它们之间的等值关系。《经上》第 43 条说："尽，莫不然也。"

《经说上》举例说："俱止、动。""尽"、"俱"是全称量词。在一个论域中，没有不是如此的（并非有 S 不是 P），等值于全都如此（所有 S 是 P）。例如就一个整体而言，所有部分都停止，或所有部分都运动。

《小取》说："或也者，不尽也。""或"是特称量词。它的定义是"不尽"，即不是全部。《经说上》第 75 条举例说，针对同一动物，甲说："这是牛。"乙说："这不是牛。"这两个命题的真值，是"不俱当，必或不当"。

"不俱当"（即"不尽当"，并非所有都恰当），等值于"或不当"（有的不恰当）。《经说上》第 98 条说："以人之有不黑者也，止黑人。"即用"有人不是黑的"，驳倒"所有人是黑的"。一般来说，用"有 S 不是 P"，可以驳倒"所有 S 是 P"。即下式成立："SOP→¬SAP。"读作：有 S 不是 P，所以，并非所有 S 是 P。

《经说上》说："尺与尺俱不尽，端与端俱尽，尺与端或尽或不尽。"这是《经上》第 68 条"樱，相得也"的几个例子，意即两根直线相交，二者都不完全重合（全称否定命题）。两个点相交，二者都完全重合（全称肯定命题）。一直线与一点相交，从点这一方面说是完全重合，从直线这一方面说是不完全重合。"或尽或不尽"即"有的是完全重合"（特称肯定命题）、"有的不是完全重合"（特称否定命题）。

八、假言命题

《鲁问》载墨子与彭轻生子辩论的故事。彭轻生子曰："往者可知，来者不可知。"子墨子曰："借设尔亲在百里之外，则遇难焉，期以一日也，及之则生，不及则死。今有固车良马于此，又有驽马四隅之轮于此，使子择焉，子将何乘？"对曰："乘良马固车可以速至。"子墨子曰："焉在不知来？"

即彭轻生子说："过去的事情可以知道，未来的事情不能知道。"墨子说："假如你的父母在百里以外，遇到危难，只容一天的时间，你能赶到，他们就能活，不能赶到，他们就会死。现在有坚固的车和好的马，也有劣马和四方轮子的车，让你选择，你将乘哪一种？"彭轻生子回答说："用坚固的车和好的马，可以迅速赶到。"墨子说："既然这样，怎么能说不能知道未来呢？"

这是从假设的前提出发，进行推论，批评彭轻生子"未来不可预知"（来者不可知）的论点，证明墨子"未来可预知"（来者可知）的论点。"借"，指凭借、假借、假设、假使、假定。"假"可以指虚假，即跟事实相反，也就是"是非"的"非"，就是错误；也可以指假设，即虚拟的联系、条理、道理。论证是讲道理，《大取》说："辞以理长。"从正确的假设出发，可以进行演绎推理，引出正确结论。

"假"是古代逻辑术语，相当于假言命题、假说。《小取》说："假者，今不然也。"假设是假定、设想，并非表示当前的事实。从假设的前提或条件出发，引出一定的结论或结果，断定前提和结论或条件和结果的关系，是假言推论或命题。

引出一定的结论或结果的前件，称为原因、理由、根据，古代逻辑术语叫"故"。"故"，从事物、存在和本体方面说，叫原因；从思维、表达和逻辑上说，叫理由、根据。《经上》说："故，所得而后成也。"《经说上》解释说："小故：有之不必然，无之必不然。体也，若尺有端。大故：有之必然，无之必不然。若见之成见也。"

"故"即原因的存在，能导致一定的结果。"小故"（原因中的部分要素，即必要条件）的定义是：有它不一定有某一结果，没有它一定没有某一结果。"小故"是形成某一结果的部分原因，如端（点）是形成尺（线）的小故（必要条件）。"大故"（形成某一结果的原因，相当于充分必要条件）的定义是：有它一定有某一结果，没有它一定没有某一结果。如"见物"的原因（条件）

具备，则"见物"就变为事实。

"小故"，是"无之必不然"，"非彼必不有"（《经说上》第 84 条），即"没有前件，一定没有后件"（没有 P，一定没有 Q）。这里，"之"、"彼"代表前件，"然"、"有"代表后件。其公式是："￢P→￢Q。"读作：非 P 则非 Q。

"有之不必然"，相当于非充分条件，即"有前件，不一定有后件"（"有 P，不一定有 Q"）。其公式是："P∧￢Q。"读作：P 并且非 Q。墨家把"小故"叫"体因"，即部分原因。

《经说上》举例说："若（尺）有端。"尺是直线，端是点。即有点，不一定有直线；没有点，一定没有直线。"小故"即必要条件假言命题，在现代汉语中常用联结词，是"只有，才"。必要条件假言命题，见表 4。

表 4   必要条件假言命题

名称	小故，原因的部分要素，必要条件，体因	
定义	有之不必然	无之必不然
		非彼必不有
解释	有前件不一定有后件	没有前件一定没有后件
	没有 P 一定没有 Q	有 P 不一定有 Q
	非 P 则非 Q	并非如果 P 则 Q≡P 并且非 Q
	￢(P→Q)≡P∧￢Q	￢P→￢Q
举例	并非如果有点则有线≡有点并且没有线	没有点则没有线

"大故"，是"有之必然，无之必不然"。即有前件，一定有后件；没有前件，一定没有后件。或者说，有 P，一定有 Q；没有 P，一定没有 Q。这相当于充分且必要条件。它是所有必要条件的集合，可以叫充分且必要条件，简称充要条件。相对于必要且非充分条件被叫做"体因"来说，可以把"大故"这种充分且必要条件，叫做"兼因"。

在《墨经》中，"体"是与"兼"相对的范畴。有健全视力、一定光线、被看对象以及对象同眼睛保持一定距离等必要条件的集合，可构成"见物"的充分且必要条件。"大故"，即充分必要条件假言命题，在现代汉语中的联结词是"当且仅当"，等于"如果，那么"和"只有，才"二者的合并。充要条件假言命题，见表5。

表5 　　　　　　　　　　　　　充要条件假言命题

名称	大故，原因，充分必要条件，兼因	
定义	有之必然	无之必不然
解释	有前件一定有后件	没有前件一定没有后件
	有 P 一定有 Q	没有 P 一定没有 Q
	如果 P 则 Q	如果非 P 则非 Q
	P→Q	⌐P→⌐Q
举例	见物条件齐备，见物结果产生	见物条件不齐备，见物结果不产生

九、评价范畴

这里说的"评价范畴"，是《墨经》专为讨论语言、思维和对象关系设定。我们说"语言、思维和对象"，《墨经》用词叫"言意实"，解释为"语言、意义和实际"或"语言、思维和对象"。

《墨经》为讨论语言、思维和对象的关系，特设"信"和"当"两个评价范畴。墨家对"信"、"当"两范畴，有详细讨论、精确规定，都为先秦诸子百家认可接受，变为中国逻辑学通用范畴。

墨家倡导"言合于意"，"以辞抒意"，"循所闻而得其意"，"执所言而意得见"。《经上》第14条说："信，言合于意也。"《经说上》解释说："不以其言之当也。使人视城得金。""信"，是说出的"言"，合乎心里的"意"。信不以言论的恰当（符合实际）为必要条件。有时，言论虽与思想不符合（即不信），但却偶然跟事实符合（即当）。如某人故意骗别人说："城门内藏有金！"别人去一看，果然得到金。这是言论不信，但却偶然恰当的事例。

"当"，即恰当，也说真实、正确、是、对，即言论思想符合实际。言合于意，意合于实，言合于实，言就既"信"且当。言合于意，意不合于实，言不合于实，言就"信"而不当。所以说"信，不以其言之当也"。

意合于实，言不合于意，说谎的结果，言不合于实，言就既不"信"，又不当。意不合于实，言不合于意，言不合于实，言就不当，又不"信"。但有时，言虽不合于意，却偶然合于实。

如甲骗乙说："城门内藏有金！"乙去一看，果然有金，实际上甲并不知道（没有"意"），只是信口胡说，以便欺骗捉弄乙。这是言不"信"而当的特例。《墨经》对"信"的定义、说明和举例，十分精到准确。

墨家讨论"言意实"（语言、思维和对象）三者关系和评价范畴，属于逻辑哲学的学术领域。其定义、辨析和举例，颇具经典意涵。语句符合思维（言合于意），怎么想就怎么说，心口如一，就叫做"信"（信实）。思维符合对象（意合于实。实：实际、实体），就叫做"当"（恰当、真实、正确、是、对）。

对"信"（信实）的要求，只是语句符合思维（言合于意），怎么想就怎么说，心口如一，并不要求"言当"，即思维、语句符合对象（意、言合于实）。所以说："（信）不以其言之当也。"

墨家论述"信"、"当"的范畴，跟同时代诸子百家，如荀子、韩非和吕不韦等的论述，若合符节，融通一致。先秦诸子百家认可和接受墨家对"信"、"当"二范畴的讨论和规定，变成中国逻辑学的通用范畴。评价范畴，见表6。

表6 评价范畴

序号	实意言关系	评价范畴
1	言合于意，意合于实，言合于实	言信而当
2	言合于意，意不合于实，言不合于实	言信而不当
3	意合于实，言不合于意，言合于实	言不信且不当
4	意不合于实，言不合于意，言不合于实	言不信且不当
5	言不合于意，言偶然合于实	言不信而偶然当

"信"和"当"有不同的定义和标准。"信"的定义，是"言合于意"，即口里说的"言"（语句）符合心里想的"意"（判断），怎么想就怎么说，心口

如一，语言和思维一致。"信"是语言准确表达思维，这是发挥语言表意功能、交际功能的目的和标准。

《淮南子·说山训》说："得万人之兵，不如闻一言之当。""当"的定义是"意合于实"，即心里想的"意"（判断）符合客观存在的"实"（实际），事实是什么就怎么想，思维和实际一致。"当"是判断和语句符合实际，这是认识的目的和标准。"当"、"是"、"正"、"真"的含义一致，指语言和思维符合事实。"信"不以语句的"当"为必要条件。

《小取》说："以辞抒意。"即用语句、命题抒发、表达意义、判断。"辞"即言，是语言、语句、命题。唐欧阳询《艺文类聚·人部·言语》："《释名》曰：'言，宣也，宣彼此之意也。语，叙也，叙己所欲说述也。'《说文》曰：'直言曰言，论议曰语。'""抒"，指抒发、表达。《楚辞·九章》说："发愤以抒情。""意"，即意义。

《荀子·正名》："天官之意物。"古注："意，从心、从音。意不可见，因言以会意也。""意"字由"心"和"音"合成，"意"为"心音"，"意"即思维、意义，是"心里的声音"，常说"言为心声"，即语言是心里发出的声音，使用语言，可以表达心中的意义。

王充《论衡·书解》说："出口为言。"扬雄《法言·问神》说："言，心声也。"宋俞琰《周易集说》卷二十三说："在心为志（意）。出口为言。言，心声也。"清龚自珍说："言为心声。"

《经上》第90—93条说："闻，耳之聪也。循所闻而得其意，心之察也。言，口之利也。执所言而意得见，心之辩也。"这是"循闻察意"、"执言辩意"的方法。言是语句，由说者用"利口"说出，听者用"聪耳"听到。"意"是心智的判断，借助说出的语句，可以察知、辨别语句所表达的判断。

语句的说出，凭借人的健全发音器官。语句的接受，通过人的健全听觉器官。把握语句中的判断，要依靠心智思维的辩察分析作用。墨家论"言意实"关系及其评价范畴，是墨家逻辑哲学思想的重要成果，为当时和以后诸子百家接纳传承，对今人有启发借鉴意义。

诗以咏之：

> 实然命题表事实，或然命题可能性。
> 必然命题全时性，不同模态须辨清。
> 主观客观不容混，全称特称有不同。
> 假言命题表因果，必要充分需辨明！

十、言意之辩

言意之辩，狭义上指语句能否充分表达判断，广义上指语言能否充分表达意义。语句，语言，是口中所说和文字所写，属于表达。判断，意义，是心中所想，文字所含，属于思维。辩论中的观点，分为正方和反方两大派。

正方的观点是"言尽意"论，即语句能够充分表达判断，语言能够充分表达意义。反方的观点是"言不尽意"论，即语句不能充分表达判断，语言不能充分表达意义。这一辩论，从春秋战国至今，已经持续 2500 多年，还不能说已经完全达到统一，辩论还在继续进行。分析这一辩论的若干重要关节点，可以看到其中所包含的逻辑哲学意义。

先说言尽意论，以墨家、欧阳建、刘昼和欧阳修为代表。墨家倡导"言合于意"，"以辞抒意"，"循所闻而得其意"，"执所言而意得见"，是"言尽意"论的发挥。唐欧阳询《艺文类聚》卷十九引欧阳建《言尽意论》说：

> 有雷同君子问于违众先生曰："世之论者，以为言不尽意，由来尚矣。至乎通才达识，咸以为然。若夫蒋（济）公之论眸子，钟（会）、傅（嘏）之言才性，莫不引此为谈证。而先生以为不然，何哉？"
>
> 先生曰："夫天不言，而四时行焉。圣人不言，而鉴识存焉。形不待名，而方圆已著。色不俟称，而黑白以彰。然则名之于物，无施者也。言之于理，无为者也。而古今务于正名，圣贤不能去言，其故何也？诚以理得于心，非言不畅。物定于彼，非名不辨。言不畅志，则无以相接。名不辨物，则鉴识不显。鉴识显而名品殊，言称接而情志畅。原其所以，

本其所由，非物有自然之名，理有必定之称也。欲辨其实，则殊其名。欲宣其志，则立其称。名逐物而迁，言因理而变。此犹声发响应，形存影附，不得相与为二矣。苟其不二，则言无不尽矣。吾故以为尽矣！"

"言不尽意"论是当时多数人的见解，欧阳建假托为"雷同君子"，即与别人雷同。"言尽意"论是与众不同的创见，欧阳建假托为"违众先生"，即违背众人见解。欧阳建肯定对象的客观性，语言的被决定性。事物运行不依赖于语言。人对事物的认识不说出来，也已存在于意识中。

没有名称，事物的形体颜色等性质是客观存在。名称对于事物及其规律没有增减。事物及其规律的名称不是固有和必然的。欧阳建从语言与认识、事物的相互关联，探讨语言的性质。欧阳建的议论，涉及事物、认识和语言三者的关系。

事物反映为认识，认识形之于语言。考察名称的根源，追溯语言的起源，可以了解名称、语言的派生性、社会性和主观性。人们设法把名称搞正确，圣人贤者也不能不说话。心里明白道理，不用语言不能清楚表达。

没有名称，不能辨别事物。语言不能清楚表达思想，无法相互交际。不用名称辨别事物，精辟的认识就不能显露。把真知灼见显露出来，而名称类别都区分开来，人们就能通过语言相互交际，思想感情就能清楚表达。要想辨别不同的实体，就应该使用不同的名称。要把思想表达出来，就应该建立不同的称谓。这是语言的指谓和交际功能。

名称跟随事物而迁移，语言依据规律而变化。事物的名称、规律和语言之间的关系，就像声音发出来而回响呼应，形体存在而影子跟随，不能把它们分成两个互不相干的东西。这里用"声发响应"和"形存影附"的比喻，形象地说明了名称、语言来源的客观性，说明名称与事物、语言和规律的联结和一致性。

欧阳建指出名称、语言的灵活性、变动性。所谓"言尽意"的"尽"，不是照镜子式的一次完成，而是有跟随事物迁移变化的过程。欧阳建的"言尽意"论有很大影响，论点为许多人所接受。

欧阳建论点是"言尽意"论的发挥。北齐刘昼《刘子新论·崇学》说："至道无言，非立言无以明其理。"即最高的道理，自己不会说话，不依靠语言，不能明白道理。《刘子新论·审名》说：

> 言以绎理，理为言本。名以订实，实为名源。有理无言，则理不可明。有实无名，则实不可辨。理由言明，而言非理也。实由名辨，而名非实也。今信言而弃理，非得理者也。信名而略实，非得实者也。故明者课言以寻理，不遗理而著言。执名以责实，不弃实而存名。然则言理兼通，而名实俱正。

即用语言解释道理，道理是语言的根本依据。名称确定实体，实体是名称的本原。有道理不说出来，道理就不能明白。有实体无名称，则实体不能得到分辨。道理由语言说明，但语言不等于道理本身。实体由名称分辨，但名称本身不等于实体。现在相信语言而抛弃道理，实在不是获得道理的方法。

只相信名称而忽略实体，就不能得到实际情况。所以明智的人通过考核语言以便探寻道理，不抛弃道理而只突出语言。用名称来检查实体，不抛弃实体而只保存名称。这样来做到语言和道理两方面的贯通，而名实关系双方都得到纠正。《审名》说：

> 世人传言，皆以小成大，以非为是。传弥广而理逾乖，名弥假而实逾反。古人必慎传名，近审其词，远取诸理，不使名害于实，实隐于名，故名无所容其伪，实无所蔽其真。此之谓正名也。

即世人传言，通常会把小说成大，造成是非颠倒的结果。言论传得越广，而道理越乖戾荒谬，名称越假，而与实际越相反。古人一定慎重传达名称，近审察词句，远探求各种道理，不使名称有害实体，或者实体被名称掩盖。这样名称就不会容纳虚假，实体也不会被掩盖真相。这就叫做"正名"。

刘昼用大量案例，说明传言必须察明语境，以确定真实语义，避免望文生义，断章取义。刘昼观点是"言尽意"论的发挥。《易·系辞上》说："书不尽言，言不尽意。"即书面文字不能完全表达自然语言，自然语言不能完全表达内心深意。

北宋欧阳修《欧阳文忠公文集·系辞说》提出质疑说：

> "书不尽言，言不尽意"，然自古圣贤之意，万古得以推而求之者，岂非言之传欤？圣人之意所以存者，得非书乎？然则书不尽言之烦，而尽其要；言不尽意之委曲，而尽其理。谓"书不尽言，言不尽意"者，非深明之论也。
>
> 予谓《系辞》非圣人之作，初若可骇。余为此论迨今二十五年矣，稍稍以余言为然也。六经之传，天地之久，其为二十五年者，将无穷而不可以数计也。予之言久当见信于人矣，何必汲汲较是非于一世哉？

即《易·系辞上》假托孔子说"书不尽言，言不尽意"，但古代圣贤的意思，难道不正是通过语言的传承，才得以推求把握？圣人意思的保存，难道不正是得益于书籍的记载？书籍虽不能穷尽语言的烦琐细微，但可以穷尽语言的精要。不能穷尽意义的底细原委，但可以穷尽其道理。说"书不尽言，言不尽意"，不是深刻明智的论断。

欧阳修说《系辞》不是孔子圣人的作品，这种论点的提出，最初似乎骇人听闻，但经过多年的考验，他更坚信其正确，自信历时愈久，会愈为人相信，而不在乎当世的认可。欧阳修用理性分析和批判的方法，疑古祛惑，质疑问难，提出异于众人的创新见解。

《论语·卫灵公》载："子曰：'辞达而已矣。'"清刘宝楠《论语正义》解释说："辞不贵多，亦不贵少，皆取达意而止。"孔子作为杰出的教育家，肯定语言能够表达意义。《易·系辞上》假托孔子说"书不尽言，言不尽意"，与《论语》所载孔子的思想不合。这是用归谬法进行反驳。欧阳修质疑，是"言尽意"论的发挥。

再说言不尽意论，以庄子和魏晋玄学家为代表。《庄子·天道》说："桓公读书于堂上，轮扁斫轮于堂下，释椎凿而上，问桓公曰：'敢问公之所读者何言邪？'公曰：'圣人之言也！'曰：'圣人在乎？'公曰：'已死矣！'曰：'然则君之所读者，古人之糟魄已夫！'桓公曰：'寡人读书，轮人安得议乎？有说则可，无说则死！'轮扁曰：'臣也，以臣之事观之：斫轮，徐则甘而不固，疾则苦而不入。不徐不疾，得之于手，而应于心，口不能言，有数存焉于其间。臣不能以喻臣之子，臣之子亦不能受之于臣，是以行年七十，而老斫轮。古之人与其不可传也，死矣。然则君之所读者，古人之糟魄已夫！'"

即齐桓公在堂上读书。堂下一位名叫扁的制轮工匠，在斫木头，做车轮。他忽然放下手中的槌子和凿子，上前问桓公说："请问您读的书上写了些什么？"桓公说："写的是圣人之言！"轮扁说："圣人还在吗？"桓公说："已经死了！"轮扁说："那么您所读的书，不过是古人的糟粕而已！"

桓公曰："我读书，你做车轮，怎么敢妄加议论？说出道理，可免你一死；说不出道理，定治你死罪！"轮扁说："我就拿我做车轮的事来看：做车轮，榫眼对榫头，偏宽则甘滑易入而不坚，偏紧则苦涩难入而不成。不宽不紧，得之于手，应之于心，口虽不能用语言表达，但是有艺术技巧存于其间。

我不能给我的儿子说清楚，我儿子也不能不经自己琢磨，就从我这里传承，所以我已年届七十，还得在这里砍削车轮。古人和他们不可言传的意思，已经死了。所以我说您所读的书，不过是古人的糟粕而已！"

宋林希逸《庄子口义》卷五说，庄子"轮扁斫轮"的寓言"极为精妙"，用比喻说明"言不尽意"的命题。庄子说："世之所贵道者书也。书不过语，语有贵也。语之所贵者意也，意有所随。意之所随者，不可以言传也。"即世人所看重称道的是书。书不过是记载的语言，语言自有其珍贵之处。语言可珍贵的是意义，意义有其所追随的道理。意义所追随的道理，不能用语言传达。

唐成玄英解释说，"道者言说，书者文字，世俗之人"，"因书以表意"，"以为贵重，不知无足可言也"，"所以致书，贵宣于语。所以宣语，贵表于意也"，"随，从也。意之所出，从道而来。道既非色、非声，故不可以言传说"。

庄子的意思是：世人都说书最贵，书籍不过语言写，语言比书更为贵。贵于语言是意义，意义更有其所贵。贵于意义是道理，不可言传难描绘。其中包含程度递进公式：书→语→意→道（书籍→语言→意义→道理）。

即有形事物的粗糙一面，可用语言表达。无形事物的精妙所在，可用意念想象。抽象的道理，没有形体、颜色、声音，不能用视听认识手段把握。道理的精妙意义，不能用语言穷尽，不能用意念想象。

《庄子·知北游》说："道不可闻，闻而非也；道不可见，见而非也；道不可言，言而非也"；"所以论道，而非道也"。即道理不能听，能听的不是真道理。道理不能看，能看的不是真道理。道理不能言说，能言说的不是真道理。道理不能议论，能议论的不是真道理。

魏晋玄学家的言不尽意论。三国魏学者荀粲认为精微奥妙的道理，不能用语言表达。《易·系辞上》说："书不尽言，言不尽意。"即书面文字不能完全表达自然语言，自然语言不能完全表达内心深意。

王弼在《老子指略》说："名必有所分，称必有所由。有分则有不兼，有由则有不尽。不兼则大殊其真，不尽则不可以名"；"言之者失其常，名之者离其真"；"不以言为主，则不违其常；不以名为常，则不离其真"。

王弼认为有名称，就有分别；有分别，就不会有整体。名言不能反映整体、全貌和真相。这是以语词、概念的相对性为根据，论证"言不尽意"，走向极端，认为不言、不名，才不违失常道，远离真相。蒋济、傅嘏和钟会的著作，都以"言不尽意"为立论根据。

"言不尽意"论，指出言词表达意义的局限，对文学创作有重大影响。语言是人类的创造，但表达人类丰富感情和大千世界，显然有不足。所以，创作力求达意，既诉诸言内，又寄诸言外，运用启发暗示，唤起读者联想，体味字句外深长的意趣，以收"言有尽，而意无穷"的效果。

苏东坡说："言有尽，而意无穷者，天下之至言也。"欧阳修说："状难写之景，如在目前；含不尽之意，见于言外。"陆机《文赋》说："意不称物，文不逮意，盖非知之难，能之难也。"

刘勰《文心雕龙·神思》说："是以意授于思，言授于意，密则无际，疏则千里，或理在方寸，而求之域表，或意在咫尺，而思隔山河。""至于思表纤旨，文外曲致，言所不追，笔固知止。至精而后阐其妙，至变而后通其数，伊挚不能言鼎，轮扁不能语斤。"钟嵘《诗品》说："使味之者无极，闻之者动心，是诗之至也。"东晋大诗人陶渊明（365—427）《饮酒》诗说：

> 结庐在人境，而无车马喧。
> 问君何能尔，心远地自偏。
> 采菊东篱下，悠然见南山。
> 山气日夕佳，飞鸟相与还。
> 此中有真意，欲辨已忘言！

即诗作既设法言说，以诗言志，又昭示言外有欲辨真意，表达"言尽而意未尽"的境界。

"言不尽意"论，强调语言的相对性，有反对绝对主义、独断论的合理一面。但真理向前多走半步，会陷于谬误。极端夸大语言的相对性，会走向相对主义、怀疑论和不可知论。

《庄子·天道》说："智者不言，言之不智。"真正有智慧的人不说话，说话的人并非真正有智慧。《知北游》说："至言去言"，"辩不若默"。最高明的言论是取消言论，能言善辩不如沉默无语，主张去除言谈辩说，沦于荒谬。

唐欧阳询《艺文类聚》卷十七载西晋张韩著《不用舌论》说："留意于言，不如留意于不言"；"普天地之与人物，亦何屑于有言哉？"把"言不尽意"论发挥到极致：既然"言不尽意"，不如"不用舌"说话。

《春秋·穀梁传·僖公二十二年》说："人之所以为人者，言也。人而不能言，何以为人？"语言是人猿相揖别的一个标志性特征，人如果倒退到"不用舌"、不说话的地步，人将不成其为人。古希腊也有从辩证法走向诡辩论的案例。列宁说："辩证法曾不止一次地作过——在希腊哲学史上就有过这种情形——通向诡辩法的桥梁。"[1]

亚里士多德说："如那个闻名已久的赫拉克利特学派克拉底鲁执持的学说，可算其中最极端的代表，他认为事物既如此变动不已，瞬息已逝，吾人才一出言，便已事过境迁，失之幻消，所以他最后，凡意有所指，只能微扣

---

① 《列宁全集》，中文1版，第22卷，302页，北京，人民出版社，1958。

手指，以示其踪迹而已；他评议赫拉克利特所云'人没有可能再度涉足同一条河流'一语说，在他看来，'人们就是涉足一次也未成功'。"①

列宁说："这一点素朴地绝妙地表现在赫拉克利特的一个著名公式（或格言）中：'不可能两次进入同一条河流'——其实（像克拉底鲁——赫拉克利特的学生早就说过的那样）连一次也不可能（因为当整个身体浸到水里的时候，水已经不是原来的了）。""这位克拉底鲁把赫拉克利特的辩证法弄成了诡辩"，"关于任何东西都不可能说出什么来"。克拉底鲁只"动了动手指头"，便回答了一切。② 认为"万物变动难言说，微扣手指示踪迹"的论调，这同张韩的《不用舌论》异曲同工。从《四库全书》、《四部丛刊》两部特大型丛书检索，发现"言意之辩"中"言不尽意"论的影响远大于"言尽意"论。个中缘由，值得思索。言意之辩，见表7。

表7   言意之辩

言意之辩命题	《四库全书》	《四部丛刊》	合计
言尽意	41	6	47
言不尽意	509	61	570
不可以言传	108	19	127
合计	658	86	744

"言尽意"论属于辩论中的乐观主义派，有见于语言的达意功能、目的和结局，而失之于对语言达意功能相对性、过程性和阶段性的忽视和过于乐观，有陷于语言达意功能一次完成的形而上学片面性和简单化的可能。

"言不尽意"论属于辩论中的悲观主义派，有见于语言表达意义的相对性、过程性和阶段性，而失之于对语言达意功能的怀疑，有陷于相对主义、怀疑论和不可知论的可能。未来期待两派论点继续调整，深化论证，互相汲取对方论证的合理因素，在思想的对立碰撞中，实现更高层次的综

---

① 亚里士多德：《形而上学》，吴寿彭译，74 页，北京，商务印书馆，1959。
② 参见列宁：《哲学笔记》，390 页。

合提升。①

诗以咏之：

> 言不尽意留余地，说绝对了太悲观。
> 言尽意论有信心，说绝对了太乐观。
> 言意之辩几千年，辩论磨砺真理见。
> 尽和不尽辩证看，相对绝对有两面！

---

① 参见拙文《墨家逻辑的命题论》，载《毕节学院学报》，2013（1）；《中国古代逻辑中的判断论》，载《逻辑与语言学习》，1988（1）；《言意之辩的逻辑哲学意义》，载《重庆工学院学报》，2007（5），获 2008 年 12 月 29 日重庆市新闻出版局、重庆市期刊协会第 8 届重庆市期刊好作品评选二等奖。

第三讲　论推理：论证说服的艺术

题头诗：

> 推理论证为说服，以理服人讲道理。
> 逻辑核心是推论，推论无理不成立。
> 推论形式有多种，熟练掌握靠学习。
> 论证说服不难学，钻研逻辑长技艺！

一、论证说服

第三讲题目叫"论推理"，也叫"推理论"，是关于推理的学说，讲论证说服的艺术。狭义的推理，指归纳、演绎和类比三种形式。这里使用推理的广义，即推理论证，简称推论，相当于墨家和荀子逻辑著作中的术语"说"和"辩"，其中既包括狭义推理的归纳、演绎和类比三种形式，也包括论证，即证明和反驳。

证明是"立"：建立论题。反驳是"破"：破斥论题。这是用来论证论题、以理服人的艺术，是逻辑学的主要部门，墨辩有特别丰富的理论。墨辩是春秋战国诸子百家争鸣辩论技巧方术的总结，从辩论中来，回到辩论去。辩论极盛，提供丰富素材，促进墨辩产生。

墨辩是辩论学说。《小取》开头"夫辩者"，指辩论学说，相当于古希腊辩论术 dialectic，即辩论的技巧方术。墨辩是先秦诸子百家争鸣辩论，古圣先贤朴素科学认识思维表达方式的总结，是全人类共同的知识遗产，对全人类普遍有效的逻辑工具。日本讲谈社 1978、1989 年版《人类知识遗产》丛书，包含本田济译注《墨子》。本田济是日本大阪大学教授，专攻中国哲学。

《小取》开宗明义给出辩学的功能和结构定义："夫辩者，将以明是非之分，审治乱之纪，明同异之处，察名实之理，处利害，决嫌疑焉：摹略万物之然，论求群言之比（功能定义）。以名举实，以辞抒意，以说出故（结构定义）。"

即辩是用来辨别真理和谬误，搞清治乱的规律，明确同异的所在，审查名实的道理，衡量处置利害的矛盾关系，分辨真相和假象的疑难，于是认识世界的本来面目，汲取众人言论的精华。

在中国文化的轴心时代春秋战国，诸子百家争鸣辩论，朴素科学认识进展，墨家在道儒名法杂诸家推动刺激下，广义《墨经》六篇总结先秦诸子百家争鸣辩论和朴素科学认识的形式、规律和方法，构成中国逻辑学体系，其原型架构、范本蓝图是《小取》。

《小取》是中国逻辑学专论，是中国逻辑学的简明纲要，是墨家教育"谈辩"一科的教学大纲。"辩"是中国逻辑学的原称。晋代鲁胜把《墨经》改称为《墨辩》和《辩经》，"墨辩"术语流传至今，兼指《墨辩》书名和"墨辩"学说名。今语"墨辩"意同"墨家逻辑学"。

《小取》概括"辩"的认知功能，突出"辩"是正确的思维方法、探求真理的工具，标志"辩"在墨家逻辑学体系中的地位，"辩"是墨家逻辑学中标示学科名称的一级范畴。名、辞、说等分论，隶属于"辩"，是标示思维论辩形式各部分的次级范畴。

"以名举实，以辞抒意，以说出故"三个排比句，是辩学的结构定义，确认概念论、命题论和推理论，是墨家逻辑学基本内容，是概括人类理性思维认识的基本形式，是人类语言表达的工具手段。

在西方，辩论术 dialectic 曾长期兼作逻辑学的统称，一直到近现代，才正式叫逻辑学 logic。19 世纪末到 20 世纪初，中国把西方逻辑学翻译为"名学"（严复《穆勒名学》、《名学浅说》）、"辩学"（王国维《辨学》，"辩"、"辨"通用）。

研究中国逻辑史的专书，名为《先秦名学史》（胡适）、《先秦辩学史》（郭湛波）。后经章士钊等学者极力提倡，逐渐统称为"逻辑学"。我在 1987 年出版《中国逻辑史》（中国人民大学出版社）。1993 年出版《中国逻辑学》（台湾水牛出版社），二十年来在台湾不断重印，被作为教材。

《小取》开篇，用"辩"概括思维论辩的理论学说，梁启超《墨子学案》商务印书馆 1921 年版第 92 页解释："西语的逻辑，墨家叫做'辩'。"把墨家辩学跟西方逻辑架桥接轨。沈有鼎《墨经的逻辑学》于 1954—1955 年连载于《光明日报》时，题为《墨辩的逻辑学》。中国社会科学出版社 1980 年出版时，改题为《墨经的逻辑学》。

沈有鼎于 1982 年 9 月 8 日通过倪鼎夫寄给我他亲笔书写的自传稿解释说，他这一修改理由是："由于'辩'字的一个意义是'逻辑学'，为了避免咬文嚼字的老先生把书名理解为'墨家逻辑学的逻辑学'。"①

古希腊有亚氏逻辑，古印度有因明正理，古中国有墨家辩学、荀子名学、名家名学。近现代称墨家逻辑学为"辩学"，19 世纪末 20 世纪初把初译进来的西方逻辑学叫"辩学"，把"辩"看做学科名，渊源于《小取》。

墨家在百家争鸣辩论中，有独到的论证说服技艺和杰出运用。"止"是包含归纳、演绎的综合性类推。"譬、侔、援、推"，是譬喻、比词、援引、归谬等几种特殊类推。类推是包含演绎、归纳、类比多种推理形式的综合推论。精研为争鸣辩论服务的论证说服技艺，是墨家辩学的特色。

《墨经》总结论证说服的技艺，是为在争鸣辩论中占据优势。墨家把推理论证（简称推论）统称为"说"。"说"的本意是说明解说。《经上》第 73 条

---

① 转引自拙文《墨家逻辑研究的长期性——纪念沈有鼎诞辰百年》，载《中州学刊》，2009 (1)。《中国社会科学文摘》，2009 (5) 以《沈有鼎先生的学术生涯》为题，摘录了拙文附录的"沈有鼎传记资料"。

说："说，所以明也。"在中国逻辑学中，"说"是专门术语，指广义的推论，包括推理、证明和反驳。辩论中求胜的方法，是摆事实，讲道理，以理服人。

《非儒》说："仁人以其取舍是非之理相告，无故从有故也，弗知从有知也，无辞必服，见善必迁。"即讲究仁义的人，用赞成或不赞成的是非道理，互相告诉。没有根据，服从有根据。没有知识，服从有知识。

在辩论中被反驳，无话可讲，一定要服从对方。对方比自己好，一定学习仿效。在辩论中，寻求真理，纠正谬误，是理性智慧的表现。从善如流，是伦理道德的表现。求真的智慧学、认识论，跟向善的伦理学、道德观，并行不悖，共同作用于辩论实践。

《公输》载墨子游说公输般，设计说："北方有人侮辱我，请你帮我把他杀掉。"公输般说："我讲仁义从来不杀人。"墨子说，你造云梯，准备打宋国，杀许多老百姓，说"讲仁义不杀一个人"，却杀许多人，叫"不知类"。即不知事物类别性质，自相矛盾。于是"公输般服"，楚王说："善哉！"墨子巧妙地运用论证技艺，成功说服公输般和楚王，完成"止楚攻宋"的伟大壮举，传为千古佳话。墨子巧用归谬法，是中国总结运用归谬法的始祖。

《小取》说："以说出故。""说"的实质，是揭示"辞"（推理的结论，论证的论题）成立的理由根据。《经下》和《经说下》表达的结构，是"以说出故"形式的运用。《经下》先列出论题，然后用"说在某某"的形式，简明标出论题之所以成立的理由（事实、道理），《经说下》展开解说。整篇《经下》和《经说下》，由论题、论据和论证组成，是表达"说知"（推论之知）的典范。

二、演绎推论

根据由论据推出论题的推理形式，可分为演绎、归纳和类比论证方式。演绎推论是由一般性前提，推出特殊性结论。这种推论的特点，是用讲道理的方法，进行论证，以达到说服的目的。

《经下》第 170 条说："闻所不知若所知，则两知之，说在告。"《经说下》解释说："在外者，所知也。在室者，所不知也。或曰：'在室者之色若是其色。'是所不知若所知也。犹白若黑也，孰胜？是若其色也，若白者必白。今也知其色之若白也，故知其白也。夫名（用广义：概念推论）以所明正所不知，不以所不知疑所明。若以尺度所不知长。外，亲知也。室中，说知（推论之知）也。"

即听到别人说自己所不知道的东西与所知道的东西一样，则不知和知两方面就都知道了，论证的理由在于，这是以别人告诉的知识作为中间环节而推论出来的知识。在室外的东西是自己所知道的，在室内的东西是自己所不知道的，有人告诉说："在室内的东西的颜色与在室外的东西的颜色是一样的。"这就是所不知道的东西与所知道的东西一样。

"若"（像）字的意思就是一样，假如一个思想混乱的人说："白若黑。"那究竟是"像白"，还是"像黑"呢？所谓"这个颜色像那个颜色"，如果像白，那就必然是白。现在知道了它的颜色像白，所以就推论出来一定是白的。

所谓概念和推论，是以所已经明白的知识为标准，衡量还不知道的东西，而不能以还不知道的东西为根据，怀疑所已经明白的东西。这就像用尺子（已知其长度为一尺）量度还不知道的东西的长度。在上例中，室外东西的颜色是亲知，室内东西的颜色是推论出来的知识。推论事例，见表 8。

表 8　　　　　　　　　　　　　　　推论事例

推论素材	推论形式	
（亲知）室外之物颜色是白的。	所有 M 是 P	MAP
（闻知）室内之物颜色是室外之物颜色。	所有 S 是 M	SAM
（说知）室内之物颜色是白的。	所有 S 是 P	SAP

从中抽引出推理形式，用汉字"所有"、"是"表示逻辑常项（量项和联项），用英文字母 S、M、P 表示逻辑变项。或进一步把用汉字"所有"、"是"表示的逻辑常项（量项和联项），代换为英文字母 A（表全称肯定）。

这种推论形式的实质，是亚里士多德三段论推理的演绎推论。但墨家只是列举具体推论事例，用古汉语自然语言进行理论说明，没有如西方那样，使用人工语言符号，代表逻辑常项（上式中 A 表全称肯定）和变项（上式中 S、M、P 分别代表小项"室内之物颜色"，中项"室外之物颜色"和大项"白的"），从而概括出推论的一般形式。

墨家也曾用古汉语特殊词汇和特殊构词构句方法，表示逻辑变项和逻辑常项。《经说下》第 101 条说："以此其然也，说是其然也。"用我们现在熟悉的表达方式加以翻译，即："根据'所有 M 是 P'，推论出'所有 S 是 P'。""此其然"，理解为"一类事物全体都是如此"。《经说上》第 99 条说："彼举然者，以为此其然也。"对方列举一些如此这般的正面事例，推论出"一类事物全体都是如此"（所有 M 是 P），要"举不然者而问之"，列举"有 M 不是 P"反驳。"说"：推论。"是"：这个。由"此其然"到"是其然"的推论过程，是由一般到特殊和个别的演绎推论。

这是墨家对演绎推论第一层次的元语言、元逻辑研究。我们上述的分析，是对墨家逻辑的第二次元研究。《墨经》用古汉语表达的逻辑知识，不易为熟悉西方逻辑的现代人读懂。弘扬《墨经》逻辑精华，必须用现代科学和语言，进行解释发挥和转型，这是现代学者第二层次元研究的操作和使命。

三、归纳推论

归纳推论是由特殊性前提，推出一般性结论。这种推论的特点，是用摆事实的方法，进行论证，以达到说服目的。《经下》第 151 条说："擢虑不疑，说在有无。"《经说下》解释说："疑无谓也。臧也今死，而春也得之，之死也可。"

《说文》："擢，引也。"擢即从个别事例中抽出一般规律的思考，这相当于典型分析式的归纳推论。抽出的一般规律，是否令人坚信不疑，关键就在于这事例中，是否确实存在此种必然联系。《经说上》第 84 条说："必也者可勿疑。"必然性是事物不能不如此的趋势，怀疑是没有根据的。如在当时条件下，臧得某种病死了，而春感染了这病，则她也会死的结论就可以做出。

典型分析式的归纳推论，可以用"S是P，其类在 S_1"的形式来表示。《大取》说："凡兴利，除害也，其类在漏瓮。"凡兴办对人民有利的事，必然包含着除害的因素，如筑堤防、兴修水利，即包含革除水患、堵河水之溃漏。

"S是P"为一般命题，"其类在某某"是列举出其所由以引出的典型事例。所谓"类"，是代表本质或一般情况的个别事例，即典型。"S是P，其类在 S_1"的表达式，跟因明中的"所有制造出来的东西都是非永恒的，如瓶"、"凡有烟处必有火，如厨房"相似。

《大取》的"S是P，其类在 S_1"，到《经下》则一律被规范化为"S是P，说在 S_1"之类的形式。"S是P"代表一般定律，S_1代表这一定律所由以抽出的典型事例。其中"说在"字样，意谓一般定律的事实证明、事实证据。"其类在"含义：其典型事例在于。"说在"含义：论证理由在于。

《经下》第129条说："倚者不可正，说在梯。"斜面的特点，是与地面不垂直，典型事例是车梯（带轮子的梯子，可搬运重物或登梯爬高）。《墨经》这类表达，展示其科学思想的产生，一般规律的概括，肇端于对典型事例的观察分析。在认识个别事例必然联系的基础上，可以正确地引出一般知识。这是典型分析式的归纳推理。《墨经》普遍应用典型分析式的归纳推理。

四、类比推论

类比推论是由特殊性前提，推出特殊性结论。这种推论的特点，用以小证大、以易喻难、以具体比抽象的方法，进行论证，达到说服目的。这种推论方式的优点，是形象生动，感染力强，有较强的说服力。

《大取》说："不为己之可学也，其类在猎走。"即忘我为天下的精神，是可以学到的，犹如竞走是可以学到的一样。这是列举相似事例，作为论据，以证明一般论点，是属于类比推理。《大取》列举的推论例题，多是广义类比推理。类比推理的性质，近于归纳，是简单、初步的归纳推理。

五、止：综合类推

《经上》第 99 条说："止，因以别道。"《经说上》说："彼举然者，以为此其然也，则举不然者而问之。若'圣人有非而不非'。"《经下》第 101 条说："止，类以行之，说在同。"《经说下》说："彼此此其然也，说是其然也。我以此其不然也，疑是其然也。"《经上》第 98 条说："法异则观其宜。"《经说上》说："取此择彼，问故观宜。以人之有黑者、有不黑者也，止黑人，与以有爱于人、有不爱于人，止爱人，是孰宜？"

"止"是用反面事例，驳斥全称命题的推论。"止"在物理学意义上指"停止"（stop），在逻辑学意义上指反驳（refute，止住、不许他那样说）。"因以"：用来。"别"：区别、限制。"道"：一般性道理、全称命题。

对方列举一些正面事例（"彼举然者"），想当然地推出不正确的全称命题（"以为此其然也"：轻率概括），这时我列举反面事例加以反驳（"则举不然者而问之"）。如儒家列举若干个别事例，得出"所有圣人都不批评别人错误"（圣人有非而不非），我就列举反面事例（如墨子是圣人，并且墨子批评别人错误，所以有圣人批评别人错误），进而推出"并非所有圣人都不批评别人错误"。

"止"的规则，是同类相推（"类以行之"）。因为我所举反例，必须跟对方命题确属同类，针锋相对，驳倒对方。如对方列举若干正面事例，说甲是黑的，乙是黑的，而甲、乙是人，所以所有人都是黑的。

我则举出反例说，丙是白的，丁是白的，而丙、丁是人，所以有人是白的（即有人不是黑的），进而推出"并非所有人都是黑的"。这里，拿"有人不是黑的"作为"止"式推论的前提（论据，即"故"），反驳"所有人都是黑的"合适（宜）、有效。因为这前提（论据、故）和被反驳的论题，都是关于同类事物。

不同类不能相推（"异类不比"）。如墨家主张"兼爱"，即一切人应该爱一切人。这是墨家最高的道德理想，并不是立刻要在现实生活中一个不漏地爱每一个人。有的人（如侵略者、强盗等"暴人"）就不能被爱，而应该讨厌（恶），为了正当防卫，可以诛杀。所以不能用"现实有人不被人爱"（有不爱于人），作"止"式推论的前提（论据，即"故"），反驳"一切人应该爱一切人"的最高理想。如果这样来构造"止"式推论，不合适，无效。

用"有人不是黑的"，反驳"所有人是黑的"，跟用"有人不被人爱"（现实）来反驳"一切人应该爱一切人"（理想），这两个"止"式推论的形式不同（法异），所以就有一个合适（宜），一个不合适，即一个"中效"（有效），一个"不中效"（非有效）的不同。从推论规则和思维规律来看，前一个"止"符合同类相推的规则和同一律，后一个"止"则不符合。

《墨经》关于"止"式推论的规定，跟西方逻辑所讲的道理一致。《经说下》所谓"彼以此其然也，说是其然也。我以此其不然也，疑是其然也"的说法，跟西方逻辑合拍。"彼以此其然也，说是其然也"，是指对方根据其已归纳出的全称命题，演绎推论出个别结论（是其然），我则用反例的概括（此其不然），来怀疑对方的个别结论。

如对方推论说："因为所有人是黑的，而张某是人，所以，张某是黑的。"我则用"并非所有人是黑的"（即有人不是黑的），怀疑"张某是黑的"。"疑"字用得准确。因为当演绎推理的大前提不真时，结论并非必然假，而是可能假，可能真。"疑"道出对方推论的或然性，非必然性，可疑性，即对方的推论非有效。

当时阴阳五行家，用简单枚举归纳推理，从日常观察中列举若干正面事例，得出"火克金、金克木、木克土、土克水、水克火"等"五行常胜"的形而上学公式。《墨经》列举反例，证明可以有"金克火"等相反情况，归纳出"五行无常胜"的辩证公式，具体分析一种元素之所以能克胜另一种元素，不是由某种先验公式决定，而是由于它在某种具体情况下占据优势。

《经说下》第144条说："火铄金，火多也；金靡炭，金多也。"在某种情况下，火之所以能销铄金属，是由于火占优势。在另一种情况下，金属之所以能压灭火，是由于金属占优势。一切以环境和条件为转移，"若识麋与鱼之数惟所利",犹如某山麋鹿多,某渊鱼鳖盛,是由于环境条件有利。

《论语·里仁》载,孔子主张"以礼让为国"。《学而》载子贡说:"夫子温良恭俭让以得之。"人生处事,必要的礼让是对的。但若把这一点夸大,说"所有事情都是要让的",墨家认为"不可"。

如宴请宾客,喝酒可以让,但酤酒(买酒)让人,却于理不合,所以《经下》第137条说:"无不让也,不可,说在酤。"《经说下》说:"让者酒,未让酤也,不可让也,若酤于城门与于臧也(如果要到城门内买酒,则指派家中仆人去,不能让宾客去)。"

"止"式推论结合归纳和演绎两种方法,用反例驳斥对方全称命题的方式,相当于西方逻辑中以 I 命题真,证 E 命题假,或以 O 命题真,证 A 命题假的对当关系直接推论。这是有力的论证工具,墨家在百家争鸣中用"止"式推论驳斥论敌,证明自己学说,取得很大成功。

六、辟:譬喻类推

《小取》对"辟"的定义:"辟也者,举他物而以明之也。"即列举另一事物,说明这一事物。这相当于类比推论。《小取》定义"辟"式推论的联结词:"是犹谓也者,同也。""吾岂谓也者,异也。""是犹谓"(或"辟"、"若"),是论证两个事物的相同相似,意谓辟式推论的建立。"吾岂谓"(或"不若"),是论证两个事物的不同,意谓对辟式推论的反驳。

"辟"兼有修辞学上的譬喻(比喻)和逻辑上的类比两种功能。诸子百家都极善于用"辟"说话。刘向《说苑·善说》载魏惠王的相、著名辩者惠施"善譬"的故事。有人为魏王设计策,叫惠施讨论问题不用譬喻。

惠施回答时,偏偏用一个譬喻,说明不用譬喻就不能说话,并对譬喻下定义:"夫说者固以其所知,喻其所不知,而使人知之。"即说话的人,本来就应该用已经知道的,来譬喻还不知道的,而使人知道。

魏王不得不答应以后惠施仍然可以用譬喻说话,这典型地表现辩者善用譬式推论辩论的技巧。孟子、庄子、尹文子、公孙龙子、荀子、韩非子和吕不韦等诸子百家，都擅长于使用譬式推论。开譬喻风气之先的，是战国初期的墨子。

墨子言必有譬。《非攻下》载墨子说："今天下之诸侯，多攻伐并兼，则是有誉义之名，而不察其实也，此譬犹盲者之与人，同命白黑之名，而不能分其物也。""此譬犹""（"譬犹"）、"是犹"，是譬喻推论的联结词。

这些议论可分两部分：从修辞学上说，有本体和喻体。从推理上说，有前提和结论。从论证上说，有论据和论题。这些譬式推论，收到举此明彼，以浅喻深，以易喻难，由已知到未知的论证表达作用。这是属于"是犹谓"式譬式推论的建立。

"吾岂谓"式譬式推论反驳的事例：有一次墨子讲许多"兼爱"的好处，论敌"天下之士君子"说："您的兼爱说好是好，就是实行不了，譬若挈泰山越河济（黄河、济水）实行不了。"墨子说："您这是譬喻不当（是非其譬也），兼爱说古代的圣王曾经实行过，而挈泰山越河济，却从来没有人实行过。"

墨子可以说："吾谓兼爱之说能行，吾岂谓挈泰山越河济之说能行乎？"通过"吾岂谓"式的反驳，将对方譬喻中前提与结论（或论据与论题、喻体与本体）两者之间的不同，揭示出来，证明对方的譬喻不伦不类，驳倒对方。

《墨经》擅长说理（讲道理），也常以"若"、"犹"等联结词，连带譬喻。其中少量为修辞学上的比喻，更多的除比喻的修辞意义外，还兼有类比推论的意义。《经说下》第 177 条批评论敌告子一派"仁内义外"的论点："其谓'仁，内也。义，外也'，举爱与所利也，是狂举也，若左目出，右目入。"

"若左目出，右目入"，是修辞学上的比喻。《经说下》第 171 条说："夫名以所明正所不知，不以所不知疑所明，若以尺度所不知长。""若以尺度所不知长"，是修辞学上的比喻，也是逻辑学上的类比。

《墨经》中许多以"若"、"犹"所联结的事项，已丧失比喻或类比的意义，而只是一般命题（定义、定律）的典型事例。典型事例同一般命题之间的关系，是归纳的关系。即从个别事例中，引出一般命题。

《经说上》第 1 条原因概念以"若见之成见"为例。《墨经》有重事实、重归纳的科学精神，是墨子譬喻（类比）思想的发展，由"举他物以明之"的譬式推论，扩展为"举事明理"的归纳推理。

七、侔：比词类推

《小取》说："侔也者，比辞而俱行也。"孙诒让注："侔，齐等也，谓辞义齐等，比而同之。"《庄子·大宗师》注："侔者，等也，同也。""亦从也。"从"侔"的本义和"比辞而俱行"的定义看来，"侔"是比词类推。《小取》所提供的据以为推的语言表达式，有"是而然"、"是而不然"、"不是而然"、"一周而一不周"和"一是而一非"五种，列举大量同类事例，作为推论示范。

（1）"是而然"（前提肯定，结论也肯定）的比词类推："白马，马也；乘白马，乘马也。骊马，马也；乘骊马，乘马也。获，人也；爱获，爱人也。臧，人也；爱臧，爱人也。此乃是而然者也。"白马是马，乘白马是乘马。骊马是马，乘骊马是乘马。获是人，爱获是爱人。臧是人，爱臧是爱人。这是属于"是而然"（前提肯定，结论也肯定）的情况。

"是而然"的"侔"，是在肯定前提主、谓项前，各加一个表示关系的动词，从而得到一个肯定的结论。其公式是：A＝B，并且 CA＝CB。如：黑马是马；乘黑马是乘马。又如：获是人；爱获是爱人。这是由一般到个别的演绎推理，推理形式有必然性。前提中肯定黑马是马，结论中必然可以肯定乘黑马是乘马。前提中肯定获是人，结论中必然可以肯定爱获是爱人。

传说公孙龙乘白马过关，向守关人诡辩说，因为他乘的是白马，所以乘的不是马，意思不是说"白马"和"马"两个概念不同，而是说"白马"特殊类，不具有"马"一般类的实质和性质，这自然是谬论。

（2）是而不然（前提肯定，结论否定）的比词类推："获之亲，人也；获事其亲，非事人也。其弟（指妹妹），美人也；爱弟，非爱美人也。车，木

也；乘车，非乘木也。船，木也；入船，非入木也。盗，人也；多盗，非多
人也；无盗，非无人也。奚以明之？恶多盗，非恶多人也；欲无盗，非欲无
人也。世相与共是之。若若是，则虽'盗，人也；爱盗，非爱人也；不爱盗，
非不爱人也；杀盗，非杀人也'，无难矣。此与彼同类，世有彼而不自非也，
墨者有此而非之，无他故焉，所谓'内胶外闭'，与'心无空乎内，胶而不
解'也。此乃是而不然者也。"

即获的父母是人，获事奉她的父母不能说是"事奉人"（指做别人的奴
仆）。她的妹妹是美人，她爱妹妹不能说是"爱美人"（指爱美色）。车是木头
做的，乘车不能说是"乘木头"（指乘一根未加工的木头）。船是木头做的，
入船不能说是"入木"（指进入木头，进棺材）。

强盗是人，但某地强盗多，不能简单地说"某地人多"；某地没有强盗，
也不能简单地说"某地没有人"。怎么知道这一点呢？讨厌某地强盗多，并不
是讨厌某地人多；想让某地没有强盗，并不是想让某地没有人。

世上的人大家都赞成这一些。如果是这样的话，那么我们说"强盗是人，
爱强盗却不能说是爱人，不爱强盗不能说是不爱人，杀强盗也不能简单地说
是杀人（指杀好人，犯杀人罪）"，就也应该是没有困难的。

后者和前者是属于同类，世人赞成前者而不自以为不对，墨家的人主张
后者却要加以反对，没有其他的原因：这就是所说的"内心胶结，对外封闭，
听不进不同意见"，与"心里边没有留下一点空隙，胶结而解不开"的缘故。
这是属于"是而不然"（前提肯定，结论否定）的情况。

"是而不然"的"侔"，是在肯定前提主、谓项前，各加同样的词项后，
构成的结论，却是否定的。这是由于在前提主、谓项前，各加同样词项后，
组成的新词项，转化为不同的意义，发生了"行而异，转而诡，远而失，流
而离本"的问题。

如车是木，乘车不能说是乘木（乘未加工的原木）。船是木，入船不能说
是入木（进棺材）。获的父母是人，获事奉父母，不能说是"事人"（做别人
的奴仆）。获的妹妹是美人，获爱妹妹，不能说是"爱美人"（好色）。爱妹妹
与爱美人是两种不同的感情。

公式：A＝B，并且 CA≠CB。如：盗是人。多盗不是多人。无盗不是无人。恶多盗（讨厌强盗多）不是"恶多人"（讨厌人多）。欲无盗（采取措施想让没有强盗）不是"欲无人"（想让没有人）。爱盗不是"爱人"（爱好人）。不爱盗不是"不爱人"（不爱好人）。杀盗（正当防卫，杀无恶不赦的强盗）不是"杀人"（杀好人，犯杀人罪）。

墨家"杀盗非杀人"的命题，是在特定意义上说的。在正当防卫的条件下，杀无恶不赦的强盗，不是通常意义下的"杀人"（杀好人，犯杀人罪）。这是通过大量同类事例，合理类推的结论。这是墨家用心总结"是而不然"的"侔"式推论的政治用意。

在生理意义上，杀强盗是杀了作为强盗的人，不能说是杀了除人之外的其他动物。在这种意义上，荀子批评墨家"杀盗非杀人"是"惑于用名以乱名"（用杀强盗这种特殊的人，来搞乱杀一般人的概念）的错误，有一定道理。荀子只从生理意义上批评墨家"杀盗非杀人"的辩论是诡辩，不谈墨家议论中政治伦理的特殊含义，是从一个极端反对另一个极端，没有反映全面真理。

（3）不是而然（前提否定，结论肯定）的比词类推："读书，非书也；好读书，好书也。斗鸡，非鸡也；好斗鸡，好鸡也。且入井，非入井也；止且入井，止入井也。且出门，非出门也；止且出门，止出门也。若若是：且夭，非夭也；寿且夭，寿夭也。有命，非命也；非执有命，非命也。无难矣。此与彼同类，世有彼而不自非也，墨者有此而非之，无他故焉：所谓'内胶外闭'，与'心无空乎内，胶而不解'也。此乃不是而然者也。"

即"读书"不等于"书"，"好读书"却等于"好书"。"斗鸡"不等于"鸡"，"好斗鸡"却等于"好鸡"。"将要入井"不等于"入井"，阻止"将要入井"却等于阻止"入井"。"将要出门"不等于"出门"，阻止"将要出门"却等于阻止"出门"。

如果是这样的话，那么我们说将要夭折不等于夭折，阻止将要夭折却等于阻止夭折（即采取措施使将要夭折的人有寿，却是真的把夭折的人转变为长寿）。儒家主张有命论，不等于真的有命这东西存在；墨家非执有命，却等于非命（即墨家反对儒家坚持有命的论点，却等于实实在在地否定命的存在）就也应该是没有困难的。

后者和前者是属于同类，世人赞成前者而不自以为不对，墨家的人主张后者却要加以反对，没有其他原因：这就是所说的"内心胶结，对外封闭，听不进不同意见"，与"心里边没有留下一点空隙，胶结而解不开"的缘故。这是属于"不是而然"（前提否定，而结论肯定）的情况。

"不是而然"的"侔"，是在一个词组中，减去一个成分不成立，而在增加一个成分的情况下，再减去这个成分却成立。其前提是否定的，结论是肯定的，所以叫"不是而然"。公式：A≠B，并且 CA＝CB。

如："读书"不是"书"，"好读书"是"好书"；"斗鸡"不是"鸡"，"好斗鸡"是"好鸡"；"将要入井"不是"入井"，阻止"将要入井"是阻止"入井"；"将要出门"不是"出门"，阻止"将要出门"是阻止"出门"；"将要夭折"不是"夭折"，阻止"将要夭折"是阻止"夭折"；"有命"不是"命"，"非执有命"是"非命"。

最后一例的意思是，儒家宣扬"有命"论，不等于真的有"命"存在。墨家反对儒家坚持"有命"论，则是确实否定"命"的存在（《墨子》有《非命》一篇，论证"非命"，即否定命的存在的命题）。

墨家用大量日常生活中的事例，类比说明当时百家争鸣中的争论问题，论证自己学说，驳斥论敌言论。墨家总结"不是而然"的"侔"，其政治用意，是反对儒家的宿命论，解决当时学派争论的问题。百家争鸣促进中国古代逻辑诞生，中国古代逻辑诞生又促进百家争鸣中提出问题的解决。

（4）一周而一不周（一种说法周遍，一种说法不周遍）的比词类推："爱人，待周爱人而后为爱人。不爱人，不待周不爱人。失周爱，因为不爱人矣。乘马，不待周乘马，然后为乘马也。有乘于马，因为乘马矣。逮至不乘马，待周不乘马，而后为不乘马。此一周而一不周者也。"

即说"爱人"，必须周遍地爱所有的人才可以说是"爱人"。说"不爱人"，不依赖于周遍地不爱所有的人。没有做到周遍地爱所有的人，因此就可以说是"不爱人"。说"乘马"，不依赖于周遍地乘过所有的马，才算是"乘马"。至少乘过一匹马，就可以说是"乘马"。但是说到"不乘马"，依赖于周遍地不乘所有的马，然后才可以说是"不乘马"。这是属于"一周而一不周"（一种说法周遍，一种说法不周遍）的情况。

"一周而一不周"，是分析一个语言构造 AB，有时 A（动作或关系）周遍于 B 的各个分子，有时则不然。墨家列举以下四个例子：第一，"爱人"一词"周"。即"爱"要求周遍所有的人，即必须"爱"所有的人，连一个人也不遗漏。这是阐述墨家最终的政治伦理理想的标准，与有些人（如强盗）不可爱的现实状况无关。

第二，"不爱人"一词"不周"。即"不爱人"不要求周遍地不爱所有的人，才算是"不爱人"。只要不爱任意一个人，就算是"不爱人"。

第三，"乘马"一词"不周"。即"乘马"不要求周遍地乘了所有的马，才算是"乘马"。只要乘了任意一匹马，就算是"乘马"。

第四，"不乘马"一词"周"。即"不乘马"要求不乘任何一匹马，才算是"不乘马"。这里的"周"，就"乘马"和"不乘马"这种日常生活的例子而言，约略地相当形式逻辑所说的"周延"。

按照形式逻辑的规则，"我是乘马的"，"乘马的"一词不周延，只要乘了一匹马，就可以说"我是乘马的"。而"我不是乘马的"，"乘马的"一词周延，即必须周遍地不乘所有的马，才可以说"我不是乘马的"。

这里的"周"，就"爱人"和"不爱人"这种涉及墨家特殊政治伦理理想的例子而言，不相当于形式逻辑所说的"周延"。按照形式逻辑的规则，"我是爱人的"，"爱人的"一词不周延，只要爱一个人，就可以说"我是爱人的"。而"我不是爱人的"，"爱人的"一词周延，即必须周遍地不爱所有的人，才可以说"我不是爱人的"。而这正好与墨家的说法相反。

这种矛盾情况，从逻辑的最新发展来看，可以有一种解释，即逻辑有不同的分支，不同的领域。通常形式逻辑所讲的领域，是事实、现实、真值的领域。而墨家说的"爱人要求周遍"、"不爱人不要求周遍"，说的是政治伦理理想、道德义务（简称道义）的领域，与事实、现实、真值的领域无关。

（5）一是而一非（一种说法成立，一种说法不成立）的比词类推："居于国，则为居国；有一宅于国，而不为有国。桃之实，桃也；棘之实，非棘也。
问人之病，问人也；恶人之病，非恶人也。之马之目眇，则谓'之马眇'；之
马之目大，而不谓'之马大'。之牛之毛黄，则谓'之牛黄'；之牛之毛众，
而不谓'之牛众'。一马，马也。二马，马也。'马四足'者，一马而四足也，
非两马而四足也。一马，马也。二马，马也。'马或白'者，二马而或白也，
非一马而或白。此乃一是而一非也。"

即居住在某一国内，可以简称为"居国"；有一住宅在某一国内，却不能
简称为"有国"。桃树的果实称为"桃"，棘树的果实却不称为"棘"（称为
枣）。探问别人的疾病可以简称为"探问人"，讨厌别人的疾病却不能简称为
"讨厌人"。

这个马的眼睛眇，可以简称为"这马眇"；这个马的眼睛大，却不能简称
为"这马大"。这个牛的毛黄，可以简称为"这牛黄"；这个牛的毛众（指牛
毛长得茂密），却不能简称为"这牛众"（牛众是指牛的个数多）。

一匹马是马，两匹马是马，说"马四足"，是指一匹马四足，不是指两匹
马四足；但是说"马或白"（指有的马是白的），却是在至少有两匹马的情况
下才可以这样说，如果在只有一匹马的情况下就不能这样说。这是属于"一
是而一非"（一种说法成立，一种说法不成立）的情况。

"一是而一非"，是说有两个语句结构 f(x) 和 g(x)，当用 A 代入其中的 x
时，二者等值。当用 B 代入其中的 x 时，二者不等值。即：$f(A) = g(A)$；
$f(B) \neq g(B)$。比词类推公式，见表9。

表9 比词类推公式

侔式推论	公式
是而然	$A=B$, $CA=CB$
是而不然	$A=B$, $CA \neq CB$
不是而然	$A \neq B$, $CA=CB$
一周而一不周	AB 一语，有时 A 遍及 B 各分子，有时则否
一是而一非	$F(A)=g(A)$, $f(B) \neq g(B)$

《小取》要求注意事物和语言的复杂性、多样性，推论要准确地使用概念和判断，不然会出现谬误与诡辩。墨家逻辑是百家争鸣的武器和辩论的工具。《小取》用较多篇幅讨论谬误问题，表现墨家逻辑的应用性、实践性和批判性。

八、援：援例类推

《小取》定义说："援也者，曰：'子然，我奚独不可以然也？'"援是援引对方主张，作为类比推论的前提，以引申出自己同样的主张，叫援例类推。如在上文"是而不然"和"不是而然"两种比词类推中，墨家都说了这样的话："此与彼同类，世有彼而不自非也，墨者有此而非之。"这是援例类推的运用。

就"是而不然"的比词类推说，有下列两种主张。第一，"彼"：盗，人也；爱盗，非爱人也。第二，"此"：盗，人也；杀盗，非杀人也。这里"此与彼同类"，对方赞同"彼"，却不赞同"此"，这不符合"以类取"和"有诸己不非诸人"的原则。

所以可以援引对方的主张"爱盗非爱人"作前提（论据），来类比论证自己同类的主张"杀盗非杀人"。因为"爱人"中的"人"是指"盗"之外的人，"杀人"中的"人"也指"盗"之外的人，根据"以类取"和"有诸己不非诸人"的原则（即同一律、矛盾律），对方就不应该反对我这样推论，并且应该接受我的结论。

同样，就"是而不然"的侔式推论说，有下列两种主张：第一，"彼"：且入井，非入井也；止且入井，止入井也。第二，"此"：且夭，非夭也；寿且夭，寿夭也。你若赞成"彼"，我就可以援引你所赞成的"彼"，来类比论证我所赞成的"此"。因为这也是根据"此与彼同类"。你可以赞成"彼"，我为什么不可以赞成"此"呢？这就是"援"的定义中所说的："你可以那样，我为什么偏偏不能那样呢？"

"援"是以同一律、矛盾律为根据的很有用的辩论方式。它也曾经为当时其他学派的思想家所广泛采用。公孙龙子在辩论中，对援例类推运用娴熟。宗奉孔子的儒者孔穿（孔子六世孙）受众人委托，专程到赵国跟公孙龙子辩论，公孙龙子援引孔子赞同的"楚人异于人"的命题，类比论证自己"白马异于马"的命题，驳得孔穿"无以应"。这就是由于公孙龙子巧妙运用援例类推进行辩论的结果。

九、推：归谬类推

"推"是归谬式类比推理，简称归谬类推，墨子在论辩中常用。墨子总结出"不知类"、"知小不知大"、"明小不明大"等惯用语，表示对方议论中的自相矛盾。用希尔伯特、塔尔斯基的术语说，"不知类"、"知小不知大"、"明小不明大"等用词，是属于元研究、元语言。《墨经》进一步做了总结。《小取》说："此与彼同类，世有彼而不自非也，墨者有此而非之。"这是揭示对方自相矛盾，运用归谬式类比推理。

《小取》给出归谬式类比推理的定义："推也者，以其所不取之同于其所取者，予之也。"对方赞成"彼"命题，不赞成"此"命题，我则向对方证明"此与彼同类"，如果对方仍不赞成"此"命题，则陷于自相矛盾，从而用逻辑的力量，迫使对方赞成"此"命题。

其规则是："以类取，以类予"和"有诸己不非诸人，无诸己不求诸人"。体现逻辑同一律、矛盾律。中外逻辑本质相同。这种论辩方式，是归谬法和类比推理的结合，含有演绎和归纳的成分，有必然性和很强的说服力，生动形象，富有感染力，是百家争鸣的得力工具，行之有效，为各家各派所喜用常用。

墨家辩学是当时百家争鸣、辩论的工具。古汉语表达尚简，量词和联项常省略，不利于分析命题和推理的形式结构，对用于论证说服的类推方式，研究甚详。类推是包含演绎、归纳和类比多种推理形式，没有明确分化的综合推论。精研为争鸣辩论服务的论证说服技艺，是墨家辩学的特色。

诗以咏之：

> 墨子归谬称鼻祖，中国类推内容丰。
> 止式推论有大用，简单枚举反例攻。
> 譬侔援推称经典，中外逻辑可贯通。
> 论证说服多技巧，争鸣辩论百家用！

标志中国传统推论整体性质的一级范畴，有"推"（广义）、"推类"、"类推"、"推理"和"推故"等。标志中国传统推论个别方式的二级范畴，有"止"、"譬"、"侔"、"援"和"推"（狭义）等。

我从 2000 年 5 月开始，被《中华大典》办公室聘为《中华大典·哲学典》编委和《诸子百家分典》副主编和主要撰稿人，我使用电子检索方法，费时数年，以总量十一亿字的《四库全书》、《四部丛刊》两部特大型丛书的电子数据库和其他著作为依据，对中国传统推论基本范畴，全面搜索，穷尽归纳，逐个进行定性和定量的实证分析，据以总结中国传统推论的特质。[1] 这种方法叫做"e考据"，即电子化、数字化考据。

"推"（广义）、"推类"、"类推"、"推理"和"推故"，是标志中国传统推论整体性质的一级范畴。《墨经》有泛指推论意义的"推"范畴。《经下》第117条说："察诸其所然、未然者，说在于是推之。"[2]《经说下》举例解释说："'尧善治'，自今察诸古也。自古察之今，则尧不能治也。"

即审察任一事物之所以如此，以及之所以不如此的原因，可以从"尧善治"这一命题适于古而不适于今的事例，类推而知。"尧善治"这一命题的得出，是从今天的情况出发，考察古代的情况。"尧善治"命题的意义，指"尧

① 本书引用古籍原文和数据统计，据清乾隆文渊阁《四库全书》，上海人民出版社和迪志文化出版公司，1999 年电子版；张元济编《四部丛刊》，商务印书馆，1932—1936 年版，北京书同文数字化技术公司 2001 年电子版。同见笔者主编和撰稿《中华大典·哲学典·诸子百家分典》，1～2729 页，昆明，云南教育出版社，2007。

② 原文"察"旧作"在"。《尔雅·释诂》："在，察也。""所然"是"所以然"的略语，即"任一物之所以 P"的原因。"所未然"是"所以不然"略语的变形，即"任一物之所以不 P"的原因。

善于治理古代"。假如从古代的情况出发，考察今天的情况，就不能说"尧善治"，应该说："尧不能治。"

认为"尧善治古，不善治今"，蕴含历史发展观念，意谓"尧善治"的命题，有具体性和相对性。《墨经》认为"以已为然"，"过而以已为然"是错误推论。"已然"是"过去如此"，如"过去尧善治"。"然"是"现在如此"，如"现在尧善治"。由前者不能必然推出后者。

《大取》说："昔者之虑也，非今日之虑也。"历史是发展的，对历史的思考论断，有具体性和相对性。"于是推之"的"是"，作指示代词，即这、这个、这样。这里"是"，指代《经说》"尧善治"命题"适于古，不适于今"的典型案例。杨树达《词诠》"是"第三义项："指示代名词，此也。"①

"于是推之"一语，先秦至宋代典籍没有出现，明清出现八次，意同《墨经》。"于是推之"，后发展为"以此类推"和"依此类推"。"以此类推"用例，先秦至唐代典籍没有出现，宋至清代出现四十二次。"依此类推"用例，先秦至元代典籍没有出现，明清出现三次。"以此类推"与"依此类推"义同。"以"，即用、按照。"依"，即依照、按照。

宋周辉《清波杂志》卷八说："宣和间（1119—1125），宗室围炉次，索炭，既至，诃斥左右云：'炭色红，今黑，非是。'盖常供熟火也，以此类推之，岂识世事艰难？"即北宋末年，皇帝家族的人，围炉烤火，命令取炭，炭拿来，却被训斥说："炭是红色的，现在拿来是黑的，不是炭。"因为平时供给熟火（有人先把炭火点着），所以认为炭是红色的，误认黑的不是炭。以此类推，皇帝家族的人，怎么认识世事艰难？

这是由个别案例，推论一般情况的归纳推论。从《墨经》和《四库全书》出现"于是推之"、"以此类推"和"依此类推"四十六次的语境和案例分析，其推论性质，是从一个典型案例出发，推论一般情况，即由个别推知一般，是属于典型案例分析式的科学归纳推论。

"于是推之"（以此类推，依此类推），可用于由个别推知个别的类比推

---

① 杨树达：《词诠》，224 页，北京，中华书局，1954。

论。如"尧善治"是今天说的话，反映的实际内容是处于古代，所以有具体性和相对性。于是推之："尧之义"（尧是仁义的）是今天说的话，反映的实际内容是处于古代，所以也有具体性和相对性。

《墨经》有"推类"范畴。《经下》第 102 条说："推类之难，说在之大小、物尽、同名、二与斗、爱、食与招、白与视、丽与暴、夫与屦。"《经说下》举例解释说："谓四足，兽与？并鸟与？物尽与？大小也。此然是必然，则俱为麋：同名。俱斗不俱二：二与斗也。包肝肺子：爱也。掘茅：食与招也。白马多白，视马不多视：白与视也。为丽不必丽，为暴必暴：丽与暴也。为非以人，是不为非，若为夫勇，不为夫；为屦以买衣，为屦：夫与屦也。"

即类推存在困难和导致谬误的可能，论证这一点，可以列举"大小、物尽、同名、二与斗、爱、食与招、白与视、丽与暴、夫与屦"等事例。如说到"四足"，能够断定是"兽"呢，还是"两鸟并立"呢？甚至于说"万物尽是如此"呢？这就牵涉到"四足"概念范围大小的问题。

如果见到"甲四足是麋"，"乙四足是麋"，就说"所有四足都是麋"，而"丙是四足"，就说"丙是麋"，甚至于说"万物尽是（俱是）麋"，把"麋"变成万物的共同名称，岂不荒谬？

"甲与乙斗殴"可以说"甲与乙俱（都）在斗殴"，但"甲与乙二人"，不能说"甲与乙俱是二人"，只能说"甲与乙俱是一人"。"肝肺"的本义是内脏器官，又可引申指对儿子的爱怜之情（心肝）。

看见一个人"挖掘茅草"，不能断定他是用来"吃"，还是用来"招神祭祀"。说"白马"，指马身上白的地方多，但说"视马"，并不需要多看上几眼。人为地打扮美丽，结果不一定是美丽，但人为地残暴，结果一定是残暴。因别人原因，被迫犯错误，不等于主观上想犯错误，就像表现武夫之勇；不等于做丈夫；做鞋子以用来交换衣服，却是做鞋子。

《墨经》使用"推类"概念，列举大量用例，说明"推类"容易发生谬误。本条"此然是必然"，是《经上》第 99 条"彼举然者，以为此其然也"和《经下》第 102 条"彼以此其然也，说是其然也"的略语。此然是必然解释，见表 10。

表 10　　　　　　　　　　　　　　此然是必然解释

略语	此然是必然			
推论	简单枚举归纳推论		演绎推论	
展开	彼举然者，以为此其然也		彼以此其然也，说是其然也	
实例	甲四足者是麋。 乙四足者是麋。 故凡四足者都是麋。	M_1 是 P M_2 是 P …… ∴所有 M 是 P	凡四足者都是麋。 丙是四足者。 故丙是麋。	所有 M 是 P ［所有 S 是 M］ ∴所有 S 是 P
谬误	仓促概括		虚假论证	

　　本条"俱为麋"，是用归谬法，说明犯仓促概括和虚假论证的谬误，会把万物都说成麋。"俱"是全称量词。"俱斗"，甲与乙斗，可以说甲与乙俱斗，二人合起来才能斗殴。"不俱二"，甲与乙二，不能说甲与乙俱二，只能说甲与乙俱一，因为尽管甲与乙合起来是二，但分开说还都是一。

　　这涉及概念的集合与非集合意义。"俱一"是《墨经》惯用语和基本概念，见《经说下》"俱一与二"，《经下》"说在俱一、惟是"，《经说下》"俱一，若牛、马四足"。"肝肺"，本义指内脏器官，引申指对儿子的爱怜之情，如说儿子是"心肝"宝贝。"食与招"，茅草可食，可用于招神祭祀。《周礼》："旁招以茅。"郑注："招四方之所望祭者。"

　　本条《墨经》列举"大小、物尽、同名、二与斗、爱、食与招、白与视、丽与暴、夫与屦"九个实例，论述类推存在困难和导致谬误的可能，可知其"推类"范畴，是泛指推论意义，是类比、归纳、演绎各种推论形式原始、初步、简单和朴素的结合，没有把三种推论形式明确区划开来，分门别类研究。

　　在《墨经》之后，历代有许多学者讨论"推类"。东汉王充《论衡·实知》篇说："凡圣人见祸福也，亦揆端推类，原始见终，从闾巷论朝堂，由昭昭察冥冥。""揆端"即度量事物的端绪，"推类"即类推。又说："妇人之知，尚能推类以见方来，况圣人君子，才高智明者乎！"认为推类有根据以往预见未来的认识作用。

　　魏嵇康《嵇中散集》卷五说："推类辨物，当先求之自然之理。"认为"推类"应先求理，说明推类和推理的联系。宋朱熹《四书或问》卷二说，

"可以推类而通其余矣"，"万物各具一理，而万理同出一原，此所以可推而无不通也"。

推类而通，即推理而通。陈襄《至诚尽人物之性赋》说："推类而知类。"赵顺孙《大学纂疏》说："推类以尽其余。"张栻《论语解》卷四说："若不以三隅反，则是未能因吾言而推类。"

明朱朝瑛《读诗略记》卷三说："有伦有类可推也，有脊有理可循也。""则推类而极之，循理而穷之。"认为推类和循理相联系。脊：条理。《诗·小雅·正月》："有伦有脊。"伦类脊理可推求。清卢文弨《抱经堂文集》卷十说："可以推类，而自求之矣。"秦蕙田《五礼通考》卷八十五说："推类而求，寻其脉络，析其条理。"认为推类和析理相联系。

"推类"，后世许多学者变通地说成"类推"。宋苏辙《栾城集》卷四十一说："举此一事，则其余可以类推矣。"陈经《尚书详解》卷二十四说："其他可以类推，故不尽言也。"明王守仁《王文成全书》卷二说："其余数端，皆可类推。"归有光《震川先生集》卷二十说："古书亡，不能尽见，可类推也。"

清方苞《望溪先生集外文》卷五说："凡事可以类推。"卢文弨《抱经堂文集》卷二十一说："吾所言十之一二而已，然可类推也。"戴震《戴东原集》卷三说："智者依类推之。"卷九说："余皆可类推。"

傅以渐、曹本荣《易经通注》卷七说："举此则彼可类推。"朱彝尊《经义考》卷二百六十九说"自象而推理"，"可以类推而通者也"。认为推理和类推相通，推理、类推和推类概念一致。

"推理"概念，是中国先哲原创。"推理"术语《四库全书》出现近三百次。西汉刘安《淮南子》卷十五说："推理而行。"宋章如愚《群书考索别集》卷二十二说："推理论之。"程大昌《考古编》卷四说："推理以辨。"元苏天爵《滋溪文稿》①卷二十七说："用心推理。"明朱载堉《乐律全书》卷二十一说："推理而论。"

---

① 苏天爵有"滋溪书堂"，筑于滋水北岸，人称天爵为"滋溪先生"，著作名《滋溪文稿》。

许多学者肯定推理有必然性、可信度和认知作用。宋林岊《毛诗讲义》卷五说："推理之必然。"欧阳修《诗本义》卷七说："说有可据，而推理为得，从之可矣。"清方苞《望溪先生全集》卷六说："循数推理，而知其必然。"

"推类"、"类推"、"推理"的概念，衍生出"推故"概念。宋朱熹《朱子语类》卷二十七说："若学者则须推故明道。"道即理，《大取》以"道"喻"理"。"推故明道"，即推故明理。明胡广等《性理大全书》卷四十八说："天下之物，必有所以然之故，与其所当然之则，所谓理也。"事物的"所以然之故"，与其所当然的法则，即所谓"理"概念一致贯通。

《荀子·正名》说："推类而不悖，听则合文，辩则尽故。""文"即理。唐杨倞"听则合文"注："谓听他人之说，则取其合文理者。"推类要"合理"（合乎道理，条理），要"尽故"（穷尽理由、论据），一语道出"推类"、"推理"和"推故"的联系。

《经说上》有例说："湿，故也，必待所为之成也。"即"地湿"必有其"所以然之故"，一定要等待这"所以然之故"起作用才能构成"地湿"的结果。借此素材，可构成推论："如果天下雨，则地湿。现在天下雨，故地湿。"

这里，第一，因"天下雨"是"地湿"的"所以然之故"（原因、理由、根据），所以是"推故"。第二，因"天下雨"（天上云层水分下降到地面）与"地湿"（地面沾水含水多）同类，所以是"推类"。第三，因"如果天下雨，则地湿"是正确推理的大前提，其前后件关系，符合"有之必然"的因果联系、充分条件之"理"，所以是"推理"。

"推故"与"推理"、"推类"三范畴，与《大取》"辞以故生，以理长，以类行"三原理恰相对应，是后者的衍生和运用。"辞以故生"，即"推故"。"辞以理长"，即"推理"。"辞以类行"，即"推类"。

"故、理、类"三者相连，"推故"、"推理"和"推类"三者互通。"故、理、类"三范畴的必然联系，决定"推故"、"推理"和"推类"三术语的互通一致。其中深层的逻辑哲学意涵，值得仔细玩味、说明和发挥。推类、类推和推理用例，见表 11。

表 11   推类、类推和推理

相关术语	《四库全书》	《四部丛刊》
推类	509	18
类推	1372	26
推理	299	54
合计	2180	98

从《四库全书》和《四部丛刊》"推类"、"类推"和"推理"两千多次用例可知,其内涵一致互通。《墨经》原创的"推类"范畴,即"类推",狭义指类比推论,广义指推论,是类比、归纳和演绎的朴素结合。

日本《新汉和辞典》"类"字部,有"类推"和"类比"词条,其释文用互训法,互文见义:"类推:根据不同事物的相似点,做出推测。类比推理。""类比:比较,对照,类比推理,类推。""类推"义等同"类比"①。

英文名词 analogy,即类似、相似、比拟、类推、类推法。形容词 analogic,即相似的、比拟的、类推的。抽象名词 analogism,即类比推理、类比法。"类推"是"类比推理"的省称。

推(狭义),指归谬类推。《小取》说:"推也者,以其所不取之同于其所取者,予之也。"即我提出一个论证,证明对方所不赞成的论点,跟对方所赞成的论点,是属于同类,把这个论证给予对方,如果对方把不赞成改为赞成,对方就被我说服。如果对方仍坚持不赞成,就陷于自相矛盾、荒谬和悖理。

墨子和诸子百家归谬类推用例极多,如批评鲁班"义不杀少而杀众,不可谓知类";批评王公大人"杀牛羊,制衣裳,治疲马,张危弓等小事,知道尚贤使能,而治国大事,却不知尚贤使能"。根据强调重点的不同,"推"简称为归谬类推,即归谬式类比推论,或简称归谬类比,或称类比式归谬推论,简称类比归谬。

"推"是归谬法(演绎推论)与类比推论的结合。其中归谬法,是从对方论点推出荒谬,驳倒对方,是讲道理,是以同一律、矛盾律为根据的演

---

① 诸桥辙次:《新汉和辞典》,922页,东京,日本大修馆书店,1966。

绎推论。其中类比推论，是列举类似案例，进行比较论证，摆事实的初步归纳。

中国传统推论的特质，是类比、归纳和演绎不同形式的综合论证与朴素结合。由于类比推论，可视为以个别事例为论据的简单归纳，归入归纳一类，所以，中国传统推论的特质，可简单概括为归纳和演绎的综合论证与朴素结合。

"止"是最明显的归纳和演绎朴素结合的综合论证。"譬"、"侔"、"援"、"推"（狭义），是各有特点的类比论证，是以类比推论为主，辅之以分析和讲道理的演绎成分。强调运用规则"以类取，以类予"和"有诸己不非诸人，无诸己不求诸人"。相当于遵守同一律和矛盾律，是其中分析和讲道理的演绎成分。

强调防止谬误。"夫物有以同，而不率遂同。辞之侔也，有所至而正。其然也，有所以然也；其然也同，其所以然不必同。其取之也，有所以取之；其取之也同，其所以取之不必同。是故辟、侔、援、推之辞，行而异，转而诡，远而失，流而离本，则不可不审也，不可常用也。故言多方、殊类、异故，则不可偏观也。"

这是其中分析和讲道理的演绎成分。这些分析和讲道理的演绎成分，是最大限度发挥"譬"、"侔"、"援"、"推"（狭义）论证效能的可靠保证。传统推论，见表12。

表 12 传统推论

层级	推论范畴	推论特质
一级	推（广义），推类，类推，推理，推故	类比、归纳和演绎的综合论证
二级	止	归纳和演绎的综合论证
	譬	譬喻式类比推论，含演绎成分（以类取）
	侔	比词式类比推论，含演绎成分（以类取）
	援	援例式类比推论，含演绎成分（以类取）
	推（狭义）	归谬式类比推论，含演绎成分（以类予）

中国逻辑传统，在没有跟西方逻辑交流渗透的情况下，没有把类比、归

纳和演绎不同推论形式明确区划开来，分门别类研究。中国逻辑传统，从先秦至清，没有超越用古汉语表达的古代素朴形态蜕变为近现代科学体系，落后于发达完善的西方逻辑。西方逻辑在人类知识系统中，拥有基础性和工具性的地位，是全人类的思维工具和世界性的同一逻辑。

"工欲善其事，必先利其器。"在当今全球化、世界一体化的新时代，中华民族实现伟大复兴，图谋和平发展，正确的逻辑策略是磨制锐利的思维工具，汲取西方逻辑先进成就，借鉴西方逻辑观点方法，对中国传统逻辑进行现代式元研究，给予创造性新诠释，建立有中国特色、跟国际接轨、融合西方逻辑和中国逻辑传统现代转型的创新体系。

诗以咏之：

> 立辞三物类故理，推类推故和推理。
> 推类主体称类比，归纳演绎不分离。
> 古今中外期融通，西方逻辑待汲取。
> 中华民族谋发展，思维工具争锐利！

古希腊哲学家像中国古代诸子百家一样，都极善运用归谬法。古希腊辩论术（dialectic，一译辩证法）的本意，就是归谬法。辩论术在西方逻辑史上，从古代到近代，长期兼作逻辑学的总称。

明末西方传教士葡萄牙人傅泛济（P. F. Furtado，1587—1653，1621 年来华）和李之藻合译首部西方逻辑著作《名理探》，原文是 *Dialectic*。中文意译为"辩论术、辩证法"。在中西逻辑产生发展前期，归谬法在辩论术和逻辑学中居于核心地位。

归谬法，是从对方论点出发，引出荒谬（包含逻辑矛盾，或同已知事实和真理矛盾），从而驳倒对方论点的方法。其公式是：$(P \rightarrow (Q \wedge \neg Q)) \rightarrow \neg P$。读为：如果 P（对方论点），那么 Q 并且非 Q（矛盾），那么非 P（否定对方论点）。用古汉语表达的中国名辩，没有使用这样的公式，但也有自身独特的表达方式。

墨子在辩论中常用归谬法，用生动浅显的比喻，来揭示对方的矛盾、悖理和荒谬。墨子在战国初期，广泛运用归谬法之后，经由战国中期孟子、惠施、庄子和尹文子等人的沿用提倡，在战国末期完全普及，为诸子百家所常用，成为争鸣辩论的最有效工具。这就为《小取》给归谬法下定义、定规则，准备了充分的条件。这种归谬法，影响极其深远，对今人的思维表达，也大有助益。归谬法，见表13。

表 13　　　　　　　　　　　　　　归谬法

类型	名称	定义规则	别称
墨辩	推	定义：以其所不取之同于其所取者，予之也 规则：以类取，以类予；有诸己不非诸人，无诸己不求诸人	明小不明大，知小不知大，不知类
逻辑	辩论术 (dialectic)	定义：揭露对方矛盾，以战胜对方的方术 规则：对立陈述不能同真；$\lnot(Q \land \lnot Q)$	辩证法，归谬法，归于不可能

归谬法运用："明小不明大。"《尚贤》、《鲁问》和《非攻上》等篇，有应用归谬法的第一种形式，即批评辩论对方"明小不明大"，"知小不知大"。《尚贤中》说："何则？皆以明小物，而不明大物也。"

《尚贤下》说："而今天下之君子，居处言语皆尚贤，逮至其临众发政而治民，莫知尚贤而使能，我以此知天下之士君子，明于小而不明于大也。何以知其然乎？今王公大人有一牛羊之财不能杀，必索良宰。有一衣裳之财不能制，必索良工。逮至其国家则不然，王公大人骨肉之亲，无故富贵，面目美好者，则举之，则王公大人之亲其国家也，不若亲其一危弓、疲马、衣裳、牛羊之财与？我以此知天下之士君子，皆明于小而不明于大也。此譬犹喑者而使为行人，聋者而使为乐师（这就像叫哑巴当外交官，叫聋子当乐团指挥）。"

以上墨子对归谬法的运用，素材是揭露王公大人在任用人才问题上的自相矛盾。墨子对归谬法的理论总结，则是给辩论对方的逻辑谬误，起一个有理论意义的名称"明小不明大"或"知小不知大"。"明小不明大"或"知小不知大"的意思，是形容对方议论的自相矛盾，荒谬和悖理。

《鲁问》载墨子对鲁阳文君说："世俗之君子，皆知小物，而不知大物。

今有人于此，窃一犬一彘则谓之不仁。窃一国一都，则以为义。譬犹小视白谓之曰，大视白则谓之黑。是故世俗之君子，知小物而不知大物者，此若言之谓也。"这里在批评对方"知小不知大"的同时，又比喻说"譬犹小视白谓之曰，大视白则谓之黑"，也是在形容对方的自相矛盾、荒谬和悖理。

《小取》对归谬法的定义和规则，依现代逻辑研究方法论的术语说，叫做元逻辑、元语言，而《尚贤》对归谬法的运用，叫做对象逻辑（应用逻辑）、对象语言，相当于逻辑理论和逻辑应用、逻辑总结和逻辑素材的分别。《小取》、《尚贤》逻辑，见表14。

表14 《小取》、《尚贤》逻辑

《小取》元逻辑	定义：推也者，以其所不取之同于其所取者，予之也 规则：以类取，以类予；有诸己不非诸人，无诸己不求诸人
《尚贤》对象逻辑： 其所取（Q）	居处言语知尚贤（牛羊不能杀必索良宰；衣裳不能制必索良工；疲马不能治必索良医；危弓不能张必索良工）
《尚贤》对象逻辑： 其所不取（￢Q）	治国不知尚贤（使不智慧者治国，暗者而使为行人，聋者而使为乐师）
结论：（Q∧￢Q）	天下君子陷于自相矛盾、荒谬和悖理

《非攻上》对归谬法的运用。《非攻上》的原文是："今有一人，入人园圃，窃其桃李，众闻则非之，上为政者得则罚之。此何也？以亏人自利也。至攘人犬豕鸡豚者，其不义，又甚入人园圃窃桃李。是何故也？以亏人愈多，其不仁滋甚，罪益厚。至入人栏厩，取人马牛者，其不仁义，又甚攘人犬豕鸡豚。此何故也？以其亏人愈多。苟亏人愈多，其不仁滋甚，罪益厚。今有人于此，少见黑曰黑，多见黑曰白，则必以此人为不知白黑之辩矣；少尝苦曰苦，多尝苦曰甘，则必以此人为不知甘苦之辩矣。今小为非，则知而非之。大为非攻国，则不知非，从而誉之，谓之义，此可谓知义与不义之辩乎？是以知天下之君子也，辩义与不义之乱也。"

对应于《小取》归谬法"推"的元逻辑表述，《非攻上》是对象逻辑的资料素材。前者为理论、概括、抽象。后者为应用、实践、材料。《非攻上》归谬法，见表 15。

表 15 《非攻上》归谬法

序号	其所取（对方赞成）	其所不取（对方不赞成）
1	窃桃李、攘犬豕鸡豚、取马牛、杀不辜、拖衣裘取戈剑：知而非之，谓之不义	大不义攻国，不知非，谓之义：不知义与不义之别
2	杀一人不义，一死罪。杀十人不义，十死罪。杀百人不义，百死罪：知而非之，谓之不义	大不义攻国，不知非，谓之义：不知义与不义之别
3	小为非：知而非之，谓之不义	大为非攻国，不知非，谓之义：不知义与不义之辩，辩义与不义之乱
4	少见黑：曰黑	多见黑，曰白：不知白黑之辩
5	少尝苦：曰苦	多尝苦，曰甘：不知甘苦之辩
结论	Q	﹁Q
	(Q∧﹁Q) 自相矛盾、荒谬和悖理	

　　归谬法运用："不知类"。墨子运用归谬法的第二种形式，是指出辩论对方"不知类"。《公输》载鲁班为楚国造云梯，准备攻打宋国，墨子见鲁班说："北方有人侮辱我，想请您帮我把他杀掉。"

　　鲁班说："吾义固不杀人。"即我讲仁义，从来不杀人。墨子说："义不杀少而杀众，不可谓知类。"讲仁义不杀少，更应不杀众。"杀少"和"杀众"同属"不仁义"一类。"义不杀少而杀众"，违反同一律和矛盾律，"不知类"即荒谬悖理。

　　归谬法运用：悖概念。墨子运用归谬法的第三种形式，是指出辩论对方"悖"。"悖"是元语言的语义概念，意即自相矛盾、荒谬和悖理。《耕柱》载墨子说："世俗之君子，贫而谓之富则怒，无义而谓之有义则喜。岂不悖哉！"贫穷说"富有"就愤怒，无义说"有义"却喜欢，这是自相矛盾、荒谬悖理。

　　《贵义》载墨子说："世之君子，使之为一犬一彘之宰，不能则辞之；使为一国之相，不能而为之。岂不悖哉！"屠宰猪狗，不会就推辞。做宰相，不会却不推辞。这是自相矛盾、荒谬悖理。"不知类"和"悖"是墨子对归谬法的元逻辑概括，《公输》、《耕柱》和《贵义》载墨子的辩论说辞，是应用归谬法的对象逻辑素材。"不知类"、"悖"，见表16。

表16   "不知类"、"悖"

元逻辑	不知类	悖	
对象逻辑	义不杀少而杀众	贫而谓之富则怒，无义而谓之有义则喜	使之为一犬一彘之宰，不能则辞之；使为一国之相，不能而为之

归谬法运用：概念命题矛盾。墨子运用归谬法的第四种形式，是指出辩论对方论点中有概念和命题的矛盾。《非儒》说儒家主张"君子必古服古言然后仁"。墨家的反驳是："所谓古之言服者，皆尝新矣。而古人言之服之，则非君子也。然则必服非君子之服，言非君子之言，而后仁乎？"

即儒家论点，包含概念和命题的自相矛盾。从概念说，古人穿古服，说古言，在当时都曾经是新的，按照儒家的逻辑，古人就都成了非君子。从命题说，儒家的主张就成为：一定要穿非君子的服装，说非君子的语言，才成为君子，符合仁义标准。这是自相矛盾、荒谬和悖理。

《非儒》说，儒家主张"君子循而不作"。《论语·述而》载孔子说："述而不作，信而好古。""循"即"述"。儒家认为君子只遵循古人，叙述传承，而不创作创新。墨家的反驳是："古者羿作弓，伃作甲，奚仲作车，巧垂作舟，然则今之鞄函、车匠，皆君子也，而羿、伃、奚仲、巧垂，皆小人邪？且其所循，人必或作之，然其所循，皆小人道也。"

即古代羿、伃、奚仲和巧垂，发明弓箭、铠甲、车子和舟船，现在的皮、车等工匠，因为传承古代工匠的技术，没有创造，就都成了君子，而古代羿、伃、奚仲和巧垂等发明家，却都成了小人。

并且现代工匠所遵循传承的技术，一定要先有人创作出来，按照儒家的逻辑，这些创造者都成了小人，现代工匠所遵循传承的，也都成了小人的道理。这是自相矛盾、荒谬悖理。墨子运用归谬法的第四种形式，指出辩论对方概念和命题的矛盾。概念命题矛盾，见表17。

表 17   概念命题矛盾

儒者	墨者
君子必古服 古言然后仁	所谓古之言服者，皆尝新矣。而古人言之服之，则非君子也。然则必服非君子之服，言非君子之言，而后仁乎？
君子循而不作	古者羿作弓，仔作甲，奚仲作车，巧垂作舟，然则今之鞄函、车匠，皆君子也，而羿、仔、奚仲、巧垂，皆小人邪？且其所循，人必或作之，然其所循，皆小人道也。

归谬法运用：比喻自相矛盾。墨子运用归谬法的第五种形式，是创造性地使用各种比喻，具体、形象、生动地揭示论敌自相矛盾和荒谬悖理。

（1）命人包而去其冠。《公孟》载儒者公孟子说："贫富寿夭，全然在天，不可损益。"又说："君子必学。"这是既否认人的主观能动作用，又承认人的主观能动作用，自相矛盾。墨子反驳说："教人学而执有命，是犹命人包而去其冠也。"即教人学习，又坚持命定论，就像既叫人戴帽子包裹头发，又叫人把包裹头发的帽子去掉，荒谬悖理。

（2）无客而学客礼，无鱼而为鱼罟。《公孟》载儒者公孟子说："无鬼神。"又说："君子必学祭祀。"墨子说："执无鬼而学祭礼，是犹无客而学客礼，无鱼而为鱼罟也。"即既认为鬼神不存在，又主张君子一定要学习祭祀鬼神的礼节，就像无客却学客礼，无鱼却做渔网，自相矛盾。

（3）禁耕求获。《节葬下》载墨子说，统治者厚葬，财富埋地下，长久服丧。"以此求富，此譬犹禁耕而求获也。"用禁耕求获，比喻厚葬久丧与求富的矛盾。

（4）负剑求寿。《节葬下》载墨子说，统治者以长久服丧，败男女之交，求得人口众多，就像"负剑求寿"，荒谬悖理。

（5）掩目祝视。《耕柱》载鲁国贵族季孙绍与孟伯常治政，互不信任，闹矛盾，不从建立信任入手，解决矛盾，却到丛林神祠祷告说："愿神灵保佑我们和好！"就像遮住眼睛，祷告神灵说"保佑我什么都看得见"，荒谬悖理。

（6）少见黑曰黑，多见黑曰白，少尝苦曰苦，多尝苦曰甘。《非攻上》批评天下君子，把小偷抢叫"不义"，却把大偷抢（攻伐掠夺）叫"义"，就像"少见黑曰黑，多见黑曰白，少尝苦曰苦，多尝苦曰甘"，荒谬悖理。墨子比喻，与韩非的"矛盾之说"，异曲同工，有启发逻辑思维，避免矛盾谬误的功效。比喻自相矛盾，见表18。

表18 比喻自相矛盾

序号	本体	而喻体
1	教人学而执有命	犹命人包而去其冠
2	执无鬼而学祭礼	犹无客学客礼，无鱼为鱼罟
3	以厚葬久丧求富	譬犹禁耕求获
4	以久丧求众	譬犹负剑求寿
5	互不信任祷告神灵保佑和好	譬犹掩目祝视
6	小偷抢叫不义，大偷抢攻国叫义	少见黑曰黑，多见黑曰白；少尝苦曰苦，多尝苦曰甘

《小取》两次批评论敌说："此与彼同类，世有彼而不自非也，墨者有此而非之，无他故焉：所谓内胶外闭，与心无空乎内，胶而不解也。"A_1 与 A_2 两种议论同类，世人赞成 A_1，不以为非，墨者赞成 A_2，却以为非，构成矛盾、荒谬和悖理。《小取》归谬法，见表19。

表19 《小取》归谬法

概括：荒谬程度	内胶外闭，与心无空乎内，胶而不解
对象：自相矛盾	此与彼同类，世有彼而不自非也，墨者有此而非之

墨子的辩术、应用逻辑和对象逻辑，包含中国古代元逻辑的理论因素，是墨辩逻辑质变过程的量变积累和局部质变，如提出"明小不明大"、"知小不知大"、"不知类"、"悖"概念等。

《墨经》用古汉语作为元语言工具，对墨子辩术的应用逻辑、对象逻辑，进行元研究，概括系统理论，建构辩学的元逻辑。其对归谬法的概括，舍弃当时争鸣辩论的具体内容，呈现用古汉语表达的纯理论形态。

"推"是墨家对归谬法的命名。墨家"推"的概念，比现代"推理"或"推论"概念的外延小。现代"推理"或"推论"概念的外延，包括演绎、归纳和类比等形式。墨家"推"的概念，除分析对方论点概念命题的矛盾（纯演绎推理）

外，在多数情况下，是归谬法（演绎法）与类比推理的结合。根据强调重点不同，可称归谬式类比推理（简称归谬类比），或类比式归谬推理（简称类比归谬）。

语义悖论：言尽悖。《经下》说："以言为尽悖，悖，说在其言。"即"一切言论是虚假的"自相矛盾，论证的理由在于"一切言论是虚假的"本身也是言论。《经说下》说："悖，不可也。之人之言可，是不悖，则是有可也。之人之言不可，以当必不当。"即虚假就是不成立。如果这个人这个言论成立，就是有并不虚假的言论，有成立的言论。如果这个人这个言论不成立，认为它恰当必然不恰当。

《墨经》指出论证的关键是"说在其言"，即"一切言论是虚假的"中"言论"、"虚假"的概念，涉及自身，自我相关。这是对悖论成因的深刻理解，用归谬法巧妙揭示论敌议论中的逻辑矛盾。

玄奘译印度陈那《因明正理门论》论自语相违似宗（自相矛盾的错误论题）的举例，是"一切言皆是妄"，与"言尽悖"论同。亚氏在《形而上学》中说："说一切为假的人就使自己也成为虚假的。"（1012b15—20）"从一切断语都是假的这一主张，也会得出，这话本身也不是真的。"（1063b30—34）

古希腊有"说谎者"悖论。克里特岛人爱庇门德说："所有克里特岛人说的话都是谎话。"如果这句话真，由于它也是克里特岛人说的话，则这句话本身也是谎话，即假。如果这句话假，能推出其矛盾命题"有克里特岛人说的话不是谎话"，不能推出这句话真。

这是一种不典型的语义悖论，后把"说谎者"悖论表述为"我说的这句话假"，是典型的语义悖论：由真推假，由假推真。《墨经》批评的"言尽悖"论，同爱庇门德的"说谎者"悖论相似。悖论是自相矛盾的恒假命题。语义悖论是涉及语言的意义、断定和真假等概念的悖论。语义悖论，见表20。

表 20 　　　　　　　　　　　　　　　　语义悖论

传统	语义悖论
墨辩	言尽悖
因明	一切言皆妄
逻辑	一切命题是假的；所有克里特岛人说的话都是谎话；我正在说的这句话是假的

晋鲁胜《墨辩注序》说："孟子非墨子，其辩言正辞则与墨同。"孟子与墨子学术观点不同，攻击墨子兼爱是"无父"，是"禽兽"，但在辩论方式上，孟子熟练运用墨子首创的归谬法。逻辑本来并不是某个学派的私有财产，而是超越学派的人类普遍思维工具。

《孟子·告子上》说："今有无名之指，屈而不伸，非疾痛害事也，如有能伸之者，则不远秦楚之路，为指之不若人也。指不若人，则知恶之，心不若人，则不知恶，此之谓不知类也。"

即有人无名指弯曲不直，就到处医治，即使走到秦国、楚国都不嫌远。无名指不如别人，知道厌恶，心性道德不如别人，却不知道厌恶，这叫"不知类"。"不知类"，是墨子应用归谬法的代名词、惯用语，曾用来说服鲁班，止楚攻宋，被孟子继承，发扬光大。

《孟子·梁惠王上》说："吾力足以举百钧，而不足以举一羽；明足以察秋毫之末，而不见舆薪。"即我的气力能举起三千斤的重量，却拿不起一根羽毛。我的眼睛明亮，足以看清秋天鸟兽新生毫毛的末端，却看不见一车柴。孟子的归谬说词，用"明察秋毫，不见舆薪"的比喻，成为众所周知的成语，普遍效法的思维表达范例。

《庄子·胠箧》说："窃钩者诛，窃国者为诸侯。"即窃一腰带钩，要杀头；窃一国，却做诸侯。司马迁《史记·游侠列传》更简化为："窃钩者诛，窃国者侯。"这是极简明的运用归谬法的范例。

《公孙龙子·迹府》载，公孙龙反驳孔子六世孙孔穿说："夫是仲尼异楚人于所谓人，而非龙异白马于所谓马，悖。"即孔子把"楚人"和"人"区别开来，却非难公孙龙把"白马"和"马"区别开来，自相矛盾。这是归谬法的运用。

《吕氏春秋·听言》说："今人曰：'某氏多货，其室培湿，守狗死，其势可穴也。'则必非之矣。曰：'某国饥，其城郭卑，其守具寡，可袭而篡之。'则不非之：乃不知类矣。"即现在有人说，某氏富有，屋后墙潮湿，守门狗死，可以挖洞偷他东西。这一定会遭到非议。但假如说，某国遭遇饥荒，城墙低矮，守城器具少，可以偷袭而篡夺之，则不被非议。这是归谬法的运用。

《淮南子·泰族训》说："夫指之拘也，莫不事伸也；心之塞也，莫知务通也：不明于类也。"即手指弯曲，都会设法伸直，但心思堵塞不通，却不知道设法打通，这是"不明于类"，即"不知类"的错误，是归谬法的运用。

《论衡·祭意》篇说："知祭地无神，犹谓诸祀有鬼：不知类也。"以墨子的"不知类"为说，揭露论敌自相矛盾，这是归谬法的运用。墨家所运用和总结的归谬法，通过诸子百家的普遍运用，深深地渗透于后人的思维方式和表达习惯。

加拿大人朗宁 1893 年生于湖北襄樊，父母是美籍传教士。朗宁喝中国奶妈的乳汁长大，不料他三十岁回加拿大竞选省议员时，反对派的人竟诽谤他说："你是喝中国人的奶长大的，你身上一定有中国血统。"朗宁针锋相对地反驳他们说："据权威人士透露，你们是喝牛奶长大的，你们身上一定有牛的血统。"① 这说明归谬法的运用，极富论证性和说服力，是重要的辩论工具。②

诗以咏之：

> 墨家辩学辩论术，辩论实质有逻辑。
> 逻辑主要讲推论，墨家推论有条理。
> 论证说服有艺术，墨子口才数第一。
> 譬侔援推加止式，推论学说多理趣！

---

① 转引自《北京晚报》，1984-08-11。

② 本讲部分内容，演讲于台湾的东吴大学、辅仁大学、元智大学、云林科技大学，北京的清华大学、中国政法大学、北京逻辑学会和武汉的武汉大学；作为 2008.5.30—6.1 海峡两岸逻辑教学学术会议论文，部分收入林正弘主编《逻辑与哲学》，545～564 页，台北，学富文化出版社，2009。参见拙文《墨家论证说服的技艺》，载《南通大学学报》，2008（1）；《中国古代逻辑中的推理论》（上），载《逻辑与语言学习》，1988（2）；《中国古代逻辑中的推理论》（中），载《逻辑与语言学习》，1988（4）；《中国古代逻辑中的推理论》（下），载《逻辑与语言学习》，1989（1）。

第四讲 论规律：正确思维的法则

题头诗:

> 彼止于彼同一律，不俱当是矛盾律。
> 或是或非排中律，三物必具理由律。
> 虽无西方四术语，遵守同样思维律。
> 语言表达是现象，多表一元归一体！

第四讲标题"论规律"，也叫"规律论"，讲逻辑基本规律。西方逻辑叫同一律、矛盾律、排中律和充足理由律，是任何正确思维和表达都必须遵守的规律。中国逻辑学元典中没有这些术语，不等于没有这些思想。

中国逻辑学表达同一律、矛盾律、排中律和充足理由律，有特殊表达方式，透过现象看本质，应该用全世界共同的逻辑语汇，如同一律、矛盾律、排中律和充足理由律等，作为塔尔斯基所说的"元语言"，希尔伯特说的元研究方法，分析中国逻辑学元典资料。

我们的研究，应该进入傅伟勋"创造性诠释学"所谓"蕴谓"、"创谓"和"当谓"的境界，不应停留在"实谓"、"意谓"的境界，继续推进梁启超、胡适和沈有鼎等人开辟的古今中外逻辑贯通的事业。

我们的目的是加工改制《墨经》逻辑学的原始形态，不是停留于所谓墨辩"土生土长的原生态"。《墨经》逻辑学的"原生态"，用先秦古汉语表达，广大人民群众难以读懂和应用。我们促进中国逻辑学思维规律论"原生态"的现代转型，使中国逻辑学的思维规律论"原生态"，转化为广大人民群众可以理解和运用的现代形态，继续为今人的思维表达服务。

一、彼止于彼：同一律

1. 称谓有固定所指

我们说"称谓有固定所指"，《墨经》原话叫"谓而固是"。"谓而固是"，是中国人用古汉语总结的跟同一律相当的第一个命题和表达方式。《经下》第104条说："谓而固是也，说在因。"《经说下》举例解释说："有之实也，而后谓之。无之实也，则无谓也。不若假。举'美'谓是，则是固'美'也，谓也。则是'非美'，无谓，则假也。"

即称谓有固定所指，称谓以对象为转移。有这样的对象，才这样称谓。没有这样的对象，就不这样称谓。这不像说假话。列举"美"的名称，称谓这种状况，是因为这种状况本来"美"，这叫真实称谓。这种状况本来"不美"，不能用"美"称谓，如果这样，则是虚假的称谓。

《经说上》第81条说："所以谓，名也。"即用来称谓的，是名。名即语词概念。《广韵》："谓，言也。"言即辞，指语句、命题。《广雅》："谓，说也。"说，指解说、推论。广义地理解，中国古代逻辑概括的思维表达形式"名辞说"，都是"谓"，我把"谓"翻译为称谓、陈述。"固"，即固定、同一。"是"，指这个，是用古汉语指示代词，充当变项，指代任一对象。

"谓而固是"的名词、术语和表达方式，要求保持语词含义即概念的确定性，是逻辑语义学同一律的一种表达。无独有偶。令人感到奇妙的是，《墨经》总结同一律的提法"谓而固是"，所举例子"美"和"非美"，正好跟名家学派著作《尹文子》（汉代注释家高诱叫《名书》）所载齐国黄公"以美为非美"的故事暗合。《尹文子》说：

> 齐有黄公者，好谦卑，有二女，皆国色，以其美也，常谦辞毁之，以为"丑恶"。"丑恶"之名远布，年过而一国无聘者。卫有鳏夫，时冒娶之，果国色，然后曰："黄公好谦，故毁其子，妹必美。"于是争礼之，亦国色也。国色，实也。"丑恶"，名也。此违名而得实矣。

即齐国黄公，有个毛病，过分谦卑。谦卑本是长处，过分谦卑，反成为缺点。黄公有两个女儿，都是全国最漂亮的，叫国色。但正因为黄公两个女儿长得美，黄公就经常用过分谦卑的言辞，诋毁女儿，说两个女儿长得"丑恶"，丑八怪。

两个女儿长得"丑恶"的坏名声，四处远扬，于是过了适于结婚的年龄，遍齐国都没人敢娶。卫国有位"老而无妻"的鳏夫，冒着妻子长得"丑恶"的坏名声，壮着胆子，把黄公的大女儿贸然娶到家里，做自己的妻子，一看竟然是国色。

于是这位捡到便宜的卫国新郎官，就悄悄地跟别人咬耳朵说："我老丈人黄公有过分谦卑的毛病，所以逢人就故意诋毁自己女儿，说女儿长得'丑恶'、丑八怪，所以我想我的小姨子（黄公二女儿）一定也长得很美！"

这话很快就传开了，于是人们都争着娶黄公的小女儿，果然也是倾国倾城的国色、大美人。"国色"是反映实际情况的真实名称，"丑恶"是故意歪曲实际情况的虚假名称。这是违反"丑恶"的虚假名称，却得到"国色"的真正实际。

齐国黄公偷换概念，以"美"为"丑"，为"非美"，违反《墨经》"谓而固是"的逻辑语义学同一律。《墨经》讲逻辑语义学同一律的条文，以"美"和"非美"为例，恰恰跟齐国黄公"以美为非美"的故事用词相同，寓意相通，由此可以窥见中国逻辑下产生发展的奇妙机理，从具体的思维艺术，升华概括为抽象的逻辑知识。

广义的逻辑学，对应于符号学的三个领域：第一，语义学，研究符号与对象的关系，是语言意义指谓作用的理论；第二，语用学，研究符号与使用者的关系，是语言实际应用的理论；第三，语法学，研究符号与符号的关系，是语言逻辑结构的理论。

中国逻辑学，是广义的逻辑，是符号学意义上的语义逻辑。古圣先贤热烈讨论名实关系，是广义的逻辑语义学的论争。中国逻辑学，沿语义学方向发展，用名实关系、语言符号跟对象关系的形式表现出来。

中国逻辑的语义学方向，由中国语言的结构决定。中国语言以名即语词概念为中心，用汉字固定概念，关注语言符号指谓对象的关系，必然沿语义学，而不是语形学（语法学，纯形式符号逻辑）的方向发展。

狭义逻辑是亚里士多德开创的语法学方向。亚里士多德使用以主项为中心的希腊语，探索主谓式命题构成的三段论，走上以三段论为中心的形式逻辑。中国逻辑是有语义内容的实质逻辑，是广义的语言逻辑、辩论逻辑、论证说服逻辑。名家著作《尹文子》载齐国黄公"以美为非美"的故事，《墨经》"谓而固是"的理论总结，都是围绕名实关系，从语义学角度，体现逻辑同一律的要求。

2. 弄通对方意思再回答

我们说"弄通对方意思再回答"，《墨经》用语叫"通意后对"。"通意后对"，是中国人用古汉语总结的跟同一律相当的第二个命题和表达方式。《经下》第 141 条说："通意后对，说在不知其孰谓也。"《经说下》举例解释说：问者曰："子知'羁'乎？"应之曰："'羁'何谓也？"彼曰："羁，旅。"则知之。若不问"'羁'何谓？"径应以"弗知"，则过。

即弄通对方意思再回答，论证的理由在于，不通意就不知道对方究竟说什么。如对方问："你知道'羁'吗？"我应该先回："你说的'羁'是什么意思？"对方进一步说："我说的'羁'，是旅居在外的意思。"即暂时羁留他乡。这样我就知道了。如果不问"你说的'羁'是什么意思？"就直接回答说"不知道"，这是交流不充分的过错。

一词多义，是常见的现象。"羁"是多义词。第一指"马笼头"。《说文》："羁，马络头也。从网、从马、从革。"曹植《白马篇》说："白马饰金羁。""羁"又指将马笼头套在马头上。贾谊《吊屈原赋》说："使骐骥可得系羁兮，岂云异夫犬羊？"

引申为拘束、束缚。司马迁《报任安书》说："仆少负不羁之才。"成语有"放荡不羁"。"羁縻"指拘留、束缚。文天祥《指南录后序》说："予羁縻不得还。""羁"还指笼络。《史记·武帝本纪》说："天子益怠厌方士之怪语矣，然终羁縻弗绝。"

第二，指寄居在外。《史记·陈杞世家》说："羁旅之臣，幸得免负担。"或指寄居在外的人。《左传·昭公七年》说："单献公弃亲用羁。"这里用"羁"作为典型案例分析，能够代表语言交流交际中的一般情况。

因一词多义，导致语言交流障碍的典型事例，还有"周郑异璞"的故事。《尹文子》说：

> 郑人谓玉未理者为"璞"，周人谓鼠未腊者为"璞"。周人怀"璞"谓郑贾曰："欲买璞乎？"郑贾曰："欲之！"出其"璞"视之，乃鼠也，因谢不取。

即郑国人把未加工的玉石叫做"璞"，周人把未腊制的老鼠肉叫做"璞"。在市场上，周国人怀揣新鲜老鼠肉，问郑国商人说："想买璞吗？"郑国商人以为周国人说的"璞"是玉石，立即说："想买！"

周国人掏出怀揣的新鲜老鼠肉，递给郑国商人说："给你！"郑国商人不想买老鼠肉，但已经承诺要买周国人的"璞"，又不方撕毁协议，只好向周国人道歉说："对不起，我只想买玉石的'璞'，不想买老鼠肉的'璞'。"

他们双方对于什么是"璞"的定义和看法不同，最后商人拿出来的东西和买方所想的不同，所以买方就失诺了。这是对语词概念理解不一致造成的误会。《战国策·秦三》说，郑国人误会的原因，是"眩于名，不知其实"，受名称字面迷惑，不知名所指的对象。

周、郑国两国，相距百里，方言有别，郑国人指"璞"为玉石，周国人指"璞"为老鼠肉。一词多义的现象，司空见惯。语言交际中的有效沟通，应明确对话各方言词的所指，保持概念的确定性，避免含混不清，以促进成功有效的交际。

后来"鼠璞"一词用多了，就变为成语。用例统计，《四库全书》67次，

《四部丛刊》5次。宋代戴埴以这一成语为书名。《四库全书总目》卷一百一十八说："《鼠璞》二卷"，"是书皆考证经史疑义，及名物典故之异同，持论多为精审"，"率皆确实有据，足裨后学。其曰《鼠璞》者，盖取周人、宋（郑）人同名异物之义"。

《四库全书简明目录》卷十三说："《鼠璞》一卷，宋戴埴撰。《文献通考》列之小说家。然其辨正经传，考订名物训诂，颇有可采，实非小说家言。曰《鼠璞》者，取《战国策》以鼠为璞之意也。"

针对"以鼠为璞"之类的误会，为解决语言交际中概念混淆的问题，《墨经》提出"通意后对"的原则。《墨经》对"通意后对"交际原则的解释，涉及语言的多义性。事物存在和社会生活的复杂多样性，决定语言的复杂多义性。

在对话、辩论中如果不先"通意"，会出现"答非所问"的现象，妨碍成功有效的交流，导致无谓的纷争。当时常见用语言的多义性玩弄诡辩的现象，《墨经》提出"通意后对"的原则，予以矫正。《墨经》提出的"通意后对"原则，是同一律在语言交际中的应用，是"谓而固是"之外的又一次概括。

刘向《别录》载邹衍（公元前305—前240）说："辩者别殊类使不相害，序异端使不相乱，抒意通指，明其所谓，使人与知焉，不务相迷也。"诡辩家"引人声使不得及其意"的诡辩现象，有害"大道"，是"缴言纷争"的根源。邹衍这一番话，从思维规律的角度，揭示辩论的实质，是针对公孙龙"白马非马"的诡辩而发，也有一般反诡辩的意义。

3. "彼止于彼"：A 是 A

《墨经》以古汉语为元语言工具，对同一律做出元理论概括，说"彼止于彼"，相当于"A 是 A"。实例是"牛是牛"。《经说下》第169条概括"正名"，即矫正语词概念的规律是："正名者：彼彼此此可：彼彼止于彼，此此止于此。彼此不可彼且此也。彼此亦可：彼此止于彼此。若是而彼此也，则彼亦且此此也。"

即"正名"（矫正概念）的规律，有三种情况。第一，"彼彼此此可"：那个"彼"之名，要确定地指称"彼"之实；这个"此"之名，要确定地指称"此"之实。第二，"彼此不可"："彼此"的集合概念，不能仅单独地指称"彼"之实或"此"之实。第三，"彼此亦可"："彼此"的集合概念，要确定地指称"彼此"的集合体。如果"是"与"彼此"的不同概念可以混同，那么"彼"与"此此"的不同概念也可以混同，这当然是不对的。《墨经》以"正名"为标题，用古汉语指示代词给出同一律的公式。同一律公式，见表21。

表 21　　　　　　　　　　　　同一律公式

序号	同一律公式	符号	例子
1	彼止于彼	A＝A	牛＝牛
2	此止于此	B＝B	马＝马
3	彼此止于彼此	AB＝AB	牛马＝牛马

《墨经》用古汉语指示代词"彼"、"此"和"彼此"，充当元语言的逻辑变项，指代任意概念，把它替换为元语言的英文字母A、B和AB，意思不变。以古汉语词"止于"作元语言的逻辑常项，意思是专指、等同，将其替换为数学符号"＝"，意思不变。

《墨经》对同一律的元逻辑概括，可以替换为如下表达式：A＝A，B＝B，AB＝AB。《经说下》第168条所举的实例是，"牛不非牛，马不非马"，即"牛是牛"，"马是马"。同理可以说"牛马不非牛马"，即"牛马是牛马"。可以替换为如下表达式：牛＝牛，马＝马，牛马＝牛马。

同一律的规定是，在同一思维过程中，每一思想（概念或命题）与自身同一，保持一贯性、一致性、确定性。其公式是：A是A，或A＝A。A指任一概念或命题，如"美女是美女"，"丑女是丑女"，不能混同。"玉石之璞是玉石之璞"，"鼠肉之璞是鼠肉之璞"，不能混同。

《墨经》把"彼止于彼"等类似同一律的规定，叫"正名"，即矫正语词概念的规律。"正名"是孔子提出的要求正确运用语言的口号，战国诸子百家长期争辩。《经说下》第169条用古汉语的元语言工具，把"正名"的元逻辑规律概括为"彼止于彼，此止于此，彼此止于彼此"，相当于用自然语言说

"彼是彼，此是此，彼此是彼此"，用数学语言说"彼＝彼，此＝此，彼此＝彼此"。

《经说下》第 169 条说："彼此不可彼且此也。"可以替换为如下表达式：AB≠A，AB≠B。如：牛马≠牛，牛马≠马。《经说下》第 168 条说："若是而彼此也，则彼亦且此此也。"可以替换为如下表达式：若 C＝AB，则 A＝BB。如：若羊＝牛马，则牛＝马马。这是用归谬法论证同一律的正确性。同一律归谬论证，见表 22。

表 22 　　　　　　　　　　　同一律归谬论证

《墨经》表达	彼此不可彼且此也	若是而彼此也，则彼亦且此此也
逻辑表达	AB≠A，并且 AB≠B	若 C＝AB，则 A＝BB
实例	牛马≠牛，并且牛马≠马	若羊＝牛马，则牛＝马马

战国后期名家代表公孙龙有类似概括。《公孙龙子·名实论》说：

> 以其所正，正其所不正。不以其所不正，疑其所正。其正者，正其所实也。正其所实者，正其名也。其名正，则唯乎其彼此焉。谓彼而彼不唯乎彼，则彼谓不行。谓此而此不唯乎此，则此谓不行。其以当，不当也。不当而当，乱也。

> 故彼彼当乎彼，则唯乎彼，其谓行彼。此此当乎此，则唯乎此，其谓行此。其以当，而当也。以当而当，正也。故彼彼止于彼，此此止于此，可。彼此而彼且此，此彼而此且彼，不可。

即以"正"为标准，纠正不合标准。不以不合标准，怀疑合标准。"正名"是矫正名实关系。名正确，彼此的名，就确定指谓彼此的对象。说"彼"的名，不专指彼的对象，"彼"的称谓就行不通。说"此"的名，不专指此的对象，"此"的称谓就行不通。如果认为这样恰当，就不恰当。不恰当而认为恰当，是混乱。

"彼"的名，要恰当指谓彼的实，专指彼的实，"彼"的称谓就行得通。"此"的名，要恰当指谓此的实，专指此的实，"此"的称谓就行得通。如果认为这样恰当，就恰当。以恰当为恰当，是正确。

"彼"的名，专指"彼"的实；"此"的名，专指"此"的实，这是成立的。如果"彼此"的名（集合概念），单独指称"彼"的名（元素概念），单独地指称"此"的名（元素概念）。"此彼"的名（集合概念），单独指称"此"的名（元素概念），单独地指称"彼"的名（元素概念），这是不成立的。

《公孙龙子·名实论》和《墨经》对同一律规定一致。二者都肯定："彼止于彼，此止于此，彼此止于彼此。"符号表示：A＝A，B＝B，AB＝AB。例子表示：牛＝牛，马＝马，牛马＝牛马。

《公孙龙子·名实论》说："彼此而彼且此，不可。"意即《墨经》说："彼此不可彼且此也。"符号表示：AB≠A，AB≠B。例子表示：牛马≠牛，牛马≠马。这说明《墨经》对同一律概括的正确性、合理性和普遍性，同一律是超学派的共同思维工具，是全人类的共同思维工具。

《荀子·正名》总结儒家名学的规范样式，提出"制名之枢要"，即制名用名的基本要点是："同则同之，异则异之。""知异实者之异名也，故使异实者莫不异名也，不可乱也。犹使同实者莫不同名也。"

即相同事物，给相同名称。不同事物，给不同名称。知道不同事物，应有不同名称，所以要使所有不同事物，都有不同名称，不能混乱。就像相同事物，要有相同名称。"同则同"、"异则异"的用名原则，要求保持语言符号指谓对象的确定性，是同一律的意涵。龙墨荀同一律，见表23。

表23 龙墨荀同一律

龙墨同一律	彼止于彼，此止于此，彼此止于彼此
荀子同一律	同则同，异则异；同实同名，异实异名
解释	语言符号指谓对象的确定性
逻辑	A＝A，B＝B，AB＝AB
实例	牛＝牛，马＝马，牛马＝牛马

《大取》谈到"迁"即转移论题、偷换概念的逻辑错误。如公孙龙子说，由于白马中不包含黄、黑马，可见白马异于马。既然白马异于马，可见白马非马。这是把"异于"（有不同，有差别）偷换为"非"（不是、全异、完全

不同）。

"非"的意思除了包含"异于"之外，还包含"不是、全异、完全不同"等意思。这是玩弄偷换概念的把戏。而把"白马异于马"变成"白马非马"，则是偷换论题。这种错误，是由于违反同一律而造成的。

二、不俱当：矛盾律

1.《墨经》矛盾律

《墨经》以古汉语为元语言工具，对矛盾律做出元理论概括，在对"辩"的定义中，透露对矛盾律的发现。《经上》说："辩，争彼也。"《经说上》举例解释说："或谓之牛，或谓之非牛，是争彼也，是不俱当，不俱当，必或不当。"

即"辩"（辩论）就是"争彼"。"彼"本是指示代词，意即"那"、"那个"，跟"此"、"是"（这、这个）相对。这里借用来作为逻辑变项，指代任一事物、词项或命题。把"彼"当做一个空壳、空位使用，相当于英文字母 x，可以代入（装进去）任一事物、词项或命题，可做两种解释。

第一种解释，是"一元谓词逻辑"的解释。《经上》说"辩"（辩论）是"争彼"，是争论一对矛盾命题的是非。《经说上》举例，可翻译为：对任一个体 x 而言，有人说"x 是牛"，有人说"x 不是牛"（x 非牛），这就是"争彼"，即争论一对矛盾命题的是非。

"或"指"有人"。"之"是代词，意为此、彼、其、他、它等。"之"为《墨经》常用的另一个逻辑变项符号，与"彼、此、是、其、夫、然、有"等充当逻辑变项的作用同样，可指代任一事物、词项或命题。"之牛"意为"x 是牛"，"之非牛"意为"x 不是牛"（x 非牛）。

如果一个人既肯定"x 是牛"，又肯定"x 不是牛"，怎么样呢？《经说上》下定义说："是争彼也，是不俱当，不俱当，必或不当。"即争论一对矛盾命题的是非，矛盾命题不能同真，必有一假，即《墨经》说的"不俱当，必或不当"，是关于矛盾律的规定。

矛盾律的表达，可有许多种。第一种，《墨经》的说法，"不俱当，必或不当"，即矛盾命题不能同真，必有一假。这是自然语言的表达。第二种是对任一个体 x 而言，不能同时既断定"x 是牛"，又断定"x 不是牛"。

这是一元谓词逻辑的表达。第三种，令"x 是牛"为命题"P"，"x 不是牛"为命题"￢P"（读为"非 P"），可把矛盾律表示为："￢(P∧￢P)。"读为："并非 P 并且非 P"。这是命题逻辑的表达。

这是《墨经》用元语言的语法概念和语义概念，对矛盾律的理论概括。语法概念：否定词"不"，全称量词"俱"，特称量词"或"，模态词、必然推出关系"必"。语义概念："当"、"不当"，相当于真假。矛盾命题"不俱当"的符号表示：￢(P∧￢P)。读作：并非"P"和"非 P"同真。

这是用全人类共同的逻辑工具和现代科学语言，对《墨经》矛盾律进行第二层次的元理论分析和元语言表述。墨家对矛盾律做出的理论概括，指出像"这个动物是牛"和"这个动物不是牛"两个矛盾命题的真假值规律，是"不俱当，必或不当"，即不能同真，必有一假。

《墨经》用"这个动物是牛"和"这个动物不是牛"两个命题"不俱当，必或不当"的方式表示矛盾律，跟亚里士多德逻辑本质一致。亚氏认为，矛盾律是"一切原理中最确实的原理"，"一切原理中最无可争议的原理"，是"不证自明"的"真理"。

亚氏表述矛盾律："对立陈述不能同时为真"，或"相反论断不能同时为真"。①《墨经》举例"这个动物是牛"和"这个动物不是牛"，就是亚里士多德说的"对立陈述"、"相反论断"。《墨经》概括矛盾命题的真价值规律是"不俱当"，就是亚里士多德说的"不能同时为真"。

---

① 参见《亚里士多德全集》，第 7 卷，苗力田等编译，106、251 页，北京，中国人民大学出版社，1993；亚里士多德：《形而上学》，220 页，1063b15—16、1062a22—23。一译："关于同一个对象不能同时真实地做出互相矛盾的陈述，也不能同时真实地做出互相反对的陈述。"英文：Contradictory statements cannot be truly made about the same subject at one time, nor can contrary statements. 参见 *The Complete Works of Aristotle*, Edited by Jonathan Barnes, Princeton University Press, 1984, p. 1680。

不同的是，《墨经》通过实例分析，把矛盾律理解为两个矛盾命题、判断或语句的关系。亚氏除了有时理解为两个"互相矛盾陈述"或"互相反对的陈述"的关系，即思维、认识、表达的规律之外，在更多场合，则主要是或首先是把矛盾律理解为事物的规律，即本体论、存在论规律。① 这容易导致把逻辑规律与世界观的规律混为一谈。《墨经》的表达，不会出现这种误解。矛盾律，见表24。

表 24　　　　　　　　　　　矛盾律

《墨经》矛盾律公式	不俱当，必或不当
自然语言解释	矛盾命题不能同真，必有一假
亚里士多德表述	对立陈述不能同时为真
谓词逻辑解释	并非"x是牛"和"x不是牛"同真
命题逻辑解释	$\neg(P \land \neg P)$（读为：并非"P并且非P"同真）
实例	并非"这个动物是牛"和"这个动物不是牛"同真
逻辑错误	自相矛盾

矛盾命题"x是牛"和"x不是牛"（＝"x是非牛"）的谓项"牛"和"非牛"，是其邻近属概念"动物"下属的一对矛盾概念，它们内涵不同，外延互相排斥，一动物x"是牛"，就不能又"是非牛"，"是非牛"就不能又"是牛"。矛盾命题"x是牛"和"x是非牛"（＝"x不是牛"）的真值规律，必然是不能同真。

矛盾律也适用于反对命题，反对命题的真值规律也是不能同真，同时肯定一对反对命题，也违反矛盾律。《经说下》第136条说："或谓之牛，其或谓之马也，俱无胜。"反对命题"x是牛"和"x是马"的谓项"牛"和"马"，是其邻近属概念"动物"下属的一对反对概念，它们内涵不同，外延互相排斥，一动物x"是牛"，就不能同时又"是马"；"是马"，就不能同时又

① 亚里士多德说："既然矛盾的陈述不能同时对同一事物为真，显然对立物不能同时依存于同一事物。"英文：Now since it is impossible that contradictories should be at the same time true of the same thing, obviously contraries also cannot belong at the same time to the same thing. 参见 *The Complete Works of Aristotle*, Edited by Jonathan Barnes, Princeton University Press, 1984, p. 1597.

"是牛"。反对命题"x是牛"和"x是马"的真值规律，必然是不能同真。

不同的是，矛盾命题是必有一假，反对命题是至少有一假，也可以同假。"俱无胜"指可以同假，如事实上动物x是狗，则说"x是牛"和"x是马"同假。矛盾律也适用于反对命题的另外一个理由，是从反对命题中也可引申出矛盾命题，如说"x是马"，等于说"x不是牛"，跟"x是牛"构成矛盾。说"x是牛"等于说"x不是马"，跟"x是马"构成矛盾。

2. 韩非矛盾律

韩非把矛盾律概括为矛盾命题的两种说法"为名不可两立"，"为名不可同世而立"。《韩非子·难势》说："楚人有鬻盾与矛者，誉之曰：'吾盾之坚，物莫能陷也。'又誉其矛曰：'吾矛之利，于物无不陷也。'或曰：'以子之矛陷子之盾何如？'其人弗能应也。以不可陷之盾，与无不陷之矛，为名不可两立也。"

《韩非子·难一》说："夫不可陷之盾，与无不陷之矛，为名不可同世而立。"有一位楚国商人卖盾和矛，他夸奖自己的盾说："我的盾坚固啊！没有任何物件能刺穿！"又夸奖自己的矛说："我的矛锐利啊！没有任何物件不能刺穿！"有人说："用你的矛，刺你的盾，怎么样？"这位商人不能回答。用"不能被刺穿的盾"和"无所不能刺穿的矛"为说辞，不能并存（"不可两立"），不能在同一世界成立（"不可同世而立"）。

韩非子先用一个典型的故事，比喻"矛盾"的概念。最后，韩非子说的"以不可陷之盾，与无不陷之矛"，"为名不可两立"，"不可同世而立"，是他对逻辑矛盾律的元理论概括。现代模态逻辑有"可能世界"的概念。

可能世界是由所有可能的事物构成的世界。韩非子说的楚国商人，夸奖他的盾和矛的话，"不可陷之盾与无不陷之矛"，在同一个世界必然为假，即不可能真。或者说，在所有可能世界都不真。韩非子所谓矛盾的思想"不可两立"，"不可同世而立"，意同《墨经》说的矛盾之辞"不俱当"。

韩非子和《墨经》对矛盾律的概括方法相似，都是用典型案例代表矛盾命题，然后上升到理论总结，言简意赅。其中的典型案例，有代表一般的作用，形象生动，容易理解。韩非子的矛盾故事，后来变为成语典故，广泛流传，实际上发挥着矛盾律的功能，对中国人的思维，起到举一反三、规范制约的作用。"矛盾"概念在中华文化中的历史长河中，逐渐成为使用频率极高的术语，影响遍及东亚汉字文化圈各民族。

《韩非子》的《难一》、《难势》说"不可陷之盾"与"无不陷之矛"，从古汉语语法来说，是两个概念。《难势》明确说"为名"，即作为语词概念。从这两个概念，可以引出互相矛盾的命题，构成逻辑矛盾：

（1）吾矛能刺穿吾盾（从"无不陷之矛"引出）。

（2）吾矛不能刺穿吾盾（从"不可陷之盾"引出）。

（3）吾盾能被吾矛刺穿（从"无不陷之矛"引出）。

（4）吾盾不能被吾矛刺穿（从"不可陷之盾"引出）。

其中（1）跟（2）、（3）跟（4）都构成逻辑矛盾。所以当有人质疑"用你的矛，刺你的盾，怎么样"时，楚人不能回答。因为楚人"誉盾"和"誉矛"的两句话，能引出互相矛盾的命题，构成逻辑矛盾，违反矛盾律。自相矛盾的逻辑错误是荒谬、悖理的，应该避免。

以上命题的主、谓项"吾矛"和"吾盾"，是指这位楚国商人所卖的矛和盾。假如用"某一支矛"或"某一面盾"作命题的主、谓项也一样。日本学者末木刚博用符号逻辑方法，分析韩非矛盾律的结构：

（1）楚人拿的矛用 a 表示。

（2）楚人拿的盾用 b 表示。

（3）刺破的作用用 f 表示。

（4）"矛 x 刺破盾 y"，用下式表示：

$$f(x, y)$$

（5）"矛 a 刺破盾 b"，用下式表示：

$$f(a, b)$$

（6）"我的盾非常坚固，什么东西都不能刺破它"的命题，是"无论什么矛，都不能刺破这个盾 b"这个全称否定命题，可表示为：

$$(\forall x)\neg f(x,\ b)$$

读为：对于所有矛 x，并非矛 x 刺破盾 b。

（7）"我的矛非常锐利，什么东西都能刺破"的命题，是"这个矛 a，能刺破一切盾"这个全称肯定命题。因此可以表示为：

$$(\forall y)f(a,\ y)$$

读为：对于所有盾 y，矛 a 刺破盾 y。

（8）在把（6）和（7）作为前提的情况下，"这个矛 a 刺破这个盾 b"可作如下分析：

①首先，由（6）这个全称否定命题可得：

$$((\forall x)\neg f(x,\ b))\rightarrow\neg f(a,\ b)$$

读为：对于所有矛 x，并非矛 x 刺破盾 b，则并非矛 a 刺破盾 b。

②其次，由（7）这个全称肯定命题可得：

$$((\forall y)f(a,\ y))\rightarrow f(a,\ b)$$

读为：对于所有盾 y，矛 a 刺破盾 y，则矛 a 刺破盾 b。

③因此，由这二式的合并，则下式成立：

$$((\forall x)\neg f(x,\ b)\cdot(\forall y)f(a,\ y))\rightarrow(\neg f(a,\ b)\cdot f(a,\ b))$$

读为：对于所有矛 x，并非矛 x 刺破盾 b，并且对于所有盾 y，矛 a 刺破盾 y，则并非矛 a 刺破盾 b，并且矛 a 刺破盾 b。

④然而，如果（6）和（7）作为前提成立，则由于③的左边为真，据推理规则，其右边也应该为真。即下式成立：

$$\neg f(a,\ b)\cdot f(a,\ b)$$

读为：并非矛 a 刺破盾 b，并且矛 a 刺破盾 b。或：这个矛 a，不能刺破这个盾 b；并且这个矛 a，能刺破这个盾 b。这是互相矛盾的命题，构成逻辑矛盾。韩非子说楚人"誉盾"和"誉矛"的两句话（"不可陷之盾"与"无不陷之矛"），"不可同世而立"、"不可两立"，即不能同真。这是通过对"楚人鬻盾与矛"典型案例的分析，用现代逻辑元语言的形式，表达逻辑矛盾律。①

矛盾影响。《韩非子》的《难一》、《难势》所讲的"矛盾"故事，变为成语，普遍流行。明杨慎《丹铅总录》卷八说："今人谓言不相副，曰自相矛盾。"自相矛盾用例，见表25。

表25   **自相矛盾用例**

术语	《四库全书》	《四部丛刊》	合计
自相矛盾	597	59	656
矛盾	2 136	259	2 395
合计	2 733	318	3 051

从《四库全书》、《四部丛刊》范围以外，从现实语言统计，用例数据更多，以加速度增长。"自相矛盾"、"矛盾"成语在应用中，实际上起着逻辑矛盾律对思维表达的规范作用。中国哲人有用典型案例，代表一般观点的方法论特色。"自相矛盾"是具体典型事例，代表一般性概括，发挥规律和公式的作用。

晋鲁胜《墨辩注序》总结中国逻辑的特点说："取辩于一物，而原极天下之污隆。"即用一个典型案例的辩论，代表一般规律性的认识，穷极天下兴衰的根源。周礼全《中国大百科全书·哲学》的"逻辑"条释文说："《墨经》中没有应用对象语言来表示的命题形式和推理形式，而只有应用典型的具体推理来体现的推理方式。"②

中国逻辑的特点，是强调典型案例的类推作用，习惯以典型案例的说明，代表抽象的理论分析。这是诸子百家思维表达的特点。现实生活中"树标兵"、"抓典型"的方法，是用个别类推和说明一般。法学界用典型案例的类推作用判案，也是这个机制。

自相背驰。"自相背驰"，是跟"自相矛盾"类似的成语。清阎若璩《潜

① 末木刚博：《东方合理思想》（修订版），218～222页，京都，法藏馆株式会社，2001。孙中原译：《东方合理思想》，157～159页，南昌，江西人民出版社，1990。

② 《中国大百科全书·哲学》，537页，北京，中国大百科全书出版社，1987。

邱札记》卷六说："不与其说自相背驰乎？大抵著一书，立一说，必处处圆通，不至有一毫隔碍而后可。"这里，"必处处圆通"，是遵守同一律。"不至有一毫隔碍"，即不"自相矛盾"、"自相背驰"，是遵守矛盾律。遵守同一律和矛盾律，是同一思维过程相互联系的两个侧面。

宋潘自牧《记纂渊海》卷五十八并列"自相矛盾"和"自相背驰"的成语："断根以续枝，割背以裨腹"（《抱朴子》）；"刻割心腹，以补四支"（《后汉书》）；"犹芟刈股肱，独任胸臆"（《通鉴》、《三国志》）；"借子之矛，刺子之盾"（《晋书》）；"恶辱而居不仁，是犹恶湿而居下也"（《孟子》）；"恶死亡而乐不仁，是犹恶醉而强酒"（《孟子》）；"犹欲其入而闭之门也"（《孟子》）；"犹立枉木，而求其影之直也"（《荀子》），树立弯的木杆，却求直的影子；"欲寿而刎颈"（《荀子》），想长寿，却割脖子；"若是其悖谬也"，"譬之是犹救经而引其足也，说必不行矣，愈务而愈远"（《荀子》），为救上吊自杀的人，却往下拽他的脚；"欲灭迹而走雪中"（《淮南子》）；"譬如拯溺锤之以石，救火投之以薪"（《邓析子》）；"病热而强之餐，救喝而饮之寒，救经而引其索，拯溺而授之石，欲救之反为恶"（《淮南子》）；"披裘而扇"（《淮南子》），披着裘皮大衣，却扇着扇子；"犹治丝而棼之也"（《左传》），想理顺蚕丝，却把丝搅乱；"行危而求安，造祸而求福"（《史记》）；"浊其源而求其清流"（《汉书》），用把源泉搞混浊的办法，来求得流出的水是清的；"犹却行而求及前人也"（《汉书》），用倒退的方法，求得赶上前面的人；"譬犹抱薪而救火"（《汉书》），抱着柴火去救火；"掩目捕雀"（《通鉴》），用捂着眼睛的方法，捕捉麻雀；"将适越者指沙漠以遵途，欲登山者涉舟航而觅路，所趋逾远，所向转难，南北悖殊，高下相反，求其至也，不亦难乎"（《晋书》），想要到越国去，却指着北方沙漠来找道路，想爬山，却坐到船上来找道路，走得越远，离目标也越远，因为方向的南北高下矛盾相反，这样来达到目的，是很困难的；"如室斯构，而去其凿契。如水斯积，而决其堤防。如火斯蓄，而离其薪燎也"（《晋书》），想盖房，却撤掉栋梁，想蓄水，却挖开堤防，想让火旺，却撤去柴火；"伐根以求木茂，塞源而欲流长"（《唐书》）；"绊良骥之足，而责以千里之任。槛猿猴之势，而望其巧捷之能"（《吴季重书》）；"犹适于南而北辕，其到也无日矣"（《唐文粹》），想到南方去，却往北方赶车；"北辕适楚，圆凿方枘"，"北辕适楚，南辕适晋"，"犹航断港绝潢，以望至于海也"（《唐文粹》）。① 以上典型案例，贯穿矛盾律的要求，以自相矛盾为荒谬悖理。

三、或是或非：排中律

1.《墨经》排中律

"或是或非"，展开说，即"或谓之是，或谓之非"，是《墨经》对排中律的概括。用现在的话解释，即对任一个体 x 而言，或者说"x 是 y"，或者说"x 非 y"（等于说"x 不是 y"）。如果既肯定"x 是 y"又肯定"x 非 y"，这是"自相矛盾"，是违反矛盾律。如果既否定"x 是 y"又否定"x 非 y"，这是"矛盾两不可"，是违反排中律。

下面解释"或谓之是，或谓之非"这句话在《墨经》中出现的整个语境，即上下文。《经下》第 136 条说："谓辩无胜，必不当，说在辩。"《经说下》举例解释说："所谓非同也，则异也。同则或谓之狗，其或谓之犬也。异则或谓之牛，其或谓之马也。俱无胜。是不辩也。辩也者，或谓之是，或谓之非，当者胜也。"

即辩论必须是双方针对同一主项 x，一方说 x 是 y，另一方说 x 不是 y，其中正确的一方是胜利的一方，不正确的一方是失败的一方。如果争论的论题都不成立，"俱无胜"，这不叫辩论。

如甲说"x 是牛"，乙说"x 是马"，这是关于同一主项的反对命题之争。"牛"和"马"是同一概念"动物"下属的一对反对概念，二者没有穷尽"动物"概念的全部外延，在反对概念"牛"和"马"之外，还有其他许多中间的可能，如是羊、是狗等。

---

① 以上引文，均录自乾隆文渊阁《四库全书》和张元济编《四部丛刊》，电子版。

《经上》第 75 条说:"辩,争彼也。"《经说上》举例解释说:"或谓之牛,或谓之非牛,是争彼也。是不俱当。不俱当,必或不当。"即辩论的一方说"x 是牛",另一方说"x 非牛",这种争论是关于同一对象"一是一非"的矛盾命题之争,这才是辩论。

《墨经》指出,矛盾命题的真值规律,分为两个方面。第一,矛盾命题不能同真,必有一假,即《墨经》说"不俱当,必或不当",这是关于矛盾律的规定。第二,矛盾命题不能同假,必有一真,即《墨经》说"谓辩无胜,必不当","俱无胜,是不辩也,辩也者,或谓之是,或谓之非,当者胜也",这是关于排中律的规定。矛盾律,排中律,一正一反,对立互补,一体两面,互相推导。

排中律的表达,可有许多种。第一种,《墨经》的说法,"或是或非",展开说,即"或谓之是,或谓之非"。第二种,是我刚才的解释,即对任一个体 x 而言,或者说"x 是 y",或者说"x 非 y"。这是一元谓词逻辑的解释。第三种,令"x 是 y"为命题"P","x 不是 y"为命题"￢P"(读为"非 P"),则把排中律表示为:P∨￢P。读为:P 或非 P。这是命题逻辑的解释。第四种,矛盾命题不能同假,必有一真,这是自然语言的解释。排中律,见表 26。

表 26   排中律

《墨经》排中律公式	或是或非
谓词逻辑解释	x 是 y,或 x 不是 y
命题逻辑解释	P∨￢P(读为:P 或非 P)
自然语言解释	矛盾命题不能同假,必有一真
实例	这个动物是牛,或不是牛
逻辑错误	矛盾两不可

2. 排中说明

排中律的规定,是"矛盾命题不能同假,必有一真"。如这是桌子,这不是桌子,这是一对矛盾命题,不能同假,必有一真。这叫二值逻辑。二值逻辑只有真假两种可能性。或者这是桌子，或者这不是桌子，只有这两个选项，没有别的选项，不存在第三个选项，穷尽一个论域内的全部真理（真值）。如果有第三个选项，"真"的范围就扩大了，不存在。论域，见图1。

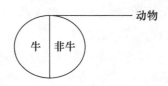

图1 论域

讨论问题，应该有一个确定的论域。论域即讨论的范围。我们讨论"动物"的论域。在山上看到远处来一个"动物"。一个人说是"牛"，则其真值就在左边"牛"的范围里。一个人说"不是牛"，等值于"非牛"，则其真值就在右边"非牛"的范围里。

"动物"概念是整个圆，包括"牛"和"非牛"（不是牛）两部分，这是对上位概念"动物"论域的二分法，分为"牛"和"非牛"，全部可能性，真理，真值，都穷尽。"牛"和"非牛"的外延之和，等于其论域"动物"。

"牛"和"非牛"不相容。就一个动物个体而言，要么是"牛"，要么不是牛（等值于"非牛"），必然在论域"动物"范围内，这个论域把所有的"真"都列举穷尽，除了"牛"和"非牛"，没有第三种可能性。排中律的"排中"，指排除第三种可能。或者是"牛"是真的，或者不是牛（"非牛"）是真的。

"真"，就是一种断定，或叫"真值"，是从数学上借用的概念，"值"就在"牛"和"非牛"这两个当中。是"牛"真，是"非牛"就假。是"非牛"真，是"牛"就假。真只存在于这两种可能性中，这就是"排中"。公式为：$P \vee \neg P$。读作：P或非P。

违反排中律的逻辑错误叫"矛盾两不可"。即在两个矛盾命题中都不断定，就是唐朝宰相苏味道故事衍生的成语"模棱两可"。"模棱两可"表面上两个矛盾命题都同时断定，实际意思是两个都不断定。

《墨经》解释排中律，批判庄子的"辩无胜"，即"辩论无胜负可言"。在矛盾命题中都不表态，违反排中律。在图中，这个动物是牛，这个动物不是牛，认为二者都不对，就是"辩无胜"。即认为争论辩论，两种矛盾见解，都没有真理、真值可言。

《墨经》说，认为两个矛盾命题争论"俱无胜"，"必不当"，指矛盾命题的争论没有胜利，没有真理可言，必然不恰当。"说在辩"，即论证的理由在于，要清楚"辩论"本身，辩论的本质是什么。辩论的本质，是辩论矛盾命题哪个为真。不能两个都真，如果两个都为真，是自相矛盾，违反矛盾律。也不能两个都不真，认为两个都不真，回避矛盾命题的明确断定，违反排中律。

《墨经》批评"辩无胜"，是批判违反排中律的见解。"辩也者，或谓之是，或谓之非，当者胜也"，是说辩论的结果，必然在矛盾命题当中，要么是，要么非，只有是非两种可能。以一个动物的个体来说，要么是"牛"，要么不是牛（"非牛"），没有第三种可能。

排中律，是排除对同一个主项"肯定"和"否定"之外的中间可能。辩论动物个体 x 的两个命题：x 是牛，x 不是牛。x 是辩论的主体、主项，对它做出两个矛盾的断定，为"是"或者"非"（不是）。

断定的谓项就是"牛"和"非牛"。x 是牛，属于图的左边。x 不是牛，（等值于"非牛"），属于图的右边。只有这两种可能性，穷尽全部可能，没有第三种可能，这就是二值逻辑。二值逻辑，指在一个讨论的范围内，只有两种可能。二值就是真假两种可能。也有三值逻辑、四值逻辑、多值逻辑。有时回答问题，不能简单回答"是"或者"不是"。

如："今天天气好或不好？""这部电影好看或不好看？""人白不白，老不老？"这是相对的概念，可以回答"比较老"、"相当老"、"特别老"等。二值逻辑，只有真假两种可能。以电灯为例，只有电灯为开着为真，或者电灯为关着为真。

又如是男孩，还是女孩？是男孩，就不会是女孩。是女孩，就不会是男孩。其中一个必然为真。"真"是肯定有的。二值逻辑划定真理存在的范围，真命题就存在于矛盾命题当中，这是对排中律的另一个解释。

　　就简单直言命题而言，排中律的"排中"，即排除对同一主项肯定和否定之外的任何中间可能。亚里士多德说："在两个互相矛盾的谓项之间，没有第三者，我们必须或者肯定或者否定某个主项有某个谓项。"①

　　如"或谓之牛，或谓之非牛"，关于同一主项的矛盾命题，不能同时都否定，必须肯定其中之一。针对同一动物 x，甲说"x 是牛"，乙说"x 不是牛"，"牛"和"非牛"是同一概念"动物"下属的一对矛盾概念，二者穷尽"动物"概念的外延。x 不在"牛"中，就在"非牛"中。不在"非牛"中，就在"牛"中。排除矛盾概念"牛"和"非牛"之外的任何中间可能。

　　排中律不适用于反对命题，因为反对命题可以同假，允许对二者都否定，不肯定其中之一。排中律只适用于矛盾命题，因为矛盾命题不能同时都否定，必须肯定其中之一。排中律从要求思维的明确性方面，保证思维的确定性。

　　对矛盾命题 P 和非 P，不能同时都否定，必须肯定其中之一。在只有真和假的二值逻辑系统中，排中律无条件成立。排中律的作用，是保证在二值逻辑系统中，划定真命题所存在的范围。

　　就简单直言命题而言，真命题存在于对同一主项"肯定"和"否定"同一谓项的矛盾命题中。根据排中律，对同一主项"肯定"和"否定"同一谓项的两个矛盾命题，不能同假，必有一真。不能二者都否定，必须肯定其中之一。排中律划定真命题存在的范围，就在矛盾命题中。

　　违反排中律的逻辑错误，是"矛盾两不可"，即认为命题 P"不可"，矛盾命题非 P"亦不可"。对矛盾命题 P 和非 P 都否定，而不肯定其中之一。其形式是：$\neg P \wedge \neg \neg P$。读为：非 P，并且非非 P。

　　如《墨经》中有一段辩论说："'牛马非牛也'未可，'牛马牛也'未可。（以上为引辩论对方语）则或可或不可。而曰'"牛马非牛也"未可，"牛马牛也"未可'亦不可。"这是墨家否定违反排中律的逻辑错误"矛盾两不可"。

　　墨家认为，"牛马"是一集合概念，集合不等于元素，所以"牛马非牛"的命题是正确的。"牛马牛也"的命题，把集合与元素等同，是不正确的。而

---

① 《亚里士多德全集》，第 7 卷，106 页。

对方对"牛马非牛也"和"牛马牛也"一对矛盾命题，都说"未可"，都否定，不肯定其中之一，违反排中律，犯"矛盾命题模棱两不可"的逻辑错误。

3. 庄子谬误

庄子说的"辩无胜"，或辩论双方"俱无胜"，是违反排中律的谬误。《庄子·齐物论》说："既使我与若辩矣，若胜我，我不若胜，若果是也，我果非也邪？我胜若，若不吾胜，我果是也，尔果非也邪？其或是也，其或非也邪？其俱是也，其俱非也邪？我与若不能相知也，则人固受其黮暗。吾谁使正之？使同乎若者正之，既与若同矣，恶能正之？使同乎我者正之，既同乎我矣，恶能正之？使异乎我与若者正之，既异乎我与若矣，恶能正之？使同乎我与若者正之，既同乎我与若矣，恶能正之？然则我与若与人，俱不能相知也。"

即假如我跟你辩论，你胜了我，我没有胜你，你果真对了，我果真错了吗？我胜了你，你没有胜我，我果真对了，你果真错了吗？我们是有人对，有人错吗？是都对，都错吗？我跟你都不能知道，那么其他人更不清楚。我们叫谁来评判呢？叫跟你相同的人来评判，既然跟你相同，怎能评判？叫跟我相同的人来评判，既然跟我相同，怎能评判？叫跟我和你不同的人来评判，既然跟我和你都不同，怎能评判？叫跟我和你相同的人来评判，既然跟我和你相同，怎能评判？这样，我跟你跟人，都不能知道了。辩无胜论，见表27。

表 27　　　　　　　　　　　　辩无胜论

		庄子辩无胜论	形式
前提 （假言）	1	假如我与你辩论，你对我错，无胜	P→Y
	2	我对你错，无胜	Q→Y
	3	一对一错，无胜	R→Y
	4	都对都错，无胜	S→Y
	5	任意的评判者与你相同，无胜	T→Y
	6	任意的评判者与我相同，无胜	U→Y
	7	任意的评判者与你、我相异，无胜	V→Y
	8	任意的评判者与你、我相同，无胜	W→Y

续前表

庄子辩无胜论		形式
前提 （选言）	你对我错；或我对你错；或一对一错；或都对都错；或任意的评判者与你相同；或任意的评判者与我相同；或任意的评判者与你、我相异；或任意的评判者与你、我相同	P∨Q∨R ∨S∨T ∨U∨V ∨W
结论	所以，无胜	∴Y

表中符号"→"读为"如果，那么"，"∨"读为"或者"。庄子辩无胜论的推理形式有效，但其所用选言支不穷尽，即选言前提内容不真实。《墨经》指出辩论是争论一对矛盾命题的真假，而这一个选言支恰恰被庄子遗漏了，尽管他已经列举了8个选言支，给人一种似是而非的满足。

墨家对庄子辩无胜论的反驳，使用推翻对方多难推理的"避角法"，指出对方论证的谬误，在于选言前提内容不真实，即回避辩论是关于同一对象的矛盾命题之争，成功驳倒庄子的"辩无胜"论。

矛盾命题的真值规律是，不能同真，必有一假，不能同假，必有一真。"矛盾命题不能同真，必有一假"，是矛盾律的规定。"矛盾命题不能同假，必有一真"，是排中律的规定。在辩论双方所持的一对矛盾命题中，"当"（真），即符合实际的一方，就是在辩论中取胜的一方。

4. 三律一致

同一律保证思维的确定性。x"是牛"，就"是牛"，是确定性。矛盾律保证思维的一贯性。一会儿说"x是牛"，马上又说"x不是牛"，思维没有保持一贯性，自相矛盾。排中律保证思维的明确性。

要么"x是牛"，要么"x不是牛"，其中必有一个是真的，这就是明确性。明确确定"真"存在于矛盾命题里的一个，矛盾命题里的一个必然为"真"。不能两个都是假的，要明确断定矛盾命题中一个是真的。

同一律保证思维确定性，是从正面说。矛盾律保证思维一贯性，是从反面说。而排中律与矛盾律，也为一正一反。矛盾律从正面说，肯定牛和非牛是"自相矛盾"。排中律从反面说，否定牛和非牛是"矛盾两不可"。从正面肯定两个矛盾命题，违反矛盾律，是自相矛盾；从反面否定两个矛盾命题，就是在矛盾命题里的两方都反对，违反排中律，是不明确断定矛盾命题的一个。

《明史》卷二百三十五说："今言者不论是非，被言者不论邪正，模棱两可。"明高攀龙《高子遗书》卷十一说："是曰是，非曰非，不为模棱也。"即说话要论是非，如果不论是非，不论邪正，就是模棱两可，就是违反排中律。"是"就是"是"，"非"就是"非"，在"是"与"非"当中，不能模棱两可，这也是在说排中律。矛盾命题一定要肯定一个，不能两个都否定。

就一动物个体 x 来说，"是牛"就"是牛"，"非牛"就"非牛"，这是同一律。而"模棱"（模棱两可），是对"是非"二者都否定，就一动物个体 x 来说，说"是牛"否定，说"非牛"也否定，这是"矛盾两不可"，违反排中律的规定。

同一律、矛盾律和排中律三者是一致的，是同一件事情的不同方面，是在同一事件中以不同的角度来看。在"牛"与"非牛"这对矛盾命题中，同一律是说，牛就是牛。矛盾律是说，牛是牛，就不能又是"非牛"，不能两个都肯定。排中律是说，或者是牛，或者不是牛，只有这两种可能性，不能两个都否定，必须断定一个。

5. 可与不可

《辞海》"摸棱"释文："对问题的正反两面，含糊其辞，态度不明确。""模棱"释文："对问题的正反两面，含含糊糊，不表示明确态度。"《辞源》"摸棱"释文："言依违无可否也。""模棱"释文："依违无所可否也。"

"模棱两可"的成语，从词源上看，是对矛盾命题含糊其辞，不明确表示肯定其中之一，包含"矛盾两不可"的意思，是违反排中律要求的逻辑错误。排中律要求，对矛盾命题必须明确表示肯定其中之一，不能都否定。对矛盾命题含糊其辞，躲闪回避，是否定的一种形式。

唐朝宰相苏味道惯于模棱两可，含糊其辞，在互相矛盾的论点间，躲闪回避，不明确表示肯定其中之一。苏味道（648—705），赵州栾城（今河北）

人，公元 666 年 18 岁当进士，698 年 50 岁当宰相。

清田雯《古欢堂集》卷十四有《苏味道宅在栾城西》诗："武子桥西十里余，翠微山下古村墟。卯君自爱栾城好，柳陌莲塘味道居。""卯君"指苏味道，十二时辰之一的卯时，是旧时官署开始办公的时间。

宋李昉等《太平御览》卷一百八十说："宣风坊北街之西，中书令苏味道宅，宅有三十六柱亭子，时称'巧绝'。"与苏味道有关的成语，有"模棱两可"、"模棱两端"、"模棱手"、"模棱"、"苏模棱"、"摸床棱宰相"、"摸棱宰相"。模棱两可，见表 28。

表 28 模棱两可

相关术语	《四库全书》	《四部丛刊》	合计
模棱两可	15	2	17
模棱两端	5	1	6
模棱手	19	2	21
模棱	305	42	347
苏模棱	16	1	17
模棱宰相	6	0	6
摸床棱宰相	1	0	1
苏味道	540	70	610
合计	907	118	1 025

《唐书·苏味道传》说，苏味道当宰相数年，"尝谓人曰，处事不欲决断明白，若有错误，必贻咎谴，但模棱以持两端可矣。时人由是号为苏模棱"。《新唐书·苏味道传》说，苏味道"常谓人曰，决事不欲明白，误则有悔，模棱持两端可也。故世号模棱手"。

即苏味道处事，不想明确做出一个断定，因为如果明确断定，将来别人可能会找他的麻烦。"若有错误，必贻咎谴"，就是说如果说错了，别人会追究他，所以干脆就不说，不表态，不断定。"但摸棱以持两端可矣"，指这个也可，那个也可，实际上就等于这个也不可，那个也不可。于是大家给他取了个外号，叫做"苏模棱"。这个故事变成成语"模棱两可"。

宋李昉《太平广记》卷二百五十九说："唐苏味道初拜相，有门人问曰："天下方事之殷，相公何以燮和？'味道无言，但以手摸床棱而已，时谓摸棱宰相也。"宋朱胜非《绀珠集》卷三说："苏味道为相，或问其燮和之道无言，但以手摸床棱，时谓摸棱宰相。"

宋高承《事物纪原》卷十说："味道为相，人所咨决，无所可否，依违嗤胡（含糊其辞），以手摸所坐床，故曰摸棱，盖此语之始自味道也。"宋谢维新《古今合璧事类备要后集》卷十三说："味道为相，或问其燮和之道，无名，但以手摸床棱。"宋王谠《唐语林》卷五说："苏味道初拜相，门人问曰："方事之殷，相公何以燮和？'味道但以手摸床棱而已，时谓'摸床棱宰相'。"

明王世贞《弇州四部稿·说部·宛委余编》说："按《卢氏杂记》，味道初拜相，门人问曰："天下事方殷，公何以燮和？'味道无言，但以手摸床棱而已，故名摸棱宰相。"即苏味道初任宰相，有人问他："现在天下事正多，宰相您如何调和处理？"苏味道只用手摸着他所坐的床棱，不说话，表示遇事既不肯定，又不否定。床沿有棱角。一个方形的东西，有这个棱角，有那个棱角，代表矛盾的见解。苏味道的处事原则，就是遇到矛盾时回避、不表态，不明确表示支持哪一个。于是大家给他取了个别名，叫做"摸床棱宰相"。"摸床棱宰相"的典故，变形为"摸棱以持两端可也"和更简练的"模棱两可"成语。"摸棱"同"模棱"。

"模棱两可"，是在矛盾见解中，"这个也可，那个也可"，或者"这个也不可，那个也不可"，二者是等值的，可以互相推出。"模棱两可"，也即"两不可"，就是对矛盾的见解，两个都不表态。"模棱两可"，或"两不可"，是违反排中律要求逻辑错误的代表性术语。

排中律和矛盾律，是同一件事情的两面，可以互相导出。矛盾律是断定矛盾命题不能同真，必有一假。排中律是断定矛盾命题不能同假，必有一真。墨家在发现矛盾命题"不俱当，必或不当"（矛盾律）的同时，也发现矛盾命题"不可两不可"，必有一"当"的真值规律，这是排中律的规定。

四、三物必具：充足理由律

《大取》说："语经：三物必具，然后足以生。夫辞以故生，以理长，以类行也者。立辞而不明于其所生，妄也。今人非道无所行，虽有强股肱，而不明于道，其困也，可立而待也。夫辞以类行者也。立辞而不明于其类，则必困矣。"

"语经"，即思维表达的基本规律。孙诒让说："语经者，言语之常经也。"语经是语言表达的恒常规律。"辞以故生，以理长，以类行"，三者必备，结论、论题才能必然推出，这相当于西方传统逻辑的充足理由律，是推论的基本规律。沈有鼎说："《语经》是《大取》篇的一部分。这里用'辞以故生，以理长，以类行'十个字替逻辑学原理做了经典性的总括。"

1. 辞以故生

"辞以故生"，即一个结论或论题（辞），凭借充足理由而产生。建立一个结论或论题，如果不明确充分理由，叫做虚妄。

作为充分条件的"故"，具有必然推出一个结论或论题的性质。《经说上》第78条说："湿，故也，必待所为之成也。"如说："因为天下雨了，所以地湿了。""天下雨"的原因和条件，可以必然推出"地湿"的结果。

作为充分必要条件的"故"（兼因），具有"有之必然，无之必不然"的必然性。如说："由于不具备见物的各种条件，所以不能见物。"而作为必要条件的"故"（体因），就"无之必不然"，或"非彼必不有"说，也具有必然性。如"只有对象在眼前，才能看见它"，可以改说为："因为对象没有在眼前，所以我不能看见它。"这是把必要条件的表达式，改写为充分条件的表达式，其必然性很显然。

分析事物的条件和因果关系，列出一个结论或论题之所以成立的充足理由，是推理论证的任务。如果能做到达一点，一个结论或论题的成立，就具有必然性，毋庸置疑。所以《经说上》第 84 条说，"非彼必不有"，"必也者可勿疑"。

《经说上》第 98 条说："取此择彼，问故观宜。"这是指给一个结论或论题，提供充足理由。提供充分的理由，使之能够推出一个结论或论题，则推论成立。提供的理由，不能必然推出一个结论或论题，则推论不成立。

如说："因为有人不是黑的，所以，并非所有人是黑的。"这个推论成立。因为"有人不是黑的"，是一个符合事实的特称否定命题（O 命题）。根据命题对当关系的规律，O 命题与 A 命题是矛盾关系，O 命题真，则 A 命题假。"有人不是黑的"真，则"所有人是黑的"（全称肯定命题，A 命题）假。

又如说："因为听到战斗的消息，所以我的儿子一定死。"这个推论不成立。因为从"发生战斗"的前提，不能必然推出"所有参加战斗者都死"的结论。所以《经下》说这是"无说而惧，说在弗必"，即没有经过充分论证而恐惧，是没有道理的，论证的理由在于，其结论没有必然性。

2. 辞以理长

"辞以理长"，即结论得出过程顺理成章，推理形式正确。推论过程不顺理成章，会犯"推不出"的逻辑错误。形式有效，即推论形式正确，推论过程符合已经证明为真的形式、法式、方法、方式。

《大取》用"道"（人走的路）来比喻"理"，说："今人非道无所行，虽有强股肱，而不明于道，其困也，可立而待也。"人走路，不知道在哪里，途经哪里可以达到目的地，那么即使腿脚强劲，也无济于事，要立刻遭到困难。今人以"道理"连用，表示条理、规律之意。

《墨经》中，道理、方法、法则、效法等词，可以互相解释。《大取》以"故、理、类"三范畴相提并论，《小取》以"故、方、类"三概念相提并论，说明"理"（道理）与"方"（方法）可以互相替换。《经上》第 71 条说："法，所若而然也。"

法则是遵循着它，就可以得到一个预期结果的东西。如用"圆，一中同长也"的法则，用"规写交"（用圆规画闭曲线）的方式，可以画出标准的圆形。《小取》说："效者，为之法也。所效者，所以为之法也。故中效则是也，不中效则非也。此效也。"

"效"就是提供标准的法式、形式、方法、方式，以作为效法、模仿的对象。这种效法、模仿，即通常所谓"套公式"。在数学计算和逻辑推演中，"套公式"是正常的、基本的操作。正确"套公式"，就是进行正确的演绎推理。

《经说下》第 168 条所说"彼止于彼"、"此止于此"和"彼此止于彼此"，就是一组公式，它们表示任意的元素概念和集合概念的同一律。套用这组公式于具体场合，如"牛"、"马"和"牛马"，就得到"牛止于牛"、"马止于马"、"牛马止于牛马"（即牛是牛、马是马、牛马是牛马）的正确结果。把这个套公式的过程，用推理形式表达出来，即：

> 元素概念和集合概念都是分别等于自身的。
> 牛、马和牛马是元素概念和集合概念。
> 所以，牛、马和牛马都是分别等于自身的。

这一推论符合《经说下》第 101 条所说的"以此其然也，说是其然也"，即从一般前提演绎出个别结论，相当于"所有 M 是 P，所有 S 是 M，所以，所有 S 是 P"的推理形式。所以符合《大取》说的"辞以理长"，符合《小取》说的"中效"，即形式有效。

如果据以套用的公式本身有错误，那么所得的结果就是可疑的。这时套公式的过程，即演绎推理的形式，就是非有效（不中效）的。如《大取》说："知是室之有盗也，不尽恶是室也。知其一人之盗，不尽恶是二人。虽其一人之盗，苟不知其所在，尽恶其非也。"

以"这个房子里的人"为论域，做以下推理："有人是可憎恶的强盗，所以，所有人是可憎恶的强盗。"这显然是非有效的。因为可以说"体，分于兼也"，不能倒过来说"兼分于体也"，即可以说"部分从整体分出"，不能倒过来说"整体从部分分出"。

《经下》第 157 条说："荆之大，其沈浅也，说在有。"《经说下》解释说："沈，荆之有也。则沈浅非荆浅也。若易五之一。"相比较而言，楚国大，为楚国所领有的沈县小。若从"沈县小"的前提，推出"楚国小"的结论，是非有效的。因为其所遵循的道理、方法、法式，是从对部分的断定，推出对全体的断定，所以是不能成立的。这就像用1元钱去交换5元钱一样，是荒谬、悖理的。

《大取》谈到"强"（牵强论证，强词夺理）的逻辑错误。如公孙龙子说，见物需要依靠眼睛和光线，而光线并不是见物的器官，所以眼睛也不是见物的器官，于是由此推出"目不见"的论题。这是推不出来而强推，不合乎"辞以理长"的推论原则，即不合乎充足理由律，推论形式非有效。

3. 辞以类行

"辞以类行"，即结论得出过程符合事物类别关系。推论过程不符合事物类别关系，也会犯"推不出"的逻辑错误。类是由事物性质所决定的同和异的界限与范围。《经说上》第87条说："有以同，类同也。"第88条说："不有同，不类也。"

墨家所谓"辞以类行"，即指同类才能相推的规则。认为建立结论或论题，如果混淆事物类别，要立即遭到困难（立辞而不明于其类，则必困矣）。《小取》提出"以类取，以类予"，即寻找例证进行证明、反驳，要符合事物同异的类别。

据《非攻上》、《天志下》和《鲁问》载，墨子用盗窃行为的不义，类比大国掠夺小国的行为不义，因为这两种行为同类，有共同点，都是不劳而获（"不以其劳获其实，以非其所有而取"），应该受到谴责。

当时的好攻伐之君，用"昔者禹征有苗、汤伐桀、武王伐纣，此皆立为圣王"的事例，为自己的攻伐掠夺行为辩护，墨子认为这是混淆事物类别，不符合同类相推的规则，所以批评对方说："子未察吾言之类，未明其故也，彼非所谓攻，谓诛（诛讨）也。"

关于譬式推论，墨家认为用来类比的他物，必须跟被比的此物，有较大程度的相似性，否则为不伦不类。如《兼爱下》记载，当时"天下之士君子"批评墨子说："您的兼爱论好是好，就是实行不了。实行兼爱，就像挈泰山越河济一样难。"

　　墨子反驳说："是非其譬也。夫挈泰山而越河济，可谓毕强有力矣，自古及今未有能之者也。况乎兼相爱、交相利，则与此异，古者圣王行之。"即指出对方譬喻不当，违反同类相推的规律。

　　墨家规定"异类不比"的原则。《经下》第 107 条说："异类不比，说在量。"《经说下》解释说："木与夜孰长？智与粟孰多？爵、亲、行、价四者孰贵？"如果把本质不同的事物，硬要根据某种表面的相似而进行类比，就像提出这样的问题：木头和夜间哪一个更长？智慧和粮食哪一个更多？爵位、亲属、德行、价格哪一个更贵？这些问题显然是荒谬的。

　　《小取》论譬、侔、援、推的谬误说："夫物有以同，而不率遂同。辞之侔也，有所至而正。其然也，有所以然也。其然也同，其所以然不必同。其取之也，有所以取之。其取之也同，其所以取之不必同。是故譬、侔、援、推之辞，行而异，转而诡，远而失，流而离本，则不可不审也，不可常用也。故言多方、殊类、异故，则不可偏观也。"

　　即事物有相同之处，并不因此就完全相同。词句的类似比较（侔），在一定范围内是正确的。事物的现象或结果，有其所以形成的原因。其现象或结果相同，其所以形成的原因不一定相同。赞成某一论点，有其所以赞成的理由。双方都赞成某一论点，他们所以赞成的理由不一定相同。

　　所以，"譬"、"侔"、"援"、"推"的词句，无类比附会混淆差异，辗转列举会发生诡辩，生拉硬扯会失去本义，牵强推论会离开根据，于是就不能不慎重，也不能到处搬用。所以对言论多方面的道理、特殊的类别和不同的缘故，不能片面观察。

　　有一次，楚王带随从，去云梦泽打猎，丢失名贵的弓，左右的人要替他寻找。楚王说："不要找了，楚人丢了弓，楚人拾到了，还找什么呢？"孔子听到说："楚王仁义的胸怀还不够大，应该说人丢了弓，人拾到了，为什么一定要说楚人呢？"

　　公孙龙子在跟孔子六世孙孔穿辩论时，从字面上抓住孔子曾说过"楚人异于人"的话，作为根据，类比论证自己"白马异于马"的论点，把孔穿驳得无言以对。其实，照《小取》的说法，这正是："其然也同，其所以然不必同。""其取之也同，其所以取之不必同。"

孔子取"楚人异于人"的论点，是说"人"的外延比"楚人"大，应该放眼于"人"，不应该只是胸怀"楚人"。公孙龙子取"白马异于马"的论点，是为了将其偷换为"白马非马"的诡辩论题。而孔子并没有论证"楚人非人"的企图。公孙龙子在"援"和"推"的论式中，违反同类相推的规则，犯了异类相推的逻辑错误。

在"止"式推论中，《墨经》规定了"类以行之"的规则，这是同类相推规则在"止"式推论中的应用。《墨经》主张，在推理中分清类的界限和范围，并且要举出正确的根据来论证类的区别，否则即为"狂举"（胡乱列举）。

《经下》第 102 条说："推类之难，说在之大小、物尽、同名。"《经说下》解释说："谓四足，兽与？并鸟与？物尽与？大小也。此然是必然，则俱为麋：同名。"明确类的界限和范围，是保证推论有效性的关键，而类关系的混淆，则导致推论的谬误。

如仅仅根据"四足"的性质或类，还不能立即断定是"兽"。因为两鸟并立，也是"四足"。一说"四足"，就立即说是"兽"，这也是"兽"，那也是"兽"，天下动物都成了"兽"，甚至都成了"麋"（麋鹿，又称四不像，中国特产动物，《墨经》中常以麋为例），或者万事万物都用一个"麋"称呼，"麋"成了"达名"，岂非荒谬？《墨经》用归谬法，说明在推论中掌握类与性质关系的复杂繁难，以及谬误和诡辩产生的根源。

《经下》第 167 条说："狂举不可以知异，说在有不可。"《经说下》解释说："牛与马虽异，以牛有齿、马有尾，说牛之非马也，不可。是俱有，不偏有，偏无有。曰'牛与马不类'，用牛有角、马无角，以是为类之不同也。若不举牛有角、马无角，以是为类之不同也，是狂举也，犹牛有齿、马有尾。"

《经下》第 177 条说："仁义之为内外也，悖，说在牾颜。"《经说下》解释说："仁，爱也。义，利也。爱利，此也。所爱所利，彼也。爱、利不相为内外，所爱、所利亦不相为外内。其谓'仁，内也。义，外也'。举爱与所利也，是狂举也。若左目出、右目入。"

在分析事物类的关系时，应该找到事物的特有属性或本质属性，即这一类事物都有（偏有）、别一类事物都没有的性质（偏无有），而不能胡乱地列举足以混淆事物类别的性质。要把牛和马区别开来，说牛是有角类，马是无角类，因为牛确实都有角，而马都无角，这能够表明牛、马类的不同。以"牛有牙齿"和"马有尾巴"为根据，论证牛与马不同类，是"狂举"（乱举）。因为牙齿和尾巴，是牛和马共有（俱有），不是一有一无（偏有偏无有）。

告子立一个论题："仁是主观的，义是客观的。"这是"狂举"、悖谬。仁、义都既有主观一面，又有客观一面。告子是乱举仁的主观一面和义的客观一面，加以比较，分出"内外"，这是逻辑混乱，犹如说"左眼睛管输出形象，右眼睛管输入形象"一样荒谬。

遵守"辞以故生，以理长，以类行"的推论基本规律，即充足理由律，结论、论题才能必然推出。从"儿子在军队上"和"听到战斗的消息"，推不出"儿子必死"。从"室外之物的颜色是白的"和"室内之物的颜色是室外之物的颜色"，可必然推出"室内之物的颜色是白的"。[1]

诗以咏之：

> 彼止于彼此止此，通意后对交际成。
> 是牛非牛成争辩，符合事实当者胜。
> 或是或非是二值，非此即彼不容中。
> 理由充足成论证，逻辑规律中外同！

---

[1] 参见拙文《墨家论言辞交际的规律》，载《南通大学学报》，2006（6）；《墨家论思维形式及其规律》，载台湾《中国国学》第 26 期，1998（11）。

第五讲　论方法：正确思维的规范

题头诗：

> 墨家逻辑重方法，规范思维归正理。
>
> 对立统一思维律，两而勿偏合道理。
>
> 敢有不敢处利害，能有不能合情理。
>
> 久是不久辩证看，坚白相盈有深意！

第五讲"论方法：正确思维的规范"。"论方法"，也叫"方法论"。《墨经》概括世界和认识的规律"同异交得"，意即对立统一，认为"敢不敢"、"能不能"、"利和害"、"久和不久"等，都是一体两面，"同异交得"，对立统一。这是世界观的根本观点，用这些观点，观察处理问题，就转变为方法，是正确思维的规范。《墨经》主张看问题要"同异交得"，对立统一，两面"尽见"，全面观察。这是《墨经》方法论的要点。

一、对立统一

对立统一思维律。《经上》："同异交得仿有无。"《经说上》："同异交得。

于富家良知，有无也。比度，多少也。蛇蚓旋圆，去就也。鸟折用桐，坚柔也。剑犹甲，死生也。处室子母，长少也。两色交胜，白黑也。中央，旁也。论行、行行、学实，是非也。鸡宿，成未也。兄弟，俱适也。身处志往，存亡也。霍，为姓故也。价宜，贵贱也。超城，运止也。"

即同一性和差异性是互相渗透的，可以同时把握，如"有"和"无"集于同一人之身。一个人有富家、无良知，或无富家、有良知，是"有"和"无"集于同一人之身。一数与不同的数相比，既多且少。蛇、蚯蚓旋转，既去（离开）且就（接近）。鸟筑窝折用的梧桐树枝，既坚且柔。

用剑杀死敌人，同时就保存了自己的生命，所以剑这种杀伤性武器，也有如铠甲一样的防御作用。一个未出嫁女儿的母亲，既长（对于她的女儿来说）且少（对于她的母亲来说）。一物颜色比甲物淡，又比乙物浓，既白且黑。

一圆的中心可以是另一圆的周边，既是"中央"又是"旁"。言论与行动、行动与行动、学问与实践，既有是又有非。母鸡孵雏的某一时刻，幼雏既成又未成。兄弟三人中的老二，说他是兄或弟都合适。

一个人的身体处在这里，而心志却跑往别处去了，是既存且亡。霍本指鹤，又因为霍兼做了人的姓氏的缘故，使"霍"这个字有了歧义。买卖双方商议的适宜价格，对卖方来说是够贵的，他才肯卖，对买方说是够贱的，他才肯买，这是贵贱集于同一价格之身。以超越城墙为目标的竞技活动，既有运动，又有停止，这是运动和静止两种性质集于同一人之身。

《墨经》提出一个重要命题"同异交得"，并把这个命题，作为有普遍意义的规律加以论证。"同"：同一性、同一对象。"异"：差异性、对立性。"交"：交互、错综。"得"：存在、把握。

同异交得，即"同"和"异"同时存在，同时认知。同一性和差异性相互渗透，同时把握。同一事物有相异（对立）的性质。这是"对立统一"的别名，是辩证思维的基本规律。从同一性和差异性的相互渗透，差异、对立的性质，共存于同一对象来说，是对立统一规律的另一种表述，是对事物辩证本性的自觉理论认识，具有本体论（存在论、世界观、宇宙观）的意义。

从同一性和差异性、对立性的同时把握来说，具有辩证逻辑思维规律论的意义。

《经上》："同异交得仿有无。""仿"原作"放"，"放"借为"仿"：仿效、依照、例如。"同异交得"是命题、论题、论点。"仿有无"意为"例如有无"。《经说上》进一步解释论证包含"有无"在内的十五个典型事例，以证明"同异交得"的命题。

有无、多少、去就、坚柔、死生、长少、白黑、中央旁、是非、成未、兄弟、存亡、贵贱、运止等差异、对立的性质相互渗透，并存于同一对象，这是客观事物和思维表达的普遍规律。

依《墨经》的体例，通常用少量典型事例，证明一般论题，此条却破例用十五个质朴新颖、有典型意义的实例，论证"同异交得"的一般命题。这种论证方法，是典型分析式的科学归纳法，是从"有无"等典型案例，抽出"同异交得"的一般规律。"同异交得"是贯穿全部《墨经》的基本指导思想，它不是无数实例的总和，而是对立统一辩证思维规律的理论表述。

"同异交得"辩证思维规律的论证，是以同和异两个概念对立统一的辩证本性为核心的理论思维，是墨家哲学和科学思维的灵魂。当今中华民族复兴中的科学繁荣，正需要依赖古代辩证理论思维的传承发扬。

二、两而勿偏

两而勿偏全面性。思考分析看两面，只看一面是偏观。《经说上》："权者两而勿偏。""权"，本意指秤锤，亦指秤、称量。《广雅·释器》："锤谓之权。"《汉书·律历志上》："权者"，"所以称物平施，知轻重也"。《孟子·梁惠王上》："权，然后知轻重。"《墨经》引申为权衡、思考，意为权衡思考应兼顾两面，不要只顾一面。

《墨经》用偏、体、特、或等词，表示部分的范畴。用兼、二、尽、俱等词，表示整体的范畴。认为观察、思考应经由片面、部分，达到全面、整体。

《经上》："见：体、尽。"《经说上》："特者体也，二者尽也。"这是区分部分和整体两种观察境界。《小取》："夫言多方、殊类、异故，则不可偏观也。"即言辞有多方面道理，不同类别和理由，不能片面观察。

与《墨经》"同异交得"辩证思维规律论相联系，墨家阐述了辩证逻辑的全面性原则：世上一切事物和概念，都是由对立、差异两面，构成的统一体，为了追求真理，防止谬误，就应坚持思考分析的全面性，反对片面性。

"两而勿偏"的辩证思维方法，是"同异交得"辩证思维规律的必然要求，是辩证逻辑的重要特征。"两而勿偏"，是提倡全面性的观察和思考原则，反对片面性的弊端。任一事物都有正反两面，不是只有一面，这是事物普遍存在和认识过程的基本性质，是世界观和认识论的基本观点。

列宁把认识的全面性，作为辩证逻辑的首要原则："辩证逻辑则要求我们更进一步。要真正地认识事物，就必须把握、研究它的一切方面、一切联系和'中介'。我们决不会完全地做到这一点，但是，全面性的要求可以使我们防止错误和防止僵化。"①

1. 利害相权

利害相权辩证看。《大取》说："利之中取大，害之中取小也。害之中取小也，非取害也，取利也。其所取者，人之所执也。遇盗人，而断指以免身，利也。其遇盗人，害也。"即两利相权取其大，两害相权取其轻。害之中取小，换一个角度看，不是取害，是取利。所谓"取"，就是人的选取、采纳。遭遇盗贼，被迫断掉一个指头而保全生命，是有利的。遭遇盗贼本身，是有害的。

《大取》所谓："遇盗人，而断指以免身，利也。其遇盗人，害也。"这是指"遇盗人"这件有本质上的"害"事，假如处理得当，可以使"害"转化为"利"，如被迫"断指以免身"，即被迫断掉一个指头，而保全生命，却包含着有"利"的一面，不妨作为一种可取的权宜之计。这是"同异交得"一

---

① 《列宁选集》，1版，第4卷，453页，北京，人民出版社，1960。

例。"同异交得"的规律，是全面观察思考方法的本体论、存在论基础。

《贵义》说："商人之四方，市贾倍蓰，虽有关梁之难，盗贼之危，必为之。"即商人到达四面八方，能够卖出一倍或数倍价钱，虽有渡过关口和桥梁的困难，有遭遇盗贼的危险，也一定要去做。墨家是当时"农与工肆之人"（农与工商业者）的代表，所以从大量的防盗处盗经验中，概括出这种全面权衡思考的方法。

2. 敢有不敢

敢有不敢全面观。《经上》说："勇，志之所以敢也。"《经说上》："以其敢于是也命之，不以其不敢于彼也害之。"即勇是人有意志敢于做某件事情。因为某人敢于做某件事情，就可以说他是"勇"；并不因为他不敢于做另一件事情，而妨害说他是"勇"。

"勇"就是"敢"，现在"勇敢"变成双声词。但任何"敢"，都包含着"不敢"。如敢公正廉洁，不敢徇私舞弊。敢损己利人，不敢损人利己。敢上山搏虎，不敢下海拯溺。一人兼有"敢"和"不敢"两种相反的性质，构成为"勇"的概念。这是"同异交得"的一例。《墨经》对"勇"的定义兼顾"敢"和"不敢"两面，是全面权衡思考方法的典范。

3. 能有不能

能有不能两点论。《经下》："不能而不害，说在容。"《经说下》："举重不举针，非力之任也。为握者之奇偶，非智之任也。若耳目。"即人有所不能，不妨害其有所能。如举重者不善举针绣花，因为举针绣花不是大力士的专任。数学家善于握筹细算，却不善讲演辩论，因讲演辩论，不是数学智慧的专任。这犹如耳的作用在听，不在视，不能视，不妨碍听；目的作用在视，不在听，不能听，不妨碍视。

"容"即容貌，指耳目器官。"奇偶"指讲演辩论。"奇"是独白，指讲演。"偶"是对谈，指辩论。"任"即职任，是"能"和"不能"的"同异交得"，对立统一，这是人才学的洞见。任何一个杰出人才，必有所能，有所不能，不能要求全能，世界上没有全能的人才，这是应用全面思考方法的范例。

4. 久有不久

久有不久两面观。《经下》：说："是是之是与是不是之是同，说在不殊。"《经说下》："是不是，则是且是焉。今是久于是，而不于是，故是不久。是不久，则是而亦久焉。今是不久于是，而久于是，故是久与是不久同说也。"

即现在是"是"，将来还是"是"；现在是"是"，将来变成"不是"。在这两种情况下，就现在都是"是"这一点，是相同的，论证的理由在于，在这两种情况下，现在都是"是"这一点，没有差别。

现在是"是"，将来变成"不是"，但就现在来说，这个"是"仍然是"是"。现在这个"是"，维持其为"是"，已经很久了，于是不再是"是"，而变成"不是"，所以现在这个"是"，又有其"不久"的一面。

现在这个"是"，虽然有其"不久"的一面，但就现在来说，这个"是"，仍有其相对长久的一面。现在这个"是"，不能长久地维持其为"是"，但是又在一定限度内，长久地维持了这个"是"。所以说：现在这个"是"是长久的。又说：现在这个"是"不是长久的。这两种相反的说法，同样成立。

"久"与"不久"为相异的两种性质，这两种性质又统一于同一个"是"，这就是"同异交得"。"是"即此、这个，在《墨经》中是常用的逻辑变项符号，指代任一事物或概念。"是"犹如说"A"，"不是"犹如说"非A"。"久"指时间的延续，意味着事物或概念的质的相对稳定性。"不久"指这种稳定性的界限，即质变，指一事物性质改变，变为别的事物，即《经说下》另一条所说的"知是之非此也"。

任何事物或概念，不论其存在时间的长短，都是"久"跟"不久"的对立统一。如一棵树生长50年，50年后被加工为栋梁，在这50年之内，就是"久"。就其变为栋梁而言，又是"不久"。一粒种子存放1年，这是"久"。1年后种在地，长成庄稼，这是"不久"。《经说下》把这种现象做高度抽象概括，表达概念确定性和灵活性、变动性的"同异交得"（对立统一）。

这是墨家用古汉语代词作变项符号，对思维方法形式化、公式化的尝试，表现墨家高度的方法论智慧。墨家"是久与是不久同说"的命题，是应用全面思考方法的绝妙好例。久是不久，见表 29。

表 29   **久是不久**

现在	未来	现在共性	分析
是	是	是	同，稳定性，确定性，量变
久	久	久	
A	A	A	
树	树	树	
是	不是	是	同异交得，对立统一，变动性，灵活性，质变：知是之非此也
久	不久	久	
A	非 A	A	
树	非树	树	

《庄子·寓言》说："孔子行年六十而六十化，始时所是，卒而非之，未知今之所谓是之非五十九非也。"唐成玄英疏："是以去年之是，于今非矣。故知今年之是，还是去岁之非。今岁之非，即是来年之是。"庄子认为是非既然随时而变，所以是非"未可定"（《庄子·至乐》），是非"无辩"（《庄子·齐物论》）。

《墨经》认为事物随时间而变化，而在一定历史阶段，又有其确定性，坚持事物、概念确定性和灵活性的统一，这在《墨经》叫做"同异交得"。"久是不久"是"同异交得"的另一个实例。《墨经》的议论，是对庄子相对主义诡辩论的反驳。

《庄子·齐物论》说："物无非彼，物无非是。自彼则不见，自知则知之。故曰：彼出于是，是亦因彼。彼是，方生之说也。虽然，方生方死，方死方生。方可方不可，方不可方可。因是因非，因非因是。是以圣人不由，而照之于天，亦因是也。是亦彼也，彼亦是也。彼亦一是非，此亦一是非。"这是以事物的运动变化为借口，引出否定事物质的相对稳定性的诡辩结论。《墨经》的论述，从思维方法论上驳倒庄子的诡辩。

5. 坚白相盈

坚白相盈有深意。中国古代哲学家喜欢通过分析具体例子，升华抽象哲理。"坚白相盈"，是分析一块坚白石中坚硬和白色的对立统一，讲辩证法的普遍原理。"坚白盈离"是先秦诸子百家热烈争辩的课题。

其中"坚白相盈"，简称"盈坚白"，是墨家观点。《墨经》有许多论证"盈坚白"的条目，认为坚白存在于石，互不排斥（相非相外），互相涵容，是"同异交得"（对立统一）的关系。

"坚白相离"，简称"离坚白"，是名家公孙龙等人的观点。《公孙龙子·坚白论》有"离坚白"的诡辩论证，体现先秦名家的世界观和方法论。认为石头的坚和白两种性质互相分离，互不涵容，进而从触觉、视觉的不同官能和精神的抽象作用，引出"坚白离石自藏"的结论。离同为异，夸大差异性，忽视同一性，是关于差异绝对性的论辩，跟《墨经》"盈坚白"的论证相对立。

坚白之辩的意义，是一种朴素辩证的哲学观和方法论，跟脱离实际、孤立片面、神秘离奇哲学观和方法论的较量，是一般人所持的常识观点，跟公孙龙反常识观点的较量。较量的哲学成果，经过公孙龙哲学思辩的过滤，被《公孙龙子·坚白论》设置为主方胜过客方的格局。

清纪昀等《四库全书总目》卷一百一十七评公孙龙的坚白之辩说，尽管公孙龙"持论雄赡，实足以耸动天下"，但"理究不足以相胜"，即辞胜理败。《庄子·天下》评论公孙龙之徒"饰人之心，易人之意，能胜人之口，不能服人之心"，即迷惑人心，曲解人意，使人口服心不服。

司马谈父子对名家的评价是"使人俭而善失真"，即叫人检视名词，却失掉真意，"苛察缴绕，使人不得反其意，专决于名，而失人情"，即名词抠得很细，但论证烦琐，缠绕不通大体，偷换概念，转移论题，叫人心迷意乱，不能返回原意，把名词放到第一位，失去人情事理。这道出公孙龙诡辩的方法论根源。

《孔丛子·公孙龙》引孔穿对公孙龙之辩的评价，是"言非而博，巧而理"，"甚难实非"，即把假话说得头头是道，言辞巧妙，不合道理，论证难以成立，不符合事实。燕客史由说公孙龙之辩，是"辞则有焉，理则否矣"，即言辞很好，但不合理。平原君对公孙龙之辩的评价，是"辞胜于理"，即言辞胜过道理，从言辞上能胜过别人，从道理上输给别人，使人口服心不服。公孙龙的坚白之辩，正是这样。

公孙龙的坚白之辩，从反面刺激《墨经》哲学观和方法论的成熟。《庄子·天下》说墨家门徒"相里勤之弟子，五侯之徒，南方之墨者，苦获、已齿、邓陵子之属，俱诵《墨经》，而倍谲不同，相谓别墨，以坚白同异之辩相訾"。

即在墨子死后，墨家门徒间，就"坚白同异之辩"热烈争辩，这一争辩在学派外的动力，是公孙龙"离坚白"的诡辩。至今《墨经》所见关于坚白之辩的观点，跟《公孙龙子·坚白论》的观点对立，是先秦坚白之辩的总结。

没有公孙龙"离坚白"诡辩的反面刺激，就不可能有《墨经》"盈坚白"哲学观和方法论的总结。荀子、韩非等从儒法学派的政治伦理观点出发，对公孙龙的坚白之辩提出严厉批判。

《荀子·儒效》："坚白、同异之分隔也，是聪耳之所不能听也，明目之所不能见也，辩士之所不能言也。虽有圣人之知，未能偻指也。不知无害为君子，知之无损为小人。工匠不知，无害为巧，君子不知，无害为治。王公好之则乱法，百姓好之则乱事。而狂惑戆陋之人，乃始率其群徒，辩其谈说，明其辟称，老身长子，不知恶也，夫是之谓上愚，曾不如相鸡狗之可以为名也。"

《荀子·修身》："夫坚白、同异、有厚、无厚之察，非不察也，然而君子不辩，止之也。"《韩非子·问辩》："坚白无厚之词章，而宪令之法息。"这些都表现儒法家荀韩的泛政治伦理观点，及其对公孙龙学说方法论意义的忽视。①

---

① 参见拙文《墨家辩证思维方法论》，载《重庆工学院学报》，2006（3）；《论墨经的辩证思维方式及其应用》，见《辩证逻辑研究》，昆明，云南大学出版社，1998；《墨经的辩证逻辑思想》，见《墨子研究论丛》，第三辑，济南，山东人民出版社，1995；《墨子大全》，第70册，北京，北京图书馆出版社，2004。

诗以咏之：

> 同异交得思维律，对立统一是原理。
> 两而勿偏全面性，辩证逻辑称原理。
> 敢有不敢全面观，利害相权害转利。
> 能有不能两点论，久与不久都成立！

第六讲　论存在：逻辑有无的争议

诗以咏之：

> 讨论存在有争议，事实论证有意义。
> 毕生事业论存在，论著举例讲道理。
> 梁胡沈氏栋梁才，讨论存在扬真理。
> 日本学者发宏论，妄自菲薄没道理！

一、讲题意义

第六讲标题"论存在"，即"存在论"，讲中国逻辑是否存在，是中国逻辑的有无之争。中国逻辑的存在论，是中国逻辑本质论和价值论的前提。如果中国逻辑不存在，中国逻辑的本质和价值，就无从谈起。

我应西安《人文杂志》邀稿，在 2002 年第 6 期发表《中国古代有逻辑论》。其中说，中国古代有没有逻辑学？学术界有不同认识的争议。我认为中国古代有逻辑，不赞成说中国古代无逻辑。①

解决中国逻辑学的"存在论"，可说是我一生的价值、使命和责任所在。为说清中国逻辑的"存在论"，解决中国逻辑学的有无问题，耗费我一生大部分时光。1961—1964 年我从学于启蒙老师沈有鼎。

沈有鼎 20 世纪 30 年代末在西南联大开始研究中国逻辑学，50 年代在《光明日报》连载《墨辩的逻辑学》，1980 年在中国社会科学出版社出版《墨经的逻辑学》，是中国逻辑学领域有里程碑意义的研究成果。没有沈有鼎的研究成果，中国学术界至今仍将不知《墨经》逻辑为何物，《墨经》逻辑仍将"埋在泥里"，长眠不醒。

沈有鼎说"现在恐怕还有主张中国一向无逻辑学的人，其实这和主张中国一向无科学是同样的荒谬"，说"企图证明中国没有逻辑学，或者说中国人的思维遵循着一种从人类学术康庄大道游离出来的特殊逻辑，于是《墨经》渐渐变成了供神秘主义者穿凿附会的天书，乌烟瘴气笼罩了《墨经》"。中国逻辑研究要前进半步，就必须清除神秘主义者的"穿凿附会"，廓清笼罩在《墨经》周围的"乌烟瘴气"。

周礼全撰《中国大百科全书·哲学》"逻辑"词条释文，论世界"不同的逻辑传统"说："逻辑所研究的正确推理形式及其规律，是任何正确认识和任何学科都必须应用和遵守的，因而是全人类共同的。在这个意义上，没有不同民族、不同阶级和不同个人的逻辑。但是，另一方面，逻辑作为一个知识体系，总是某一时代、某一民族和某些个人的产物，因而就不可避免地要带有某个时代、某个民族和某些个人的特点。因此，在逻辑发展的历史过程中，就产生了许多不同的逻辑体系并形成了三个不同的逻辑传统，即中国逻辑传统、印度逻辑传统和希腊逻辑传统。"

① 参见拙文《中国古代有逻辑论》，载《人文杂志》，2002（6）；《中国逻辑研究中的几个问题求解》，载《毕节学院学报》，2012（2），人大复印报刊资料《逻辑》2012 年第 3 期转载，《新华文摘》半月刊 2012 年第 15 期论点摘编；《中西逻辑比较研究》，见《和谐社会：公共性与公共治理》，北京，北京师范大学出版社，2005；《他山之石，可以攻玉：全球化与中国逻辑研究的发展》，海峡两岸全球化问题的哲学省思学术研讨会发言稿，北京，2004.6.14-20。

周礼全论"中国逻辑传统"说:"中国逻辑传统形成于先秦时期,对它的形成和发展作出重大贡献的有名家、墨家和儒家的代表人物。"他具体论述名、墨、儒家对"中国逻辑传统"的贡献。①

周礼全肯定中国逻辑存在,对"墨家的逻辑思想",从名、辞、说各方面说明,指出"《墨经》的逻辑,是以辩为主题的","其中大部分内容,都是关于名、辞和说的逻辑理论。因此它不是纯粹的辩论逻辑"。肯定《墨经》"有不少应用元语言来表述的逻辑规律","表明《墨经》中的逻辑已开始进入形式逻辑的阶段"②。

《中国大百科全书·哲学》卷,把"中国逻辑史"跟"西方逻辑史"、"印度逻辑史"并列,设立较多词条解释。其中"中国逻辑史"47条,"西方逻辑史"36条,"印度逻辑史"1条。这是以周礼全为副主编的逻辑学分支编写组各位撰稿人共同努力的结果,我参与撰稿。

1980年代,我在孔子说的"不惑"之年,撰《中国大百科全书·哲学》卷第一版墨家词条释文"墨子的逻辑思想"、"墨家逻辑思想"等。

2000年代,我在孔子说的"耳顺"之年,撰《中国大百科全书》第二版墨家条目释文:"墨子"、"墨经"、"墨翟"、"墨家"、"后期墨家"、"兼爱"、"非攻"、"三表"等。

2001年1月中宣部和国家新闻出版总署《中华大典》工作委员会和编纂委员会,给我发聘书,聘我任《中华大典·哲学典》编委、《诸子百家分典》副主编。我在任继愈先生具体指导下工作数年,参与《中华大典·哲学典·诸子百家分典》编撰,撰《中华大典·哲学典·诸子百家分典》墨家和诸子典籍、人物、流派和范畴(含逻辑范畴)稿170万字。墨、名家总部稿经任继愈先生亲自审查通过。

如今,我已年逾古稀,寿登耄耋,仍要为论证中国逻辑的存在,做最后一搏。

---

① 参见《中国大百科全书·哲学》,535~537页。
② 同上书,537页。

二、事实论证

中国古代有逻辑学是客观事实，经典文献是《墨经》、《荀子·正名》、《公孙龙子·名实论》和散见于诸子百家的相关论述。这是中国逻辑学的存在论和本体论，是讨论中国逻辑传统的基础、根据和出发点。如果事实上中国古代逻辑学根本没有，也就无"中国逻辑传统"可言。上述中国逻辑学的经典文献，在本书中将会全都详细讲到。

公元前6世纪末到前3世纪，春秋末到整个战国时期，是中国逻辑学萌芽和总结的时期。春秋末孔子从政治论争的需要出发，提出"正名"，即纠正语词概念这一有逻辑意义的问题。前5世纪，墨子从百家争鸣辩论的需要出发，提出辩、名、类、故、法等逻辑概念，提出有论证意义的三表法，运用并总结了矛盾律和归谬式类比推理。

前4世纪，孟子、惠施、庄子和尹文子，就中国逻辑学的各种问题展开论争，为以后中国逻辑思想的总结，提供丰富资料。前3世纪，迎来中国逻辑学的总结时期。名、墨、儒等家，从适应百家争鸣辩论的需要出发，做出各具特点的逻辑总结。

名家逻辑学的总结者是公孙龙。公孙龙的诡辩，如"白马非马"，有从反面刺激逻辑学发展的意义。《公孙龙子·名实论》中的思维规律论，则跟《墨经》对思维规律的表述一致，说明逻辑学的原理，有超学派的性质，是各学派共同运用的逻辑工具。

《荀子·正名》，是儒家学派对中国逻辑学的总结，其中论名、辞、说、辩的逻辑体系，跟《墨经》一致，表明中国逻辑学的共同性、一致性、超学派性。荀子充分发挥儒家正名论的逻辑意义，总结"推而共"、"推而别"的逻辑方法，是概念概括和限制逻辑方法的精彩论述，至今仍在运用。

后期墨家著广义《墨经》六篇，全面、系统、深刻地总结中国古代各家各派的逻辑学思想。《小取》是中国逻辑学的简明纲要。《经》和《经说》上下与《大取》,论述中国逻辑学的全面理论。

《墨经》包含中国逻辑学内容、体系、性质和作用的各种信息。"哲人日益远,典型在夙昔。"典型是在同类中最具代表性的事物。《墨经》逻辑学在中国逻辑传统中最具代表性,是中国逻辑学的典型。

《墨经》逻辑学总结百家争鸣辩论和朴素科学认识思维表达方式,荟萃各家逻辑学精华,影响普及于各个学派,是百家争鸣辩论和朴素科学认识的普遍工具。要想认知中国逻辑学,必须精研《墨经》。近代有识之士梁启超、胡适、沈有鼎等,对《墨经》和中国逻辑学的研究,做出开创性、奠基性的贡献。

《墨经》总结"正名"的逻辑学规律"彼止于彼"、"此止于此"、"彼此止于彼此",类似西方逻辑学说 A=A,B=B,AB=AB,是形式逻辑学同一律的表述。"或谓之牛,谓之非牛,是争彼也,是不俱当,不俱当必或不当",类似西方逻辑学说矛盾命题不能同真、必有一假,是逻辑学矛盾律的表述。"辩也者,或谓之是,或谓之非,当者胜",类似西方逻辑学排中律的表述。这些都表达逻辑学的普遍真理,跟墨家的特殊政治伦理思想并无直接关联。即使墨家把所发现的逻辑普遍真理,运用于论证政治伦理,这正说明逻辑作用的普遍性,如周先生释文所说,逻辑所研究的规律,是任何正确认识都必须应用和遵守的,不能因此否认古人发现逻辑真理的普遍性。

《墨经》说:"彼举然者,以为此其然也,则举不然者而问之,若圣人有非而不非。"这里"若圣人有非而不非"的举例,稍涉政治伦理,但"彼举然者,以为此其然也,则举不然者而问之"(对方列举若干正面事例,得出一个并不正确的普遍结论,我则列举反面事例予以反驳)所包含的逻辑普遍真理,不能因此而被抹杀。

中外逻辑都反映人类思维的共同形式和规律。《墨经》说"彼止于彼"、"此止于此"、"彼此止于彼此",例子是牛=牛,马=马,牛马=牛马,不能说与西方逻辑同一律"完全不同"。

矛盾命题"不俱当必或不当",不能说与西方逻辑矛盾律"完全不同"。

矛盾命题必有一当等论点，不能说与西方逻辑排中律"完全不同"。"彼举然者，以为此其然也，则举不然者而问之"，不能说与西方逻辑用反例反驳全称命题的方法"完全不同"。

中国逻辑学研究应从这一基本事实出发。《经说下》总结"正名"原则说，"彼止于彼"，"此止于此"，"彼此止于彼此"，这里用古汉语代词作变项，表述逻辑学同一律，跟用西方拼音文字符号 A＝A、B＝B、AB＝AB 表述的逻辑学同一律，本质相同。《经说上》说"谓之牛"、"谓之非牛"矛盾命题的真值规律，是"不俱当，必或不当"，跟亚氏对逻辑矛盾律的概括，"对立陈述不能同时为真"、"相反论断不能同时为真"等价。

三、论著举例

从 1980 年起，至今 34 年，我撰写跟中国逻辑学相关的论文二百多篇，著作三十多部，论著总量超过一千五百万字。部分拙著，见表 30。

表 30　　　　　　　　　　　　　　　　部分拙著

	著作	出版
1	《逻辑哲学讲演录》	桂林：广西师范大学出版社，2009
2	《中国逻辑史》（先秦）	北京：中国人民大学出版社，1987
3	《中国逻辑学》	台北：水牛出版社，1993
4	《诡辩和逻辑名篇赏析》；修订本《诡辩与逻辑名篇赏析》	北京：中国人民大学出版社，1992；台北：水牛出版社，1993
5	《诸子百家的逻辑智慧》	北京：机械工业出版社，2004
6	《中国逻辑研究》	北京：商务印书馆，2006
7	《中华先哲的思维艺术》	北京：北京大学出版社，2006

续前表

	著作	出版
8	《墨子及其后学》	北京：新华出版社，1991；修订版，1993；收入《墨子大全》75 册，北京：北京图书馆出版社，2004
9	《墨学通论》	沈阳：辽宁教育出版社，1993；收入《墨子大全》75 册，北京：北京图书馆出版社，2004
10	《墨者的智慧》；《墨子说粹》	北京：三联书店，1995；收入《墨子大全》76 册，北京：北京图书馆出版社，2004；北京：三联书店，2003，更名《墨子说粹》
11	《墨学与现代文化》	北京：中国广播电视出版社，1998；修订版，2007；收入《墨子大全》76 册，北京：北京图书馆出版社，2004
12	《墨经分类译注》	杭州：西泠印社，2004；收入《王玉玺书〈墨经〉》
13	《中华大典·哲学典·诸子百家分典》墨家总部	昆明：云南教育出版社，2007
14	《墨子今注今译》（《墨经》与《备城门》以下）	北京：商务印书馆，2009
15	《墨子鉴赏辞典》	上海：上海辞书出版社，2011
16	《墨家与〈墨子〉》	台北：五南出版社，2011
17	《墨子解读》	北京：中国人民大学出版社，2013
18	《墨学七讲》	北京：中国人民大学出版社，2013

（1）《逻辑哲学讲演录》，2009 年 12 月广西师范大学出版社列入"大学名师讲课实录"丛书出版，正文 454 页，55 万字，附我在台湾东吴大学讲课录音光盘。我赴台讲授"思维艺术"、"墨家智慧"和"逻辑元研究"三门课，合并为"中西哲学与逻辑比较研究"项目，获得台湾科学委员会延揽优秀客座科技人才研究工作计划立项。

台湾东吴大学校长刘兆玄 2008 年 1 月签发"东吴大学聘书东人教字第961397 号"说："兹敦聘孙中原先生为本大学客座教授。"东吴大学哲学系主任彭孟尧教授 2007 年 12 月 26 日发函，请我 2008 年在东吴大学哲学系大学部和研究所硕士班开三门课，每周 8 课时，共 18 周，计 144 课时。

拙著《逻辑哲学讲演录》第 229～432 页专论"逻辑元研究"。我赴台讲学项目申请和主持人李贤中教授为拙著撰序说："'中国逻辑元研究'，讲中国逻辑的现代研究，展现古今中外逻辑融合的可能，用比较同异的方式，讲中国逻辑学的整体面貌。使艰涩的逻辑理论，思维方法和辩论技巧，转化为有很高可读性的文字著作，是一件很不容易的事。其中包含着他这四五十年来研究成果的累积，以及为学术发展所付出的心血。此书的完成，实乃学术界之幸，亦为两岸学子之幸。"

（2）《中国逻辑史》（先秦），中国人民大学出版社，1987，正文 433 页，34.1 万字。

（3）《中国逻辑学》，水牛出版社，1993，正文 480 页。展示中国逻辑学开端、奠基、争鸣和总结的历史过程，分析《墨经》知识、概念、判断、思维规律、推论、谬误和范畴理论，以现代科学为工具性元理论，以现代语言为工具性元语言，致力于中国古代逻辑的改造转型。

（4）《诡辩和逻辑名篇赏析》，中国人民大学出版社，1992，正文 237 页。修订本《诡辩与逻辑名篇赏析》，水牛出版社，1993，正文 209 页。诠释先秦至魏晋逻辑元典。张岱年在序中说："孙中原先生钻研中国逻辑史，著有关于中国逻辑史的专著，对于中国古代的名辩之学有较深的研究。近又将先秦至魏晋的关于名辩的著名篇章辑为一编，加以诠释剖析，题为《诡辩与逻辑名篇赏析》，这对于人们了解中国古代逻辑思想的发展将大有裨益。"

台湾东吴大学教授李贤中，在台湾《哲学与文化》月刊 1993 年第 10 期发表《评介〈诡辩与逻辑名篇赏析〉》说："在作者多年钻研中国逻辑史的学养下，融会贯通、悉心解析而转化为浅显易懂的文字。""由于作者在确定的主题、观点下选录，解析亦有一致的判准，故其挑选的各篇在思路上仍有秩序性，整体的结构也有一定的系统脉络，这是十分难能可贵的。"

台湾东吴大学教授林正弘为拙著《逻辑哲学讲演录》撰序说："孙教授是中国逻辑史的权威学者。其大作《中国逻辑学》及《诡辩与逻辑名篇赏析》，早在十五年前，即已在台湾出版发行。台湾同道，早已仰慕其学识，熟悉其研究成果。"

（5）《诸子百家的逻辑智慧》，机械工业出版社，2004，正文 248 页，20万字。

（6）《中国逻辑研究》，商务印书馆，2006，正文 671 页，55 万字。宗旨是探讨中国逻辑的历史贡献、现代价值和世界意义，推进古今中外逻辑融合。

一至十三章，总论中国逻辑对象、方法和内容，中外相关研究历史和现状，中外逻辑比较。十四至三十三章，分论古今中国逻辑相关研究成果。从笔者近年发表成果中精选，突出创新性、系统性和可读性。对中国逻辑元典的概念范畴、思维规律、论证方式、辩证逻辑思想和中国逻辑研究方法的元理论分析，有独特新见。

首末章分别论述中国和世界逻辑元研究，标志全书方法论的特色，是以中国逻辑为对象，进行超越、总体研究和宏观、综合概括，通过对古今中国逻辑研究主体、对象、语言、成果、层次、方法、作用、后果和评价等元性质的考察，说明古今中国逻辑研究范式的转型。

（7）《中华先哲的思维艺术》，北京大学出版社，2006，正文 189 页，20万字。

（8）《墨子及其后学》，新华出版社，1991；修订版 1993，正文 164 页，12 万字；中国国际广播出版社，2011；收入《墨子大全》第 75 册，北京图书馆出版社，2004。

（9）《墨学通论》，辽宁教育出版社，1993，正文 360 页，29 万字；收入《墨子大全》第 75 册，北京图书馆出版社，2004。其中第 107～192 页论述墨家逻辑，篇幅占全书四分之一。张岱年在序中说："孙中原同志研治墨学，历有年所，对于墨家学说的各个方面都探索较深，近著《墨学通论》一书，对于墨家学说进行了系统的论述，于墨学精蕴颇多阐发，这是值得称赞的。"

（10）《墨者的智慧》，三联书店，1995，正文 280 页，20 万字；收入《墨子大全》第 76 册，北京图书馆出版社，2004；《墨子说粹》，三联书店，2003年 8 月第 2 次印刷更名。其中第 125～182 页论述墨家逻辑，篇幅占全书五分之一。

宗旨是弘扬墨学精华，以现代观点诠释墨学，阐发其价值，与现代人的思想、生活密切相扣，使当代人从墨学精粹中受到启发。所涉辩术等墨学资料，以适应现代需要，对今人有积极启发意义为依归，以现代观点加工为适合现代人的精神食粮。

（11）《墨学与现代文化》（主编、撰稿），中国广播电视出版社，1998，正文 351 页，26 万字；收入《墨子大全》第 76 册，北京图书馆出版社，2004；修订版 2007，正文 245 页，23 万字。论述墨学的现代意义，墨学与现代世界文化的交流。日本、韩国和台湾地区的墨学研究，由日本学者山边进、韩国学者黄晟圭和李贤中撰稿。海内外学者合作，用现代科学观点探讨墨学。

（12）《墨经分类译注》，西泠印社，2004；收入《王玉玺书〈墨经〉》，106 页，线装。

（13）《中华大典·哲学典·诸子百家分典》（副主编，主要撰稿人），云南教育出版社，2007。

2000 年 5 月 23 日《中华大典》编委会聘笔者为《中华大典·哲学典》编委，《诸子百家分典》副主编和主要撰稿人，2001 年 1 月颁发聘书，撰稿 170 万字，加工古籍，整理诸子哲学逻辑范畴，纳入现代科学分类系统，用现代科学类名标目，有元研究因素。

（14）《墨子今注今译》，商务印书馆，2009，正文 494 页。撰《墨经》注译。

（15）《墨子鉴赏辞典》，上海辞书出版社，2011。

（16）《墨家与〈墨子〉》，五南出版社，2011。跟台湾学者云林科技大学吴进安、台湾大学李贤中合著。

（17）《墨子解读》，中国人民大学出版社，2013。由前言、《墨子》各篇题解、原文、注释、译文、解读构成。用现代科学方法，全面系统解读《墨子》元典，彰显墨家的逻辑思维方式和语言表达技巧。

（18）《墨学七讲》，中国人民大学出版社，2013。用现代科学方法，讲解墨家的逻辑学、哲学、科学和人文学。

拙著前 7 部，专治墨辩和中国逻辑史。后 11 部，广治墨学，兼治墨辩。治墨学是治墨辩的延伸和扩展，墨辩是墨学的重镇与核心。墨子有辩学萌芽，

《墨经》是辩学元典，墨学是墨辩的语境和应用，治墨学是治墨辩的价值体现。拙文 200 多篇，立意同。

四、梁启超论存在

以下分别介绍近现代学者梁启超、胡适、沈有鼎、金岳霖、莫绍揆和周礼全等人论中国逻辑存在的见解。

梁启超（1873—1929）是近代中国逻辑学研究的开拓者和领军人物，肯定中国逻辑学存在。

梁氏学识渊博，囊括古今，学贯中西，卓有建树，是百科全书式的学者。有《饮冰室合集》148 卷，一千余万字。梁氏号任公，字义取自《墨经》"任"（任侠）定义。① 1898 年 26 岁，参与清朝百日维新，7 月受光绪帝召见，9 月政变失败，逃往日本。

梁氏以继承发扬中国传统学术为己任说："生此国，为此民，享此学术思想之恩泽，则歌之舞之，发挥之光大之，继长而增高之，吾辈之责也。""凡一国之立于天地，必有其所以立之特质。欲自善其国者，不可不于此特质焉，淬厉之而增长之。"

梁氏倡导古今中西逻辑的比较研究，融会贯通。他说："凡天下事，必比较然后见其真。无比较则非惟不能知己之所短，并不能知己之所长。""凡教人必当因其性所近而利导之，就其已知者而比较之，则事半功倍焉。"

梁氏自称"幼而好墨"，1904 年发表《墨子之论理学》②，1921 年发表《墨经校释》和《墨子学案》，影响深远，对墨家逻辑有开创性的独到研究。

① 《经上》："任，士损己而益所为也。"《经说上》："任，为身之所恶，以成人之所急。"即"任"（任侠）是以保护弱者为己任的侠客侠义行为。任侠精神，是士人肯于牺牲自己利益，而使为自己所保护人得到利益。有任侠精神者，能经受自身本来所不愿意经受的痛苦，以便成功救助别人的急难。

② 梁启超在日本居住和写作（1898—1912），他说的"论理学"，即逻辑学。"论理学"是日本学者对逻辑学（logic）的译称。下同。

梁启超在清代注释家孙诒让等人初步文献整理的基础上，进一步用现代科学方法，对墨家逻辑元典重新校勘，系统进行义理研究，是墨家逻辑现代范式研究的开拓者和创始人。

梁启超肯定墨家逻辑的存在、地位和价值。1904 年梁氏在《新民丛报》连载长文《子墨子学说》，附录《墨子之论理学》，揭开在中国近代研究墨家逻辑的序幕。梁氏分析了墨家逻辑产生的时代背景和历史条件。梁氏说："墨子于九流之中较为晚出。其时儒道法三家，既已有中分天下之势，而百家言纷起并出，亦皆成一壁垒，据一方面，而墨子以后进崛起其间，非有坚固之理论，博捷之辩才，不足以排他说而申己义，故论理学（即逻辑学）、格致学（按即自然科学）之应用最要焉，此《经上》、《经下》、《经说》、《大取》、《小取》诸篇所由立也。"

梁氏论述墨家逻辑产生的社会历史条件和时代背景，是当时的诸子百家争鸣。梁氏说："诸子中持论理学最坚而用之最密者，莫如墨子。"《墨子》一书，"有论理学为之城壁"，"故今欲论墨子全体之学说，不可不先识其所根据之论理学"，指明逻辑学在全部墨学中的基础和核心地位。

梁氏说："《墨经》最重要之部分，自然是在名学（即逻辑学）。《经》中论名学原理者约居四分之一，其他亦皆用'名学的'之演绎归纳而立义者也。"《墨经》除自觉论述逻辑学的内容外，其余的确是逻辑学的自觉和典范的运用。逻辑学是全部《墨经》的灵魂、精神和自觉的架构。鲁胜把《墨经》称为《墨辩》和《辩经》，从一个侧面正确反映了逻辑学在《墨经》和墨学中的重要地位。

梁氏说墨子是"全世界论理学一大祖师，而二千年来，莫或知之，莫或述之。若鲁胜者，其亦空谷足音也已。惜其所注，今亦已亡，无以助我张目。吾草此篇，恨不能起其人于九原而共语之也"。梁氏自觉上承鲁胜，接续久已中断的中国逻辑研究和弘扬墨家逻辑的事业。

梁氏指出，墨家逻辑的内容和价值，可与古希腊亚里士多德，英国培根、穆勒和印度陈那的学说相比。梁氏 1925 年在清华研究院讲学，应聘清华国学研究院导师。1920 年梁启超就在清华大学讲国学小史，讲完《墨子》之论理学一节后，大发感慨。梁氏说："只可惜我们做子孙的没出息，把祖宗遗下的无价之宝，埋在地窖子里二千年。今日我们在世界文化民族中，算是最缺乏论理精神的民族，我们还有面目见祖宗吗？如何才能够一雪此耻？诸君努力啊！"（《墨子学案》）

在中国历史进入 20 世纪的时候，梁启超这样具有世界意识的有觉悟的中国知识分子，已不能够容忍墨家逻辑这一中国文化的瑰宝，仍然处于埋没断绝、无人研究和弘扬的悲剧境地。在整个 20 世纪，尽管存在着种种阻力和误解，总是不乏少数的有识之士，费尽心力，继续墨家逻辑的研究弘扬，这是极有价值的工作，跟梁氏的深情鼓动密不可分。

梁氏亲到西方实地考察，在日本流亡，学到西方和近代科学知识，对中国传统文化有深厚功底。他说，"在我国古籍中，欲求与今世所谓科学精神相悬契者，《墨经》而已矣"，指出《墨经》"含义奥衍"，"与儒家理解殊致"。《墨经》的知识观念，"颖异而刻入"，"与二千年来俗儒之理解迥殊别，而与今世西方学者所发明，往往相印"。

梁氏说《墨经》是"世界最古名学书之一"。然而与欧洲自亚里士多德创逻辑以来，"代有增损改作，日益光大，至今治百学者咸利赖之"的盛况相比，墨家逻辑则从"秦汉以降，漫漫长夜，兹学既绝"，犹如"以明珠委尘，幽兰弃莽"，悠悠千载，无人顾视，"学者徒以空疏、玄妙、肤廓、模棱、破碎之说相高，而知识界之榛塞穷饿，乃及于今日"，是亟须改变的"可悲"局面。

梁氏重视墨家逻辑研究，适应中华民族在 20 世纪力图迎头赶上世界进步的潮流，适合汲纳西方近代先进思维方法，改变占统治地位的儒家陈旧思维方式的需要。梁氏肯定墨家逻辑的科学性，墨家把逻辑作为探求真理的工具。

他说："墨子之论理学，非以骋辩才也，将据之以研究真理，而树一坚确不拔之学说也。"狭义《墨经》四篇，对于认识"若何而得真，若何而堕谬，皆析之极精，而出之极显，于是持之以辩名实，御事理"。

梁氏从批判儒家传统思维方式重演绎的弊端、学习西方近代归纳科学思维方式的需要出发，褒扬墨家逻辑重归纳的精神。他称近代英国哲学家培根的归纳逻辑思想，"实论理学界一大革命"，导致了"数百年来全世界种种学术之进步"，被"近世欧美学者所群推为不朽之业"，培根也因此被誉为"近世文明初祖"。他慨叹"中国人所以不能发明新理，而往往为疑似谬悖之俗说所蒙蔽"，是由于没有继承发扬墨子在两千年前倡导的"归纳论理学"。

梁氏在 20 世纪初写《墨子之论理学》，1921 年写《墨子学案》，二十年中一直在校注《墨经》。他在《墨经校释·自序》中说："启超幼而好墨，20 年来，于兹《经》有所校释，随札记于卷端，得若干条。""遂检旧稿，比而次之，得数万言，命曰《墨经校释》。其于毕、张、孙诸君子之说持异同者盖过半。"梁氏所说的跟毕沅、张惠言、孙诒让等人有很多不同的部分，就是梁氏的开拓性和创造性的贡献。梁氏的这些校释成果，从那时到现在的近百年中，不断为学人引用，足证梁氏对《墨经》的进一步校释成果，有不可磨灭的真理成分。

墨家逻辑这个特殊对象，到梁启超为止，已中断研究 2 300 多年。清代乾嘉以来，18—19 世纪，有毕沅、孙诒让等人为《墨子》作注，但对墨家逻辑进行真正的义理研究，基本上还没有开始。

清代对《墨子》的文献整理、校勘、考证，由孙诒让集大成。对《墨经》的校勘、训诂、考证和义理研究，存在特殊困难，包括孙诒让在内，清末即 19 世纪以前，不仅对墨家逻辑的真正义理研究未全面展开，对墨家逻辑元典《墨经》的校勘、训诂、考证工作也没有完成。

综合清代成果，长期致力于《墨子》校注的孙诒让说："盖先秦诸子之伪舛不可读，未有甚于此书者。""而此书最难读者，莫如《经》、《经说》四篇。"孙氏"研核有年，用思略尽"而"写定"其主要著作《墨子间诂》后，曾寄梁氏一部。

梁氏在 1923 年写《中国近三百年学术史》时追述说："此书（指《墨子间诂》）初用活字版印成，承仲容（指孙诒让）先生寄我一部，我才 23 岁耳。我生平治墨学及读周秦子书之兴味，皆由此书导之。"

1897 年孙氏曾致信给梁氏，自述他对《墨子》"研校十年，略识旨要"，"然《经》、《说》诸篇，闳义眇旨，所未窥者尚多"。他以严肃学者应有的实事求是谦虚态度，承认自己对《墨经》中宏大高远、精微奥妙的义理，没有认识到的部分还很多。

他说，《墨经》揭举精理，"为周名家言之宗"，即认为《墨经》是先秦逻辑学派学说的根据。孙氏又认为《墨经》中"必有微言大例（精微的言论中隐藏基本规律），如欧士论理家亚里大得勒（亚里士多德）之演绎法，培根之归纳法，及佛氏之因明论者，惜今书讹缺，不能尽得其条理"；"拙著印成后，间用近译西书，复事审校，似有足相证明者"。

孙氏宏观估计《墨经》有跟西方逻辑、印度因明相似的学问，不过他承认自己还不能对其给予具体中肯的说明。孙氏认为，《墨经》中的学问"赅举中西，邮彻旷绝，几于九译乃通"（经过辗转翻译，才能使人通晓），一般学者"罕能尽逮"。梁氏是当代"研综中西"的首选人才，"又夙服膺墨学"，极力鼓励梁氏，从事对墨家逻辑进行比较研究的"旷代盛业"。

孙氏给梁氏的这封信，具有非常重要的象征性意义，它就像是一根学术研究赛事中的"接力棒"，由孙氏亲手交给了梁氏。它标志着自清中叶以来的一个半世纪中，由中国传统知识分子，用中国传统注经方法，未能完成注解《墨经》、研究墨家逻辑学术的历史任务。在 20 世纪初，注定要由一批既有中国国学根底又有西方现代科学知识素养的新型知识分子，用现代科学方法"接班"完成。

历史赋予 20 世纪中国学者的一个义不容辞的学术使命，是把注解《墨经》和对墨家逻辑进行义理研究的工作结合起来进行。梁启超在 20 世纪初年，的确没有辜负孙诒让的殷切期望，他以一个在当时中国学术界"执牛耳者"的地位，率先开拓性、创造性地对墨家逻辑进行比较研究，对《墨经》继续进行校勘整理。

1904 年梁氏发表的《墨子之论理学》，开宗明义提出中西逻辑比较研究的课题。他说，不能自欺欺人地认为，举凡西人今日所有之学，都是为我国古人所曾有，但如果确实为我国古人所见及者，"从而发明之淬厉之，此又后起国民之责也"，"其学诚为吾古人所引端而未竟者，今表而出之"。

梁氏说："《墨子》全书，殆无一处不用论理学之法则，至专言其法则之所以成立者，则惟《经说上》、《经说下》、《大取》、《小取》、《非命》诸篇为特详。今引而释之，与泰西治此学者相印证焉。"

征引解释《墨经》，而与西方类似的学问相印证，这就是比较研究的方法。梁氏 1927 年写《墨经通解·序》，谈《墨经》研究说："或引申触类，借材于域外之学以相发，亦可有意外创获。"这是梁氏对墨家逻辑比较研究的经验之谈。

对墨家逻辑术语的解释。梁氏在 1904 年发表的《墨子之论理学》一文的"释名"部分，列举辩、名、辞、说、实、意、故、类、或、假、效、譬、侔、援、推等墨家逻辑的基本范畴，用西方逻辑的相应术语比较解释。这是中国人借用全世界共用的逻辑工具来研究墨家逻辑的开拓性工作，使人耳目一新。

关于辩，梁氏在《墨子之论理学》中根据《小取》篇对"辩"这门学问的目的、内容和原则的规定解释说："墨子所谓辩者，即论理学也。此释论理学之定义及其功用，今泰西斯学名家所下界说，不是过也。"

梁氏在《墨子学案》说："西语的逻辑，墨家叫做'辩'。""'墨辩'两字，用现在的通行语翻出来，就是'墨家论理学'。"这为后来中国学术界的多数人所认同，一说"墨辩"，大家都知道是指墨家逻辑学。我为此事专门问过我的导师沈有鼎教授，他认真思考后，对我做了肯定答复。

梁氏在《墨子学案》中把《小取》的"以名举实，以辞抒意，以说出故"，分别解释为西方逻辑中的概念（concept）、判断（judgement）、推论（inference）三种思维形式。他说，"名"是主观上的概念，"实"是客观上的对境（对象）。

"名"在逻辑学上叫名词（term，现称词项），"辞"在逻辑学上叫命题（proposition）。"意"：忖度判断。"以辞抒意"是用命题形式表示判断。"说"是证明所以然之故。"故"即原因（cause）。

梁氏解释《小取》的"或"，是特称命题（particular proposition）。"假"是假言命题（hypothetical proposition）。"譬"是譬喻引喻。"侔"是"用那个判断说明这个判断"。"援"是援例："援子以例我。"他说："论理学本推论

(inference) 之学，故'推'为本学中第一要件。"

梁氏在《墨经校释》前附《读〈墨经〉余记》中说："《墨经》最重要之部分，自然是在名学。《经》中论名学原理者约居四之一，其他亦皆用'名学的'之演绎归纳而立义者也。其名学之布式，则与印度之'因明'有绝相类处。"

他在《墨子学案》"论理的方式"一节开宗明义说："《墨经》论理学的特长，在于发明原理及法则，若论到方式，自不能如西洋和印度的精密。但相同之处亦甚多。"这是梁氏在对《墨经》进行了约20年研究后所得出的结论。

梁氏极为推崇《墨经》的归纳思想。梁氏在《墨子学案》"论理的方式"一节中说，"全部《墨经》"，"和因明的三支极相类。内中最要紧的是'因'；'因'即'以说出故'之'故'。"梁氏在《墨子之论理学》一文中说，《小取》的"效"包含"法式"之义，它兼有西语的 form（形式）和 law（法则、规律）两种意思。

梁氏对墨家逻辑研究的成就，表现在运用西方现代逻辑知识，对墨家逻辑部分内容做出正确校勘和解释，明确指出墨家逻辑的科学性质、现代价值和世界意义，对久被埋没的这一中国逻辑典范在近代的复苏、继承和弘扬，具有启蒙、倡导与指路的作用。

梁启超有中国传统文化的深厚功底，在日本流亡时学习西方近代科学知识，亲到西方考察，率先使用全世界人类共同的逻辑工具，对墨家逻辑进行系统理论研究，发表有深远影响的见解。其世界眼光、比较研究和科学态度，值得肯定。梁氏在近代率先用世界逻辑工具和现代科学语言研究墨家逻辑，正确论述墨家逻辑的存在、地位和价值，对中国逻辑的复苏弘扬，有启蒙导向作用。

五、胡适论存在

胡适（1891—1962），1910年考中庚子赔款留学生赴美，先入康乃尔大学农学院，后转文学院学哲学，1915 年入哥伦比亚大学研究院。1917 年从美国哥伦比亚大学哲学系毕业，提交用英文写的论文《先秦名学史》。当时由七人组成的答辩委员会中，只有一位德国教授精通汉语，于是论文被搁置，胡适当时急着回国，未被进行论文答辩，未被正式授予博士学位。

十年后，即 1927 年 3 月胡适访问美国，向哥伦比亚大学递交《先秦名学史》的中文修改本《中国哲学史大纲》（卷上）副本，正式领取美国哥伦比亚大学哲学博士学位。胡适 20 世纪初在上海求学，阅读和盛赞梁启超的墨学研究。

胡适说："梁先生在差不多 20 年前就提倡墨家的学说了。他在《新民丛报》里曾有许多关于墨家的文章，在当时曾引起了许多人对于墨学的新兴趣。我自己便是那许多人中的一个人。"①

胡适于 1915—1917 年在美国哥伦比亚大学哲学系攻读博士学位，用英文撰论文《先秦名学史》，用三分之一以上篇幅论墨家逻辑，1918 年增改为《中国哲学史大纲》卷上，用四分之一以上篇幅论墨家逻辑。胡适和梁启超同为墨家逻辑现代研究的开拓者。胡适撰《先秦名学史》博士论文期间，正值 25～27 岁的青年时期，风华正茂，思想敏锐，富创造朝气，青春活力，对今人多有启发。

中国人胡适，用中国资料，写中国逻辑学的英文著作，为方便西方学者阅读，势必用比较研究法。胡适于 1917 年 6 月 9 日坐在日本皇后号轮船上写《先秦名学史·前言》说："我从欧洲哲学史的研究中得到了许多有益的启示。只有那些在比较研究中（例如在比较语言学中）有类似经验的人，才能真正领会西方哲学在帮助我解释中国古代思想体系时的价值。"

比较研究法是《先秦名学史》"所用的论述方法及其与中国传统学问不同的主要之点"，"可能对于这方面的未来研究者有帮助"。胡适融会《墨经》原典，指出"说"即推理，"效"是演绎法，"譬"是事物比较，"侔"是命题比较，"援"是个别推个别，"擢"是个别推一般。

---

① 胡适：《墨经校释后序》，见梁启超：《墨经校释》，收入《墨子大全》，第 26 册，2 页，北京，北京图书馆出版社，2004。

胡适说，《墨经》作者是"科学的和逻辑的墨家"，"是以同异原则为基础的一种高度发达的和科学的方法的创始人"，"对演绎和归纳具有相当时髦的概念"；他们"是伟大的科学家、逻辑学家和哲学家"，"作为科学研究和逻辑探讨的学派"，"是发展归纳和演绎方法的科学逻辑的唯一的中国思想学派"，"在整个中国思想史上，为中国贡献了逻辑方法的最系统的发达学说"；《墨辩》乃是中国古代名学最重要的书"。

胡适说："墨家的名学在世界的名学史上，应该占一个重要的位置。"墨家逻辑的第一个优点是"有学理的基本"，"能把推论的一切根本观念，如'故'的观念，'法'的观念，'类'的观念，'辩'的方法，都说得很明白透彻"。第二个优点是"能把归纳演绎一样看重"，"深知归纳法的用处"，"故能成一科学的学派"。

胡适认为，最有效地吸取西方现代文化的精华，应该与中国自己的文化精华联结起来。在中国古代的非儒家学派中，可望找到移植西方哲学和科学最佳成果的合适土壤。西方现代哲学的最重要贡献，都可在古代非儒家学派中找到遥远而高度发展的先驱。

通过对现代西方哲学和中国古代哲学的互相解释，可以使中国人看到，我们对西方方法并不完全陌生，在重新获得这些方法时，可以利用和借助中国哲学中许多久已失去的财富。墨家逻辑能够充当中西哲学与文化交会融合的联结点或桥梁。

六、沈有鼎论存在

沈有鼎（1908—1989）的《墨经的逻辑学》是精研墨家逻辑的空前力作。沈公首次全面解读《墨经》逻辑体系，使墨家逻辑喜获新生，在中国逻辑学领域有里程碑意义。沈公是中国现代著名逻辑学家，有精研《墨经》逻辑，使研究实现突破的充分条件。

沈公 1929 年毕业于清华大学哲学系，公费留学美国哈佛大学，师从谢弗

（Shaffer）、怀特海（Whitehead），1931 年获硕士学位。1931—1934 年留学德国海德堡大学和弗莱堡大学，师从雅斯贝尔斯（Jaspers）和海德格尔（Heidegger），结识胡塞尔（Husserl）和策梅罗（Zermelo）。

沈公 1934 年任清华大学哲学系教授，时年 26 岁。1937—1945 年任西南联合大学哲学系教授，开始精研《墨经》逻辑。1945—1948 年赴英国牛津大学访学。1948 年任清华大学教授，1952 年任北京大学教授，1955 年后任中国科学院、中国社会科学院哲学研究所教授。

沈公好学深思，博学多才，学贯中西，博古通今，精研数理逻辑、中国逻辑，对《墨经》逻辑有精深独到、独树一帜的创造性见解。他首次独立、系统、深刻地揭举《墨经》逻辑体系，把《墨经》逻辑研究提高到新水平。

杨向奎说："治《墨经》应当具备两个条件：（1）训诂校勘，（2）现代科学知识。沈有鼎先生具有这种资格，他告诉我，在西南联大教书时，他还听唐兰先生的古文字学课。现代科学知识，他更出色当行。"①

沈公有中国古文字学和校勘、训诂学专门训练，先后到美、德、英诸国留学研究多年，精通英文、德文，懂希腊文、拉丁文和梵文，熟悉西方逻辑，具有雄厚扎实的研究《墨经》逻辑的学术素养和知识功底，对《墨经》逻辑有终生不移的钻研兴趣。沈有鼎深情地说："《墨经》的逻辑学是中国学术史中光辉灿烂的一页。两千年长期停滞的封建社会抛弃了这一宝物，让它埋在泥里。"②

我从沈公专攻中国逻辑学多年，聆听他对《墨经》逻辑的精辟之见，敬佩他钻研《墨经》逻辑的执著精神。他生活俭朴，超人想象，把全部精力用于做学问，不经心留意吃喝穿住的日常琐事。他衣衫褴褛，手持破芭蕉扇，肩挎旧布书包，游走于寓所、图书馆与研究所之间的形象活似济公。

他淡泊名利，专注学术，《墨经》逻辑始终是他潜心钻研的学术兴奋点。为探寻《墨经》确解，他全神贯注，冥思苦索，常想得津津有味，如醉如痴，

① 杨向奎：《论沈有鼎》，载《文史哲》，1989（6）。
② 《沈有鼎文集》，377 页，北京，人民出版社，1992。

以致废寝忘食。沈公确解《墨经》，对《墨经》逻辑研究取得突破性进展，是世界一体化、全球化的时代条件，西学东渐的文化背景和中华民族振兴进步潮流的推动以及个人努力主客观条件多种因素综合作用的结果，在偶然性中包含了必然性。

《墨经》内容、形式独特，人称天下第一奇书。沈公于 20 世纪 30 年代已是名满国际的怪人奇才，有不少光辉故事和离奇传说。时有《人物》杂志，以《怪哲学家沈有鼎》为题，撰文叙其怪异故事和离奇传说。

1961 年我从沈公学第一日，研究室学术秘书倪鼎夫，带我到资料室，借阅这本杂志，使我对奇人沈公，十分好奇。《庄子·齐物论》说："是其言也，其名为吊诡，万世之后而一遇大圣，知其解者，是旦暮遇之也。"

怪人沈公，是奇书《墨经》失解两千年后旦暮一遇的"知其解"的智者大圣。沈公精研《墨经》逻辑，有如此深厚的学术素养和知识功底，如此专心致志，殚精竭虑，确为《墨经》埋没两千年后的旦暮一遇。真可谓：奇书沉沦埋泥中，旦暮一遇怪沈公。奇才睿智知深解，奇书赖此庆新生。这是类似庄子寓言的应验，也是偶然性包含必然性的例证。

沈公确解《墨经》条目，数量远超前人，解释精妙绝伦，令人叹为观止。沈公对《墨经》"止"式推论条目的确解是一例。一次饭后，沈公约请我到他书房，向我解释他对《墨经》有关"止"式推论条目的最新看法。这种看法，已经比他所著《墨经的逻辑学》的原有诂解有所发展。

"止"的一义是物理学上的停止静止，《墨经》还引申为逻辑学上反驳的意义。沈公解在希腊文中有与《墨经》"止"相应的字，也是既有"停止"之意，又有"反驳"（推翻，不许他说）之意。

沈公用当今通用符号，把《墨经》"止"的方式与西方逻辑比较，确解《墨经》，使人了解中西逻辑的一致性和人类思维规律的普遍性，昭彰《墨经》逻辑的科学价值，使之堪与西方逻辑相媲美。

对比著名《墨经》注释家谭戒甫、高亨等人的误解谬释，可佩沈公对《墨经》有关"止"式推论条目确解之精妙绝伦。《经上》第 99 条说："止，因以别道。"沈公确解为止的功用定义。相比之下，多数著名《墨经》注释家则不得其解，误解连篇，谬释迭出。个中原因是他们不具有沈公高度的逻辑专业水准，缺乏实事求是的科学态度。

如《经上》"止，因以别道"中的"因"字不误，意为根据、凭借、用。高亨《墨经校诠》误校"因"为"同"，又强解"同"为"全称命题"，把当区别、限制讲的动词"别"误解为"特称命题"，把动词"别"的宾词"道"和《经说上》"若圣人有非而不非"的例，均误置于下条，对此条与下条都做出错误校释。沈公指出高亨"解释错的地方还是太多，几乎比比皆是"。

而几乎倾毕生精力于解《墨经》事业的谭戒甫，竟完全没有看出《墨经》中有"止"的反驳方式，把"止，因以别道"一条与别条相混，把其中的关键词"止"误属上读，并把"止"解作与"行"相对的"常住"、静止，将"止"的反驳方式化有为无。沈公一本求实精神，考辨精当，议论有据，辨错纠谬，发前人所未发，堪称独到。

墨家总结讲授科学的问答法，举例说"若圆无直"，注家不解其意。沈公用希尔伯特《几何学基础》的知识解释说，这是"一圆周上任何三点都不在一直线上"的几何定理，引用《经上》的定义"直，参也"作证，说"直，参也"，即三点在一直线上，等于说三点中有一点恰好介于其余两点之间。"参"是"介于其间"。沈公确解精当，无与伦比。若无沈公对《墨经》逻辑全面系统的确解，学者至今可能仍在黑暗中摸索，不知《墨经》逻辑为何物。

沈公熟知古代中、印、希三国的语言和逻辑，必然对其进行比较研究，会通互释，指出"思维规律和形式"是"人类共同具有的"，认为"主张中国一向无逻辑学"和"主张中国一向无科学是同样的荒谬"。

沈公批评"企图证明中国没有逻辑学，或者说中国人的思维遵循着一种从人类学术康庄大道游离出来的特殊逻辑"的谬见，指出逻辑在中国语言中有其"表现方式的特质"，"在表达方面具有一定的民族形式"。

沈公说："彼、是等代词《墨经》是拿来当做变项用的。""谓'彼是，是也'不可"，就是"谓'AB，B也'不可"。"彼止于彼"、"此止于此"、"彼此止于彼此"，对应于西方逻辑 A＝A、B＝B、AB＝AB 的同一律公式。"无之必不然"、"非彼必不有"和拉丁文的 conditio sine qua non 意思完全一样，对应于西方逻辑公式 $\neg p \to \neg q$（如果非 p 则非 q）。

沈公用印度因明和希腊逻辑推论式解释《墨经》表述。《经说下》引评辩者论调"唱无过，无所用，若稗"，沈公谓其"程序和印度的佛教因明完全相同"。沈有鼎元分析，见表 31。

表 31   沈有鼎元分析

《墨经》	因明三支式	亚氏三段论
［无所用无过］	喻体	大前提：所有 M 是 P
［唱］无所用	因	小前提：所有 S 是 M
唱无过	宗	结论：所有 S 是 P
若稗	喻依	S′

沈公肯定《墨经》有"完整"的"辩学体系"，"有系统的逻辑学"，认为"和古代希腊、印度一样，古代中国的逻辑学是首先作为辩论术而发展起来的"。《墨经》把"辩"作为专门学问，强调"辩"的意义，详尽说明"辩"的功用和原理，明确表示矛盾律和排中律。《墨经》的"名"、"辞"、"说"三论，明白清楚地依次标举出逻辑学的概念、判断和推论三步骤，详论"辩"、"说"的原则和个别方式。

沈著再现《墨经》逻辑体系，积极评价《墨经》逻辑的成就与科学价值，指出它"代表了中国古代逻辑学的光辉成就"，认为"中国古代逻辑学思想的发展，到了《墨经》，就同登上高峰一样。《墨经》不仅在古代，就在现时，也还是逻辑学的宝库"。

《墨经》总结中国古代科学，"把这科学所使用的一些方法提高到自觉的水平，并回过来推动科学的发展"，《墨经》逻辑是认识科学真理的工具，"成就不在古代希腊、印度逻辑学之下"。

沈著"给了《墨经》的逻辑学部分一个明白确切的诂解，清除了一些模糊影响之谈"；"正确估价这一宝贵的遗产，让它在更广泛的基础上再度发挥为人民服务的效能，真是'拨云雾而见青天'"。沈著的问世，使已中绝两千年的墨家逻辑喜获新生，为重要的逻辑史、哲学史专著、教材依据遵循，在教学研究中发挥独特的积极作用。

沈公指出"作为逻辑学的宝库，《墨经》到今天还有许多东西没有被清理出来"。他估计被清理出来的不足十分之一。他批评有人说《墨经》"可说者大抵说尽，所遗则往往不可说"的话，认为《墨经》校释是接近真实的无穷过程，事业非一人所能完成。沈公经常反思自己诂解的不尽如人意之处，不断修正补充，以期更为完善、理想。①

美国科学哲学家库恩认为，科学革命是范式转换的进程，范式转换导致理论和方法的变革。借鉴库恩科学范式转换论的观点和方法，分析中国逻辑研究历程，可知墨家逻辑和沈公墨家逻辑研究，是两种不同范式的理论，在主体、对象、元语言工具、成果、层次、方法、作用、后果、评价等方面，有不同性质。研究不同性质，见表 32。

表 32 研究不同性质

不同性质	墨辩	沈公墨辩研究
1. 主体	战国墨家	现代学者
2. 对象	古代辩论应用逻辑	墨辩
3. 元语言工具	古汉语	现代语
4. 成果	墨辩	墨辩创新转型
5. 层次	第一层次元理论研究	第二层次元理论研究
6. 方法	古代逻辑方法	现代逻辑方法
7. 作用	古人思维工具	今人思维工具
8. 后果	深埋泥中无人知	创新转型待传承
9. 评价	不经诠释转型，不便认知应用	经诠释转型，便于认知应用

（1）主体。战国墨家逻辑研究主体是墨家。沈公墨家逻辑研究主体是现代学者。沈公有古文字学和校勘、训诂学专门训练，先后到美、德、英等国

___

① 这里部分内容，原为台湾《哲学与文化》月刊编辑部约稿，载于 2003 年 12 月第 30 卷第 12 期《中国逻辑》专号，主编是台湾东吴大学哲学系李贤中教授（现台湾大学哲学系教授）。

家进行研究，精通英、德文，懂希腊、拉丁和梵文，西方逻辑素养深厚。

杨向奎说：沈公"虽然博学，但还追求不已，他曾经要我带他去见高亨教授，当时高先生已卧床不起"①。高亨是继孙诒让之后校注《墨经》的高手，对错参半。沈公有时说，高的注解跟自己相同。有时说，高"解释错的地方还是太多，几乎比比皆是"。

沈公手捧高亨《墨经校诠·墨子经说表》，向我讲述精研墨家逻辑新见的情景，如历目前。受沈公影响，我一直把高亨此表放在手边，复印给学生人手一份，用来校诂《墨经》，传承沈公治墨技巧。

沈公墨家逻辑研究的创新与转型，是全球化时代条件，西学东渐文化背景，民族振兴潮流推动，个人刻苦钻研多种因素综合作用的结果。《墨经》向称奇书。胡适说："到了今日，（《墨经》）这几篇二千年没人过问的书，竟成了中国古代的第一部奇书了！"② 奇人沈公，是奇书《墨经》失解两千年后，旦暮一遇知深解的奇才大圣。

（2）对象。墨家逻辑研究对象，是战国百家争鸣应用逻辑。沈公墨家逻辑研究对象，是战国墨家逻辑。沈公在墨家逻辑和世界逻辑间，铺路搭桥，引轨相接。沈公说，《小取》总结的"推"，是归谬式类比推理。

"以其所不取之同于其所取者，予之也"，是揭示论敌矛盾。"以类取，以类予"，"有诸己不非诸人，无诸己不求诸人"，是同一律、矛盾律。墨家逻辑与沈公墨家逻辑研究对象，判然有别，形态迥异。

（3）元语言工具。战国墨家逻辑元语言工具是古汉语。《墨经》文字浓缩，惯用省略。语句命题，常浓缩为语词词组。推理论证，常浓缩为"论题＋说在＋例证理由"的提示语。术语是辩、名、辞、说等，表达是"辞以故生，以理长，以类行"等。不经现代学者创造性诠释和转型，今日读者难知所云。沈公墨家逻辑研究元语言工具是现代语，今日读者易懂。

（4）成果。战国墨家逻辑成果是《墨经》，不经创造性诠释和转型，不易为今人理解。沈公墨家逻辑研究成果，是墨家逻辑的创造性诠释和转型，是

---

① 杨向奎：《论沈有鼎》，载《文史哲》，1989（6）。
② 胡适：《中国哲学史大纲》（卷上），31 页，北京，商务印书馆，1987。

新型中华文化的构成部分。

（5）层次。战国墨家逻辑，是以百家争鸣应用逻辑为对象的第一层次元研究。沈公墨家逻辑研究，是以墨家逻辑为对象的第二层次元研究。后者研究层级，高于前者。

（6）方法。战国墨家逻辑方法，是古代素朴式的，开端绪而待引申，初迸发而待梳理，亟须创造性诠释和转型。沈公墨家逻辑研究方法，是积淀至今的世界逻辑，涵盖古今中外。

（7）作用。战国墨家逻辑作用，是为古人提供思维工具。如《小取》总结"推"式归谬类比，为墨家和诸子百家喜用常用。沈公墨家逻辑研究作用，是为今人提供思维工具。

（8）后果。战国墨家逻辑后果，是深埋泥中无人知，更遑论研究。沈公墨家逻辑研究后果，是贡献创新与转型的成功范例，为后学继续研发铺路奠基。

（9）评价。墨辩以辩、名、辞、说为主要范畴，构成体系，有相当于西方逻辑概念论、命题论、推理论和思维规律论的内容。逻辑是全人类带工具性的同一学科。在世界逻辑史中，古希腊、印度和中国同时产生语言表现各异的逻辑，是人类同一逻辑学科不同角度和深、广度的揭示。战国墨家逻辑，不经诠释转型，不便认知应用。

沈公墨家逻辑研究，经诠释转型，便于认知应用。其价值不亚于墨家逻辑原创。沈公是墨家逻辑最重要的现代研究者。沈公的成果，在这一领域引起革命性的激变，是墨家逻辑研究创新和转型的成功范例，值得广大学人，特别是青年学人，世代传承，推陈出新。

金岳霖（1895—1984）主编《形式逻辑》，附录"逻辑史资料"说，"中国古代在与古希腊差不多同时产生了逻辑学"，后期墨家、荀况等，"对于逻辑问题做过比较系统的研究，特别是后期墨家提出更加完整的理论"；"中国在春秋战国时期，逻辑学思想曾有很大的发展，即所谓名辩思想"；"后期墨家著作中则对概念、判断、推理与证明，都进行了研究，有不少重要成果"；"后期墨家曾对逻辑学做出重要贡献，不仅在中国而且在世界逻辑史中也是占有重要地位的"①。

该书 1979 年出版，1999 年第 19 次印刷，累计达 48 万余册。此书对中国逻辑学资料的论述，代表中国逻辑学界接纳以沈有鼎为代表的墨辩转型研究成果，对普及中国逻辑学知识起到重要作用。

莫绍揆（1917—2011），南京大学教授，数理逻辑学家，著《数理逻辑初步》（上海人民出版社，1980）第五章"数理逻辑的应用"，讨论"《小取》篇逻辑的体系"，言简意赅，极富创见，确解墨辩原典，为墨家逻辑新生增添活力，是现代数理逻辑家成功研究中国逻辑的典范。

莫绍揆说，"《小取》篇中含有很多的逻辑内容"，他要"利用数理逻辑的观点，重新对《小取》篇做一个完整的剖析，阐明其体系，突出其特有贡献"，"特别注重运用数理逻辑的观点来分析并整理它的基本概念及其逻辑体系"。

《小取》"讨论辩（逻辑学）的性质，其对象及内容，可以说是总论（或绪论)"。《小取》"辩学"的"以名举实"，是"用名词表示对象，即概念论"；"以辞抒意"，是"用命题（辞）表达思想，即判断论"；"以说出故"，是"用论述表达根据、理由，即推理论"；"以类取，以类予"，是"典型分析法"，是根据典型取例、考察，再根据典型判断得出结论。

"效"是"建立公式以便今后代入之用"的方法，"和亚里士多德的演绎逻辑实质上是同一内容的两种处理方式"。"辟、侔、援、推这四者实质上是类比推理"。莫绍揆把《小取》以古汉语为元语言表达的逻辑规律，创造性诠释为与其等值的、以现代汉语和数理逻辑符号语言为元语言的逻辑规律，从更高层次揭示墨家逻辑的科学内容。

莫绍揆在《百科知识》1982 年第 7 期撰文《逻辑学的兴起》，认为先秦形式逻辑"开始形成"，《小取》是"我国逻辑学已经充分成长的明证"，是"一

---

① 金岳霖主编：《形式逻辑》，310、311、345、352 页，北京，人民出版社，1979。附录"逻辑史资料"撰稿人，是中国现代著名数理逻辑与计算机科学专家吴允曾（1921—1987）。每当读到附录"逻辑史资料"的论述，我都会油然生起对撰稿人吴允曾老师的崇高敬意，我曾聆听过他的授课演讲。

篇古典逻辑纲要"。莫绍揆对《小取》论推理正常现象和不正常现象的元逻辑分析，颇有价值。莫绍揆元分析，见表 33。

表 33   莫绍揆元分析

推理现象	公式	性质
是而然	A＝B，CA＝CB	正常
是而不然	A＝B，CA≠CB	不正常
不是而然	A≠B，CA＝CB	不正常
一周而一不周	AB 一语，有时 A 遍及 B 各分子，有时则否	不正常
一是而一非	F（A）＝g（A），f（B）≠g（B）	不正常

周礼全（1921—2008），撰《中国大百科全书·哲学》"逻辑"释文说："《墨经》的逻辑，是以辩为主题的，但其中大部分内容，都是关于名、辞和说的逻辑理论。因此它不是纯粹的辩论逻辑。《墨经》中没有应用对象语言来表示的命题形式和推理形式，而只有应用典型的具体推理来体现的推理方式。但《墨经》中却有不少应用元语言来表述的逻辑规律，虽然这些是不够精确的，但表明《墨经》中的逻辑已开始进入形式逻辑的阶段。"[1] 我多年来致力于此项研究，为《中国大百科全书·哲学》第一、二版撰写词条释文，指导我的博士生，在这方面推出研究成果。[2]

七、日末木刚博论存在

在逻辑学领域，中日两国学术交往，源远流长。远自唐代，日本学问僧就到中国，向玄奘师徒学习印度逻辑（因明）。近代初期，中国学者学习西方逻辑，间接借助了日本。中日两国学者，相互学习，取长补短，有助于学术思想的繁荣，思维能力的增进。

---

[1] 《中国大百科全书·哲学》，535～537 页。
[2] 参见杨武金：《墨经逻辑研究》，北京，中国社会科学出版社，2004。杨武金于 1996—2001 年在职攻读我指导的博士生。

以下介绍日本末木刚博、加地伸行、宇野精一、大滨浩等学者论中国逻辑学存在。日本重要的哲学史著作，包含中国逻辑学存在的介绍。近年日本几位学术大家，研究中国逻辑学论著迭出，足可借鉴。如日本中国学会会长宇野精一，比较逻辑学研究家、已故东京大学教授末木刚博，以中国逻辑学为博士论文题目获博士学位的日本大阪大学名誉教授、立命馆大学教授加地伸行，老学者大滨浩等，都有大作问世。

我对日本学者论中国逻辑学存在的研究成果，有数十万字的翻译介绍，是我四十岁"不惑之年"后，自学日语，一字一句，从总量达数百万字的日文原著中精选译介的。我今天所讲的部分内容，原题《日本学者对中国古代逻辑的研究》，发表于《国外社会科学》1983 年第 4 期，《国外社会科学情报》1983 年第 4 期。扩充后题为《日本学者论中国古代逻辑》，收入《逻辑语言写作论丛》，南开大学出版社 1984 年版。收入本书，多有修改补充。

末木刚博（1921—2007），1945 年东京大学文学部毕业，1968 年任东京大学教授，专攻中国、印度和西方逻辑学的比较研究。末木刚博于 1989 年 4 月 7 日、9 月 11 日、11 月 7 日，1990 年 3 月 20 日四次写信给我，授权我翻译介绍其大作，跟我切磋学术。我经末木刚博授权，把他所著《逻辑学的历史》和《东方合理思想》等论著，译为中文出版。我撰写多篇专题论文、辞书"末木刚博"词条释文和"末木刚博"学术评传，介绍末木刚博论中国逻辑学存在的见解。[①] 2008 年 2 月 7 日，末木刚博的儿子末木恭彦又写信给我，授权我翻译介绍末木刚博著作的修订版。我在有生之年完成了授权。

1. 墨家逻辑

末木刚博认为，由墨翟创始的中国逻辑学，构成完成形态的合理思辨体

---

① 参见末木刚博著，拙译：《逻辑学的历史》，见《现代逻辑学问题》，3～41 页，北京，中国人民大学出版社，1983。末木刚博著，拙译：《东方合理思想》，南昌，江西人民出版社，1990。拙文《末木刚博〈逻辑学的历史〉》（摘要），载《国外社会科学》，1980 (9)。拙文《末木刚博》（学术评传），见卞崇道、加藤尚武编：《当代日本哲学家》，106～117 页，北京，社会科学文献出版社，1992。"末木刚博"，见《因明辞典》，185～186 页，上海，上海辞书出版社，2008；"东方合理思想"，见《因明辞典》，201～202 页。

系，是中国古代合理思想的结晶。墨家有比较正确和系统的逻辑思想，墨家逻辑有一个进展过程。墨子在中国明确开始产生逻辑意识，接触到合理思维的原理，提出论证方法的概念，是中国逻辑思想的前驱。

墨子提出的"三表"，是论断的三个标准和论证方法，注意寻求立论的历史和现实根据，以及实际应用的效果，有演绎、归纳、实验方法的萌芽，表现出反思论证形式、认识逻辑规律的努力。

第一表"本之者"，是在论断和论证中，要依据古代圣王的事实，这是寻求立论的根据，相当于演绎论证法。第二表"原之者"，按照百姓万民的经验，从人民意见导出刑政法律，有归纳法萌芽。第三表"用之者"，参考在实际政治中，给国家百姓人民带来的利益，是用理论的实际效果，判明理论的可靠性，是实验的方法。

《墨子》集中研究逻辑问题的是《墨经》六篇。这六篇不是墨子自著，几乎是学界定论。《墨经》有相当高度的逻辑思想。其中对各家论点，都有深刻讨论。对思维形式、规律和各种逻辑概念，都有深刻的认识和详细的规定。

这些细致的逻辑学成果，说明《墨经》已经达到对逻辑进行大致总结的阶段。这是墨家长期学术活动的结果。从墨子起，"谈辩"就成为跟"说书"和"从事"并列的，起不同作用的部门。《墨经》对思维的自觉和规定，恰好跟"谈辩"在该集团内的现实位置相当。这些成果的意义，不是只限于墨家范围。

墨子后学逻辑思想特别丰富，广泛考察和明确认识现今称为概念、判断和推理三种思维形式，分别相当于亚里士多德逻辑的概念论、判断论、推理论三个部门，是有一定高度的逻辑学，达到高度的逻辑自觉，具有古代世界罕见，现在也应该学习的彻底合理精神。

"以名举实"，是用"名"列举实，凭借概念指示对象，指概念的作用。"名"是名词概念，是思维的构成单位。"名"分为"达、类、私"三种，已清楚认识到类概念、种概念和个体概念三个层次，跟亚里士多德的概念论、范畴论一致。

"以辞抒意"，是用"辞"叙述、述说意，用命题表达思想，指判断的作用。"辞"是联结名构成表达,即命题。"以说出故",是用"说"揭示"故",凭借说明,明确根据,指推理的作用。

"故"指原因、理由、根据,有"小故"和"大故"之分。"小故"是部分根据,"大故"是全部根据。"小故"是指"有之不必然,无之必不然",相当于必要条件。"大故"是指"有之必然,无之必不然",相当于充分且必要条件。墨家以完整的形式,明确区分这两种根据的逻辑思想,是相当高级的,应大书特书。

墨家条分缕析"辩"(思维作用)的七法,即七种思维形式。"或"被定义为"不尽",指没有穷尽论域的全部范围,是辨别跟全称判断相对的特称判断。"假"被定义为"今不然",即现在不是如此,指假说,相当于假言判断。

"效"即合乎法则的思考为"是"(正确),不合乎法则的思考为"非"(错误),被解释为演绎法。"譬"是概念比较,"侔"是命题比较。"援"相当于类比推理。"推"是知道未知情况跟已知情况同类,从而对未知情况做肯定结论,近似归纳。"辩"的七种方法,相当于特称、假言、演绎、类比、归纳,可跟亚里士多德逻辑学媲美。

墨家对"同异"概念意义的正确分析,是卓越的思维方法。第一种"同"被定义为两个概念有相同外延,是说概念外延的同异。《小取》"一周而一不周者也"的说明,是论述概念外延的周延、不周延问题,推理根据概念外延重叠、一致的同异情况来进行,是外延逻辑的萌芽。同异有种种复杂含义,超出单纯的形式逻辑范围。

2. 名家逻辑

末木刚博对名家惠施、公孙龙等人的诡辩,跟古希腊芝诺和印度龙树的学说进行比较研究,认为名家的奇辞怪说,包含许多正确的逻辑,具有敏锐高超的逻辑洞察和令人惊奇的高级逻辑思维。他认为名家同希腊的智者一样,长期以来作为诡辩家被贬低。跟墨家并列的公孙龙等名家,玩弄许多诡辩,但其中也可以看到合理逻辑的萌芽,是自觉逻辑的一个过程。名家诡辩往往同非常敏锐的逻辑思想同时存在。

惠施是有名的逻辑学家，以"历物十事"知名，其中有许多诡辩，但第一条"至大无外，谓之大一"，是用朴素语言表达现代数学中的真无限概念。"至大"是无限大。无限大在自身中包含一切，是"无外"的"大一"。胡适译为 great unit。惠施对无限大概念的考察，是古代惊人的高级逻辑思维，在当时被说成诡辩，实际上不能仅看成诡辩。惠施的命题，是用无限概念，超越和克服有限的尝试，有明确形式逻辑合理性界限的功效。

公孙龙的论述，看来像诡辩，历来被认为是诡辩的代表，实际上有很多是正确的逻辑，可看出其逻辑洞察的敏锐和高超。它有积极意义，已为近来有识之士一致承认。公孙龙的议论方法，虽然同属名家，但不像惠施用无限超越有限，而是分析概念，指出其界限，跟墨家的分析思想相通。

"白马非马"是公孙龙有名的诡辩。公孙龙说，"马"是形态概念，"白"是颜色概念，二者外延完全不同，所以在用这两个简单概念构成"白马"的复合概念时，其所指称的外延和"马"的概念外延也是不一致的。

把外延不同看成相同，是错误的。如果只考虑外延大小，就不能把"白马不是马"说成诡辩。这是从"白马≠马"的意义，解释"白马非马"的命题。如果把"白马非马"解释为"并非白马属于马"，公孙龙的主张就成谬误。

因为"马"是"白马"的属概念，"白马"是"马"的子集合，"白马"为"马"所包含，"白马"属于"马"。用日常语言说"白马是马"，说"白马不是马"是错误的，是诡辩。公孙龙的《白马论》讨论概念的外延关系，由于概念歧义，构成诡辩。

《庄子·天下》记载公孙龙学说，从分析"一尺之棰"的有限，推出"万世不竭"的无限，认识到有限和无限的贯通。意为一尺长的木棒，依次取其 $1/2$、$1/4$、$1/8$ 等等，每次取半，无限继续。这跟数学中公比为 $1/2$ 的无穷等比级数概念类似，即"$1=1/2+1/4+1/8+\cdots\cdots$"。

公孙龙这一通常被认为是诡辩、悖论的议论，从"一尺之棰"的有限中，分析"万世不竭"的无限，认识到有限和无限的贯通。这种从分析有限，达到无限的论证方法，在古代是无与伦比的高级逻辑思维。古希腊爱利亚学派芝诺否定运动的第二种主张，即"跑得最快的阿基里斯，永远追不上缓慢爬行的乌龟"，同公孙龙的命题本质一致。

"镞矢之疾，而有不行不止之时。"即快速飞行的箭，有既不行又不止的时候，这是《庄子·天下》列举的公孙龙诡辩。取"飞矢"的瞬间观察，它停留在某个空间点。在这个瞬间，就其停留于某个空间点而言，没有运动。在下一个瞬间，或者再下一个瞬间，矢的飞行不存在。于是陷入"飞矢不动"的矛盾。

跟这相似，印度龙树在《中论》中，讨论"已、不已的矛盾"。龙树不仅指出矛盾，也探讨矛盾的根据，认为运动着的东西，在各个瞬间是静止的，这是由于把瞬间实体化，并看做是孤立的、不连续的东西，而产生的谬误。只要不把瞬间看做实体的，就不会构成非连续的瞬间，则"运动着的东西，在各个瞬间是静止的"这样的矛盾命题，就不会产生。这是龙树非常锐利的理论。

同样的论说方法，还有"飞鸟之影未尝动"（飞鸟的影子从来没有动过）的命题。这个命题，同"镞矢之疾，而有不行不止之时"，是异曲同工的矛盾，矛盾根据也相同，与此是同一悖论。这些命题，与芝诺否定运动的第三个主张（飞矢不动，运动是一系列静止的总和）相同。公孙龙的诡辩，包含堪与古希腊芝诺或古印度龙树相匹敌的高度逻辑洞察。

3. 荀子逻辑

末木刚博认为，中国逻辑学，除由墨家对判断和推理进行考察外，就大局说，始终是概念的逻辑学。对这种概念逻辑学有明确自觉，系统整理和叙述的是《荀子·正名》。荀子是中国概念逻辑学的集大成者。

荀子的主张条理井然，非常合理。荀子的主张，跟17世纪的托马斯·霍布斯相似，二者的逻辑思想一脉相通。荀子的"正名"是早期的符号学逻辑。霍布斯在近代西方最早倡导唯名论。

霍布斯的唯名论，认为只有个别事物才是实在的，普遍的东西只不过是共同的名称。从普遍性的角度思考事物，只是共同名称的结合，逻辑是名称或符号的组合运算，由此产生符号逻辑。站在霍布斯唯名论反对立场的莱布尼茨，是符号逻辑的另一源泉。

荀子跟霍布斯一样，把名称（名）的结合看做思维的本质。把名称的正确结合，作为对事物的正确思考，是唯名论的思维方式，这由他把逻辑学叫做"正名"看出。《论语》的"正名"以道德意义为重，荀卿从纯粹逻辑学意义上使用"正名"。荀子正名是唯名论的逻辑。

思考事物，通过名辨别同异。具有这种作用的名，是概念的符号，相当于概念，"正名"是概念的逻辑。荀子认为"正名"的目的，是区别和指示对象，这是对符号功能的正确规定，在现代完全适用。他指明认识需要借助"名"（语言符号）的媒介。

同异是概念逻辑学的基本概念。辨别同异，是概念逻辑的基本任务。荀子把辨别同异的过程分阶段。首先凭借天官（五种感觉器官），感受和记忆（"簿"）物质的性质，然后心把感受和记忆作为对象来认知（"征知"）。征知是把感觉表象作为对象来把握，接着对这种认知对象命名（"制名"）。制名是显露区别，辨别同异。

荀子明确论述认识现象不仅凭借感觉经验，而且需要借助名（语言符号）的媒介。在窥见其唯名论立场的同时，更应引起重视的是，荀子严密追索认识自身起源和契机的合理态度。荀子把名分为"刑名"（刑法的名）、"爵名"（爵位的名）、"文名"（文物的名）和"散名"。

"刑名"和"爵名"属于政治范围，"文名"属于仪礼和教育的范围，剩下的"散名"是实物的名和抽象名词。前三者是实践概念，散名是认识或逻辑概念。荀子把确定事物同异的名，从逻辑上分类为单名、兼名、共名、别名。

荀子提出的单名是简单概念，如"马"、"石"。兼名是复合概念，如"白马"、"坚白石"。共名是普遍概念，如"动物"。别名是用来区别概念的，相当于特殊概念，如把动物划分为"马"、"牛"，就是别名。

"共名"是普遍概念，属概念（genus），如概括"马"、"牛"等而称之为

"动物"是"共名"。大共名相当于最高属概念（拉丁文 genus generalissimum，英文 maximum genus concept），亚里士多德称为范畴（category）。

别名是种概念（species），跟"共名"相反，由划分共名而产生，如划分"动物"的共名为"马"、"牛"等。共名和别名相对。"由别至共"和"由共至别"，是语言符号的演算过程，相当于概念的概括和限制，近似于归纳和演绎的过程。

从使用大、小别名的言词看，涉及概念外延的包含关系。荀子把各种概念，根据外延大小，排列成属、种关系的不同层次，同墨家"达名"和"类名"的区分，是相同的思维方法。荀子把别名分为大小，把共名区分为一般共名和大共名，这是属、种层次的再细分。

属、种，共、别，相对而言。一个共名，相对于其下一个层次的别名来说，叫大别名，如"鸟、兽"。把概念从最普遍到最特殊排列起来，明确概念的界限和适用范围，事物的同异就得到辨别，思维混乱就不会产生。

根据概念的属、种区别，规定概念的意义和恰当应用，就是"正名"（把名搞正确）。《论语》"正名"包含道德意义，荀子有从道德上纠正社会秩序的企图，然而从方法和作用上看，由于是想要整理概念，规定其恰当使用，所以"正名"是同定义相当的逻辑方法。

这同苏格拉底为了实现善的道德和矫正知识，对概念做出严密定义很相似。荀子与苏格拉底一样，试图在合理思维的基础上来确立道德。荀子为了进行"正名"，首先把概念按共名（类）和别名（种）的次第，建立一定顺序，把概念系统化，而苏格拉底却没有想到把这种概念的系统化，作为定义的前提条件。就这点来说，荀子比苏格拉底更前进一步。

中国古代逻辑注重"正名"，儒家孔、荀的逻辑突出表现了这一特点。荀子就以此为武器，批驳墨家和名家的主张。"正名"是在知识理性指引下的实践逻辑操作。明确概念的定义方法，是逻辑的第一要务。

孔子把相当于定义的"正名"，作为初始要件倡导，在逻辑上完全正确。这酷似古希腊苏格拉底以定义获取正确知识的方法，二者同是向逻辑学迈出的第一步。荀子逻辑学的中心是定义论。荀子构成概念体系，运用定义方法，是古代中国逻辑思想的高峰。

荀子用"正名"武器，批判诡辩，把诡辩的基本形式，巧妙地概括为"用名以乱名"（用一个概念混淆另一个概念）、"用实以乱名"（用个别实际情况混淆一般概念）和"用名以乱实"（用错误概念歪曲实际情况），表现荀子逻辑思想的敏锐。

用名以乱名（错误地用名搞乱名），如说"杀盗非杀人"。由于"盗"表面上不包含"人"的言词，"杀盗"不是"杀盗人"，所以就不是杀人。这是只看言词表面，无视语义内容，而产生的错误。用实以乱名（错误地用对象搞乱名），如说"山渊平"，是使用言词，无视对象差别而导致的错误。用名以乱实（错误地用名搞乱对象），如说"白马非马"，是将"白马"和"马"言词上的不同一，看做对象上的不同一，而产生的错误。荀子认为，用这三种"惑"，可以清理所有的诡辩。荀子把诡辩形式，巧妙地归纳为"三惑"，充分表现了荀子逻辑思考力的强劲和尖锐。

4. 韩非逻辑

末木刚博认为韩非在荀子影响下，进行合理思索，以完成形态，明确揭示思维合理性根本原理的矛盾律。《韩非子·难一》是矛盾一词的起源。排除矛盾的原理，被称为排除矛盾律，简称为矛盾律。只有遵从这个原理，合理思考才能成立。

《韩非子·难一》说明，不能被矛刺破的盾和能刺破盾的矛，不能两立。如果有什么也不能刺破的盾，就不能有可以刺破它的矛。或者有什么都能刺破的矛，就不能有不被它刺破的盾。因此不能两者同时肯定。这是清楚表达矛盾律。

矛盾律是这样一种原理，即一个命题，如"这朵花是红的"这个命题，不能同时是真的，并且又是假的。对于一个主项（"这朵花"），不能既给它附加，同时又不给它附加同一个谓项（"红的"）。这是合理思考的根本原理。

因为，如果假定"这朵花是红的"和"这朵花不是红的"同时为真，则第一，由于"这朵花是红的"为真，那么其否定"这朵花不是红的"就为假，而这与假定相反。或者第二，如果"这朵花不是红的"为真，那么其否定"这朵花是红的"就为假，而这也与假定相反。因此，不论在哪种情况下，假定都不能成立。

这种假定成立，同时就不成立，左右为难，这就成为自杀式的论证方法（自我否定的论证方法，归谬法）。允许这种矛盾命题同时存在，思考事物的作用就被破坏。在思考事物的情况下，矛盾是不允许存在的。

在古希腊，矛盾律由柏拉图和亚里士多德建立。韩非具有和他们一起最初发现矛盾律的功绩。矛盾律是合理思维的根本原理，中国古代逻辑的合理精神，由韩非完成。韩非以实例譬喻形式，明确揭示矛盾的结构，确立矛盾律。

末木刚博用符号逻辑方法，分析韩非矛盾律的结构。楚人拿的矛用 a 表示，楚人拿的盾用 b 表示，刺破的作用用 f 表示，可得下式：$\neg f(a，b) \cdot f(a，b)$。读为：并非矛 a 刺破盾 b，并且矛 a 刺破盾 b。或：这个矛 a，不能刺破这个盾 b；并且这个矛 a，能刺破这个盾 b。这是矛盾命题。韩非的矛盾学说，包含形式逻辑意义上的矛盾。中国古代的形式逻辑学，凭借荀子的概念逻辑学，加上韩非子的矛盾律，宣告完成。

八、日加地伸行论存在

加地伸行（1936— ），日本大阪大学名誉教授，立命馆大学教授。日本东北大学文学博士，博士论文题目《中国逻辑学研究》，金谷治主审，专著有《中国人的逻辑学——从诸子百家到毛泽东》（1977）；《中国逻辑学史研究——经学基础探讨》（1983）；《加地伸行著作集》（2010）。[1]

---

① 参见加地伸行：《中国人的逻辑学——从诸子百家到毛泽东》（中国人の论理学——诸子百家から毛沢东まで），中央公论社，1977；《中国逻辑学史研究——经学基础探讨》（中国论理学史研究——经学の基础の探究），研文出版，1983；《加地伸行著作集》共三卷，其中包含《中国逻辑学史研究——经学的基础探讨》（修订版），研文出版，2010。

1. 语义学方向

加地伸行说，有人认为中国没有逻辑学，要判定这种观点是否正确，需要确定"逻辑学"的概念。今日逻辑学有广狭二义。狭义逻辑学是形式逻辑，广义逻辑学是符号学（semiotics，theory of signs）。

现代符号学认为，在符号学（广义逻辑学）中，有三个领域：语义学（semantics），研究符号及其对象之间的关系，即语言意义指谓作用的理论；语用学（pragmatics），研究符号及其解释者之间的关系，即语言实际应用的理论；语法学（syntactics），研究符号与符号之间的关系，即语言逻辑结构的理论。另有辞法学、句法学、符号关系学、语形学、语构学等译名，指传统形式逻辑和符号逻辑，属语法学领域，是狭义逻辑学。

有关符号学（广义逻辑学）的议论，在春秋战国时代，开遍各式各样的花朵。关于"中国没有逻辑学"的观点，如果说的是广义逻辑学，符号学意义上的逻辑学，这个意见是不正确的。如果说的是狭义逻辑学，指传统形式逻辑（亚里士多德系统的逻辑学）的意义，在某种程度上是正确的。

西方传统形式逻辑所完成的是亚里士多德开创的体系。在亚氏以前，本没有别的体系，只有像春秋战国时代那样的各种议论。发源于亚里士多德的传统形式逻辑，是循着语法学的方向前进的，经过阿拉伯和中世纪学者的努力，被系统化。

中国跟亚里士多德差不多同时代的学者，虽曾呈现出朝各种方向前进的可能性，墨家（主要是后期墨家），曾开创在中国研究形式逻辑（语法学）的流派，荀子和公孙龙等人显然是沿着语义学的方向前进，在这方面取得的成果，为以后学者所继承。

到明代，欧洲中世纪的形式逻辑传入中国。葡萄牙高因盘利大学使用的拉丁语大部头逻辑学教科书，由李之藻翻译，这就是至今有名的《名理探》。这本书在中国逻辑学史上非常重要。

因明学和欧洲形式逻辑流派的引进，使中国语法学的历史得以继续。但从大局说，西方在亚里士多德以后，中国在荀子以后，在符号学上是在不同的领域里前进的。不懂得这种领域的不同，对中国有没有传统形式逻辑（语法学）的问题，就会产生错误的看法。

加地伸行认为，中国逻辑学在语义学方向上发展，可由整个中国思想史证明。为什么中国没有在语用学和语法学的方向上前进，而在语义学的方向上前进？这是由中国语言的结构使然。

中国语言以概念为中心，用汉字把概念牢固固定。中国人对概念的固定化很早就做出努力，想出办法，非常关注"言词指示什么"的问题。"言词指示什么"就是"言词"跟其"对象"的关系问题，这是语义学的内容。

作为排列联结概念，构成语句的语言，必然要沿着语义学的道路前进。相比之下，由于亚里士多德所使用的是以主项为中心的希腊语，所以他特别详细地探索由建立在主谓项关系上的语句（命题）构成的三段论法，走上以三段论法为中心的传统形式逻辑（语法学）的道路。

中国语义学，用名实关系（言词跟其对象的关系）形式表现出来。名实关系作为研究题目得到热烈的讨论。围绕名实关系的论争，是广义中国逻辑学的论争。正是在这里，中国逻辑学意识以多种多样的形态表现出来。

研究中国有什么样的逻辑学，关键是弄清古代中国，特别是在春秋战国时代的情况。在春秋战国时代，出现以后中国思维的几乎全部的原型。以后时代的思维，不断重复着春秋战国时代的原型。这同古希腊哲学之成为以后西方哲学的萌芽，恰相类似。

春秋战国时代有一段饶有兴味的议论，《尹文子·大道下》说，庄里丈人，字长子曰"盗"，少子曰"殴"。"盗"出行。其父在后，追呼之曰："盗！盗！"吏闻，因缚之。其父呼"殴"喻吏，遽而声不转，但言："殴！殴！"吏因殴之，几殪。

这段话是关于语言的多义性问题。从语义学观点来看，盗$_1$（盗贼）和盗$_2$（大儿子的名字），殴$_1$（殴打）和殴$_2$（二儿子的名字）有明显不同。这里没有彼此区别，而引起笑话，正是语义学领域的问题。

另一段议论属于不同类型。《吕氏春秋·别类》说，相剑者曰："白所以为坚也，黄所以为韧也，黄白杂，则坚且韧，良剑也。"难者曰："白所以为不韧也，黄所以为不坚也，黄白杂，则不坚且不韧也，焉得为良剑？"

这段议论是形式逻辑的问题，是所谓复杂构成式的二难推理。设"剑的颜色是白色的"为 A，"剑是坚固的"为 B，"剑的颜色是黄色的"为 C，"剑是柔韧的"为 D，则"相剑者"的议论如下式：

> 如果 A 则 B；如果 C 则 D
> A 或 C
> ———————————————
> 所以，B 或 D

要反驳这个复杂构成式的二难推理，采用如下形式：

> 如果 A 则不 D；如果 C 则不 B
> A 或 C
> ———————————————
> 所以，不 D 或不 B

《吕氏春秋·别类》的议论，同这两个论证形式恰恰相符。以上所举盗、殴的笑话和相剑的对话，是语义学和形式逻辑领域的例子。属于这两个领域的材料，在春秋战国时期的文献中很多。这都可以说是广义逻辑学的材料。

加地伸行认为，并不是只有逻辑学派才谈到逻辑问题。诸子百家都接触到各式各样的逻辑学问题，特别是名实问题。如儒家孟子等人，也讨论到这方面的问题。同希腊古代哲学相比，这恰好同亚里士多德以前的复杂纷纭的状况相似。不过，墨家、荀子和公孙龙等人，是中国古代逻辑学意识特别有名的代表。

2. 语义学和形式逻辑

加地伸行认为，墨家逻辑中既有语义学的内容，又有形式逻辑的内容。《大取》说："名，实名，实不必名。"明确认为实优先。《经说上》说："名若画虎。"意为名不是实物，这跟语义学认为"符号不是事物自身，词不是物，地图不是现实的土地本身"一样。墨家主张，有相当部分属于语义学。

墨家也论述形式逻辑领域的问题。《小取》说：（一）臧，人也；爱臧，爱人也。（二）盗人，人也；多盗，非多人也。这两个推理是不同的。在（一）的情况下，"臧"（人名）是表示个体。同样，"人"也表示个体。因此，在说"臧，人也"时，臧和人是相等的。在说"爱臧"时，也就等于说"爱人"。

在（二）中的"人"，不是（一）中表示个体的人，而是表示人的集合。"盗人，人也"，就是"盗人属于人的集合"，"盗人被列于人之中"。即使"多盗"（盗人多时），当然并没有另外增加人的集合。就人的集合而言，没有变化。因此就可以推出"非多人也"的结论。

在（二）的推理中，把人的集合看做"类"，把盗作为类下面的"种"，是对类和种关系的明确意识。在汉字中，个体和普遍的区分不明显。汉字中的"人"，既可以表示个体，又可以表示普遍。而明确做出这种区别的意识，已经在墨家那里生根。

后期墨家在形式逻辑（语法学）方面，留下不少成果。这主要是由墨家生活方式的需要所决定的。这个集团的人，是城墙建筑专家，会制造武器。这就需要广泛使用数学和物理学，进行计算，运用图表公式。

就墨家记载的《墨子》看，可知他们有丰富的数学和物理学知识，通晓几何学定理，会利用凸面镜和凹面镜构成影像。这就使他们在形式逻辑上超出概念论的范围，发展判断论和推理论，也逐渐把注意力从概念的内涵移向概念的外延。

3. 概念逻辑学

加地伸行认为，荀子最注意的，不是判断论和推理论，而是作为判断论和推理论基础的概念论。荀子离开由墨家所开创的从概念论到判断论，再到推理论来进行研究阐发的流派，再特意返回到概念论的系统。这似乎是历史的倒退。

然而荀子这种概念论的逻辑学，之所以能够在当时出现，得到承认、重视和支持，不是偶然的。荀子的逻辑学，是当时社会现实的反映。他的由"共"（属）到"别"（种）所构成的连续不断的概念体系，表达了社会关系。

即将出现的秦汉帝国，完成了天子→卿→大夫→士→庶人→仆人的等级分化。荀子是积极倡导礼制的人物，把等级的社会秩序固定下来，是荀子所关心的事。荀子提出万事万物类、种概念的排列系统，其目的就在于此。

另有高田淳、天野镇雄著《中国逻辑思想》，载宇野精一等编《东方思想讲座》第 4 卷。高田淳认为，在先秦时代百家争鸣的思想斗争中，墨家没有能够取得胜利，这在墨家思想自身中可以找到理由。

假如墨家思想在赢得领导权的情况下，来终结先秦思想史，而秦汉又对之加以继承的话，那么，在《墨经》中所取得的关于逻辑学的成果，也许会成为以后前进的基础。然而，历史没有像这样来进展。预见了以后的新世界，用名辩为即将出现的统一者预先构思统治秩序的，是荀子。[①]

4. 公孙龙语义学

加地伸行说，公孙龙的"白马非马"等论点，至今仍被作为诡辩。在日本高等学校的习题汇编中，列有"以下的语句是命题吗？"的问题，其中包括"白马非马"的语句，而答案则特意说明这个语句是假的。如此看来，对"白马非马"这句话，就是在现代，一般也认为是一句坏话。尤其是研究中国逻辑学的人，也是这种评价。

日本近代最早研究中国逻辑学的人是桑木严翼。他在明治末年就把公孙龙说成诡辩家。这种说法见于桑木的《哲学概论》。这本书从明治三十年到昭和十六年（1898—1937）四十年间，重版约六十次，是人们常读的书。所以，这种说法流行很广。在 20 世纪，已差不多成了定论。不用说，就是在中国人中，也有很大影响。以后由中国人所写的各种《中国哲学史》，大体上也是以同一观点来写的。

然而桑木这种说法，在今天来看，是一种不正确的意见。因为，在当时日本的大学所讲授的逻辑学，就是传统的形式逻辑。桑木心目中的逻辑学，也就是传统的形式逻辑。然而，传统形式逻辑只不过是整个逻辑学中的一个分支。可是在桑木那里，传统的形式逻辑却成了绝对的标准。因此，对照传统的形式逻辑体系，与其不合的，或者根据它还不能说明的，当然就被判断

---

① 参见高田淳、天野镇雄：《中国逻辑思想》，见宇野精一等编：《东方思想讲座》，第 4 卷，东京，东京大学出版会，1967，1974。

为是错误的。

在桑木严翼以后，对公孙龙的评价都是大同小异。总而言之都是"诡辩论者"的评价。然而这种评价至今已经没有多少意义。评价公孙龙的"白马非马"，不能只看这一句话。仅就这一句话来看，可以得出两种截然相反的结论：（1）假的；（2）真的。

因为马中当然有白马、黑马等各种颜色的马。白马是马的一种。所以，像有的英译本所翻译的那样说：A white horse is not a horse（白马不是马），当然就成了错误的议论。但是，从类、种关系来看，白马这个"种"，和马这个"类"不同，从这个意义上说，该命题又成了正确的议论。

公孙龙之所以提出"白马非马"，不过是援引当时人们习见常说的白马、白雪、白羽等白色物体，来作为吸引人们注意的材料，以便讨论属性和实体、个别和普遍之类的逻辑学问题。

公孙龙的《白马论》，当然不只是说了"白马非马"这一句话。在提出这个论题后，接着还有一些论证。因此，要正确理解这句话，必须考察公孙龙的整个思想。但是，从公孙龙在世的时候起，就缺乏这样的考察。

即使最早批判公孙龙的荀子等人，也多半是抓住只言片语，就当做问题提出。这样，公孙龙的"白马非马"就一直被误解。日本近代学者桑木严翼的论点，就是采用荀子当年为了骂倒论敌所谈的一些意见。

公孙龙的思想，主要是属于语义学的系统。《指物论》详细讨论语词符号跟其指示物的关系。"指物"就是"对物的指示"。《指物论》开头说："物莫非指，而指非指。"即事物（"物"）没有不可以［用作为语词符号的"指"来］指示的（"物莫非指"中的"指"是说的指示作用）。

但是，这种指示作用本身，却不是作为语词符号的"指"（"而指非指"中第一个指，是说的指示作用；第二个指，是说的语词符号）。这里讲的是（1）被指示的"对象物"，和（2）人脑的"指示"作用，以及（3）"语词符号"这三者的关系。这跟语义学理论的语义三角形很相似。语义三角形，表示人脑的"指示"作用，通过使用"语词符号"，指示"对象物"的关系。语义三角形，见图2。

图2 语义三角形

公孙龙的"物莫非指"中的"物"，相当于图中被指示的"对象物"。"物莫非指"中的"指"，和"而指非指"中的第一个"指"，相当于图中的"指示"作用。"而指非指"中的第二个"指"，相当于图中的"语词符号"。

在中国，以名实论为中心的逻辑学论争，即语义学论争的展开，构成中国逻辑学的历史。由公孙龙学派的出现，到荀子的批判并取得胜利，是这个历史的开端。公孙龙的后学，虽整理老师的学说，作成《公孙龙子》的教科书，但却误解了大师的论点。

"白马非马"论，在公孙龙那里，是认识问题，弟子们却解释为存在问题，逐渐变成"现实存在的白马，不是作为个体的马"的意思，也就是"白马非马"四个字字面上的意思："白马不是马。"这就把老师的学说，变成粗俗的诡辩，受到秦汉帝国成立时期的新哲学家们，即持法家思想的哲学家的严厉批判。

直到东汉时代的桓谭还这样说："公孙龙常争论曰：'白马非马。'人不能屈，后乘白马，无符传，欲出关，关吏不听，此虚言难以夺实也。"这样，由于公孙龙学派本身所带来的逻辑破绽，其学说逐渐不为人们所重视。

公孙龙学派从兴盛到衰败的结局，有其社会根源。公孙龙最早的前辈，是辩者的代表人物邓析。他是一个讼师，兼教人诉讼方法。公孙龙学派，虽可能与邓析有不同的学术师承关系，但以后都被称为名家。

在名家集团的人中，纯粹的论证和实际的诉讼技术，兼而有之。在春秋战国这个动乱不安的时代，他们作为辩者、说客，能够活跃一时，自然是有它的存在价值。当时，上自诸侯间国际外交的纵横捭阖，下至庶民间土地境界的筹谋争讼，都需要口若悬河的辩论。

然而，生当战国末世，预见到秦汉帝国制度的荀子，认为在社会的不安定时期出现的辩者、游侠，有害于统一国家政权的安定。以公孙龙学派的论辩为得意的人们，遭到荀子的批判，当然有社会原因。

辩者邓析被安上煽动骚乱的罪名，为子产所杀（一说为贵族驷歂所杀）。子产是法家先驱人物。子产诛邓析，暗示以后法家战胜名家的结局。名家在法家的攻击下，逐渐失去作为学派存在的力量，这就是名家学派的命运。

九、日宇野精一论存在

宇野精一（1910—2008），1934 年东京帝国大学中国哲学文学科毕业，1955 年东京大学文学博士，东京大学名誉教授，日本中国学会会长，日本东方学会常务理事，是近代日本著名中国哲学研究家宇野哲人长子。宇野精一撰《中国逻辑思想的产生和影响》专章，收入日本东京大学中国哲学研究室编《中国思想史》，1981 年第 27 次印刷。①

1. 论证逻辑

宇野精一认为，中国明确逻辑意识的产生，是从墨子等人开始。但是，不能认为到了墨子，就突然产生了逻辑思想。在他以前，总有一个酿成的过程。孔子的"正名"（把名搞正确）主张，可以看做是开端。

西方逻辑学，由对逻各斯即语言、言词的反省而发展起来，并最终成为研究思维规律的学问。言词的反省，确实可以说是走向逻辑学的第一步。在中国通过言词的反省来研究思维规律这一点，不够发达，而是朝着论证逻辑的方向来发展的。在这点上，与印度逻辑学的倾向是一致的。

---

① 参见宇野精一：《中国逻辑思想的产生和影响》，见东京大学中国哲学研究室编：《中国思想史》，1952 年初版，1981 年第 27 次印刷。孙中原摘译，载《国外社会科学》，1982（6）。宇野精一主编：《东方思想讲座》共 10 卷，东京，东京大学出版社，1975—1980；《宇野精一著作集》共 6 卷，东京，明治书院，1986—1990。

对言词进行反省的基础，是名实一致的思想。孔子是从伦理的角度，来论述名称和实体的一致。墨子和以后的诡辩论者，大体是从规定概念的角度来讨论的。对这些不同的倾向，当然也要从以论证为主这一点来加以解释。

古汉语文字的内在性质，使中国逻辑思想带有自己的特色。汉字是表意文字，一字一词，不发生曲折变化。本身没有词类区别，对实体和属性的不同，缺乏明确意识。这可以从汉字的特殊性上找原因。汉代特地把诡辩学派称为"名家"。这里的"名"，就是说的言词。名家就是指以言词为中心课题的学派。

中国逻辑思想，在论证的方向上发生和发展起来，并且在以后导致诡辩，还有一个原因应该看到。这就是在墨子等人活动的战国初期，那些四方的游说之士，为了论证自己的意见，驳斥论敌的主张，就需要熟练地掌握一种辩论术。因此，根据他们的言行，当时人就把他们称之为"辩者"。从这里，可以看到中国逻辑实用性的特点。

在中国逻辑思想的发展过程中，大致分成两大派别，即诡辩学派和逻辑学派。逻辑学派是在对盛极一时的诡辩学派的批判中发展的。考察这一点，自然是很有意义的。事实上，无论是墨家，还是荀子，都具有相当程度的科学知识和科学态度。因此，他们提出正确系统的逻辑思想，绝不是偶然的。

中国古代的诡辩思潮，曾经风靡一时。这一方面与万物一体观和怀疑论等思想有关，另一方面中国语言文字的特殊性质也是重要的因素。并且名实一致，是言词思维的基础，所以稍稍出现名实分离的倾向，就会导致诡辩。由于这种诡辩的影响，一方面在《墨子》、《荀子》等书中产生了逻辑的反省，另一方面出现了和诡辩思想共鸣的《庄子》。

中国逻辑思想停留在实用的辩论术阶段，没有进一步发展。其原因之一，是缺乏从哲学上来总结提高。这也表明中国逻辑的一个特点。在荀子以后，中国古代逻辑急剧走向衰落。秦始皇禁止百家争鸣，固然可以作为一个原因，但原来为实用目的而总结的辩论术，在这时失却了其实用性，才是问题的本质。

2. 《墨经》六篇

宇野精一认为，在《墨子》一书中，研究逻辑问题的是《经》上下、《经说》上下、《大取》和《小取》六篇。其中对各家的论点，都有深刻讨论。墨子后学有明确的逻辑意识，墨子本人的思想中，自然也有产生它的必然性。

《非命上》把"言有三表"作为"子墨子"的话来加以引用，绝不是偶然的。墨子的三表，是论断的三个标准，即在论断、论证中，根据古代圣王的事实（"本之者"：演绎），按照百姓万民的经验（"原之者"：归纳），参考在实际政治中给国家百姓人民带来的利益（"用之者"：实验）。这是一种实证的论证方法的观念，可以看做逻辑思想的前驱。

诡辩学派的代表是邓析、惠施和公孙龙。逻辑学派是以批判诡辩学派的思想为契机而产生的。正确而系统的逻辑思想的代表是《墨经》六篇和《荀子·正名》。在《墨经》六篇中，有对惠施、公孙龙提出的命题和对《公孙龙子》中语句的说明，从中可以看到对名家命题从逻辑上所进行的批判。

《小取》篇详细说明"辩"即逻辑的目的，是"明是非之分，审治乱之纪，明同异之处，察名实之理，处利害，决嫌疑"，把"以名举实，以辞抒意，以说出故"作为辩的方法，并对或、假、效、辟、侔、援、推七种具体辩论方式做出定义。其中辟、侔、援、推，都是由已知进到未知的方法。从这些极为细致的区分和说明中，可以窥见中国逻辑的性质和特点。

在《小取》篇中举出"是而然"和"是而不然"的情况。尽管有如此详细的考虑，但所得的结论，还是不够明确。这是由中国语言的内在性质所决定的。即没有区分词类，没有区别包含判断（表示种概念为属概念所包含，或特殊从属于普遍）和属性判断（表示属性属于实体）。

由于没有区别表示实体的名词和表示属性的形容词，所以把盗人和盗混用。由于没有分清包含判断和属性判断，所以把作为包含判断的白马和马、获和人的关系，与作为属性判断的车和木、人和盗的关系相提并论。

3. 荀子《正名》

宇野精一认为，荀子在《正名》篇中，认为诡辩有害于治理天下，所以他要正名实。这是继承孔子正名思想的传统。他驳斥了惠施、公孙龙的主张，并引宋钘、墨家的学说批评说："见侮不辱（宋钘），圣人不爱己，杀盗非杀人也（墨家），此惑于用名以乱名者也。"

荀子有正确系统的逻辑思想。他认为名是为辨别现实的同异所必需的。名的制定，要凭借五官的知觉和思维的认识作用。作为制名的方法，他把名称区别为单名和兼名、共名和别名。

单名是单一的概念，如"马"、"石"。兼名包含两个以上的概念，如"白马"、"坚白石"。共名相当于普遍概念。别名是区别概念。如把人、马、鱼等总称为动物，"动物"就是共名，人、马、鱼是别名。

当把动物这个共名和植物一起，总称为生物时，动物则成为别名，生物为共名。人分男、女，人是共名，男、女是别名。即逻辑学的属概念是共名，种概念是别名。最高的共名，即最高的属，叫大共名。

一个共名，相对于其下位（下一层次）的别名来说，叫大别名。荀子说"物"是大共名，而"鸟、兽"可以作为大别名的例子。为大家承认的名，叫实名。如果听到一个名，马上就晓得它的意思，这个名就叫善名。

对于事物的名来说，如果它所指的实形状相同，而个体不同，仍叫二实。形状变了，但个体没变，叫做"化"。有化而无别（仍是一个体），还应作为一实。他把这些有关制名的主要原则，叫做"制名的枢要"。

尽管荀子的理论颇为正确、系统，但令人注目的是，由于中国语言的特殊性质，对表示实体的名词和形容词没有区别，所以他把"白马"中的"白"和"马"，作为完全一样的名来看待。

十、日大滨浩论存在

日本学者大滨浩，1904 年生，九州大学教授楠本正继（1896—1963，宋明儒学研究者）的学生，后就读于东京大学。专著有《中国古代逻辑》，东京大学出版社 1959、1978 年出版。[1]

---

[1]　参见大滨浩：《中国古代逻辑》,东京，东京大学出版社，1959，1978。

1. 理解《墨经》的根据

大滨浩认为，理解《墨经》，应以《墨经》自身为根据。如"以名举实"，《墨经》曾讲到"举"和"狂举"。《经上》说："举，拟实也。"《经下》说："狂举不可以知异，说在有不可。""举"和"狂举"，都是作为逻辑概念来使用的。在这里，光说"以名举实"，即用名来指实，那么，这究竟是正举，还是狂举，还没有肯定，名实关系正确与否，还处在未决定的状态。

"以辞抒意"的"意"，从《经下》的"通意后对"（弄清问者意思再回答）、"意未可知"（意见正确与否尚未弄清）推断，所谓"意"，是说个人的主观意见。因此，"以辞抒意"，就是用言辞来陈述自己的主观见解，这也是逻辑的客观根据还不明确的状态。这时，名和实的概念及其关系，还没有以根据作为媒介，名实还没有成为正确的统一体。

"以说出故"，根据《墨经》有关条目，应该解释为借助"说"（论说、说明），对自己的见解，从逻辑方面、客观方面，提出正确的根据和理由。这时，作为以根据和理由为媒介的统一体，就构成名实一致的基础。

对"以名举实，以辞抒意，以说出故"的意思，应根据《墨经》表达的概念理解。名和实的关系，不能用形式逻辑的标准来衡量。由于是考察名称和实体的关系是否正确，所以在很大程度上是认识论的。他认为"以名举实，以辞抒意，以说出故"，不等同于概念、判断、推理的逻辑学范畴。

2. 超出形式逻辑

大滨浩以"类"概念为中心，考察《墨经》逻辑学的内容、性质和特点，认为墨家逻辑超出形式逻辑的领域，形成更高阶段的逻辑，跟世界观、认识论、方法论有密切联系。在《墨经》中，类与同异有关。类和同异一起，跟言论（辩论）和逻辑有关。所以，"类"是逻辑学概念。

《墨经》"推类之难，说在之大小"中的"类"，如果可以看做类种的类，则类的外延就比种的外延大，类推当然就可以看做与外延的大小有关。由《经说下》的解释推测，这样看是正确的。但是，不能说类推完全是外延大小的比较。

《墨经》的类推，并不是只就包含关系、从属关系而言。"大小"也不仅是外延的大小，而跟类的同异相关。这就更增加"推类之难"。"类"跟"同异"的联系，有复杂内容，这在《墨经》中有详细讨论。

同类的前提，有的能推，有的不能推，不能一概而推。如《小取》说："之马之目眇，则谓之马眇；之马之目大，而不谓之马大。"又说"夫言多方、殊类、异故"，都不只是形式逻辑，而是已超出形式逻辑，包含更广的方法论问题，是更高的逻辑。大滨浩不同意把《墨经》的"类"，等同于三段论法的大前提，认为《墨经》的"推类"，不就是三段论法推理。《墨经》的类概念，跟三段论法的大前提相比，有不同内容。

大滨浩以《墨经》"同异交得"为例，说明对同异关系的推理，超出形式逻辑的范围，对同异的推理而得的结论，不能只通过形式逻辑的归纳法推导出来。作为"同异交得"的实例，《墨经》列举多少、去就、坚柔、死生、长少、白黑、中央旁、是非、成未、存亡、贵贱等许多相对的同异。

仅以"去就"而言，表示蛇、蚯蚓一类动物"去就"交互而行的运动规律，"去就"（行止）对立。行不能看做没有止。行中求止，止中求行。行包含止，止包含行。既然把"去就"作为同异交得的例子，在其中就应该既有同，又有异。"去就"不同，但不是完全不同，而是通过相互包含和被包含，同而有异，异而有同。单纯的行和止，都不可能存在。这与"尺蠖之屈，以求伸也"的道理相通。

《大取》对同异概念，作出更为细致的分析、更为复杂的分类后，得出结论说："有其异也，为其同也，为其同也异。"这是明显自觉到有异，是因为有同。有同，是因为有异。这是对同异相互联系的深刻认识。

《小取》进而联系辟、侔、援、推四种思维活动，讨论同异问题。这四种思维活动的进行，都以同异的考察为前提。对这四种思维活动所得的结论，也要做同异的考察。因为"辟、侔、援、推之辞"会"行而异"。

从逻辑上进行更深的考察，看到事情的各方面，才能引出正确的判断。《小取》还谈到"其然也同，其所以然不必同"等，已经超出形式逻辑的范围。在形式逻辑领域，按照逻辑规律下肯定判断，应该有同一的逻辑理由。

3. 各有片面

在荀子逻辑部分，大滨浩发表对《小取》"杀盗非杀人"的看法说，如果考虑"盗"这个名和"人"这个名外延的大小，那么，杀盗不能说是杀人（盗外延小，人外延大）。荀子由外延大的包含外延小的这一面来看，认为是"用名以乱实"。然而，抹杀部分，并不是直接等同于抹杀全体。小的否定，并不直接是大的否定。所以荀子的批评不一定恰当。应该考虑，"杀盗"和"杀人"并不完全一致。

在《墨经》逻辑部分，大滨浩说，荀子是从外延大的包含外延小的这一面来看，所以肯定"杀盗是杀人"。《小取》是从"盗"和"人"外延的差异来看，所以认为"杀盗不是杀人"。前者只从同的一面来判断，后者只从异的一面来判断，所以都是片面的逻辑。

4. 时间要素

《小取》推理说："且入井，非入井也；止且入井，止入井也。且出门，非出门也；止且出门，止出门也。""且"表示将要。《经说上》："方然亦且。"大滨浩说，这里应该注意的是，把时间要素引进逻辑，显然超出形式逻辑规律无时间性的局限。

5. 论《小取》

大滨浩说，《小取》是《墨经》结构最系统的一篇，可以把它看做墨家逻辑的集大成，是研究墨家逻辑的最好材料。《小取》论述的某些内容，如"言多方、殊类、异故，则不可偏观也"等，不属于形式逻辑的领域，是世界观的逻辑，不能用形式逻辑的标准衡量。墨家虽然研究逻辑学的规律，如周延、不周延等，然而往往跟具体事例互相联结纠缠，受时空的局限，没有完全作为规律抽象出来，并作为规律充分发挥作用。

6. 荀子逻辑的目的

大滨浩说，荀子考察了逻辑规律和概念，如"制名之枢要"，讲概念的包含关系和从属关系等。然而荀子考察逻辑规律和概念，不是为了自身的目的，是为了统一人民。为了统一人民，至关重要的事，是必须使"其民莫敢托为奇辞，以乱正名"。这里就需要逻辑。荀子逻辑成为统一人民的手段。逻辑跟正名思想、名实论相联结，就是当然的了。

既然名实论是以名称和实体的关系为对象，正名思想跟政治伦理有关，那么荀子逻辑思想，就跟事物的具体情况密切联系，还没有作为规律抽象出来，也就容易理解了。可以肯定，构成辩论方法的"辩则尽故"的"故"，不仅是形式逻辑的根据。"辨异而不过，推类而不悖"，不仅限于逻辑的概念分析和类推。①

诗以咏之：

> 话说存在非空言，龙墨荀卿鼎足立。
> 名实正名加辩经，文献俱在待整理。
> 战国兴盛辩论术，中世停顿埋泥里。
> 吾辈学人重奋起，抢救名辩再耸立！

---

① 参见拙文《中国古代有逻辑论》，载《人文杂志》，2002（6）；《墨经的逻辑成就》，载《中国人民大学学报》，1990（3）；《中国逻辑研究中的几个问题求解》，载《毕节学院学报》，2012（2），中国人民大学书报资料中心复印报刊资料《逻辑》2012（3）全文转载，《新华文摘》半月刊 2012（15）论点摘编。《梁启超的墨辩研究》，载《南通大学学报》，2011（2），人大复印报刊资料《中国哲学》2011（7）全文转载；《孙诒让在墨学史上的学术地位与贡献》，载《南通大学学报》，2010（4）。

第七讲 论层次：研究方法的争议

题头诗：

> 中国逻辑原生态，两千年前旧体系。
> 生为今世现代人，吾辈使命在整理。
> 对象之上有元研，融会古今贯中西。
> 他山之石可攻玉，世界逻辑本一体！

一、元研究

第七讲标题"论层次"，讲怎样研究中国逻辑学的方法论问题，是研究方法之争。之所以叫"论层次"，而不叫"论方法"，是为了跟第五讲"论方法"相区别。第五讲"论方法"，是讲《墨经》的方法论，如"同异交得"、"两而勿偏"，是《墨经》提出的观察、认识世界的普遍思维方法。第七讲"论层次"，是我提出的中国逻辑学研究的方法，讲怎样研究中国逻辑学的方法论，是方法论之争。为什么讲方法，而叫"论层次"？因为"方法"跟"层次"有关。方法对头，可以提高研究成果的理论层次，使研究更有价值。《论语·卫灵公》载孔子说："工欲善其事，必先利其器。"器具的犀利，方法的优选，是中国逻辑学研究取得预期和理想成果的关键。

德国数学家希尔伯特（Hilbert，1862—1943）的元数学纲领（metamathematics program），把理论研究分为"对象和元"两个层次。他把所研究的理论叫对象理论，把研究对象理论时所用的工具性理论叫元理论。

希尔伯特 1922 年在莱比锡德国自然科学大会讲演说："对于通常的形式化数学而言，在一定意义上要附加一门新的数学，即元数学。在元数学中，人们处理普通数学的证明，后者成为研究的对象。"

美籍波兰裔学者塔尔斯基（Tarski，1902—1983）1933 年在《形式语言中的真值概念》中把语言区分为"对象和元"。他把所讨论的语言叫对象语言（object language），把讨论对象理论时所用的工具性语言叫元语言（metalanguage）。元语言高于对象语言。英国逻辑学家罗素为维特根斯坦《逻辑哲学论》撰导论说，每一种语言，可有另一种处理其结构的语言，这种语言有一种新结构。

旅美华裔学者傅伟勋（1933—1996）提出创造性诠释学（creative hermeneutics）的五境界说。第一实谓：原典实际上怎么说，原典校勘考证。第二意谓：原思想家想要表达什么，是"实谓"的意义，是原典训诂和语义分析。第三蕴谓：原典蕴藏的深层义理，有高低不同的多层蕴涵。第四当谓：原思想家应当说出的，创造的诠释学者应当如何重新表达，发掘原思想体系表层结构下的深层结构，为原思想家说出应当说出的话。第五创谓：为解决原思想家未完成的课题，现在必须创新地说什么，从批判继承者，转化为创造发展者，救活原有思想，消解其难题和矛盾，为原思想家完成创新思维课题，促进世界思想传统交流，培养创新力量。[①]

希尔伯特的元研究方法，塔尔斯基的元语言理论，傅伟勋的创造性诠释学方法，可作为中国逻辑学研究的方法论借鉴。当今中国逻辑学研究，是以中国逻辑传统为对象的超越式总体研究，是与古代有根本区别的现代式元

---

① 参见王赞源：《创造性的诠释学家：傅伟勋教授访问录》，载台湾《哲学与文化》，1997（12）。

研究。

英文构词成分元（meta-）表在后、超越、总体。西方逻辑著作多有以元为前缀的术语，如元理论（metatheory）、元语言（metalanguage）、元科学（metascience）和元逻辑（metalogic）。港、台学者译为"后设"、"殿后"，即在某物之后"设立"、"殿定"。

根据理论和语言分层论的观点，逻辑分对象逻辑和元逻辑（metalogic）。这种把逻辑研究区分为对象和元的观点，有普遍的方法论意义，是研究中国古代逻辑的犀利工具，有助于说明中国古代逻辑的性质、功能、转型和价值。当今中国逻辑学研究的主题，是用现代语言和逻辑工具，诠释中国逻辑传统，揭示中国逻辑学的体系、内容、本质和规律，促进中国逻辑学研究的发展和中外逻辑学的贯通融合。

应用古今中西比较研究、融会贯通的方法，借助现代逻辑和语言工具，对中国古代逻辑元典进行现代式的元研究，在傅伟勋创造性诠释学"实谓"、"意谓"的基础上，从事"蕴谓"、"当谓"和"创谓"的崭新操作，促进中国古代逻辑学的现代转型和中西逻辑学的兼容，是现代中国逻辑学研究的宗旨和特征。

二、课题提出

逻辑元研究课题的提出，可溯源到我发表在李贤中和邱建硕主编的《哲学与文化》第 30 卷第 12 期中国逻辑专号主题论述栏目的文章，题为《论中国逻辑研究》。《哲学与文化》是辅仁大学主办的刊物，李贤中教授原在台湾辅仁大学工作，现为台湾大学哲学系教授。"逻辑元研究"创意的开端，是我跟李贤中教授用电子邮件反复切磋琢磨的结果。

2003 年 5 月，《哲学与文化》编辑部写信约我撰稿。我研究两三个月，不断讨论修改。李贤中教授是主编，我就跟他用电子邮件商量。发电子邮件的次数很多。每写一稿，修改一次，就征求他的意见。

　　他经常给我提出一些肯定意见和疑难问题，我就再改。经多次反复，到意思差不多的时候，我问他："这样行不行？"他说："行了！"他赞成我说的讨论中国逻辑研究"分层次"的观点。

　　中国人民大学有位主管科研的领导对我说："你在台湾发的文章，我看了，可以改一改，再发一次。"我遵命对拙文进行修改，题目叫《中国逻辑元研究》，发表在《中国人民大学学报》2005 年第 3 期。这篇文章受到编辑部赞赏，作为重点文章，把题目放在该期杂志封面上。

　　该文后被《中国高等学校学术文摘·中国哲学前沿》选中，我委托我的博士研究生宋赛花女士译为英文，发表在该杂志第 2 卷第 1 期由中国高等教育出版社、德国海德堡的斯普林格出版社 2007 年 1 月联合出版。元研究，见表 34。

表 34　　　　　　　　　　　　　　**元研究**

序号	作者	题目	出版	页码	时间
1	孙中原	论中国逻辑研究	台湾《哲学与文化》第 30 卷第 12 期《中国逻辑》专号主题论述	7～24	2003.1
2	孙中原	中国逻辑元研究	《中国人民大学学报》2005 年第 2 期	5～62	2005.3
3	孙中原	中国逻辑元研究	中国人民大学复印报刊资料《逻辑》2005 年第 3 期	19～25	2005.5
4	Sun Zhong yuan 孙中原	Meta-research in Chinese Logic 中国逻辑元研究	*Frontiers of Philosophy in China*, *Selected Publications From Chinese Universities*, Volume 2, Number 1, January, 2007, Jointly Published by Higher Education Press and Springer (Heidelberg, Germany)《中国高等学校学术文摘·中国哲学前沿》，第 2 卷第 1 期，中国高等教育出版社、德国海德堡的斯普林格出版社联合出版	50～69	2007.1

续前表

序号	作者	题目	出版	页码	时间
5	孙中原	逻辑元研究	台湾东吴大学哲学研究所课程	—	2008.2~6
6	孙中原	中国逻辑元研究的成果	《毕节学院学报》2010 年第 7 期	30~38	2010.7
7	Sun Zhong yuan 孙中原	Research Concerning the Meta Investigation of Chinese 中国逻辑元研究的成果	*Logic, Books of Papers—The History of Logic in China*, University van Amsterdam《中国逻辑史论文集》,荷兰阿姆斯特丹大学	150~160	2010. 11.24

三、世界性

逻辑学具有全世界性和全人类性,没有地区性和民族性,是属于世界性的科学,是全人类的科学,不是某个地区和民族的科学,是为全世界、全人类都共享的知识工具。逻辑学的这一根本性质,跟"数理化天地生"六种基础学科的性质一样。

"数理化天地生",是数学、物理学、化学、天文学和天体物理学、地球科学和空间科学生命科学六种基础学科的略称。逻辑学跟"数理化天地生"六种基础学科一起,相对于各种技术科学,合称七大基础学科,是全世界、全人类的共同知识。

我 1956 年十八岁,考入中国人民大学哲学系,听老师讲逻辑课一年。1958 年夏,奉中国人民大学调派,到中共中央直属高级党校逻辑学研究生班,听北京大学、中国科学院著名逻辑学教授讲逻辑学三年。

1961 年,奉中国人民大学调派,到中国科学院哲学社会科学部哲学研究所逻辑研究室,跟从汪奠基、沈有鼎教授,学中国逻辑学,读古今中外逻辑书和中国古文献。我学逻辑,从业逻辑教学研究,至今五十八年。

我一生讲逻辑数十年,听众累计数万人,撰写逻辑相关论著,累计一千五百万字，发表二百多篇论文，出版数十本书。我的从业体验、体会和认知，一句话概括是："人类逻辑本质同，不同表述是现象。"简单说是："逻辑一元，表现不同。"这可叫逻辑的"一元多表"论。

全世界、全人类的逻辑学本质相同，逻辑学家用不同的民族语言表述，是逻辑学的不同表达、表现和现象，不是逻辑学的本质不同，这可说是逻辑学的"一元多表"。"元"指本元、根源、本质，"表"指表达、表述、表现、现象。

有人说，全人类没有共同的逻辑学，只有各种不同的逻辑学，否定逻辑学的基础性、普遍性和全人类性，这种观点是错误的、不科学的，违反全世界、全人类文化史和科学史的基本事实。其荒谬性的程度，跟否认"数理化天地生"等基础学科的地位一样。

全世界、全人类都公认一个基本事实，即逻辑学和"数理化天地生"等七种学科，都是相对于各种技术科学的基础学科。逻辑学的基础性、工具性和全人类性，得到全世界、全人类的认同。

从基础性说，逻辑学是一切学科知识的基础。全人类的一切思维活动、知识领域，都要应用逻辑，离不开逻辑。一切科学都是应用逻辑，因为一切科学都应用概念、判断和推理等思维形式，逻辑学是研究思维形式、规律和方法的科学。

从工具性说，逻辑学是全人类正确思维和有效交际的普遍工具。全人类的一切思维认识、表达交际，都遵守逻辑，以逻辑为工具。逻辑学一直被作为工具性的知识。亚里士多德逻辑论文集，取名为《工具论》，把逻辑学看做全人类思维认识和表达交际的工具。英国培根逻辑学著作，取名为《新工具》，把逻辑学看做全人类探索和发现真理的工具。

从全人类性说，逻辑学是全人类普遍适用的知识学科，没有民族性，不为某个民族专有。世界不同民族，语言千差万别，贯穿共同逻辑学知识。逻辑学是全人类共有的精神财富，不依任何民族的特殊利益为转移。

古中国逻辑学叫"名辩"，是研究语言表达和辩论技巧的学问。古印度逻辑学叫"因明"，是研究推理论证的学问。逻辑学在中国、印度和西方，源远流长，这一事实确凿雄辩地证明，逻辑学是有全人类性的基础学科。世界各国，近代中国在内，有把逻辑学列为学校文化基础课学习的传统。

世界上各民族语言的差别，不影响全人类都应用本质相同的逻辑学，正如全人类都应用本质相同的"数理化天地生"基础学科一样。认为"不同民族有不同的逻辑"，中华民族可以自外于全世界、全人类文明的康庄大道，而具有"本质不同的特殊逻辑"，这种狭隘的"民族逻辑观"，是违背全世界、全人类文化史和科学史基本事实的不经之谈。

从逻辑学的作用说，逻辑学是全人类认识交际的工具。假如不同民族有不同的逻辑，全人类将具有完全不同的知识系统，无法相互交流交际。假如对全人类而言，"数理化天地生"不是只有同一种，中国人具有跟全世界、全人类本质不同的"数理化天地生"，那么中国据此制造产品，就有跟世界人类完全不同的质量标准，则中国制造品将会全部报废，没有用处。中国科学家没有人说中国人有跟外国人不同的科学，但中国搞逻辑的一些人，总说中国人有跟外国人本质不同的逻辑学，岂非咄咄怪事？

中国古代典籍《墨经》、《荀子·正名》和《公孙龙子·名实论》，包含研究名辞说辩（概念、判断、推理、论证）形式、规律、方法的学术体系，是诸子百家争鸣辩论和朴素科学认识的工具，其中贯穿对全人类都适用的同一律、矛盾律等逻辑基本规律。

《小取》把中国逻辑学总名为"辩"，定义"辩"的功用、形式和规则，作为一种特殊的知识学科看待，荀子和公孙龙叫"正名"，晋代鲁胜称"墨辩"，近代学者叫"名学"、"辩学"，是中国逻辑学的一脉相传。

借鉴希尔伯特元数学纲领和塔尔斯基语言层次论的观点，当今中国古代逻辑研究，是属于元（后设）研究。用发达完善的西方逻辑学方法，从事中国逻辑学原始资料的研究，促进中国逻辑学的现代转型和中西逻辑学兼容，使中国逻辑学转换为现代人易于理解运用的知识形态，可继续发挥中国逻辑学为现代人类服务的积极作用。

《荀子·正名》说："凡同类同情者，其天官之意物也同，故比方之疑似而通。"同是人类，有同一本性，同一认识器官（眼耳鼻舌身脑），面对同一世界，必然有同一逻辑，正如全人类必然拥有同一的"数理化天地生"科学知识。

当今"逻辑和数理化天地生"七大基础学科知识，已完全融入中国的国民教育体系，变为中国文化、中华民族精神和中国人知识结构的有机组成部分。每天都有亿万中华儿女在学习掌握，变为中国人认识和改造世界的利器。

西方逻辑学是系统发达、典型完善的逻辑学体系，从古希腊至今，已绵延发展两千多年，中国逻辑学土生土长的部分，系统发达、典型完善的程度不如西方，有逊于全世界、全人类共同的逻辑学体系。

中国逻辑学"土生土长的原生态"，只兴盛于公元前 5 到前 3 世纪百家争鸣的战国时期，汉至清代两千年中绝，没有不断脱胎换骨、改造转型、创生更高层次的逻辑学体系，只有晋代鲁胜、明末傅山的点滴研究、零星创见，犹如暗夜星空、空谷足音，不足以震惊世界，成大气候，在人类学术史上生辉留名。

20 世纪后，因受西方逻辑学传入的强烈刺激，才有梁启超、胡适、沈有鼎等领军之士，借鉴西方现代逻辑工具，用现代语言，从事中国逻辑学的抢救式新研究。戊戌变法失败，逃亡日本的梁启超，写《墨子之论理学》（即逻辑学）。1915—1917 年在美国哥伦比亚大学哲学系攻读博士学位的胡适，写博士论文《先秦名学史》。沈有鼎 1940 年前后在西南联大开始研究，1954—1955 年在《光明日报》连载研究成果《墨辩的逻辑学》。①

西方逻辑学系统发达、典型完善，当中国走向现代化、世界化之后的近现代，梁、胡、沈等人开辟的中国逻辑学抢救式新研究，必然以全世界、全人类几千年积淀的共同逻辑知识为方法和工具。

当今之世，当今之人，从事中国逻辑学研究，自外于全世界、全人类逻辑学发展的潮流，拒斥全世界、全人类共同学习运用的西方逻辑学，就像堂吉诃德跟风车搏斗，自拔头发想升天。

---

① 沈有鼎：《墨经的逻辑学》，北京，中国社会科学出版社，1980。此书内容，1954—1955 年分期发表于《光明日报·哲学副刊》，题为《墨辩的逻辑学》，分别见 1954 年 5 月 19 日，6 月 2 日、16 日、30 日，7 月 14 日、28 日，1955 年 3 月 9 日等期。1992 年人民出版社出版《沈有鼎文集》，收入《墨经的逻辑学》，见该书 300~378 页。

马克思说："人体解剖对于猴体解剖是一把钥匙。"系统发达、典型完善的西方逻辑学，作为研究中国逻辑学的正确观点和方法，有现实的可能性、必然性和合理性。《诗·小雅·鹤鸣》说："他山之石，可以攻玉。"借西方逻辑学之石，攻中国逻辑学之玉，才能对中国逻辑学给予现代科学的解释，彰显其原始的存在、本质、价值和意义，促进其现代转型，使其转化为现代人可懂能用的思维工具。

根据西方逻辑学的全世界性和全人类性，中国逻辑学跟西方逻辑学本质相同性的科学认知，绝不能说"不同民族有本质不同的逻辑"，不能说"中国逻辑学跟西方逻辑学，除具有本质的共同性（共性、普遍性）外，还有本质的不同性（个性、特殊性）"。中外逻辑学"本质的不同性（个性、特殊性）"，在正确解释下，它不是本质不同，而是逻辑学家个人对人类共同逻辑学的表达、表述不同。

西方文字用拼音字母，如"abcd"等构成，脱离具体物质质料的缠绕痕迹，有利于表达抽象的逻辑学公式。中国逻辑学不像西方逻辑学，用拼音字母，如"abcd"等人工符号语言作逻辑变项，表达抽象的逻辑学公式，构造形式化的公理系统，没有使用西方逻辑家创造的"同一律"、"矛盾律"、"排中律"、"充足理由律"等术语，但这都是同一逻辑学的不同表达，不是逻辑学的本质不同。

《墨经》说"有之必然"，即有前件一定有后件，跟西方逻辑"P→Q"（读作：如果 P 则 Q；有 P 一定有 Q）本质相同。中西逻辑用不同语言表达，逻辑值等价。中国古代逻辑家使用古汉语文字，是商周象形文字（甲骨文、金文）的遗存变体，没有脱离象形文字素描图画、模拟具体事物的特征。《墨经》逻辑用古汉语表达，只有用"彼、此、是、之、夫、然、有"等古汉语虚词构成的元逻辑公式，但可做古今中外的贯通解释。元逻辑公式，见表35。

表 35 元逻辑公式

元逻辑公式	有之必然
符号解释	有 P 必然有 Q：充分条件
实例	有下雨必然有地湿

续前表

元逻辑公式	有之必然
元逻辑公式	无之必不然；非彼必不有
符号解释	无 P 必然无 Q：必要条件
实例	无点必然无线：必要条件
元逻辑公式	彼举然者，以为此其然也，则举不然者而问之
符号解释	对方列举若干正面事例"M_1 是 P，M_2 是 P……"推出"所有 M 是 P"的一般结论，我则列举"有 M 不是 P"的反例问难：反驳简单枚举归纳推理
实例	对方列举若干正面事例"张三是黑的，李四是黑的……"推出"所有人是黑的"的一般结论，我则列举"有人不是黑的"的反例问难：反驳简单枚举归纳推理
元逻辑公式	彼以此其然也，说是其然也；我以此其不然也，疑是其然也
符号解释	对方如果从"所有 M 是 P，所有 S 是 M"，推出"所有 S 是 P"，我则根据"并非所有 M 是 P，所有 S 是 M"，怀疑"所有 S 是 P"：反驳演绎推理
实例	对方如果从"所有人是黑的，所有中国人是人"，推出"所有中国人是黑的"，我则根据"并非所有人是黑的，所有中国人是人"，怀疑"所有中国人是黑的"：反驳演绎推理

《墨经》用古汉语虚词构成的元逻辑公式，如果不用全世界、全人类共同的逻辑学工具解释，现今中国人不能读懂、理解和运用。孙诒让说，先秦诸子中以《墨子》为最难读，《墨子》中以《墨经》为最难读。《墨经》几乎需要"九译乃通"，学者"罕能津逮"。如果用全世界、全人类共同的逻辑学工具解释，现今中国广大人民群众可以读懂、理解和运用。

中国逻辑学理想的研究，有赖于比较研究科学方法的正确运用。方法是方向、途径、手段、工具和程序的统称。明确中国逻辑学研究的主题、方向、目的和宗旨，明确中国逻辑学研究做什么，解决什么问题，是中国逻辑学研究科学方法论的应有之义。

必须明确中国逻辑学怎样研究，知道研究的途径、手段、工具和程序。在读懂中国逻辑学元典的基础上，选择适当方法，正确分析中国逻辑学资料，是中国逻辑学研究的难关。正确运用中西逻辑学比较研究方法，是中国逻辑学研究方法论的要义，是获取预期成果的关键。

四、他山之石

"他山之石，可以攻玉。""他山之石，可以为错。"语出《诗·小雅·鹤鸣》，千古传颂人皆知。有人把中外逻辑学比较研究，扣上"据西释中"的帽子，把"据西释中"和"比较研究"混同于"比附"说："'据西释中'解释墨家辩学的过程，实际是对墨家辩学与西方传统逻辑进行比较研究的过程"，是"只讲求同的比附"①。

"《墨辩》的比较研究法是指近代《墨辩》研究进入义理研究阶段之后所盛行的西学，尤其是以西方传统逻辑或古印度的因明学为工具去比附、套释《墨辩》的方法。""近代《墨辩》复兴就突出地表现为——以近代西方传统逻辑和印度因明学为比附、比较或套释《墨辩》。"② "这种据西释中的比附方法"，"模糊了对于目的、对象、性质、内容不同的《墨辩》与西方亚氏逻辑的认识"③。

有人白天在课堂，教学生用西方逻辑学，不认为不对；晚上回家写文章，反对"据西释中"，反对别人用西方逻辑学，解释中国逻辑学原始资料，美其名说是要保留《墨辩》"土生土长的原生态"。于是就只能教学生念几句《墨经》原文，别的什么事都不能做。因为任何把《墨经》逻辑学原始资料，讲得使现代人能懂能用的工作，都被攻击为"据西释中"。

这就会出现孙诒让 1987 年致梁启超信所说的状况，《墨经》之学"赅举中西，邮彻旷绝，几于九译乃通"，"学者之罕能津逮"。因为读不懂，于是对《经》、《经说》上下及大小《取》六篇，"率以不可读置之"。读不懂，就放

---

① 崔清田：《显学重光》，158 页，沈阳，辽宁教育出版社，1997。
② 崔清田等：《近代〈墨辩〉比较研究法的回顾与反思》，载《湖北大学学报》，1996（3）。
③ 曾昭式等：《名学、辩学的文化解读》，载《哲学动态》，1999（6）。

下，置之不理。这倒是符合攻击"据西释中"者的初衷：要保留《墨辩》"土生土长的原生态"。但如此保留《墨辩》"土生土长的原生态"，实际上等于让《墨经》逻辑学，继续埋在地窖泥里，不见天日，长眠不醒。

有人说"要彻底摒弃据西释中"，这完全行不通，等于是不让人对中国逻辑学的原始资料，做任何现代式的科学研究。所有从事中国逻辑学研究的学者，自幼都受现代教育，满脑装现代西方科学文化知识，包括"逻辑学和数理化天地生"七大基础科学。

生今之世，做今之人，只要动脑筋想问题，张开口说话，都难免要"据西释中"。要别人"彻底摒弃据西释中"，是不可能实现的假话、大话，不负责任的空话，说话人自己也不准备实行。这实际上是反对别人科学地"据西释中"，而自己则可任意地"据西释中"，想怎么说，就怎么说，并不准备接受自己所提倡"彻底摒弃据西释中"的任何限制。

攻击"据西释中"论者，写文出书，反对"据西释中"，帽子满天飞。谬种流传，误导别人，误导自己。这是中国逻辑学研究方法论的极度混乱，不合科学，不合事理。中国逻辑研究要前进半步，就必须廓清这类谬论。

"比较研究"、"据西释中"和"比附"是三个不同的概念，不能混淆。比较是任何科学研究（中国逻辑学研究在内）都要应用的科学方法。《辞海》"比较"释义是："确定事物同异关系的思维过程和方法"。"据西释中"四字意义本身，并不等于错误。

"西"、"中"二字，无关正误。"据"、"释"二字，并无错误。"据"是依据、根据、按照、凭借。《说文》："据，杖持也。"《康熙字典》："据，引也，援也，按也。"《广韵》："据，依也。""释"是解释、解说、说明。《说文》："释，解也。"遍查各种字典辞书，都查不出"据"和"释"二字，或"据西释中"四个字的意义本身，有什么错误。

"据西释中"四个字的意义，无非是"根据西方，解释中国"，"以西方逻辑学为工具和方法，解释中国逻辑学"，但这恰是中外逻辑学比较研究，融会贯通。"据西释中"和"比较研究"，都不等于"比附"。《现代汉语词典》"比附"释义是："拿不能相比的东西来勉强相比。"这跟"据西释中"和"比较研究"的概念，不能混同。

毕生致力于中西哲学比较会通的贺麟说："我们不但可以以中释西，以西释中，互相比较而增了解，而且于使西方哲学中国化以收融会贯通之效，亦不无小补。"① 贺麟说的这"以西释中"四个字的意义，恰恰等于"据西释中"。"以"是用、拿、依、按照、凭借、仗恃。"以"、"据"二字，同义互通。"以西释中"即"据西释中"。

20 世纪中西逻辑学比较研究的开拓者梁启超说："凡天下事，必比较然后见其真。无比较则非惟不能知己之所短，并不能知己之所长。"② 梁氏解释墨辩，"与泰西治此学者相印证"③，"引申触类，借材于域外之学以相发"④，这是比较研究方法。

中西逻辑学比较研究的另一开拓者胡适说："只有那些在比较研究中（例如在比较语言学中）有类似经验的人，才能真正领会西方哲学在帮助我解释中国古代思想体系时的价值。"预测他的比较研究成果，"可能对于这方面的未来研究者有帮助"⑤。

马克思说："人体解剖对于猴体解剖是一把钥匙。低等动物身上表露的高等动物的征兆，反而只有在高等动物本身已被认识之后才能理解。"⑥ 更为发达、完善和典型的西方逻辑学，可以作为开启中国逻辑学之锁的钥匙。

恩格斯说："在希腊哲学的多种多样的形式中，差不多可以找到以后各种观点的胚胎、萌芽。"⑦《墨辩》包含有相当于西方逻辑学各分支的胚胎萌芽，只有以充分发展的西方逻辑学为工具，才能给以恰当合理的解释。

杜甫《望岳》："会当凌绝顶，一览众山小。"苏轼《题西林壁》："不识庐

---

① 贺麟：《哲学与哲学史论文集》，269 页，北京，商务印书馆，1990。
② 梁启超：《论中国学术思想变迁之大势》，见《饮冰室合集》，文集 7，2 页，北京，中华书局，1989。
③ 梁启超：《墨子之论理学》，见《墨子集成》，第 18 册，56 页，台北，成文出版社，1975。
④ 梁启超：《墨经通解序》，见《墨子集成》，第 29 册，6 页。
⑤ 胡适：《先秦名学史》，2 页。
⑥ 《马克思恩格斯选集》，1 版，第 2 卷，108 页。
⑦ 《马克思恩格斯选集》，1 版，第 3 卷，468 页，北京，人民出版社，1972。

山真面目，只缘身在此山中。"清郑世元《感怀杂诗》："他山有砺石，良璧愈晶莹。"这些名诗佳句，都可用来形容中外逻辑学比较的学术意境、研究层次和方法。

如果按竭力攻击"据西释中"者的逻辑，现代中国所有进步繁荣，凡跟西方沾边，因有"据西释中"的"嫌疑"（"嫌疑"二字是他们扣的帽子），都不能有，都被否定，中国岂能有任何进步繁荣？

马克思主义原产西方，中国人不能据以解释中国国情，使之中国化吗？共产党原产西方，不能在中国生根、开花、结果吗？原产西方的先进管理方法，中国人不能学习应用吗？T恤、麦当劳原产西方，中国人不能引进享用吗？系统发达、典型完善的逻辑学原产西方，梁启超不能学习，据以解释《墨经》吗？胡适不能在美国学习西方逻辑学，写《先秦名学史》博士论文吗？

近读《暨南学报》2008年第6期暨南大学程仲棠教授大作，他说要"为'据西释中'的'合法性'辩护"，认为"在中国古代名辩理论与逻辑学的比较研究中，'据西释中'的诠释方法是否具有'合法性'或合理性？这实质上就是逻辑学是否具有全人类性的问题"；"逻辑学同其他科学一样"，"具有全人类性而没有民族性"；"正如没有'西方几何学'与'东方几何学'或'西方物理学'与'东方物理学'之分一样"；"逻辑学从西方传入后，逐渐成为我国现代文化的组成部分"。

西方逻辑学"是全人类全世界共享的逻辑学"，"有的人却偏要"将"全人类的、世界性的逻辑学""视为异己、异端，这是自外于人类文明，自外于世界学术"，是狭隘"民族情结"，"义和团心态在学术上的表现"；"无论中国古代有逻辑学论或中国古代无逻辑学论（简称'两论'）都不得不按照'据西释中'的方法行事"；"'据西释中'无非是说以逻辑学作为根据对中国古代名辩理论进行诠释，在世界现代学术体系的框架中重新认识它的意义"；"'据西释中'的不可避免性"，使有人"陷入尴尬的吊诡：'摒弃据西释中'的主张遭到主张者的摒弃"；"一方面高调主张应彻底摒弃'据西释中'论，另一方面又不折不扣地按照'据西释中'的方法行事，又何以自圆其说？"

我赞成程仲棠教授以上的高见。从方法论说，攻击"据西释中"论者，需要向《墨经》作者请教。《经上》说："法同则观其同。"即如果事物的法则（规律）相同，则观察其相同的方面。这是说法则的共同性、一般性、普遍性，正适合观察全世界、全人类逻辑法则的共同性、一般性、普遍性。

《经上》说："法异则观其宜。"《经说上》说："取此择彼，问故观宜。"即如果事物的法则不同，就观察应用哪种法则合适。这是说法则的差异性、特殊性、具体性，提倡具体问题具体分析。

如果在推论中遇到法则不同的情况，就应该观察应用哪种法则适宜。在确定一个推论是否适宜时，是选择这个，还是选择那个，需要检查前提，才能观察其是否适宜。如检查前提，"据西释中"该不该批判？先分清是非真假，然后再观察自己批判"据西释中"是否适宜。

《小取》说："效者，为之法也，所效者，所以为之法也，故中效，则是也，不中效，则非也，此效也。"莫绍揆先生解释这是建立和代入公式的方法。攻击"据西释中"论者，需要向辩证法请教，正确套用"本质和现象"辩证关系的公式，重新省察全世界、全人类逻辑本质的一致性，而不同民族用不同语言表述逻辑，是现象不同，不是本质不同。

五、《大典》启示

我从拙编《中华大典·哲学典·诸子百家分典》得到启示，深刻认识到有人攻击"据西释中"论的谬误真面目。2000 年 5 月 23 日，《中华大典》编委会在北京大学勺园开会，聘我任《中华大典·哲学典》编委，《诸子百家分典》副主编和主要撰稿人。设在中宣部和国家新闻出版总署的《中华大典》工作委员会和编纂委员会 2001 年 1 月向我颁发聘书。

这一聘任，由《中华大典》总主编兼《哲学典》主编任继愈（1916—2009）先生亲自审定。任先生 1987—2005 年任国家图书馆馆长，2006 至 2009 年任国家图书馆名誉馆长。任先生点名北京大学教授，任《中华大典·

哲学典·诸子百家分典》主编。北大教授向任先生推荐我任副主编。

任先生叫学术秘书把拙著从国家图书馆全部调出，亲自看了两遍，得出结论说："孙中原不是一个胡说八道的人。"对我的治学态度、方法和成果，表示肯定，批准《中华大典》工作委员会和编纂委员会对我的聘用。

从此，我在任先生具体指导下工作数年，参与完成《中华大典·哲学典·诸子百家分典》编撰的繁难任务。《中华大典·哲学典》常务副主编焦树安先生，在编委会的全体大会上，多次对众人讲述任先生亲自审查我聘用资格的故事，意在说明任先生用人慎重，严格把关。

工作过程中，任先生叫学术秘书把我所撰名、墨家稿打印，逐字逐句，仔细审读。任先生把拙撰名、墨家稿打印件拿去，亲自审读半个多月，把我叫到他的办公室，对我的工作与成果，表示肯定和满意，嘱我以后需要资料，可随时来找。后来《大典》编委会开会，任先生在大会上，当众鼓励我，对我说："你的稿子，已经发给其他撰稿人参考，实际起到了作用。"嘱我把剩余工作，继续做好。

《中华大典》收入资料，从先秦至清末，数以海量。历经数年千辛万苦，我把分工撰写的名、墨、法、杂、兵家和管子各总部稿件 170 万字完成。经反复修改，审查合格。

我从《四库全书》、《四部丛刊》电子版 11 亿字数据库中全面检索，辅以遍查古籍，若单纯用个人手力目力检索，我的撰稿任务，无法完成。这种方法被称为 e 考据，即数字化、电子化考据。

国家集中全国数百位专家论证，确定《中华大典》的框架结构，编写体例，是把远古到 1911 年的文献典籍，选取最有价值、最具代表性的整部、整篇和整段原始资料，分门别类，全部按世界现代科学知识体系名目分类，编为哲学、文学等 24 个大典，包含 116 个分典，总量 8 亿字，是明代《永乐大典》的两倍多，清代《古今图书集成》的四倍多，超过中国所有古代类书字数的总和。

《中华大典》是新中国成立以来最大的文化出版工程，以国家名义，组织全国力量编纂。大典是华夏泱泱国学的大观，将对人类文化的传承、发展和创新，发挥巨大作用和深远影响，有利于推动现代科学研究，有利于海内外专家学者研究中国文化，促进国际文化交流和中华文化走向世界，有利于推进国内外广大学者的文化交往和学术合作，促进中华民族大团结和祖国统一大业的进展。

《中华大典》把先秦至清末古籍，用现代科学分类方法编纂，纳入"现代科学分类系统"，用"现代科学分类方法"和"现代科学命名"。我严格遵照《中华大典》编纂规则，用现代科学分类系统，归类诸子百家哲学和逻辑学范畴（category），按世界观、认识论、逻辑、历史哲学、政治哲学、美学等现代西方科学类名划分标目，这一工作本身，是古今中外学术融会贯通、铺路接轨、开山架桥的实际操作。

在《诸子百家分典·范畴总部·墨家部·逻辑名辩论部》，拙编有以下范畴："辩，名，辞，谓，言，言意，说，故，然，法，理，类，或，假，效，譬，侔，援，推，止，必，已，当，悖，谬，狂举，假。"这是经得起检验的框架结构，任继愈先生亲自审查同意，多位资深编辑，多年多次，逐字逐句审查通过。我撰各部类稿件范畴的内容架构，都仿此。

大典统一规范的编纂体例，体现元研究的层次方法。各类标目内容，用全世界、全人类共同知识体系的范畴，归类中国传统文化元典资料。如果按攻击"据西释中"者的逻辑，《中华大典》这一国家投巨资，集全国之力才能完成的浩大文化工程，是不能有的。

《中华大典》的编写体例，正好是全部按照世界现代科学知识体系，分门别类，确是"据西释中"四字的应有之义。这里说的"类"（类书的类），正好是《墨经》说的"达名"，荀子说的"大共名"，相当于全世界、全人类共同知识体系的普遍概念，外延最大的类概念，最高的属概念，亚里士多德称为范畴。拙撰《中华大典·哲学典·诸子百家分典》各部类稿170万字。完成部类，见表36。

表 36   完成部类

部类	起止页	页数
典籍总部·墨家部、名家部、法家部、杂家部、兵家部（连续）	334～448	115

续前表

部类	起止页	页数
典籍总部·其他诸家部·《管子》分部	494～502	9
人物总部·墨家部、名家部、法家部、杂家部、兵家部（连续）	563～747	185
人物总部·其他诸家部·管仲分部	913～927	15
流派总部·墨家部、名家部、法家部、杂家部、兵家部（连续）	1 089～1 128	40
范畴总部·墨家部、名家部、法家部、杂家部、兵家部（连续）	1 446～1 822	377
范畴总部·其他诸家部	2 144～2 201	58

　　当今中华民族实现振兴中华、民族复兴的宏伟理想，正依赖于迈开大步，毅然决然地沿着兼容开放的学术文化发展道路，勇往直前，义无反顾。这是史学家司马谈、司马迁和班固，思想家吕不韦、刘安等人所开辟学术文化发展的康庄大道。

　　在全球化、世界一体化的新时代，现代人无一能逃避全世界，全人类科学文化的熏染浸润。每人大脑，自幼装满西方文化科学知识。"据西释中"，古今中西融会贯通，正是中国实现现代化、迎头赶上世界进步潮流的题中应有之义。

　　我把古今中西融会贯通的研究层次和方法，比喻为"逢山开路，遇水架桥，大道越走越宽广"。把反对"据西释中"者的谬论，古今中西割裂分离的研究方法，比喻为"深挖鸿沟，高筑城墙，小道越走越撞墙"。两种不同的研究层次和治学方法，泾渭分明，功效迥异。①

---

　　① 参见拙文《逻辑元研究导论》，载《重庆工学院学报》，2008（7）；《中国逻辑史研究若干问题》，载《哲学动态》，2001（7）；《中国逻辑史方法论》，载《武汉科技大学学报》，2001（1）；《论中国逻辑史研究中的肯定与否定》，载《广西师院学报》，2000（4），人大复印资料《逻辑》，2001（4）。

诗以咏之：

> 据西释中本无错，何必惊诧动干戈。
> 比较研究是正理，兼容开放好方略。
> 铺路搭桥道宽广，挖沟筑墙道走错。
> 一元多表正常事，世界逻辑本一个！

第八讲　论名辩：名家辩者的逻辑与智辩

题头诗:

> 名家辩者有逻辑，《名实论》篇是典籍。
> 辩者本是多面手，智慧辩论讲逻辑。
> 讲起逻辑放异彩，不输荀墨有道理。
> 逻辑哲学有范畴，编进大典永传习！

一、名家辩者

第八讲标题是"论名实"，这是以《公孙龙子·名实论》为蓝本，讲名家辩者的逻辑。"名家辩者"，《庄子·天下》叫"辩者"。司马迁《史记·太史公自序》引司马谈《论六家要旨》叫"名家"。班固《汉书·艺文志·诸子略》沿用司马谈、司马迁"名家"称谓，传到今天。

"名家辩者"主要代表人：创始人春秋末期邓析（公元前 560—前 501）、战国中期著名代表惠施（公元前 370—前 310），战国末总结性人物公孙龙（公元前 325—前 251）。春秋末到战国末，公元前 6 世纪到前 3 世纪，名家传承四百年。规模盛大，跟儒、墨两家相似。当时辩论盛行，能说会道，巧言利舌，是社会所需，风习所尚。

名家典籍史料，主要有《公孙龙子》、《庄子·天下》对惠施和辩者的记载，《吕氏春秋·离谓》对邓析的记载。历来归入名家典籍的《邓析子》，是后人假托，炮制伪书，把战国末思想用语编进去，附会为历史上真实的邓析，我不把它用做邓析资料。历来归入名家典籍的《尹文子》，跟《荀子·正名》相近，我拿来跟《荀子·正名》合并讲解。

名家学术宗旨是"正名实"，纠正名实关系。名是语词概念，实是实体对象。从现代科学观点看，名家有部分理论，是逻辑哲学和逻辑语义学的萌芽胚胎，经过改造转型，可作现代逻辑哲学和逻辑语义学的借鉴。

司马迁论名家学术特点是"苛察缴绕"。司马迁在《史记·太史公自序》中引司马谈《论六家要旨》，对名家做正反两面评价说："名家使人俭而善失真。然其正名实，不可不察也。"即名家使人过细考察，钻牛角尖，背离事物真相。但名家注意调整矫正名实关系，不能抹杀。

"俭"是考察、检验、查验。司马迁解释司马谈对名家的评价说："名家，苛察缴绕，使人不得反其意，专决于名，而失人情。故曰，使人俭而善失真。若夫控名责实，参伍不失，此不可不察也。"即名家过细分析，缠绕烦琐，不识大体，辩论中曲解对方观点，专抠名词，背离人情事理。但名家援引名称，考察对象，错纵比验，不能抹杀。"苛"是烦琐、繁杂。"察"是观察、考察、仔细看，引申为分析。

《经上》说："循所闻而得其意，心之察也。"史学家南朝刘宋裴骃《史记集解》引服虔说："缴，谓烦也。"引如淳说："缴绕，犹缠绕，不通大体也。""缴"指系在箭上的生丝绳，射鸟用。《孟子·告子上》说："一心以为有鸿鹄将至，思援弓缴而射之。"引申为缴绕，即缠绕，不能认识事物的大体、大局、整体、全貌。

司马迁说名家"苛察缴绕"，点出名家思维表达方式的特点，是钻牛角尖，缠绕烦琐，不识大体，背离真相，就像射雁打猎，系在箭上的生丝绳，被树枝缠绕。宋章如愚《群书考索·诸子百家门》说名家的特点，是"苛察缴绕，滞于析辞，而失大体"，即钻牛角尖，缠绕烦琐，停滞于分析词句，死抠字眼，不能认识事物的整体面貌。

《荀子·解蔽》说："析辞而为察，言物而为辩。"即分析词句叫做察，议论事物叫做辩。"析辞"，即分析词句，是名家的业务专长。《荀子·正名》说："析辞擅作名以乱正名。"指名家善于分析词句，擅自创作名称，搞乱正确的名称。明王世贞《合刻管子韩非子序》说，"苛察缴绕"，"若惠施、公孙龙之泛滥诡悖"。"苛察缴绕"的典型表现，是惠施、公孙龙泛滥的诡辩和谬误。

名家称呼是司马谈、司马迁提出的。汉代学者所称呼名家，先秦时代称"辩者"、"察士"，指以"辩"、"察"为专职的知识分子。辩察是标志思维表达的基本范畴，是中国古代逻辑学基本概念。

中国逻辑学称为"名学"、"辩学"和"名辩学"，名、墨两家是主要来源。名家辩察之士专门研究思维表达现象，提出奇特怪异的问题，带有诡辩倾向，成了多数哲学家抨击的对象。《庄子·天下》列举惠施十个辩题说："惠施以此为大观于天下，而晓辩者，天下之辩者相与乐之。"列举辩者二十一个辩题说："辩者以此与惠施相应，终身无穷。桓团、公孙龙辩者之徒。"

《吕氏春秋·不屈》说："察士以为得道则未也。虽然，其应物也，辞难穷矣。"《庄子·秋水》说公孙龙"求之以察，索之以辩"。《徐无鬼》说："辩士无谈说之序则不乐，察士无凌谇（责难辩诘）之辞则不乐。"《韩非子·问辩》说，"以难知为察，以博文为辩"，"悦辩察之言"。

名家是名辩思潮中的重要一家。各家都有名辩思想，但专讲名辩，死扣名词，专好辩论，是名家思维表达方式的特点，专门业务的特长。名家学说是古代名辩思潮的反题，从反面刺激中国逻辑学的产生和发展，是中国逻辑学产生和发展的基础、源泉和动力。

战国后期的杂家、儒家和墨家，由于批判汲取名家学说，而显现各具特色逻辑思想的生命活力与多姿多彩。没有先前名家诡辩学说的刺激和酝酿，就不会有后面杂家、儒家和墨家逻辑理论的总结与升华。

我对名家元典进行现代式的元研究，分析名家学说的功过得失。我讲名家的"逻辑哲学"，从正面讲名家学者公孙龙"正名"逻辑哲学的基本范畴（物、实、位、正、名等）和逻辑语义学，这是名家思想的积极一面。

本讲标题"论名辩：名家辩者的逻辑与智辩"，可比喻为演戏，让公孙龙扮演逻辑教师的正面角色，他出色完成任务；可比喻为辩论赛，让公孙龙抽正方辩题，分工作《名实论》逻辑语义学和"物实位正"逻辑哲学的主题陈词，他出色完成任务。

设想公孙龙的演讲提纲，主题陈词，由弟子记录，编为《公孙龙子·名实论》雄文一篇，在中国逻辑史上辉耀千古，跟《荀子·正名》和《墨经》并驾齐驱，鼎足而立，成为中国逻辑学的三大元典。

二、逻辑哲学

公孙龙是战国后期名家学派的集大成者。他一生的思想，分积极和消极两面。积极一面，是跟荀子和墨家一样，提倡正名。作为先秦名家的总结性人物，他发挥名家"正名实"的专业特长，畅论物、实、位、正、名等逻辑哲学范畴，揭示"正名"的本体论、存在论哲学基础和有鲜明逻辑语义学特色的正名原则。

所谓"正名"，从逻辑学上说，即概念论和同一律思想。在孔子首倡"正名"之后，从诸子百家墨子到近代逻辑家严复，无不竞相论述和热烈争辩"正名"的课题，使"正名"和"名实"的论争，成为中国古代逻辑哲学研究的缘起跟主轴，由此产生以"正名实"为专业特长的名家辩者学派。

司马谈《论六家要旨》说，名家"正名实，不可不察也"。司马迁《史记·太史公自序》发挥其父司马谈的论点说，名家"控名责实，参伍不失，此不可不察也"。班固《汉书·艺文志·诸子略》说，"正名"是名家之"所长"。

名家大师公孙龙的消极一面，是提出"白马非马"、"离坚白"等诡辩。不过，这消极的一面，也有从反面刺激和推动逻辑学产生发展的间接作用。公孙龙和荀子、墨家一起，构成中国逻辑体系的整体，显示中华民族精神家园的丰富、生动和多样，构成多彩多姿的亮丽风景线。

《公孙龙子·名实论》畅论物、实、位、正、名等逻辑哲学范畴和"正名"的逻辑语义学原则。在公孙龙郁郁葱葱的智慧语林中，其杰出的逻辑哲学思想卓然独立。用现代科学观点阐发公孙龙的逻辑哲学思想，跟《墨经》和《荀子·正名》的相关思想相比较，可为今日逻辑哲学的理论建构提供借鉴。

以下讲公孙龙畅论物、实、位、正、名等逻辑哲学范畴和"正名"的逻辑语义学原则，我已编入《中华大典·哲学典·诸子百家分典》相关部分，《中华大典》总主编任继愈先生特地亲自审查同意。

1. "物"范畴

《名实论》说："天地与其所产焉，物也。""物"这个名（概念范畴），概括天地及其所产生的一切。"物"这个名，外延最大，是无所不包的类概念。《经说上》说："物，达也，有实必待之名也命之。""物"和"实"是外延等同的最高类概念。清《四库全书》本《公孙龙子·名实论》图像，见图3。

《荀子·正名》说："万物虽众，有时而欲遍举之，故谓之物。物也者，大共名也。""物"是概括（"遍举"）世界"万物"的最高类概念（"大共名"）。"物"范畴，被公孙龙、墨家和荀子三家，作为概括世界万物的最高类概念，是中国古代诸子百家"正名"逻辑操作的哲学基础、出发点和基石。

2. "实"范畴

《名实论》说："物以物其所物而不过焉，实也。""实"范畴，可解释为"实质"、"本质"和"本质属性"，指事物自身固有的质的规定性，是决定一事物是该事物，而不是其他事物的实质、本质和本质属性，为概念的内涵概

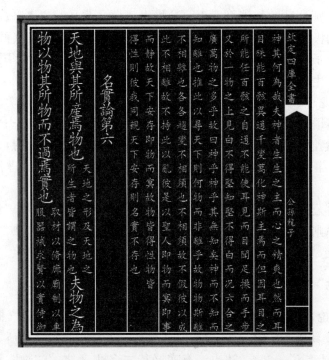

图3　清《四库全书》本《公孙龙子·名实论》

括反映。"物以物其所物而不过",可解释为"决定一事物是该事物,而不是其他事物的性质"。这种认识,是公孙龙的独创。

《经上》说:"实,荣也。"《经说上》说:"实:其志气之见也,使人知矣,若金声玉服。""荣"指草类开花,引申为事物实质所表现出来的现象。"志气"本指人的意志、气质、精神,借用来表示事物的内在实质。"见"读为"现",指本质表现出来的现象,意即实质是通过现象表现出来的。事物的内在实质表现为外在的现象,能够使人认知,就像金属的声音、玉石的文采,可帮助人们认识其实质一样。

墨家用对立概念"现象"定义"本质",公孙龙用"物"概念自身定义"实",说明"物"和"实"是同一序列的概念。《经说上》说:"物,达也,有实必待之名也命之。"即"物"是外延最大的类概念，凡存在着的"实"，都用"物"这个名来命名、称谓和概括，说明"物"和"实"是内涵一致、外延同一的等值概念。

《荀子·正名》说"同实同名"，"万物虽众，遍举谓之物"等，"实"和"物"概念，可互换使用。墨家和荀子都没有跟公孙龙一样，对"实"做出"物以物其所物而不过焉"的定义，说明公孙龙的逻辑哲学思想，有其独到之处。

3. "位"范畴

《名实论》说："实以实其所实而不旷焉，位也，出其所位，非位。"即实体用来充实它自己，而不空缺的界限，就是其确定的位置。"位"范畴，概括事物的实质、本质所规定的位置、界限，这为概念的外延所概括反映。

"位"是事物质和量对立统一，相当于"度"概念。超出"度"的位置、界限，叫做"非位"，即位置、界限不正确。保持"度"的位置、界限，不偏不倚，恰到好处，处于质和量的关节点，叫做"正"。说到这里，"正名"的概念呼之欲出，为"正名"的界说做好铺垫。

"位"范畴，是公孙龙独创。《墨经》和《荀子·正名》都没有直接论述"位"范畴。《墨经》跟公孙龙"位"范畴相近的概念，叫"宜"，即适宜、合宜、有分寸。《经下》说："无欲恶之为益损也，说在宜。"即不能笼统说"所有欲望的满足都是有益的"或"所有欲望的满足都是有损的"，这叫"名不正则言不顺"，应具体分析欲望的满足，是否适宜、合宜、有分寸。"若酒之于人也"，适量喝酒，有益健康。酗酒成性，"尝多粟"（贪吃），才会"伤生损寿"。

《荀子·正名》说："名无固宜，约之以命，约定俗成谓之宜，异于约则谓之不宜。"荀子从语言的社会约定性上论述语词的合适和不合适。参照可见公孙龙"位"范畴规定的独到价值。

4. "正"范畴

《名实论》说："位其所位焉，正也。以其所正，正其所不正。不以其所不正，疑其所正。其正者，正其所实也。正其所实者，正其名也。"即实体处于应处的位置、界限（质和量的关节点，即度），不偏不倚，恰到好处，叫"正"。用"正"做标准，纠正不合标准。不以不合标准，怀疑"正"（合标准）。"正名"是纠正"名"反映的"实"。纠正"名"反映的"实"，叫"正名"（把语词概念搞正确）。

公孙龙"正"范畴的规定，跟墨家和荀子相近。"正"的一个意义是合标准。《经上》说："欲正权利，恶正权害。"《大取》说："权，正也。"权的本义是秤锤，引申为称量、权衡。《广雅·释器》："锤谓之权。"《汉书·律历志上》："权者，铢、两、斤、钧、石也，所以称物平施，知轻重也。"《孟子·梁惠王上》："权，然后知轻重。"

《荀子·正论》说："凡议，必将立隆正然后可也，无隆正则是非不分，而辩讼不决。""隆正"即最高标准。《说文》："隆，丰大也。"《小尔雅》："隆，高也。"《礼记经解》注："隆，尊盛之也。""正"可解释为标准、原则。

5. "名"范畴

《名实论》说："夫名，实谓也。知此之非此也，知此之不在此也，则不谓也。知彼之非彼也，知彼之不在彼也，则不谓也。""审其名实，慎其所谓。"一切语词都是对实体、实质的称谓，语词中所包含的概念，是对实体、实质的概括。

已知"此"的实，已经不是"此"的实，发生性质变化。或者已知"此"的实，已经不在这里，发生空间变化，就不能再用"此"的名称谓。已知"彼"的实，已经不是"彼"的实，发生性质变化，或者已知"彼"的实，已经不在那里，发生空间变化，就不能再用"彼"的名称谓。仔细审察名实是否相符，谨慎使用称谓。

这说明"实"相对于"名"，是第一性的客观存在，"名"是第二性的主观意识（概念）和称说陈述（名称）。"名"必须符合实体的性质和位置。实体的性质和位置变化，名必须随之改变。这是"正名"逻辑操作的本体论哲学基础。

公孙龙对"名"范畴的论述和思想实质，酷似墨家，遣词造句，表述风

格，有异曲同工之妙。《经说上》说："所以谓，名也。所谓，实也。"即
"名"是称谓"实"的工具，"实"是"名"所称谓的对象。这不是跟公孙龙
说的"夫名，实谓也"实质一样吗？

《墨子·经下》说："或过名也，说在实。"《经说下》解释说："知是之非
此也，又知是之不在此也，然而谓此南、北，过而以已为然。始也谓此南方，
故今也谓此南方。"即名称有时会过时，论证的理由在于，事物的实际情况已
经起了变化。

知道这个已经不是这个了，又知道这个已经不在这里了，然而因为过去
曾经把这个地方叫"南"、"北"，现在就还说这个地方是"南"、"北"，这就
是事情已经过去了，还以"过去曾经如此"为理由，而说"现在还是如此"。
因为开始把这个地方叫"南方"，所以现在还把这个地方叫"南方"。

《墨经》"过名"指名称过时，不适合当前情况。"是之非此"指这个已经
不是这个，是事物性质的变化。"此"亦即"是"。"是之不在此"指这个已经
不在这里，是事物空间的变化。

"过而以已为然"指事情已经过去了，还拿"事情曾经如此"作为理由，
推论说"现在还是如此"。《墨经》不赞成这种经验主义的"刻舟求剑"式的
逻辑。《墨经》另条说："知与？以已为然也与？过也。"认为"以已为然"
（因为过去曾经如此，就说现在还是如此）不算知识，而是"疑"（猜疑、臆
测）的一种。

《经说下》所谓"知是之非此也，又知是之不在此也"（两个"是"亦即
"此"），跟《名实论》所谓"知此之非此也，知此之不在此也"，不是连语言
表述都非常一致吗？《荀子·正名》说："故智者为之分别制名以指实"，"名
也者所以期异实也。"① 这跟公孙龙、墨家的"名"范畴规定，实质一致，是
"正名"论的本体论哲学基础，是中国古代正名论中的科学精神和精华所在。

6. "正名"范畴

《名实论》说："其名正，则唯乎其彼此焉。谓彼而彼不唯乎彼，则彼谓

---

① "异实"原作"累实"，据王先谦《荀子集解》校改。

不行。谓此而此不唯乎此，则此谓不行。其以当，不当也。不当而当，乱也。故彼彼当乎彼，则唯乎彼，其谓行彼。此此当乎此，则唯乎此，其谓行此。其以当，而当也。以当而当，正也。故彼彼止于彼，此此止于此，可。彼此而彼且此，此彼而此且彼，不可。"

即语词概念正确，就会确定地指谓彼和此的对象。说"彼"的名，而"彼"的名不专指"彼"的实，那么"彼"的名就行不通。说"此"的名，而"此"的名不专指"此"的实，那么"此"的名就行不通。

要认为恰当，必然不恰当。不恰当而认为恰当，是混乱的说法。所以，那个"彼"的名，要恰当地指谓"彼"的实，就专指"彼"的实，这就叫做称谓通行于"彼"的实。这个"此"的名，要恰当地指谓"此"的实，就专指"此"的实，就叫做称谓通行于"此"的实。

如此认为恰当，就恰当了。以恰当为恰当，是正确的说法。所以那个"彼"的名，要专指"彼"的实，这个"此"的名，要专指"此"的实，这是可以的。要把"彼此"的名，单说成"彼"，或者单说成"此"（如把"牛马"单说成"牛"，单说成"马"），或者把"此彼"的名，单说成"此"，或者单说成"彼"（如把"马牛"单说成"马"，单说成"牛"），这是不可以的。

现代逻辑符号学（semiotics，theory of signs）的一个分支领域，即逻辑语义学（semantics），研究语言符号和对象间的关系，即语言意义指谓作用的理论。上引公孙龙《名实论》中的话，是阐述有鲜明逻辑语义学特色的正名原则，主旨是要求语言符号和所指谓的对象一致，这相当于语义学的同一律，即公孙龙所谓"彼止于彼"、"此止于此"，"彼"的名指"彼"的实，"此"的名指"此"的实。

反之，如果语言符号和所指谓对象不一致，即公孙龙所谓"彼此而彼且此，此彼而此且彼"，即把"彼此"的名，单说成"彼"，单说成"此"，如把"牛马"单说成"牛"，单说成"马"。或把"此彼"的名，单说成"此"，单说成"彼"，如把"马牛"单说成"马"，单说成"牛"。这相当于语义学的矛盾律。

《墨经》恰有一条跟公孙龙的说法酷似。《经说下》说："正名者：彼彼此此可：彼彼止于彼，此此止于此。彼此不可彼且此也。彼此亦可：彼此止于彼此。若是而彼此也，则彼亦且此此也。"

《墨经》跟公孙龙一样，把古代汉语指示代词"彼"、"此"作为逻辑变项使用，跟西方逻辑用字母 A、B 作逻辑变项，价值意义一样。《墨经》跟公孙龙"彼止于彼，此止于此"，"彼此止于彼此"的同一律公式，相当于西方逻辑同一律公式 A＝A，B＝B，AB＝AB。《墨经》举例是：牛＝牛，马＝马，牛马＝牛马。

《墨经》跟公孙龙"彼此而彼且此，此彼而此且彼，不可"的公式，意义相当于用字母说：并非（（AB＝A）并且（AB＝B）），其用"不可"二字所否定的内容"（AB＝A）并且（AB＝B）"，这等于说"AB≠AB"，跟（AB＝AB）构成矛盾。所以下式成立：并非（（AB＝AB）并且（AB≠AB））。

这是西方逻辑矛盾律的公式。在《墨经》跟公孙龙"彼此止于彼此"的公式中，前一"彼此"指一集合概念（如"牛马"）。后一"彼此"指一集合体，如一"牛马"的群体。《经说下》"若是而彼此也，则彼亦且此此也"，用字母 A、B、C 代换其中"彼"、"此"、"是"的代词，可改写为："若 C 而 AB 也，则 A 亦且 BB 也"。这是用归谬法说明违反同一律所带来的混乱。

上引《经说下》语的意思是，在研究"正名"（把概念搞正确）的规律时，应注意以下三种情况：第一，"彼彼此此可"：那个"彼"的名，要确定地指称"彼"的实。这个"此"的名，要确定地指称"此"的实。第二，"彼此不可"："彼此"的集合概念，不能仅单独地指称"彼"的实或"此"的实。第三，"彼此亦可"："彼此"的集合概念，要确定地指称"彼此"的集合体。《经说下》说"若是而彼此也，则彼亦且此此也"的意思是：如果"是"与"彼"、"此"的概念可以混同，那么"彼"与"此"、"此"的概念也就可以混同，这当然是不对的。

《经说下》"若是而彼此也，则彼亦且此此也"，用字母改写为："若 C 而 AB 也，则 A 亦且 BB 也"，用例子改写为："若羊而牛马也，则牛亦且马马也"。这是用归谬法论证违反同一律会带来混乱。

《荀子·正名》说："然后随而命之，同则同之，异则异之"；"知异实者之异名也，故使异实者莫不异名也，不可乱也，犹使同实者莫不同名也"。
"同则同之，异则异之"是逻辑同一律的另一种表述，其解释是"同实同名"、
"异实异名"，这是语义学同一律的另一种说法。不过荀子没有像《墨经》跟
公孙龙那样，使用指示代词作变项，而完全用解释性的古代日常自然语言。
语义同一律，见表 37。

表 37 语义同一律

	《公孙龙子·名实论》	《墨子·经说下》	《荀子·正名》
语境	其名正，则唯乎其彼此焉。谓彼而彼不唯乎彼，则彼谓不行。谓此而此不唯乎此，则此谓不行。其以当不当也，不当而当乱也。故彼彼当乎彼，则唯乎彼，其谓行彼。此此当乎此，则唯乎此，其谓行此。其以当而当也，以当而当正也。故彼彼止于彼，此此止于此可，彼此而彼且此，此彼而此且彼不可。	正名者：彼彼此此可：彼彼止于彼，此此止于此。彼此不可彼且此也。彼此亦可：彼此止于彼此。若是而彼此也，则彼亦且此此也。	随而命之，同则同之，异则异之。知异实者之异名也，故使异实者莫不异名也，不可乱也，犹使同实者莫不同名也。
摘要	彼止于彼，此止于此	彼止于彼，此止于此	同则同，异则异
翻译	彼＝彼，此＝此	彼＝彼，此＝此	同＝同，异＝异
符号解释	A＝A，B＝B	A＝A，B＝B	A＝A，B＝B
实例	牛＝牛，马＝马	牛＝牛，马＝马	牛＝牛，马＝马

在以上解释下，公孙龙、墨家、荀子和西方逻辑同一律的不同表述，在
本质上是同一的，表明诸子百家政治学术观点有差异，有争辩，但在逻辑思
维规律上一致。实际上，全人类的逻辑思维规律都是一致的，只不过公孙龙、
墨家、荀子和西方逻辑的语言表述形式不一样。

公孙龙作为赵国宰相平原君赵胜养的士，为赵国宫廷出谋划策，游说诸
侯，主要是运用逻辑工具，特别是运用矛盾律的归谬法和正名的逻辑语义操
作。公孙龙运用名家"正名实"的逻辑语义学操作，指出赵惠文王自相矛盾

的混乱思维，导致"偃兵十年而不成"的无效作为。① 公孙龙又指出燕昭王的自相矛盾。这些议论，都不是诡辩，而是逻辑工具的运用。②

正如一切理论都可以被歪曲解释和错误运用一样，公孙龙在《名实论》中所讲的逻辑哲学意涵和逻辑语义学"正名"原则，也被公孙龙利用来为他的诡辩论服务。如他认为白马之名，只能专指白马之实。马之名，只能专指马之实。所以他说"白马非马"。同理，坚白石非坚、非白、非石。二之名指二之实，一之名指一之实，所以"二无一"（二非一）。物指是物指，指是指，所以说"物指非指"。

以上公式见《公孙龙子·白马论》、《坚白论》、《通变论》和《指物论》，这都是《名实论》中"彼是彼"、"此是此"逻辑同一律公式的错误运用。以公孙龙为代表的职业"辩者"，集逻辑学家与诡辩论者于一身，是适应战国时代社会需要而产生的思想家。

公孙龙一生有四十年是赵国平原君的门客，赵国宫廷的得力谋士。逻辑的正确运用，可为论证真理服务；错误运用，可为论证诡辩服务。这是名家辩者兼有诡辩家和逻辑家一身二任的学术根源，是他们时而讲逻辑，时而施诡辩的学术机制。犹如演戏，既可演正面人物，也可演反面角色。就像辩论赛，抽中正方辩题能论证，抽中反方辩题也能论证。随机而动，随缘考虑，是名家辩者的业务训练和素质能力。

7.《名实论》元典

（1）《名实论》原文：天地与其所产焉，物也。物以物其所物而不过焉，

---

① 《吕氏春秋·审应览》："赵惠文王谓公孙龙曰：'寡人事偃兵十余年矣，而不成，兵不可偃乎？'公孙龙对曰：'偃兵之意，兼爱天下之心也。兼爱天下，不可以虚名为也，必有其实。今蔺、离石入秦，而王缟素布总，东攻齐得城，而王加膳置酒。秦得地而王布总，齐亡地而王加膳，所非兼爱之心也，此偃兵之所以不成也。今有人于此，无礼慢易而求敬，阿党不公而求令，烦号数变而求静，暴戾贪得而求定，虽黄帝犹若困。'"

② 《吕氏春秋·应言》："公孙龙说燕昭王以偃兵。昭王曰：'甚善。寡人愿与客计之。'公孙龙曰：'窃意大王之弗为也。'王曰：'何故？'公孙龙曰：'日者大王欲破齐，诸天下之士，其欲破齐者，大王尽养之；知齐之险阻要塞、君臣之际者，大王尽养之；虽知而弗欲破者，大王犹若弗养。其卒果破齐以为功。今大王曰：我甚取偃兵。诸侯之士，在大王之本朝者，尽善用兵者也。臣是以知大王之弗为也。'王无以应。"

实也。实以实其所实而不旷焉，位也，出其所位，非位。位其所位焉，正也。以其所正，正其所不正。不以其所不正，疑其所正。其正者，正其所实也。正其所实者，正其名也。

其名正，则唯乎其彼此焉。谓彼而彼不唯乎彼，则彼谓不行。谓此而此不唯乎此，则此谓不行。其以当，不当也。不当而当，乱也。故彼彼当乎彼，则唯乎彼，其谓行彼。此此当乎此，则唯乎此，其谓行此。其以当，而当也。以当而当，正也。故彼彼止于彼，此此止于此，可。彼此而彼且此，此彼而此且彼，不可。

夫名，实谓也。知此之非此也，知此之不在此也，则不谓也。知彼之非彼也，知彼之不在彼也，则不谓也。至矣哉！古之明王。审其名实，甚其所谓。至矣哉！古之明王。

（2）《名实论》译文："物"这个名，概括天地及其所产生的一切。决定一事物是该事物而不是其他事物的性质，叫做实体。实体用来充实它自己而不空缺的界限，就是其确定的位置。实体处于应处的位置、界限，不偏不倚，恰到好处，叫"正"。用"正"做标准，纠正不合标准。不以不合标准，怀疑"正"（合标准）。"正名"是纠正"名"反映的"实"。纠正"名"反映的"实"，叫"正名"。

语词概念正确，就会确定地指谓彼和此的对象。说"彼"的名，而"彼"的名不专指"彼"的实，那么"彼"的名就行不通。说"此"的名，而"此"的名不专指"此"的实，那么"此"的名就行不通。

要认为恰当，必然不恰当。不恰当而认为恰当，是混乱的说法。所以，那个"彼"的名，要恰当地指谓"彼"的实，就专指"彼"的实，这就叫做称谓通行于"彼"的实。这个"此"的名，要恰当地指谓"此"的实，就专指"此"的实，就叫做称谓通行于"此"的实。如此认为恰当，就恰当了。以恰当为恰当，是正确的说法。

所以那个"彼"的名，要专指"彼"的实，这个"此"的名，要专指"此"的实，这是可以的。要把"彼此"的名，单说成"彼"，或者单说成"此"（如把"牛马"单说成"牛"，单说成"马"），或者把"此彼"的名，单说成"此"，或者单说成"彼"（如把"马牛"单说成"马"，单说成"牛"），这是不可以的。

一切语词都是对实体的称谓。已知"此"的实，已经不是"此"的实，发生性质变化。或者已知"此"的实，已经不在这里，发生空间变化，就不能再用"此"的名称谓。已知"彼"的实，已经不是"彼"的实，发生性质变化，或者已知"彼"的实，已经不在那里，发生空间变化，就不能再用"彼"的名称谓。仔细审察名实是否相符，谨慎使用称谓。

8. 历史教训

影响逻辑学发展的社会原因。《名实论》"审其名实，甚其所谓"一句前后，各有"至矣哉古之明王"。这一句话七个字，被重复两次，共十四个字，完全是画蛇添足。不知是谁加上这句古人的套话。

这句话的意思是：以上所讲这番论"名实"的大道理，是古代圣明帝王至高无上的学说，并且古代圣明帝王都很好地实行。说这句话的意图，是用来提醒号召，引起人们的重视关注，相当于吹牛夸口、叫卖货品的广告词。

为什么说是"画蛇添足"？因为除了这十四个字，全篇都是纯粹的逻辑哲学和逻辑语义学同一律、矛盾律，不涉及政治伦理。加上这十四个字，马上跟政治伦理相联系。这是中国古代知识分子的通病，也是现代知识分子离开本专业领域，被迫犯政治错误的社会历史根源。

这里有两种可能。一种可能是，公孙龙一派的弟子们，整理公孙龙子书稿，顺便所加。另一种可能是，有条件接触皇家图书馆古文献整理的儒家知识分子，官方史学家，如刘向、刘歆这类人，校勘整理《公孙龙子·名实论》时，提笔顺便所加。

《公孙龙子·迹府》说："公孙龙，六国时辩士也。疾名实之散乱，因资材之所长，为'守白'之论，假物取譬，以'守白'辩，谓白马为非马也。""欲推是辩，以正名实而化天下焉。"即公孙龙是六国（指战国时期。战国七雄，除秦国外，其他国家合称六国）时的辩者。他痛疾战国时期名实关系的散乱，借着自己天资才能的特长，提出"守白"的论点，即守住白色，不让人们把"白马"的白色抽象舍去（舍象），而说"白马是马"，借这个具体例子打比方，用这个"守白"的论点，跟人辩论，说"白马非马"，想把这个辩论推广普及，用"正名实"的旗号，教化天下。

这就把公孙龙子描绘成用"白马是马"的纯逻辑辩论，拐弯抹角地为当时的政治伦理服务。晋代鲁胜《墨辩注序》说："取辩于一物，而原极天下之污隆，名之至也。"即战国时期的名辩思潮，拿一件具体事情辩论，而穷原究委，追本溯源，弄清天下兴衰的根源，这是名辩之学归根结底的实践价值、实际用处。

《公孙龙子·迹府》篇名，意即公孙龙子事迹汇编，事迹之"府"。"府"即府库，收藏文献的府库、档案库，借指事迹汇编。《公孙龙子·迹府》把战国时期叫"六国"，无意中暴露此篇写作年代在秦汉以后。写伪书，露马脚，等于不打自招，证明自己在作伪造假。

宋谢希深《名实论》注解释"至矣哉古之明王"的意思说："公孙龙之作论也，假物为辩，以敷王道之至大者也。夫王道之所谓大者，莫大于正名实也。仲尼曰：'惟名与器，不可以假人。'然则名号器实，圣人之所重慎之者也。名者，名于事物，以施教者也。实者，实于事物，以成教者也。夫名非物也，而物无名，则无以自通矣。物非名也，而名无物，则无以自明矣。是以名因实而立，实由名以通。故名当于实，则名教大行。实功大举，王道所以配天而大者也。是以古之明王，审其名实，而慎其施行者也。"

即公孙龙讲课写书，论证论点，借一件具体事物辩论，以展示王道的至大至高，崇高无比。王道的至大至高，崇高无比，莫大于、高于"正名实"，即纠正名实关系。孔子说："只是标示国君等级的名号称呼跟礼器国宝，不可以轻易借给别人使用。"（《左传·成公二年》）

名号称呼和礼器国宝的实物，是圣人之所慎重的。名称是用来命名事物，施行教化的。"实"是充实事物，成就教化的。名称不是实物，而实物没有名称，就无法自己通报让人知道。实物不是名称，而名称要是不指称实物，就不能使自己明白清晰。

所以名称借着实体而成立，实体借着名称以通报让人知道。所以名称恰当指谓实体，名称教化能大行其道。实际功效大举兴起，圣明帝王之道就能匹配天地而盛大无比。所以古代的圣明帝王，仔细地审察名实是否相符，谨慎地施行名称教化。

逻辑学家不能充分解放思想，按照逻辑学自身的规律，创新发展理论，而受眼前狭隘政治伦理实践目标局限，不管是出于学者自愿，或是出于环境逼迫，都不利于中国逻辑学的充分发展。秦汉以后，中国逻辑学领域停滞不前，社会政治环境的紧密束缚，是客观外界的强制性原因。

诗以咏之：

> 名家辩者有功绩，逻辑哲学传典籍。
> 物实位正是范畴，名和正名有规律。
> 逻辑本有世界性，名家苟墨归于一。
> 语义同一有经典，名家苟墨可相比！

三、辩言智辩

题头诗：

> 名家智辩有特色，奇辞怪说含真理。
> 双重论证两可说，学术特品动天地。
> 邓析惠施公孙龙，中国逻辑添新理。
> 讲解逻辑当练习，脑筋转弯长技艺！

明钟惺刻印《公孙龙子》，改名叫《辩言》。《四库全书》总纂官纪昀《公孙龙子提要》说："明钟惺刻此书，改其名为《辩言》。"根据《庄子·天下》对先秦"辩者"的称呼，可把"辩言"解释为先秦辩者言论，借晋鲁胜《墨辩注序》"辩言正辞"，解释为"辨正言辞"，分辨和纠正言辞的是非真假。

"辩言正辞"，相当于今日说"咬文嚼字"，属于语言学和逻辑学的实用性操作。这是先秦名家辩者的专业特长，可理解为以上两种意思兼有兼顾，即"辩言"是先秦辩者之言,功能在于"辨正言辞",分辨和纠正言辞的是非真假。

"名家辩者的智辩",即名家辩者智慧的辩论,名家辩者机智聪慧、精妙绝伦的辩论。这里假定请公孙龙扮演诡辩家的反面角色。比喻为辩论赛,让公孙龙抽反方辩题,专门施展诡辩才能。

在名家辩者的辩论和诡辩中,隐藏大量智慧的元素,真理的闪光,逻辑的技巧。可把名家辩者的大量诡词辩论,看做学习逻辑学的足量练习题,大家常说的"脑筋急转弯",锻炼思维能力的反复演练。

四、前导刺激

中西智辩派是世界逻辑学领域的两朵奇葩。奇辞怪说的表达方式,双重论证的思维模式,归谬反驳的论证方式,是二者的共同点。智辩派学说是逻辑的前导和刺激,逻辑是智辩派学说的清理与升华。智辩派学说和逻辑学的对立统一,是逻辑学发展的动力。分析智辩派学说跟逻辑学的矛盾渗透,揭示逻辑学发展的机制和规律,有重要的哲学与文化意义。[①]

中西智辩派,即中国先秦辩者跟古希腊智者,二者共同产生于前数世纪人类文化的轴心时代,有酷似的奇怪特征,有从反面推动逻辑学发展的特殊贡献。德国哲学家卡尔·雅斯贝尔斯(Karl Jaspers,1883—1969)说,以公元前500年为中心的人类文化轴心时代,人类精神基础同时独立地开始奠定,直到今天人类仍然附着在这种基础上。这一时期充满了不平常的事件,产生了所有我们今天依然在思考的基本范畴,这是一个革新的时代。[②]

这时发生了人类从来没有经历过的伟大进步和变革,是一个需要并产生巨人的时代,英雄辈出,群星灿烂。先秦战国时代,诸子百家蜂起,汇聚学

---

① 参见拙文《中西智辩派比较》,载台湾《哲学与文化》,第37卷第8期,2010(8);《从比较逻辑学观点论名家》,载《南通大学学报》,2011(6)。

② 参见卡尔·雅斯贝尔斯:《人的历史》,见《现代西方史学流派文选》,38~40页,上海,上海人民出版社,1982。

术流派，蔚为文化大潮。司马谈《论六家要旨》讨论阴阳、儒、墨、名、法、道德"六家"，班固《汉书·艺文志·诸子略》概括儒、道、阴阳、法、名、墨、纵横、杂、农、小说"九流十家"。汉代学者司马谈、班固所称"名家"，《庄子·天下》中称"辩者"。

中西智辩派，产生地区国度，人群语言跟文化背景不同，却有三个显著的共同点，即都运用奇辞怪说的表达方式，双重论证的思维模式与归谬反驳的论证方式。这三个共同点，是中西智辩派对修辞效用性、思维全面性和论证严谨性的机智妙用。

奇辞怪说和双重论证有诡辩成分，表现智辩派学说跟逻辑学的矛盾对立。归谬反驳是智辩派跟逻辑学家共用的论证方式，表现智辩派学说跟逻辑学的统一渗透。就智辩派学说与逻辑学整体的性质和作用说，二者是世界逻辑学领域的两个矛盾对立面。

就智辩派和逻辑学家共用的论证方式"归谬法"说，"归谬法"虽对智辩派与逻辑学家都同样在形式上有效，但充其量只是论证形式和工具的类同，而"归谬法"对智辩派跟逻辑学家所服务的论证内容和目的，却判然有别。《小取》说："夫辩者，将以明是非之分。"逻辑学家可用"归谬法"论证真理，智辩派可用"归谬法"论证诡辩。

高尔吉亚用"归谬法"，论证"无物存在；即使存在，也不可认知；即使认知，也不可言传"等诡辩论题。① 《公孙龙子·迹府》载公孙龙用"归谬法"，凭借"悖"概念，辩护"白马非马"的诡辞，反驳孔子六世孙孔穿劝说公孙龙放弃"白马非马"诡辩的善意谏言。

智辩派学说的主轴，是挥洒诡辩。在智辩派众多的诡辩说辞中，部分蕴涵逻辑的点滴，折射智慧的光芒。智辩派在大放诡辩厥词的同时，又发展和运用归谬反驳的论证方式。智辩派学说的特色和价值，是戏玩歪用逻辑，用反题形式启示激发逻辑学思考。

---

① 参见黑格尔：《哲学史讲演录》，第 2 卷，32～38 页；苗力田主编：《古希腊罗马哲学》，192～196 页，北京，中国人民大学出版社，1989；苗力田等主编：《西方哲学史新编》，49～51 页，北京，人民出版社，1990。

梁启超说："学问以辩而明，思潮以摩而起。"① 没有辩者奇辞怪说的反面刺激和推动，就没有墨家辩学的诞生。辩者奇辞怪说的激烈碰撞，是催生墨家辩学的前提。辩者"鸡三足"、"臧三耳"和"黄马骊牛三"等诡辩，激励《墨经》作者苦心孤诣，推出数条《经》、《说》文字，总结集合和元素概念的学说，尽扫辩者的"鸡三足"等诡辩。

宋陈渊《默堂集》卷九说："奇言尽扫鸡三足，妙意谁窥豹一斑？"没有辩者"鸡三足"等奇言诡辩，就没有墨家对集合与元素概念艺术的总结，这是逻辑发展机理妙意的"窥豹一斑"。

亚里士多德《工具论》剖析智者诡辩，说智者是仰仗"似是而非的智慧来获取金钱的人"，逻辑家的职责"是避免在自己的知识范围内，进行荒谬的论证，并能够向进行错误论证的人，指出错误所在"②。一语道出智者诡辩从反面推动逻辑学产生的机理。智者诡辩，促使亚氏全面探讨逻辑学。亚氏逻辑学诞生，得益于智者诡辩的反面刺激跟推动。

"魔高一尺，道高一丈。"反题辩论促进正题论证，诡辩言辞促进逻辑学创生。中外逻辑学证明，诡辩流行，刺激逻辑学家探索思维规律，构造逻辑体系。比较智辩派学说及其跟逻辑学的对立统一，是异常纷繁复杂、颇为引人入胜的课题。我把西方智者作为比较参照的对象、方法论的借鉴，把先秦辩者的智辩作为重点分析的对象、加工处理的资料。

五、奇辞怪说

1. 学术特品

《四库全书》总纂官纪昀《公孙龙子提要》说："盖其（指公孙龙）持论雄赡，恢恍恣肆，实足以耸动天下，故当时庄、列、荀卿并著其言，为学术

---

① 梁启超：《论中国学术思想变迁之大势》，见《饮冰室合集》文集 7，14 页。
② 亚里士多德：《工具论·论题篇·辩谬篇》，见苗力田主编：《亚里士多德全集》，第 1 卷，351～621 页，北京，中国人民大学出版社，1990。

之一特品。""其书出自先秦，义虽恢诞，而文颇离奇可喜。"公孙龙的诡辩，论证规模宏大，成分展开，实足能使天下轰动，所以当时庄子、列子和荀子，都记载他的言论，是学术的一个特异品种，可作为逻辑的反面教材。

辩者代表人物是邓析（公元前 545—前 501）、惠施（公元前 370—前 310）和公孙龙（公元前 325—前 250）。《荀子·非十二子》说："好治怪说，玩奇辞。""然而其持之有故，其言之成理，足以欺惑愚众，是惠施、邓析也。"

"奇辞怪说"，即奇怪的命题论证。对应英文 paradox，拉丁文 paradoxum，希腊文 paradoxos。即跟通常见解对立、违反常识、似非而是的言论，又译奇论、怪论、诡论、反论、异论、悖论、谬论、佯谬和自相矛盾的议论。

《荀子·不苟》说："山渊平，天地比，齐秦袭，入乎耳，出乎口，妪有须，卵有毛，是说之难持者也，而惠施、邓析能之。"即山渊一样平（特例），天地互比高（整体看），齐秦紧相连（地理不相连，政治经济文化相连），耳进口出（学习语言过程），老妪长胡须（特例），鸟卵生羽毛（孵雏特定阶段）。

奇辞怪说难成立，惠施邓析能论证。《庄子·天下》六次称"辩者"。如："惠施以此为大观于天下，而晓辩者，天下之辩者，相与乐之。"两次说辩者"怪"："特与天下之辩者为怪"（特地跟天下辩者发怪论）；"益之以怪"（增益附加奇怪论证）。

辩者热衷于奇辞怪说的表达形式，用意是最大限度地取得轰动天下、惊耸世人的修辞效果。宋叶适《习学记言》说："战国群谈聚议，妄为无类之言。彼固自知其不可，而姑为戏，以玩一世。其贵人公子，亦以戏听之。"辩者奇辞怪说，是一种语言游戏和机智的娱乐方式。

《列子·仲尼》载："（公孙）龙诳（骗）魏王曰：'有意不心（意念不是本心），有指不至（概念不反映实际），有物不尽（物体分割不尽），有影不移（影子不会移动），发引千钧（头发牵引三万斤，1 钧＝30 斤），白马非马（白马不是马），孤犊未尝（曾）有母。'其负类反伦（不合情理，违反常识），不可胜言也。"

《公孙龙子·迹府》载，辩者公孙龙对孔子六世孙孔穿说："子知难白马之非马，不知所以难之说。"批评孔穿只知急于反驳"白马非马"，却不知该怎样才能驳倒。而公孙龙自己，既知"白马非马"为"不可"（论题虚假），又知该如何驳倒。解铃还要系铃人，公孙龙对自己的诡辩"白马非马"，既能系铃，又能解铃。自己编的谜语，自己知道谜底。

《庄子·天下》列举辩者奇辞怪说的典型论题，惠施有十个，同期辩者有二十一个。实际数量比这还要多。《庄子·天下》说："惠施多方，其书五车。"惠施的奇辞怪说，写在竹简木片上，可装满五大车。扬雄《法言·吾子》说："公孙龙诡辞数万，以为法。"公孙龙炮制奇辞怪说，诡辩词句，有数万言，比《老子》五千言多，比《论语》万把字多，说不定比《孟子》三万言还多，都是作为训练门徒辩论技巧的标准教材。

今存《公孙龙子》六篇，有《白马论》等五篇，论证奇辞怪说。班固《汉书·艺文志》著录《公孙龙子》十四篇，证明汉代国家图书馆藏公孙龙的奇辞怪说，比流传至今的数量，超出一倍。

辩者是诡辩和逻辑两面精熟的专家。辩者在理论上，把诡辩摆第一，逻辑摆第二。在实践上，把逻辑摆第一，诡辩摆第二。因辩者从政，为诸侯宫廷出谋划策，只有讲逻辑，才能行得通，专门施诡辩，终究会碰壁。

尽管现存《公孙龙子》六篇，有五篇专施诡辩，怪话连篇，谬种流传，但公孙龙一生约四十年，在赵惠文王弟，赵国宰相平原君赵胜（公元前320—前251）门下当谋士，替赵国宫廷筹谋献策，却主要是在讲逻辑，应询对答熟用矛盾律、归谬法和二难推论，以理服人。

司马迁《史记·太史公自序》引其父司马谈《论六家要旨》说："名家（辩者），使人俭而善失真。然其正名实，不可不察也。"即辩者过细考察，钻牛角尖，背离真相，但注意矫正名实关系，不能抹杀。

司马迁发挥说："名家，苛察缴绕，使人不得反其意，专决于名，而失人情。故曰，使人俭而善失真。若夫控名责实，参伍不失，此不可不察也。"即辩者过细分析，缠绕烦琐，不识大体，曲解对方观点，专抠名词，违背事实，但援引名称，考察对象，错纵比验，值得肯定。

　　南朝刘宋裴骃《史记集解》引服虔说："缴，谓烦也。"引如淳说："缴绕，犹缠绕，不通大体也。"宋章如愚《群书考索》说，名家"苛察缴绕，滞于析辞，而失大体"。明王世贞《管子韩非子序》说，"苛察缴绕"若"公孙龙之泛滥诡悖"。"苛察缴绕"的典型，是公孙龙"白马非马"和"离坚白"等诡辩。

　　从今日科学观点看，辩者部分奇辞怪说，确属诡辩。如"卵有毛"等，激发《墨经》总结模态命题的理论，有从反面推动逻辑学发展的功用。辩者部分奇辞怪说，不属诡辩，包含敏锐的逻辑思想，符合科学真理。

　　如惠施"大同而与小同异，此之谓小同异。万物毕同毕异，此之谓大同异"，是《墨经》总结"达、类、私"概念分类理论的前导。"万物毕同"是"达名"（最普遍的概念，外延最大的类概念，范畴），如"物"（物质）。"万物毕异"是"私名"（单独概念，专有名词），如"公孙龙"、"墨子"。"大同而与小同异"是"类名"（一般普遍概念，一般类概念），如"人"。

　　黑格尔说："亚里士多德为了清除混乱，曾经花了很大的力气。"① 黑格尔列举亚里士多德《工具论》批评智者偷换概念的诡辩："你有一条狗，它是有儿女的；因此这条狗是父亲。因此你有一个父亲，它的儿女是狗；因此你本身是那些狗的一个兄弟，并且本身是一条狗。"② 说明亚氏逻辑是智者诡辩的清理和升华。

2. 双重论证

　　美国科学哲学家库恩（Kuhn，1922—1996）1962 年在《科学革命的结构》中，提出他的科学发展模式论，认为科学研究的主体，是科学共同体（community）从事科学工作的团体。科学共同体的研究，体现为一定的范式（paradigm）。范式是科学共同体共有的信念、哲学、世界观、思路、道路、工作方式、思维框架和范例。

　　库恩范式论的意义，类似《墨经》的"法"。《经上》说："法，所若而然

① 黑格尔：《哲学史讲演录》，第 2 卷，125 页。
② 同上书，126 页。

也。"《经说上》解释说:"意、规、圆三也,俱可以为法。"所谓"法",可翻译为法则、规律和范式,其定义是:人们遵循它,可以实现预期的目的。

《尔雅·释言》:"若,顺也。"《释名·释言语》:"顺,循也。"《经说》用制圆打比方,包含意、规、圆的三个环节。"意"是目的,"规"是工具,"圆"是结果。意、规、圆三者齐备,是制圆的法则、规律和范式。

借鉴库恩的范式论,比较古希腊智者(sophistes)和中国名家辩者的思维范式,可发现逻辑学怎样借诡辩论的刺激而萌生的机理。公元前5—前4世纪的古希腊智者,招收门徒,征收学费,以教育为业,代行学校职能,以智慧、善辩著称,传授演讲、辩论技巧和参政技艺,是一个特殊的社会阶层。

智者派兼有智慧者与诡辩家的双重含义。柏拉图在《智者篇》221C—226A说,"智者是零售虚假精神货物的商人"[1]。亚里士多德在《论智者的辩驳》(一译《辩谬篇》)说,智者即诡辩家是"靠似是而非的智慧赚钱的人"[2]。

公元前5—前4世纪,是中国继老子和孔子后,墨子、孟子、庄子、惠施、尹文子的鼎盛年,在古希腊雅典和其他城邦,出现自称为智者的职业教师。古希腊智者代表人物是普罗泰戈拉(Protagoras,公元前490—前420)和高尔吉亚(Gorgias,公元前483—前375)。普罗泰戈拉第一个自称"智者",以善辩著称,收费授徒,传授辩技。民主派首领伯里克利曾跟普氏学辩论,把两个儿子托付给普氏教授。

黑格尔说,诡辩是一个坏字眼,我们要把这个坏的意义抛在一边,把它忘掉。但相反,我们现在要进一步从它的积极的方面,严格地说,即是从科学的方面,来考察智者们在希腊究竟占据什么地位。黑格尔的观点,是评价中西智辩派学术地位的方法论借鉴。[3]

智者精于双重论证(Double Arguments),也叫相反论证、两面论证、两端论证和两可论证。普罗泰戈拉终生从事智者职业,著作题为《论相反论

---

[1]　柏拉图:《泰阿泰德智术之师》,139,北京,商务印书馆,1963。

[2]　苗力田主编:《亚里士多德全集》,第1卷,552页。

[3]　参见黑格尔:《哲学史讲演录》,第2卷,7页。

证——关于学费问题的辩论》。流传下来较全面反映智者相反论证的著作，被命名为《两种论证》。普罗泰戈拉等智者的思维模式是双重论证。

双重论证的思维模式是：从任一命题，都可以找出一个相反命题；可以驳斥和攻击别人的任一命题；对任一命题，都可以做出两个相反的论证；在任何情况下，一个人只要说话机灵，他就能做出一个相反的论证。

如某件事情是非正义的，只要举出一件更不正义的事情，原来那件事情，就显得并不那么非正义了。又如死亡、疾病、翻船，对遭难者是坏事，对殡葬业者、医生和造船者是好事。对同一个人，可以称赞他，同时又可以指责他，因为这可以是同一人的不同方面。

普罗泰戈拉从感觉论和相对主义出发，认为知识是感觉、看法、见解、意见。一件事情，你说对，我可以说错；你说好，我可以说不好。"在一阵风吹来时，有些人冷，有些人不冷；因此对于这阵风，我们不能说，它本身是冷的，或是不冷的。"[①]

一种食品，正常人感觉香甜可口，病人感觉苦而无味。对同一个对象，两人相反的感觉都是真的。同一个事物，既大又小，既多又少，既重又轻。一个塔兰特（合 38.86 公斤），比一个明那重，却比两个塔兰特轻。[②]

普罗泰戈拉说："人是万物的尺度。"人的感觉是对象的尺度。存在就是被感知。同一事物，对不同的人，有不同的显现。对任一事物的正反两个命题，同时成立，不存在非此即彼的真假关系。一切意见都是真的。

亚里士多德在《形而上学》1009a8—37 批评说，如果认为一切意见都是真的，则所有的意见，就会既真又假。因为众人的意见，是互相冲突的，都以对方的意见为假。假如连疯子的意见都是真的，就没有任何意见是真的。[③] 爱利亚的芝诺，像其他智者一样，精于相反论证，人们说芝诺"有一个两面锋利的舌头"。

---

① 黑格尔：《哲学史讲演录》，第 1 卷，29 页。
② 参见汪子嵩等：《希腊哲学史》，第 2 卷，152、156 页，北京，人民出版社，1993。
③ 参见上书，262 页。亚里士多德：《形而上学》，见苗力田主编：《亚里士多德全集》，第 7 卷，99 页，中国人民大学出版社，1993。

　　黑格尔分析智者和诡辩家强词夺理论证的特征说："世界上一切腐败的事物，都可以为它的腐败，说出好的理由"①，"但到了你体验到所谓说出理由，究竟是怎样一回事之后，你就会对它不加理睬，不为强词夺理的理由所欺骗"②。

　　"譬如，我生存和我应有生存的手段，本来可说是我的行为的一个主要动机。但假如我单独突出考虑我个人的福利这一原则，而排斥其他，因此就推出这样的结论，说为维持生存起见，我可以偷窃别人的物品，或可以出卖祖国，那么这就是诡辩。

　　同样，在行为上，我须保持我主观的自由，这意思是说，凡我所作所为，我都以我的见解和我的自信为一个主要原则。但如果单独根据这一原则，来替我的一切自由行为作辩护，那就会陷于诡辩，会推翻一切的伦理原理。"③

　　他还说，诡辩家"可以为一切找出正面或反面的理由"，"在临阵脱逃的罪过中，就存在着保全生命的义务。在近代，就有一些极大的罪恶，如谋杀、叛逆等，被说成是正当的，因为在这种行为的目的中，有一种本身很基本的规定，例如人必须反抗祸害、促进福利之类"，"在世界上出现的坏事情，都曾被用好的理由，说成正当"④。

　　3世纪希腊作家第欧根尼·拉尔修《著名哲学家的生平和学说》第九卷第五节说，普罗泰戈拉有专著《论相反论证——关于学费的辩论》。3世纪的波菲利说，柏拉图《国家篇》抄袭普罗泰戈拉《论相反论证》。塞克斯都·恩披里柯手稿，保存佚名智者作品《相反命题》，该作品分几组，证明任何事物都可以有正反两个命题。

　　相反论证即双重论证（double arguments），或称两种论证、两面论证、两端论证和两可论证。关于学费的辩论，指普罗泰戈拉跟学生欧特洛斯（Euathlus）因学费打官司的故事。第欧根尼·拉尔修《著名哲学家的生平和学

---

① 黑格尔：《小逻辑》，贺麟译，264页，北京，商务印书馆，1980。
② 同上书，177页。
③ 同上书，178页。
④ 黑格尔：《哲学史讲演录》，第2卷，22页。

说》第五十六节说，普罗泰戈拉跟学生约定，先付一半学费，待学满出师，打赢第一场官司，再付另一半学费。

学生学成，普罗泰戈拉要学生付另一半学费。学生说："我还没有打赢第一场官司呢！"普罗泰戈拉说："不然，如果我控告你，而胜诉了，我肯定获得学费，因为我赢了。如果你赢了，我也肯定获得学费，因为你打赢了官司。"半费之讼，如表38。

表38 半费之讼

论证要素	普罗泰戈拉论证	学生论证	论证式	读为
假言前提一	如果我赢，按判决，你付另一半学费	如果我赢，按判决，我不付另一半学费	p→r	如果 p 那么 r
假言前提二	如果你赢，按约定，你付另一半学费	如果你赢，按约定，我不付另一半学费	q→r	如果 q 那么 r
选言前提	我赢或你赢	我赢或你赢	p∨q	p 或者 q
结论	所以你付另一半学费	所以我不付另一半学费	∴r	所以 r

普罗泰戈拉和学生两个对立的双重论证，其论据内容不同，都用假言和选言命题形式。其论证式，都用二难推论简单构成式。双方各从自身利益出发，随心所欲，各取所需使用"按判决"和"按约定"双重标准，使他们所用的假言前提，各有一个是虚假的。

普罗泰戈拉假言前提二"如果你赢，按约定，你付另一半学费"虚假。因学生赢，意味着"按判决，学生不付另一半学费"；就不应该"按约定，付另一半学费"。学生假言前提二"如果你赢，按约定，我不付另一半学费"虚假。因普罗泰戈拉赢，意味着"按判决，学生付另一半学费"；就不应该"按约定，不付另一半学费"。普罗泰戈拉和学生，用双重标准，做双重论证，违反同一律和矛盾律，从同一论证式推出矛盾结论，构成悖论式的诡辩。[1]

---

[1] 参见威廉·涅尔、马莎·涅尔：《逻辑学的发展》，张家龙、洪汉鼎译，19页，北京，商务印书馆，1985；汪子嵩等：《希腊哲学史》，第2卷，70～71、287～288页；金岳霖主编：《形式逻辑》，198～199页。

智者双重论证的思维模式，主张在任何情况下，只要说话机灵，就能做出双重论证。智者辩论的技巧，是扬长避短，强调对自己有利的一面，回避对自己不利的一面，使自身的论据，由弱变强，以图取胜。

3. 两可之说

中国古代的名家辩者，跟古希腊智者一样，善于运用双重论证的思维范式。《庄子·秋水》载公孙龙自称能"合同异，离坚白，然不然，可不可"，本质上是双重论证。"同异"和"坚白"等对立面，既能"合"（不离），又能"离"（不合）。"然"（是如此）能说成"不然"（不是如此），"不然"（不是如此）能说成"然"（是如此）。"可"（成立）能说成"不可"（不成立），"不可"（不成立）能说成"可"（成立）。

晋鲁胜《墨辩注序》定义说："是有不是，可有不可，是名两可。"《吕氏春秋·离谓》载："齐人有淳于髡者，以纵说魏王，魏王辩之，约车十乘，将使之荆。辞而行，有以横说魏王，魏王乃止其行。失纵之意，又失横之事。夫其多能，不若寡能。其有辩，不若无辩。"同一齐人淳于髡，在同一天，可以论证纵横两种相反的论题：第一，联合关东六国，攻打秦国；第二，联合秦国，攻打关东六国。这是运用双重论证的典型。

邓析（约公元前545—前501），春秋末郑国人，与孔子同时。东汉班固《汉书·艺文志》列邓析为名家第一人，著录"《邓析》二篇"，班固自注："郑人，与子产并时。"名家是汉代人对战国时期辩者的称呼，即职业的辩论家、辩论手。职业辩者的思辨方式酷似古希腊智者，同样精于双重论证。从众多历史故事和评论家的评论，可证邓析是中国最先运用双重论证的辩者第一人。

《列子·力命》和相传西汉刘向、歆《校上邓析子序》说，邓析"操两可之说，设无穷之辞"。"两可之说"，类似古希腊智者的双重论证。"无穷之辞"，指巧言辩说的曲折缠绕。王充《论衡·案书篇》批评公孙龙的诡辩"析言剖辞，务曲折之言"。司马迁《史记·太史公自序》引司马谈《论六家要旨》批评"名家苛察缴绕"。南朝刘宋裴骃《集解》："缴，谓烦也。缴绕，犹缠绕不通大体也。"

"两可"是中国逻辑学的基本术语。什么是"两可"呢？晋代鲁胜的《墨辩注序》，有最早和最标准的解释，堪称为典范。鲁胜说："是有不是，可有不可，是名两可。"即正确，同时又不正确；成立，同时又不成立。这就叫做"对立的两端都成立"。

"是"，即正确，跟"非"相对。如《小取》说："夫辩者，将以明是非之分。""有"读为"又"，"有"、"又"古通。"可"即成立、可以，表示肯定的断定。如《经说下》说："悖，不可也。"按照鲁胜的这种解释，所谓"两可之说"，意即对立的两种论证，同时都成立，类似于古希腊智者的双重论证。

吕不韦编《吕氏春秋·离谓》，提供邓析"两可之说"（即双重论证）的三个故事，即典型案例。故事一："郑国多相县以书者。子产令：'无县书。'邓析致之。子产令：'无致书。'邓析倚之。令无穷，则邓析应之亦无穷矣，是可不可无辨也。"即邓析用双重论证，模糊子产命令"可和不可"（P 和非 P）的区别。

故事二："洧水甚大，郑之富人有溺者，人得其尸者，富人请赎之，其人求金甚多，以告邓析。邓析曰：'安之，人必莫之卖矣。'得尸者患之，以告邓析，邓析又答之曰：'安之，此必无所更买矣。'"即邓析用同一答案"安之"，安抚利益相反的双方，是意图从两方面赚钱的双重论证。

故事三："子产治郑，邓析务难之。与民之有狱者约，大狱一衣，小狱襦裤，民之献衣襦裤而学讼者不可胜数。以非为是，以是为非，是非无度，而可与不可日变，所欲胜因胜，所欲罪因罪。郑国大乱，民口喧哗。"邓析"是非"、"可不可"（P 和非 P）日变，也是意图从两方面赚钱的双重论证。

第一个案例，郑国有很多人把自己的意见写出来，悬挂在公共场所，让大家观看。郑国的执政者子产下命令说："不许悬挂意见书（贴大字报）！"邓析在字面上听从子产的命令，但在意义上却没有听从子产的命令，即变换手法，把意见书送给别人。

子产又下命令说："不许把意见书送给别人（邮寄夹带）。"邓析又在字面上听从子产的命令，但在意义上却没有听从子产的命令，即再次变换手法，把意见书偷塞在别的书中送给别人。

子产有无数命令，邓析有无数应对的方法，这是用"两可"（即双重论证）的手法，把子产命令条文中许可和不许可的区别搞乱。《吕氏春秋·离谓》批评邓析之流的诡辩，是"言意相离"，即语言和意义脱离。又说："辞者，意之表也。鉴其表而弃其意，悖。"即言词是意义的表达，仅根据语言的表面，而抛弃语言的意义，会导致悖谬。批评切中肯綮。

第二个案例，郑国的洧水暴涨，有个富人被洪水淹死。有人捞得富人的尸体。富人家属请求赎回尸体。捞得尸体的人，要赎金太多。富人家属发愁了，告诉邓析，请他想办法。邓析说："安心等待吧！捞得尸体的人，必然不会把尸体卖给别人！"

大热天，尸体易腐。捞得尸体的人发愁了，告诉邓析，请他想办法。邓析说："安心等待吧！富人必然没有别处可以赎回尸体！"邓析用"安心等待吧"这同一个办法，回答在同一事情上利益相反的双方，这叫"两可之说"，是双重论证。

第三个案例，子产治理郑国，邓析总是设法为难他。他跟有狱讼案件的百姓约定，大官司，收取一件外衣的费用，小官司，收取一件内衣或裤子的费用。百姓付费，向他学习打官司的人，多得数不过来。

邓析把"非"说成"是"，把"是"说成"非"，是非没有标准。成立和不成立，每天都在变化。他想让谁胜，谁就能胜。想让谁有罪，谁就能被判有罪。于是郑国大乱。百姓七嘴八舌，说啥的都有。

"可与不可日变"，是"两可"式的双重论证。宋黄震《黄氏日抄》卷五十六说："然则（邓）析盖世所谓教唆者之祖矣。"意即邓析是世人所谓教唆犯的老祖宗。《墨经》有一条材料，实际上是批判邓析之流"两可"式的双重论证，反对邓析式为主犯和从犯都做无罪辩护的相对主义诡辩。

《经下》说："唱和同患，说在功。"《经说下》说："'唱无过：无所用，若稗。和无过：使也，不得已。'唱而不和，是不学也。智少而不学，功必寡。和而不唱，是不教也。智多而不教，功适息。使人夺人衣，罪或轻或重；

使人予人酒，功或厚或薄。"

沈有鼎在《〈墨经〉中有关原始诡辩学说的一个材料》中说："几年前我在《墨经》中发现了一条和狱讼有关的原始诡辩学说，其来源可能要上溯至邓析，但其严密精炼的形式看起来是战国时代的辩者学派所赋予的。"[1]

沈有鼎所说"《墨经》中有关原始诡辩学说的一个材料"，就是上面这段引文。下面分别解释。"唱无过：无所用，若稗。"即主犯是没有过错的，因为主犯的指使，没有直接发生社会危害性，犹如稻田里的稗草。把其中的推论环节补充完整，形式如下：

> 无所用无过。
> 唱无所用。
> ∴唱无过。

释文：

> 凡没有直接发生社会危害性的是没有过错的。
> 凡主犯是没有直接发生社会危害性的。
> ∴凡主犯是没有过错的。

辩者推论 1，见表 39。

表 39　　　　　　　　　　辩者推论 1

辩者推论 1	因明三支式	亚氏三段论
无所用无过	喻体	大前提：所有 M 是 P
唱无所用	因	小前提：所有 S 是 M
唱无过	宗	结论：所有 S 是 P
若稗	喻依	S'

"和无过：使也，不得已。"即从犯是没有过错的，因为从犯是被指使的，

---

① 《沈有鼎文集》，436 页。

是不得已而为的。把其中的推论环节补充完整，形式如下：

> 不得已无过。
> 使也不得已。
> ∴使也无过。
> 使也无过。
> 和使也。
> ∴和无过。

释文：

> 凡不得已的是没有过错的。
> 凡被指使是不得已的。
> ∴凡被指使是没有过错的。
> 凡被指使是没有过错的。
> 凡从犯是被指使的。
> ∴凡从犯是没有过错的。

辩者推论 2，见表 40。

表 40   辩者推论 2

不得已无过	所有 M_1 是 P
使也不得已	所有 M_2 是 M_1
使也无过	所有 M_2 是 P
和使也	所有 S 是 M_2
和无过	所有 S 是 P

以上"凡主犯是没有过错的"和"凡从犯是没有过错的"，是邓析之流为主犯和从犯都做无罪辩护的相对主义诡辩，是"两可"式的双重论证。《墨经》反对邓析之流为主犯和从犯都做无罪辩护的相对主义诡辩和"两可"式双重论证。

《墨经》说："唱和同患，说在功。""唱而不和，是不学也。智少而不学，功必寡。和而不唱，是不教也。智多而不教，功适息。使人夺人衣，罪或轻或重；使人予人酒，功或厚或薄。"《墨经》的论点是：唱和双方都有祸患，即犯罪过程的主犯和从犯都有罪过。论证的理由在于唱和双方的行为都有实际功效。《经说下》使用了三个譬喻。

譬喻一：教学过程的教师和学生都有功劳。教师唱而学生不和，是学生的学习积极性不高；学生智慧少而不积极学习，教育的功效必然寡少。学生和而教师不唱，是教师教育的积极性不高；教师智慧多而不积极教育，教育的功效恰恰等于零。在教育活动中，教师与学生双方的作用虽有多有少，但并不是都没有作用。

譬喻二：使人剥夺别人衣服，双方都有罪。指使人去抢夺别人的衣服，指使者和被指使者的罪过虽有轻有重，但不能说都没有罪过。

譬喻三：使人赠与别人酒，双方都有功。指使人送酒给别人，指使者和被指使者的功劳虽有厚有薄，但也并不是都没有功劳。

《经说下》使用这三个譬喻，是为了类比说明邓析之流为主犯和从犯都做无罪辩护的错误和荒谬。最早的诡辩家邓析，是民间律师，招收徒弟，征收学费，教人诉讼，论证主犯和从犯都没过错，为了金钱而帮罪犯脱罪，为人所不取。

《淮南子·诠言训》说，邓析是"巧辩而乱法"的典型。这是《墨经》中出现的驳斥邓析之流为主犯和从犯都做无罪辩护的相对主义诡辩和"两可"式双重论证的典型事例。《墨经》的逻辑概括，包含邓析的双重论证跟墨家的反驳两种对立因素。其逻辑脉络如下。

假定有一犯罪案件。一人是主犯，一人是从犯。邓析为主从二犯，均作"无罪"辩护。说主犯无罪，因他未亲自实施犯罪，像稻田的稗子，无所用，无过错。从犯无罪，因他是受主犯指使，不得已而为。这是双重论证。

按前一半论证，主犯因未亲自实施犯罪，无罪，则从犯因亲自实施犯罪，应有罪。按后一半论证，从犯因受主犯指使，不得已而为，无罪，则主犯因是指使者，应有罪。邓析的双重论证，随意取一半，舍一半，两头各取对自己有利的一半，回避对自己不利的一半，构成自相矛盾的悖论，相对主义的诡辩。①

邓析是民间律师，招收徒弟，征收学费，教人学讼，论证主犯和从犯均无过错。为了赚钱，帮主从二犯双方脱罪。所以《淮南子·诠言训》说，邓析"巧辩而乱法"。黄震《黄氏日抄》卷五十六说："（邓）析盖世所谓教唆者之祖矣。"即邓析是世人所说教唆犯的老祖宗。

《庄子·天下》载惠施说："南方无穷而有穷。"有穷性能论证；无穷性能论证：双重论证。公孙龙奇辞怪说"轮不碾地"，论证机械运动的连续性和非间断性；"飞鸟之影未尝动也"，论证机械运动的非连续性和间断性。连续性和非连续性，间断性和非间断性，都能论证：双重论证。

《庄子·秋水》载公孙龙"合同异，离坚白，然不然，可不可"。公孙龙对同异、坚白的对立面，既能合，又能离。然、可（P），能说成不然、不可（非P）。不然、不可（非P），能说成然、可（P）。这都是辩者构造双重论证的素材。

秦赵相约，是历史上有名的双重论证的故事。《吕氏春秋·淫辞》载："秦赵相与约，约曰：'自今以来，秦之所欲为，赵助之；赵之所欲为，秦助之。'居无几何，秦兴兵攻魏，赵欲救之，秦王不悦，使人让赵王曰：'约曰，秦之所欲为，赵助之；赵之所欲为，秦助之。今秦欲攻魏，而赵因欲救之，此非约也。'赵王以告平原君，平原君以告公孙龙，公孙龙曰：'亦可以发使而让秦王曰，赵欲救之，今秦王独不助赵，此非约也。'"

即秦国跟赵国签订条约说："从今以后，秦国想做的事，赵国帮助；赵国想做的事，秦国帮助。"没过多久，秦国兴兵攻打魏国，赵国想救魏国，秦王不高兴，派使臣责备赵王说："条约规定，秦国想做的事，赵国帮助；赵国想做的事，秦国帮助。现在秦国想攻打魏国，而赵国却帮助魏国抵抗秦国，这违反条约规定。"

赵王把这一情况告诉平原君，平原君又告诉公孙龙，公孙龙说："赵国也可以派使臣责备秦王说：赵国想解救魏国，现在秦王偏偏不帮助赵国解救魏

---

① 参见《沈有鼎文集》，436页。

国，这违反条约规定。"这是论题含混导致的秦赵矛盾论证（双重论证）。秦赵双重论证，见表 41。

表 41　　　　　　　　　　　　　　秦赵双重论证

双重论证	秦国论证	赵国论证
大前提（喻）	秦之所欲为，赵助之	赵之所欲为，秦助之
小前提（因）	今秦欲攻魏	今赵欲救魏
结论（宗）	赵应助秦攻魏	秦应助赵救魏

秦国和赵国所订条约的内容："从今以后，秦之所欲为，赵助之；赵之所欲为，秦助之。"对秦国和赵国双方产生同样的权利和义务，有同等的约束力，但在"秦国兴兵攻打魏国"的问题上，恰巧秦国跟赵国双方的利益和对策相反。

公孙龙学说的宗旨，是"正名实而化天下"，所以当"秦兴兵攻魏，赵欲救之"，秦王派人指责赵王违反条约时，公孙龙建议："亦可以发使而让秦王曰，赵欲救之，今秦王独不助赵，此非约也。"

沈有鼎说："'亦可'二字，正好说明公孙龙是继承了邓析的'两可'的诡辩传统的"，"因为公孙龙用的基本上是'两可'的逻辑"。这里所谓"两可的逻辑"，类似古希腊智者的双重论证，即矛盾的论证同时成立，各有道理，无法调和。这种争论，能够从反面推进逻辑思维的发展。

这是因论题含混，导致双重论证。秦赵相互指责，从同一有效前提，推出矛盾结论，构成悖论式的双重论证。从语言的明确性和准确性来说，"秦赵相约"的条文"自今以来，秦之所欲为，赵助之；赵之所欲为，秦助之"，语义含混。

盟约条文预先埋伏做出矛盾论证的前提，遇到对秦赵利益相反的案例，势必发生"两可"的争辩。这一盟约条文的规定，在秦赵双方利益一致的情况下，没有问题，而在双方利益冲突的情况下，会发生争论，等于预埋各自做出矛盾解释的祸种。

公孙龙建议赵王"亦可"，沿袭邓析"两可"式双重论证的传统，酷似西方哲学家的"二律背反"。秦赵两国相互指责的说辞是悖论：赵反秦救魏和赵助秦攻魏矛盾，秦反赵救魏和秦助赵救魏矛盾。

这是从同一前提，或两组有效前提，推出互相矛盾的结论，是矛盾论证（双重论证），类似西方的"二律背反"，希腊文 antinomos，拉丁文 antinomies，英文 antinomy，即从公认的论据，证明互相矛盾的论题。

智辩派的双重论证，从任何事物都有矛盾两重性的前提出发，朝谬误方向跨越，抹杀事物对立统一的具体性，抽象断言两个相反命题同时成立，构成自相矛盾的悖论，相对主义的诡辩。墨家和亚里士多德，朝科学方向跨越，扬弃智辩派的双重论证，总结思维规律，升华逻辑理论。

中西智辩派虽共用双重论证的思维模式，但东西方对智辩派学说的元（后设）研究，有久暂深浅的不同。西方逻辑学史料研究，历史悠久，精密深广。如普罗泰戈拉双重论证的故事素材，被后来研究者施加元（后设）研究的精密化处理，使之呈现形式推演的美感。

中国逻辑学史料的精密和科学研究，在当今亟待加强。如汉籍所载辩者两可式双重论证的故事素材，却依然保留着原始诡辩的朴素状态，期待今人用现代工具，对传统逻辑学史料，施加元（后设）研究的精密化处理，使其跟普罗泰戈拉的双重论证一样，呈现形式推演的美感。

比较中西智辩派双重论证的思维模式，可说是同异互见，"同异交得"（《墨经》语），即同一性和差异性互相渗透，同时把握。通过比较，把握异中之同，同中之异，体现辩证思维的全面性理则，获取比较逻辑学的科学性美感。

《荀子·正名》说："凡同类同情者，其天官之意物也同，故比方之疑似而通。"客观世界和认识器官的相同，决定东西方人类逻辑学的本质相同。东西方人类语言形式的不同，决定其逻辑学的表现各异。随全球一体化现代化的发展，人类同一逻辑学的表现也会更加趋同。

4. 惠邓怪说

惠施（公元前 370—前 310）是战国中期名家学派的著名代表人物。公元前334—前322年，惠施做魏惠王的宰相，为魏惠王立法，主张"去尊"（各诸侯国平等相待），主谋齐、魏两诸侯国互相承认对方为"王"，倡导联齐抗秦的策略，是当时合纵（联合弱国进攻强国）主张的实行者、组织者。

公元前322年惠施去宋国，跟庄子交游论学，有著名的"濠梁之辩"。前318年使楚，跟南方怪人黄缭，辩论"天地所以不坠不陷，风雨雷霆之故"。前316年使赵，跟"天下之辩者"谈辩，讨论逻辑和诡辩的诸多论题。

《庄子·天下》说："惠施多方，其书五车。"惠施博学多才，著述甚丰，影响甚大，当时跟儒墨并称。东汉班固《汉书·艺文志》"名家"类著录"《惠子》一篇"，班固自注："名施，与庄子并时。"

《荀子·非十二子》论惠施和邓析的辩论说："好治怪说，玩奇辞，甚察而不急，辩而无用，多事而寡功，不可以为治纲纪，然而其持之有故，其言之成理，足以欺惑愚众，是惠施、邓析也。"

即爱好从事奇怪的论证，玩弄奇怪的命题，审察甚细但不合急用，辩论头头是道但没有用处，费力多但功效小，不能够作为治理的法则，但又坚持论点有论据，论证论点合乎道理和条理，完全能够欺骗迷惑愚昧的众人，这就是所谓惠施和邓析的辩论。

《荀子·不苟》说："山渊平，天地比，齐秦袭，入乎耳，出乎口，妪有须，卵有毛，是说之难持者也，而惠施、邓析能之。"即山渊一样平（特例），天地互比高（大宇宙观），齐秦两国互相连接（政治、经济、文化、军事、外交），从耳朵里进去，从嘴巴里出来（学语言），老妪有胡须（特例），鸟卵有毛（孵雏特定阶段），这些论证难以坚持，但惠施和邓析却能做到。

"奇辞怪说"，指奇怪的命题和论证。"奇"、"怪"，指与常识相反，与常理相悖。"奇辞怪说"，即奇论、怪论、反论、异论、悖论和谬论。"辞"指命题，"说"指论证。《小取》说："以辞抒意，以说出故。"

荀子对惠施和邓析辩论的这种评论，跟古希腊智者普罗泰戈拉等的基本思想相似。即从任一命题，都可以找出一个相反命题，可以驳斥和攻击别人的任一命题；对任一命题，都可以做出两个相反的论证；在任何情况下，一个人只要说话机灵，他就能做出一个相反的论证。以下分析荀子列举惠施和邓析辩论的部分论题。

（1）"山渊平"。即山和渊一样平。《庄子·天下》引辩者说"山与泽平"。"山渊平"的命题跟辩者说"山与泽平"同类。《经上》说："平，同高也。""山渊平"即山和渊一样高。"山"的定义：地面上由土石构成的隆起部分。地理学术语，指陆地表面高度较大和坡度较陡的隆起地貌。如说"山高水深"。"渊"的定义：深水、深潭。如《诗·小雅·小旻》："如临深渊"。按照山和渊的定义和一般概念，应该建立命题："山渊不平。"惠施、邓析在辩论中，故意建立反命题："山渊平。"

惠施、邓析对这一命题的论证，能"持之有故，言之成理"。"持之有故"，即坚持论点有论据。"言之成理"，即论证论点合乎道理和条理，也就是大前提和推论形式正确。即惠施、邓析"山渊平"的辩论，从"持之有故，言之成理"的角度看，是正确的。

但荀子还要求"辩则尽故"和"推类而不悖"，即辩论要全面列举根据，推演类别不能发生矛盾。惠施、邓析"山渊平"的辩论，违反"辩则尽故"和"推类而不悖"的原则，没有全面列举根据，推演类别发生矛盾，而只是列举部分根据，推演过程与山渊的一般类概念发生矛盾。

撇开山渊一般情况、定义和概念，只根据个别事实，推论一般命题，这种论证方法叫"特例概括"、"以偏概全"、"逆偶然"（从偶然事例反推一般原则）。山渊一般情况、定义和概念，是山高渊低。"山渊平"的诡辩论证是说，从偶然的特例看，高原之渊和平原之山相比，是一样平。这是用个别特例，代替一般概念。

荀子说，"山渊平"，"此惑于用实以乱名者也。验之所缘以同异，而观其孰调，则能禁之矣"。即"山渊平"的诡辩，是用个别实体，搞乱一般名称，否定一般概念。解决方法，是用区分同异的认识论原则检验，看是否跟全面事实和一般类概念协调一致，就能禁止。

（2）"天地比"。即天地互比高，天地一样高。唐陆德明《经典释文》说："若宇宙之高，则天地皆卑。"唐成玄英疏："以道观之，则山泽均平，天地一致矣。"唐杨倞《荀子·不苟》注："比谓齐等也。天地长亲比相随，无天高地下之殊也。在深渊则天亦下。地去天远近皆相似。"宋林希逸《口义》卷十说："天气有时下降。泽之气可通于山。"

常识是天高地低，天壤有别。惠施、邓析从另一角度看，站在另一个地方，天地看来一样高。比如说人在地上看天，觉得天比地高。但人站在天上看，地在高处，天在低处。要看站在什么地方，参考点在哪里。所以"天地比"，在某种意义上不是诡辩，是合理的猜测，有科学知识的因素。

（3）"齐秦袭"。即齐秦两国互相连接。唐杨倞《荀子·不苟》注："若以天地之大包之，则曾无隔异。"齐国跟秦国之间，还隔有许多国家，从地理上说不连接，但从政治、经济、文化、军事、外交等角度看，互相连接。

（4）"妪有须"。即老妪有胡须。清俞樾说："妪无须，而谓之有须，说之难持也。""妪有须"的诡辩，是特例概括。有的老年妇女有胡须，这是用特例概括一般，用不正常事件概括正常事件。

（5）"卵有毛"。即鸟卵有毛，鸡蛋有毛。唐杨倞《荀子·不苟》注引晋司马彪说："胎卵之生，必有毛羽。毛气成毛，羽气成羽，虽胎卵未生，而毛羽之性亦著矣。"清宣颖说："卵无毛，则鸟何自有也？"

鸡蛋没有毛。诡辩家的诡辩过程是说，鸟或鸡是怎么生出来的？是经过鸟或母鸡孵出来的。那是用它胸部体温的热度，孵够天数，就孵出小鸡。刚变成小鸡，还没破壳而出时，它是小鸡，有毛，但它还没有破壳而出，它就既是鸡蛋，外壳没毛，又是小鸡，壳内有毛。这是特例概括，是从母鸡孵小鸡一个特殊时刻（既是卵，又是鸡的时刻），概括鸡蛋（卵）存在的全过程。

（6）"入乎耳，出乎口"。即从耳朵进去，从嘴巴出来。这也算"奇辞怪说"。因为一个有形的物体，"从耳朵进去，从嘴巴出来"，很难想象。但"入乎耳，出乎口"，不像"山渊平，天地比，齐秦袭，妪有须，卵有毛"那样，明显地是一个反命题，而更像是谜语："从耳朵进去，从嘴巴出来——打一事物。"唯一谜底是："语言学习过程。"因为只有"语言学习过程"，是"从耳朵进去，从嘴巴出来"。

儿童听老师教语言，是"从耳朵进去"。儿童跟老师学语言，是"从嘴巴出来"。幼儿生下来，不会说话。妈妈教幼儿学说话，要不断把语言从幼儿耳朵灌进去。这一动作，被重复很多次，幼儿终于会把妈妈所教的语言，从嘴巴说出来。这种语言学习过程，不就是"入乎耳，出乎口"吗？

5. 惠施十事

《庄子·天下》论惠施的"历物之意"说："惠施多方，其书五车。其道舛驳，其言也不中。历物之意曰：至大无外，谓之大一。至小无内，谓之小一。无厚不可积也，其大千里。天与地卑，山与泽平。日方中方睨，物方生方死。大同而与小同异，此之谓小同异；万物毕同毕异，此之谓大同异。南方无穷而有穷。今日适越而昔来。连环可解也。我知天下之中央，燕之北、越之南是也。泛爱万物，天地一体也。惠施以此为大观于天下，而晓辩者，天下之辩者，相与乐之。"

即惠施博学，他的著作有五大车之多。但他的学说，道理驳杂不纯，说话不中肯綮。他分析万物所得的结论是：最大的没有外边，叫做大一。最小的没有里边，叫做小一。没有厚度的东西不能够累积，但可以大到千里。天跟地一样高，山跟泽一样平。太阳正在中午，就正在往西偏斜；万物正在产生，就正在死亡。

大同跟小同不同，这叫做小同异。万物都相同，万物都相异，这叫做大同异。南方是无穷的，又是有穷的。今天动身到越国去，但是昨天就已经来到了。连环是可以分解的。我知道天下的中央，可以是燕国的北边、越国的南边。普遍地热爱万物，天地是一个整体。惠施把这些作为对天下整体观察的结果，来让辩者们了解，天下的辩者都很快乐地跟惠施讨论。

《庄子·天下》论惠施的"历物之意"的特点说："惠施日以其知，与人之辩，特与天下之辩者为怪，此其柢也。然惠施之口谈，自以为最贤，曰：'天地其壮乎！'施存雄而无术。南方有倚人焉，曰黄缭，问天地所以不坠不陷、风雨雷霆之故，惠施不辞而应，不虑而对，遍为万物说，说而不休，多而无已，犹以为寡，益之以怪。以反人为实，而欲以胜人为名，是以与众不适也。弱于德，强于物，其涂隩矣。

由天地之道，观惠施之能，其犹一蚊一虻之劳者也，其于物也何庸？夫充一尚可，曰愈贵道几矣。惠施不能以此自宁，散于万物而不厌，卒以善辩为名。惜乎惠施之才，骀荡而不得，逐万物而不反，是穷响以声，形与影竞走也，悲夫！"

即惠施天天用他的知识，与人辩论，特地跟天下的职业辩论家制造怪异的议论，这里所说的是其议论的大致梗概。但是，惠施自以为他的口才是天下最出众的。惠施说："天地能够跟我比强吗？"惠施有才能称雄，但是没有保存才能的技巧。

南方有一个奇人，叫黄缭，他问：天为什么会不坠落？地为什么会不下陷？什么是风雨雷霆产生的原因？惠施不推辞就回应，不思虑就对答，普遍地为万物做出解说，说起来没完，话多得不得了，还嫌说得不够，又增加许多怪异的说法。他以违反人的常识为实在，而想博得胜过别人的名声，所以就跟众人合不来。轻视德行，强于万物，他的道路不广。

从天地的大道，观看惠施的才能，他就像一只蚊子、牛虻一样，劳碌费力，对万物能有什么用呢？充当一方专才还可以，要说他比道学还胜一筹，则谈不上。但是惠施不能安于现状，分散精力于万物而不觉厌烦，最终只是博得善辩的名声。真可惜惠施这个有才能的人，放荡精神而无所得，追逐万物而不知返回，这是用声音来追逐回响，用形体与影子竞走，真是可悲！

所谓"历物之意"，是惠施对宇宙万物整体分析的结论。"意"是判断，结论。"大观"是从大处看，整体观察。"历"是分析。成玄英疏："历览辩之。"唐陆德明《经典释文》注："分别历说之。"以下分析惠施十条"历物之意"，通常叫历物十事，或惠施十事。

（1）"至大无外谓之大一，至小无内谓之小一"。这是用特征描述的方法，定义"无限大"和"无限小"的哲学概念，表示宇宙空间在宏观和微观两个角度上的无限性。胡适将"至大"、"至小"翻译为英文 great unit，little unit。

《庄子·秋水》论"至大"、"至细"说："何以知毫末之足以定至细之倪（度量的标准）？又何以知天地之足以穷至大之域？"唐成玄英疏："囊括无外，谓之大也。入于无间，谓之小也。"《管子·心术上》："其大无外，其小无内。"唐尹知章注："所谓大无不包，细无不入也。"

（2）"无厚不可积也，其大千里"。几何学上"面积"的概念，只有长和宽两个维度，在长和宽两个维度上，可以大到千里，但没有厚度（高度）这一维，所以不能够累积。这是先秦诸子谈论的名辩论题。

《庄子·养生主》说："彼节者有间，而刀刃者无厚。以无厚入有间，恢恢乎其于游刃必有余地矣。"即刀刃薄到极点，可以看做"无厚"。《经上》说："端，体之无厚而最前者也。"几何学上"点"的概念，没有长、宽和高（厚度）；"线"的概念，有长度，没有宽度和高度（厚度）；"面"的概念，有长度和宽度，没有高度（厚度）。

儒家和法家秉持泛政治主义主张，反对讨论这种自然科学问题。《荀子·修身》说："坚白、同异、有厚、无厚之察，非不察也，然而君子不辩，止之也。"《韩非子·问辩》说："坚白、无厚之词彰，而宪令之法息。"

《吕氏春秋·君守》说："坚白之察，无厚之辩外矣。"晋代鲁胜《墨辩注序》肯定"名必有分，明分莫如有无，故有无厚之辩"。但是由于先秦以后思想界不再讨论"无厚之辩"，鲁胜的《墨辩注序》的传抄者，把"无厚"一词，错写为"无序"。

（3）"天与地卑，山与泽平"。这跟惠施、邓析的"山渊平，天地比"命题一样，是跟常识相悖的"反论"，意在说明天地、山泽的差别是相对的。《经上》说："平，同高也。"晋李颐说："若宇宙之高，则天地皆卑。天地皆卑，则山与泽平矣。"从惠施"大一"即无限大的观点出发，局部"天高地低，山泽不平"的差别，可忽略不计。

（4）"日方中方睨，物方生方死"。运动着的物体，同一瞬间，既在一个地方，又不在一个地方。新陈代谢是宇宙间永远不可抵抗的规律。"方"，即刚刚、开始、正在，是现在时间模态，表示正在发生的事实状态，意谓现存的，即是过去的，公式是"方 P 并且方非 P"。

《庄子·齐物论》说："方生方死，方死方生。"唐成玄英疏："居西者呼为中，处东者呼为侧，则无中侧也。日既中、侧不殊，物亦死生无异也。"宋林希逸《口义》："日方中之时，侧而视之则非中矣，则中谓之侧亦可。"这是对万物运动本质的正确描述，是中华民族理论思维的结晶。

（5）"大同而与小同异，此之谓小同异；万物毕同毕异，此之谓大同异"。唐杨倞《荀子·修身》注："同在天地之间，故谓之大同。物各有种类所同，故谓之小同。万物总谓之物，莫不皆同，是万物毕同。若分而别之，则人耳目鼻口百体，草木枝叶花实，无不皆异，是物毕异也。"

《庄子·德充符》说："自其异者视之，肝胆楚越也。自其同者视之，万物皆一也。"《荀子·富国》说："万物同宇而异体。"《吕氏春秋·有始》说："天地万物，一人之身也，此之谓大同。众耳目鼻口也，众五谷寒暑也，此之谓众异。"

荀子从外延区分概念种类：大共名、共名和别名。如："物"、"人"和"孔子"。《经上》从外延区分概念种类：达名、类名和私名。如："物"、"马"、"臧"（一个人的名字）。《经说上》说："二必异。"即两个个体必然相异。如世界上没有两片完全相同的树叶。从荀子"大共名"和《经上》"达名"说，"万物毕同"，都是"物"。

从荀子"小别名"和《经上》"私名"说，"万物毕异"，即每一个别事物都不同。"万物毕同"和"万物毕异"，是一对反对命题，从这两个命题出发，可以做出一个双重论证。"大同而与小同异"，是最高类概念之下所有类概念的层级，如动物学"界、门、纲、目、科、属、种"所有类概念的层级。这是哲学和逻辑学的科学同异观和分类方法。今日仍是符合科学、精到准确的。

（6）"南方无穷而有穷"。南方的无穷性，可以从宇宙空间的无穷性中引申出来。惠施、《庄子》、《管子》和《墨经》，都有宇宙空间无穷性的观点。本条表明惠施具有宇宙空间是无穷性和有穷性对立统一的辩证观点，这是古人抽象理论思维的成果。古人通常把抽象的理论思维命题，转化为具体的辩题。本条所谓"南方"是举例说明，"南方无穷而有穷"，很容易类推其他各方也如此，并概括为整个宇宙空间都如此。

（7）"今日适越而昔来"。如果"今"和"昔"是同一个人的称谓，并就现在时和过去时的通常语义而言，这显然是一个悖论和荒谬的说法。但是从科学猜想和知识分析，可以合理解释。汉《周髀算经》说："日在东极，东方日中，西方夜半。"即东人说今日到越，西人说是昨天来到。

数理逻辑学家莫绍揆在《百科知识》1982 年第 7 期发表《逻辑学的兴起》一文说，只要以超过地球自转的速度而往西行，必将会出现下列现象：在东方 10 时启程，到达西方时却是 9 时。如此解释，今昔概念有相对性，今昔可变。就某一人 x 而言，今天动身到越国去，对另一人 y 而言，x 昨天就已经来到了。这是"今去"变"昔来"。

(8)"连环可解也"。综合古今对这一命题的解释，这个"解"有歧义。我归纳"解"有五种不同的含义。

a. 以连环可通转为可"解"。以连环可"各自通转"为由，说"连环可解"，实际是以"不解为解"，因为在这种情况下，并没有改变连环的套连结构，而只用语言解释，就说"连环可解"。

晋司马彪注："连环所贯，贯于无环，非贯于环也。若两环不相贯，则虽连环，故可解也。"唐成玄英疏："夫环之相贯，贯于空处，不贯于环也。是以两环贯空，不相涉入，各自通转，故可解者也。"宋林希逸《口义》卷十说："两环相连，虽不可解，而其为环者，必各自为圆，不可以相粘。"

b. 以指出不可解为"解"。《淮南子·人间训》说："夫兒说之巧，于闭结无不解，非能闭结而尽解之也，不解不可解也。至乎以弗解解之者，可与及言论矣。"《说山训》说："兒说之为宋王解闭结，此皆微眇可以观论者。"

《吕氏春秋·君守》说："鲁鄙人遗宋元王闭，元王号令于国，有巧者皆来解闭。人莫之能解。兒说之弟子请往解之，乃能解其一，不能解其一，且曰：'非可解而我不能解也，固不可解也。'问之鲁鄙人。鄙人曰：'然，固不可解也。我为之，而知其不可解也。今不为，而知其不可解也，是巧于我。'故如兒说之弟子者，以不解解之也。"

c. 以人为解体为"解"。《战国策·齐策六》说："秦始皇尝使使者遗君王后玉连环，曰：'齐多知。而解此环不?'君王后以示群臣，群臣不知解。君王后引椎椎破之，谢秦使曰：'谨以解矣!'"这个故事，是以打碎（即人为解体）为解。

d. 以自然分解为解。冯友兰说："连环是不可解的，但是当它毁坏的时候，自然就解了。""连环存在的时候，也就是它开始毁坏的时候，也就是它开始解的时候。"[1]

e. 以方程解为解。胡适说："对于计算这连环的圆周和半径的数学家来说，每一环都可看做是与他环分离的。它们之彼此扣接，完全没有给他带来任何困难。"[2] 这是以解数学方程（计算连环的圆周和半径）为"解"。

（9）"我知天下之中央，燕之北、越之南是也"。从宇宙无限大的观点出发，任何地理位置上的"中央"（中心）都是相对的。宇宙在长宽高三维上都是无限的，其中任何一点，都可以为"中"。

《庄子·秋水》说，四海与天地相比，犹如小穴与大泽；中国之在海内，犹如粒米之在大仓。晋司马彪注："燕之去越有数，而南北之远无穷。由无穷观有数，则燕越之间未始有分也。天下无方，故所在为中。"

宋林希逸《口义》卷十说："燕北越南，固非天下之中，而燕人但知有燕，越人但知有越，天地之初，彼此皆不相知，则亦以其国之中，为天地之中也。"《经上》论"同异交得"一例为："中央，旁也。"任一 A 圆的圆心（中央），可以位于另一 B 圆的圆周（旁）。惠施本条"历物之意"，富有科学意义。

（10）"泛爱万物，天地一体也"。惠施第十条的重点和关键词是"天地一体"，即天地是一个整体，人之所以要普遍地热爱万物，就是因为天地万物是一个整体。这种天地万物的大整体观，即前面第五条所说的"大同"和"万物毕同"。因为天地万物，包括人在内，都是属于"物"，人类是天地万物整体中的一部分，每个人是"万物毕异"的个体、分子。

天地人是一整体的观念，是制约一切人类活动的前提。《吕氏春秋·有始》说："天地万物，一人之身也，此之谓大同。众耳目鼻口也，众五谷寒暑也，此之谓众异，则万物备也。""大同"和"众异"，是惠施"万物说"中的关键词。冯友兰说，《吕氏春秋·有始》的议论，可能抄自惠施的"万物说"，

---

① 冯友兰：《中国哲学史新编》，第 2 册，153 页，北京，人民出版社，1984。
② 胡适：《先秦名学史》，101～102 页。

而《有始》一篇，可能是惠施万物说的绪论。①

惠施的"历物之意"，是普遍观察万物所得的结论，其中第十条，更是从前面九条的归结。胡适说，惠施的第十个"反论"，可以被认为是全部论证的寓意，其余九条要表明"天地一体"，因而要"泛爱万物"。②

胡适认为，惠施的"反论"，像古希腊爱利亚的芝诺一样，"是导向证明宇宙的一元论的"。《庄子·天下》说惠施"遍为万物说"，"强于物"，"散于万物而不厌"，"逐万物而不反"，所以惠施的"万物说"，是从万物出发的宇宙一元论。

惠施在当时提出"普遍爱万物，天地是一个整体"的观点，有超时代的积极现实意义。"普遍爱万物"，可引申出环境保护的思想。"天地是一个整体"的观念，对世界资源的保护和利用，有害物质的排放和处理，可能引发地震等灾害的大型工程设计和建造，宇宙空间的开发和利用等，都是一个正确的出发点。这是惠施所发现古代真理的现代意义。

6. 辩者相应

跟惠施同时的辩者，听到惠施的十个辩题，高兴极了，立马列出二十一个辩题，作为对惠施的回应。《庄子·天下》记载说："卵有毛。鸡三足。郢有天下。犬可以为羊。马有卵。丁子有尾。火不热。山出口。轮不蹍地。目不见。指不至，至不绝。龟长于蛇。矩不方，规不可以为圆。凿不围枘。飞鸟之影未尝动也。镞矢之疾，而有不行不止之时。狗非犬。黄马骊牛三。白狗黑。孤驹未尝有母。一尺之棰，日取其半，万世不竭。辩者以此与惠施相应，终身无穷。桓团、公孙龙，辩者之徒，饰人之心，易人之意，能胜人之口，不能服人之心，辩者之囿也。"

即跟惠施同时的辩者，用这一类的论题，同惠施相应，一辈子也辩论不完。桓团、公孙龙，是职业辩论家的杰出门徒，他们能蒙蔽人心，偷换概念，能使人口服，不能使人心服，这是职业辩论家的局限。以下分析跟惠施同时

---

① 参见冯友兰：《中国哲学史新编》，第 2 册，147～148 页。
② 参见胡适：《先秦名学史》，98～99 页。

的辩者同惠施相应的辩题。

（1）"卵有毛"。这是混淆可能性与现实性、混淆或然与实然命题的诡辩。

（2）"鸡三足"。即鸡有三只足。《公孙龙子·通变论》说："谓鸡足，一。数足，二。二而一，故三。谓牛羊足，一。数足，四。四而一，故五。牛羊足五，鸡足三。"这是混淆集合和元素的诡辩，违反不同类不能相加的算术规则。

（3）"郢有天下"。楚国首都"郢"的遗址，在今湖北江陵西北纪南城。从地理学上说，"郢"跟"天下"，是部分跟整体的关系，应该说"天下有郢"，不能说"郢有天下"。《墨经》用沈县（今河南固始）跟楚国的关系，类比驳斥"郢有天下"的诡辩。

《经下》说："荆之大，其沈浅也，说在有。"《经说下》解释说："沈，荆之有也。则沈浅非荆浅也。若易五之一。"即楚国大，沈县小，沈县为楚国所领有，只能说"楚国有沈县"，不能说"沈县有楚国"。沈县小，并非楚国小，沈县只占楚国的五分之一。

同理，只能说"天下有郢"，不能说"郢有天下"。"有天下"是有歧义的概念，其含义之一是"领有"、"占有"、"据有"。宋林希逸《口义》卷十说："郢有天下，言楚都于郢，而自为王，亦与得天下同矣。"清宣颖说："称王自大。楚君居郢而王，领有天下。"

（4）"犬可以为羊"。晋司马彪说："名以名物，而非物也。犬羊之名，非犬羊也。非羊可以名为羊，则犬可以名羊。郑人谓玉未理者曰璞，周人谓鼠未腊者亦曰璞。故形在于物，名在于人。"唐成玄英疏："名实不定，可呼犬为羊。"

宋林希逸《口义》卷十说："犬可以为羊，谓犬羊之名，出于人，而不出于物，使有物之初，谓犬为羊，则今人亦以为羊矣。谓羊为犬，则今人亦以为犬矣。"清宣颖说："犬、羊之名，皆人所命，若先名犬为羊，则为羊矣。"

《荀子·正名》说："名无固实，约之以命实，约定俗成谓之实名。名无固宜，约之以命，约定俗成谓之宜，异于约则谓之不宜。"这都说明，在命名初期，"犬"、"羊"之名，都有主观性、任意性，并无某些动物一定命名为

"犬"、"羊"的客观性、必然性。"犬可以为羊"的命题，如果是指这种意义，就是正确、科学的。

如果"犬"、"羊"之名，在汉语言范围内，已如荀子所说的"约定俗成"，则"犬"、"羊"之名，就成为"实名"和"宜名"（真实概念和合适的概念）。这时，如果再说"犬可以为羊"，就可能被理解为"犬的实体可以是羊的实体"。

这样"犬"、"羊"之名，就转化为"不实之名"和"不宜之名"（虚假概念和不合适的概念）。辩者把约定俗成后"犬"、"羊"之名的客观性和非任意性，偷换为命名初期"犬"、"羊"之名的主观性和任意性，是偷换概念、转移论题的诡辩手法。

（5）"马有卵"。马是胎生动物，但胎生动物是卵生动物进化来的，高级动物个体的发育史，约略重复种类发育史的主要阶段，马的个体发育史，约略重复胎生动物的前身卵生动物有卵的阶段，任一马的个体，都由受精卵的形态发育而来，所以科学的命题，是"任一马的个体，都经过有卵的阶段"，但如果进一步推论说"任一马的个体，都经过有卵的阶段，所以，马是卵生动物"，这就变成谬误的论证。

（6）"丁子有尾"。丁子，楚国方言指青蛙。宋林希逸《口义》卷十说："丁子虽无尾，而其始也实蝌蚪。化成蝌蚪，既有尾，则谓丁子为有尾亦可。"两栖类动物青蛙的幼体蝌蚪有尾，成长时先生后肢，继生前肢，蝌蚪变态而成为成体青蛙。"丁子有尾"的诡辩，是用青蛙成长发育过程的一个特殊阶段，即幼体蝌蚪有尾，以偏概全，把先期的局部特征，偷换为后期的全部特征。

（7）"火不热"。成玄英疏："譬杖加于体，而痛发于人，人痛杖不痛，亦犹火加体，而热发于人，人热火不热也。一云，犹金木加于人，有痛楚，痛楚发于人，而金木非痛楚也。"这是用人对热的主观感觉，取代物体热的客观性质，是一种主观唯心主义感觉论的诡辩。

《墨经》用朴素的经验论反驳。《经下》说："火热，说在视。"《经说下》解释说："谓火热也，非以火之热我有，若视日。"通常说"火是不热的"，并不是说"火热为我的感觉"。如可以亲自看太阳，检验一下太阳的热，究竟是从太阳发出的，还是我本身所具有的。

古希腊智者普罗泰戈拉说："在一阵风吹来时，有些人冷，有些人不冷；因此对于这阵风，我们不能说，它本身是冷的，或是不冷的。"这是"风不冷"的洋诡辩，跟"火不热"的土诡辩酷似。

（8）"山出口"。即山是从口中出来的。这一命题有歧义。如果理解为自然界的大山，是从人口里出来的，令人惊异。唐成玄英疏："山本无名，山名出自人口。在山既尔，万法皆然也。"这是说"山"的名称出自人口，推广来说，一切名称都是如此，这没有什么惊奇。

在方言中，至今把漫无边际地聊天、闲聊，叫"侃山"，"侃大山"，"说山"。这样，"山出口"的命题，就带有开玩笑的意味。开玩笑、谐谑和语言游戏，是古希腊智者和古中国辩者训练口才的职业练习。

黑格尔论古希腊智者说："我们所谓谐谑，在他们乃是正规行业。""许多关于他们的辩论艺术和他们的谜语的轶事，都是开玩笑的。""在柏拉图那里，我们也发现有这样一些开玩笑的、双关的话，用来嘲弄智者们，并指出他们把时间花在何等不重要的事情上面。诡辩派则走得还要远些。"

"从历史情况中我们看出，这种知道如何使别人陷入困境，并解除这个困境的辩证手法，乃是希腊哲学家所共有的，曾被用在公共场所，也被用在国王们的宴席上作为游戏。""在国王们的宴席上，有哲学家们的聪明的谈话和聚会，他们在互相嘲弄和寻开心。希腊人异常喜爱找出语言中和日常观念中所发生的矛盾。"

中国有类似情况。宋叶适《习学记言·荀子》说："战国群谈聚议，妄为无类之言，彼固自知其不可，而姑为戏，以玩一世，其贵人公子，亦以戏听之。"这是当时的一种社会风尚和学术风气。

（9）"轮不蹍地"。即车轮不蹍地。唐成玄英疏："夫车之运动，轮转不停。前迹已过，后涂未至。除却前后，更无蹍时。是以轮虽运行，竟不蹍于地也。"宋林希逸《口义》卷十说："行于地则为轮，才着地则不可转，则谓轮不辗地亦可。"清王先谦《集解》说："轮转不停，蹍地则何以转？"全面说，车轮在运转过程中，既蹍地，又不蹍地。机械运动轨迹，是间断性和非间断性、连续性和非连续性的对立统一。

车轮某一点，在某一时刻，既在地面某一点，又不在某一点。辩者"轮不碾地"的诡辩，肯定机械运动轨迹非间断性和连续性的一面，肯定车轮某一点，在某一时刻，不在地面某一点，而否定机械运动轨迹间断性和非连续性的一面，否定车轮某一点，在某一时刻，在地面某一点，引出片面结论。从思维方法上说，肯定其一，否定其二，是片面看问题，从推理方式上说，犯"论据不足"的归纳论证错误。

（10）"目不见"。即眼睛看不见。《公孙龙子·坚白论》说："白以目、以火见，而火不见，则火与目不见。"即白颜色是由眼睛和光线看见，但是光线看不见，所以光线和眼睛加一起也看不见。

这是混淆光线和眼睛对于视物的不同作用，从光线一种因素看不见，推出光线和眼睛两种因素的共同作用也看不见，犯"偷换概念"和"推不出"的逻辑错误。《经说下》说："以目见而目见，以火见而火不见。"区别"由眼睛看见"（视物器官）和"由光线看见"（视物条件）的不同作用，驳斥"目不见"的诡辩。

（11）"指不至，至不绝"。即指谓（语言，概念）有其所达不到之处，但其所达到之处是不会断绝的。清王先谦《集解》："有所指，则有所遗，故曰'指不至'。"即任何指谓，有其所指称和谓述之处，则必然会有所遗漏，所以说"指不至"。《列子·仲尼》引公孙龙说："有指不至，有物不尽。"即有指谓所达不到之处，则有物不被穷尽之处。

南朝刘义庆《世说新语·文学》说："客问乐令（乐广，官尚书令）'指不至'者，乐亦不复剖析文句，直以麈尾柄确几曰：'至不?'客曰：'至'。乐因又举麈尾曰：'若至者，那得去?'于是客乃悟服。乐辞约而旨达，皆此类。"乐广用麈尾柄点击案头又举起的动作，比喻"指谓"有"至物"和"不至物"两面，尽管解释的词句少，而意思却已经表达清楚，所以能使听众了悟佩服。

《经说下》说："指是鹤也，是以实示人也。"指着一个动物的个体说"这就是仙鹤"，这是把事物的实体指给别人看。《经下》说："所知而弗能指，说在春也、逃臣、狗犬、遗者。"有些知识，是不能指着说的，如死去的女奴、逃亡的臣仆、儿童不认识的"狗犬"的名称以及遗失不能重现的宝物等。"指不至，至不绝"的命题，表示认知是相对和绝对的统一。

（12）"龟长于蛇"。即乌龟比蛇长。晋司马彪说："蛇形虽长，而命不久。龟形虽短，而命甚长。"宋褚伯秀《南华真经义海纂微》卷一百零六说："龟长于蛇，论寿不论形。"理解"龟长于蛇"的命题，如果不加解释和限定，一般人的思维定势，是从形体角度看，认为"龟长于蛇"是不符合事实的悖论。如果把"长"理解为寿命，则"龟长于蛇"是符合事实的正确命题。这是有关一词多义和概念运用的逻辑命题。

（13）"矩不方，规不可以为圆"。即矩尺不能画方，圆规不能画圆。晋司马彪说："矩虽为方而非方，规虽为圆而非圆，譬绳为直而非直也。""矩不方，规不可以为圆"命题的积极意义，是强调一般和个别、概念和实体、抽象和具体的差异。任何一般只是大致地包括一切个别事物，任何概念只是大致地反映实体性质，任何抽象只是大致地反映具体事物。

"矩不方，规不可以为圆"命题的消极意义，是可以导向为相对主义、怀疑论和不可知论。《经上》说："圆，一中同长也。方，柱、隅四权也。"这是圆和方的概念。《经说上》说："圆，规写交也。方，矩写交也。"这是圆和方的作图方法。《墨经》的反命题，反映工匠经验和科学态度。

（14）"凿不围枘"。即榫眼围不住榫头。《周礼·考工记》说："调其凿、枘而合之。"晋司马彪说："凿、枘异质，合为一形。凿积于枘，则凿、枘异围。凿、枘异围，是不相围也。"唐成玄英疏："凿者，孔也。枘者，孔中之木也。然枘入凿中，本穿空处，不关涉，故不能围。"

宋林希逸《口义》卷十说："枘虽在凿之中，而枘之旋转，非凿可止，则谓之不围亦可，言围之不住也。"榫眼围榫头，有紧密程度的差异，有相对绝对的区别，"围"和"不围"都有歧义，不可一概而论，不可绝对化。

（15）"飞鸟之影未尝动也"。即飞鸟的影子从来没有动。《列子·仲尼》引公孙龙说："有影不移。影不移者，说在改也。"《经下》说："影不徙，说在改为。"《经说下》说："光至影亡，若在，尽古息。"

从运动的间断性、点截性、非连续性说，飞鸟的某一个影子，确实从来都没有动过。通常之所以觉得影动，是飞鸟与光源相对位置改变，旧影被新影所代替的结果。电影的一张胶片，照相术，录像的定格技术，都是"飞鸟之影未尝动"的案例。

（16）"镞矢之疾，而有不行不止之时"。即飞箭的一瞬间，既静止又运动，既在一点又不在一点。飞箭所经历的每一个空间点，都是既不行（静止，在一点），又不止（运动，不在一点），是矛盾对立方面的统一。这是"飞箭"等机械运动的辩证本性。

（17）"狗非犬"。晋司马彪说："狗犬同实异名。名实合，则彼所谓狗，此所谓犬也。名实离，则彼所谓狗，异于犬也。"宋林希逸《口义》卷十说："狗犬即一物也，谓之狗，则不可谓之犬矣。谓之犬，则不可谓之狗矣。故曰狗非犬。"

《经说下》说："所谓非同也，则异也。同则或谓之狗，其或谓之犬也。"《经下》说："知狗而自谓不知犬，过也，说在重。"《经说下》说："知狗重知犬则过，不重则不过。"《经下》说："狗，犬也。而杀狗非杀犬也不可，说在重。"《经说下》说："狗，犬也。杀狗，谓之杀犬，可。""狗非犬"的命题是否成立，可以按照《墨经》把人类知识分为名、实、合、为的四分法，加以分析。

a. 在"名知"（知道名称的知识）的场合，"狗非犬"成立，因为"狗"、"犬"毕竟是两个名称，知"狗"名不等于知"犬"名，老师必须对学生分别地教读认字和解释。

b. 在"实知"（知道实体的知识）的场合，"狗非犬"不成立，因为"狗"、"犬"两个名称，指同一个实体，"狗"名所指的实，等于"犬"名所指的实。

c. 在"合知"（知道名称和知道实体结合的知识）的场合，"狗非犬"不成立，因为"狗"的名实合知等于"犬"的名实合知。

d. 在"为知"（有意识行动的知识）的场合，"狗非犬"不成立，因为有意识地杀一条"狗"，等于有意识地杀一条"犬"。狗非犬命题，见表42。

表 42 狗非犬命题

知识种类	成立与否	解释
名知	成立	"狗"、"犬"是两个名称，知"狗"名不等于知"犬"名
实知	不成立	"狗"、"犬"两名指同一实体，"狗"名之实等于"犬"名之实
合知	不成立	"狗"的名实合知等于"犬"的名实合知
为知	不成立	有意识杀"狗"等于有意识杀"犬"

（18）"黄马骊牛三"。即黄马骊牛是三个东西。晋司马彪说："曰黄马，曰骊牛，曰黄马骊牛"，"牛马以二为三，兼与别也。""黄马骊牛三"的诡辩，是把"黄马"、"骊牛"两个元素，加上"黄马骊牛"一个集合，得出总量为三的结论，跟公孙龙"鸡三足"和"牛羊足五"是同一类诡辩。

（19）"白狗黑"。晋司马彪说："狗之目眇，谓之眇狗；狗之目大，不曰大狗，此乃一是一非，然则白狗黑目，亦可为黑狗。"《小取》说："之马之目眇，则谓之马眇；之马之目大，而不谓之马大。……此乃一是而一非者也。""白狗黑"的诡辩，是从"狗之目眇，谓之眇狗"的前提出发，运用不当类比得出。列式如下：

狗之目眇，谓之眇狗。

狗之目黑。

谓之黑狗。

从"狗之目眇，谓之眇狗"和"狗之目黑"推不出"谓之黑狗"的结论，因为"瞎狗"就是指的"眼睛瞎"，而"黑狗"并不是指的"眼睛黑"。这违反《墨经》"异类不比"的推论规则。

（20）"孤驹未尝有母"。晋李颐说："驹生有母，言孤则无母，孤称立，则母名去也。"宋林希逸《口义》卷十说："孤驹未尝有母，名之以孤，则非有母矣。"《列子·仲尼》引公孙龙说："孤犊未尝有母，有母非孤犊也。"

《经下》说："可无也，有之而不可去，说在尝然。"《经说下》说："已然，则尝然，不可无也。"这是从"孤驹现在无母"（现在时）推出"孤驹从来无母"或"孤驹过去无母"（过去时），是混淆语句不同时态造成的诡辩。

（21）"一尺之棰，日取其半，万世不竭"。即一尺长的木棒，每天切下一半，万世也切不完。晋司马彪说："棰，杖也。若其可析，则常有两。"宋洪迈《容斋随笔·尺棰取半》说："《庄子》载惠子之语曰：'一尺之棰，日取其半，万世不竭。'虽为寓言，然此理固具。盖但取其半，正碎为微尘，余半犹存，虽至于无穷可也。"

这是级差为二分之一的无限等比级数，当"取"的次数为无限大时，所剩余的物质为无限小。这种计算，在理论上是可以完成的，但是其直观的实现，在经验上是无法完成的，首先就没有薄到无限的刀具，也没有可以透视无限小的眼睛。这是一个抽象理论思维和数学思维的练习题。

7. 张仪诡辩

《史记·张仪传》说："张仪者，魏人也。始尝与苏秦俱事鬼谷先生学术，苏秦自以不及张仪。张仪已学，而游说诸侯，尝从楚相饮。已而楚相亡璧，门下意张仪曰：'仪贫无行，必此盗相君之璧！'共执张仪，掠笞数百，不服，释之。其妻曰：'嘻！子毋读书游说，安得此辱乎？'仪谓其妻曰：'视吾舌尚在不？'其妻笑曰：'舌在也！'仪曰：'足矣！'"

张仪是战国时期魏国人，开始曾和苏秦一起共同事奉纵横家祖师鬼谷子，学习纵横捭阖的技巧，苏秦自以为不如张仪。张仪学成后，游说诸侯，曾跟楚国的宰相一起喝酒。一次楚国宰相的玉璧丢失，门人怀疑是张仪偷了，说："张仪这人穷，没有德行，必然是他盗窃宰相的玉璧！"

张仪被捕，抽打数百下，被打得遍体鳞伤。张仪妻子说："你如果不读书游说，怎么会受到这种污辱？"张仪对妻子说："看我舌头还在不在？"妻子笑说："舌头在！"张仪说："有舌在，足够了！"

"有舌在，足够了！"张仪被打后，说出这句话，道出作为诡辩家的人生体验，透露张仪靠舌头成名的奥妙，折射出诡辩家巧嘴利舌，语言轰动的特点。诡辩家把"三寸不烂之舌"的作用，发挥到极致，充分利用舌头的柔软灵活，为任何论题论证。诡辩家的职业是诡辩，工具是舌头。只要舌在，什么都有。

《诗·小雅·巧言》说："巧言如簧，颜之厚矣。"诡辩家说话巧妙，舌头就像乐器中发声的簧片，柔软灵活，可演奏任何曲调。不过，这种人脸皮厚，说假话，讲歪理，脸不红，心不跳。历史上有许多关于"三寸舌"的著名典故。

《史记·平原君列传》说，平原君的门客毛遂，"以三寸之舌，强于百万之师"。《史记·淮阴侯列传》说，郦食其"掉三寸之舌，下齐七十余城"。《史记·留侯世家》说，张良"以三寸舌，为帝者师，封万户，位列侯"。明胡奎《斗南老人集》卷一咏张良说："一掉三寸舌，名高万户侯。"

毛遂用三寸舌，击退百万大军。三寸舌，比百万大军威力还强。郦食其用三寸舌，攻陷齐国七十余城。张良用三寸舌，做帝王老师，封万户列侯。宋程珌《洺水集》卷十一说："夫六国至难合也，苏秦掉三寸舌，犹能合之为一家而获效。"六国很难合作，苏秦三寸舌一动，能让六国合为一家，而获得成效。

《庄子·盗跖》对诡辩的描绘是："摇唇鼓舌，擅生是非。"形容诡辩家用巧嘴利舌，无事生非。宋王应麟《通鉴答问》卷三说："自战国纵横之士，掉三寸舌，以簧鼓诸侯。"战国纵横策士发挥三寸舌的作用，就像鼓动乐器中发声的簧片，策动诸侯。

元胡布《元音遗响》卷四咏苏秦说："苏秦昔时贫贱阨，掉三寸舌相六国。"苏秦过去受贫贱的厄困，他发挥三寸舌的作用，居然佩六国相印，当六国宰相。宋高似孙《子略》卷一说："士掉三寸舌，得意天下。"士人动用三寸舌，能够得意横行天下。

苏秦是战国纵横家中合纵派的代表，张仪是其中连横派的代表。《战国策·齐策一》说："张仪为秦国连横。"秦国跟其他各国地处西东，秦国跟其他国家联合，称为连横。连横是秦国采取的瓦解六国联合，使六国服从秦国的军事、外交策略。

张仪是战国时魏国贵族的后代，公元前 328 年任秦国宰相，迫使魏国向秦国献出上郡，帮助秦惠文君称王，游说各国服从秦国，瓦解楚国跟齐国的联盟，攻取楚国的汉中地区，被封为武信君。秦武王即位，张仪回魏国任宰相，一年而死。

公元前 313 年，张仪出使楚国，游说楚怀王跟齐国绝交，跟秦国联合。张仪骗楚怀王说，如果大王听我的话，跟齐国绝交，我请秦国献六百里土地给楚国，秦、楚永为兄弟之国。楚怀王很高兴地答应了，跟齐国绝交，派一将军作使臣，跟随张仪去秦国接受土地。

楚国使臣到秦国后，张仪假装从车上摔下，三个月不上朝。后来张仪证实楚国跟齐国绝交，上朝召见楚国使臣说，我有俸邑六里，愿献给楚王。楚国使臣说，我受楚王派遣，专程来接收秦国六百里土地，没听说过六里。张仪诡辩说：我跟楚怀王约定是六里，从来没听说过六百里！

张仪到楚国，用重金收买楚怀王的宠臣靳尚，"而设诡辩于怀王之宠姬郑袖"，欺骗楚怀王。屈原看破张仪的诡计，劝谏楚怀王，楚怀王不听，流放屈原。屈原在远迁途中，作《怀沙之赋》说："变白而为黑兮，倒上以为下！"黑白颠倒，混淆是非，是张仪之流诡辩的恰当写照。

逻辑学跟诡辩谬误，是对立统一。在正反比较中学习，印象深刻。常言说："不比不知道。"比较是认识事物的基本方法。通过比较，才能获得真知，知道得更深刻。学习要知道正反两面的道理，分析正反两面的典型。

古希腊诡辩派（sophistes），原意是"智慧的人"，由"智慧"（sophia）一词转化而来。近代翻译家严复的侄孙严群，把柏拉图晚年的对话录《智者》翻译为《智术之师》，意即"智慧技术的教师"。

英文 sophist 在近代中文文献中被翻译为"智者"和"诡辩家"两种意思。上海译文出版社 1985 年第 2 版《新英汉词典》注明英文 sophist 的义项有：①诡辩（学）者（指以诡辩出名的古希腊哲学、修辞学等教师）。②诡辩家。③大智者，博学者。

东西方古代诡辩谬误的学说，蕴藏有丰富生动的思维技艺，敏锐深刻的逻辑智慧，可以供人分析批判，学习参考。诡辩谬误，是生长在人类智慧之树上的花朵，可称为不结果实的花，或结酸果的花。

对古代诡辩谬误的学说，不能一概否定，而是在否定中有肯定。撇开诡辩谬误中应该否定的成分，可以汲取其肯定性的一面，即智慧的养分，作为学习逻辑学的启示、补充和实战演练。

8. 诡辩释义

诡辩是谬误，谬误即错误。广义的谬误，指认识跟实际不符，在哲学认识论上指虚假，就是我们通常说的"是非"的"非"。《墨经》的定义是："假必悖，说在不然。""假必非也而后假。"即虚假的话，必然违背事实，因为事实并非如此。"假"和"非"是同一概念。所谓"是非"，就是真假，即真理和谬误（错误）。真理是指认识跟实际符合，谬误是指认识跟实际不符合。

狭义的谬误，即逻辑错误，指违反思维规律和规则的议论，特别是指论证的谬误。论证的谬误，又叫诡辩。"诡辩"的"辩"，指辩论，包括证明和反驳。"诡"即违反、怪异、欺诈、虚假。

《汉书·董仲舒传》颜师古注："诡，违也。"《后汉书·班固传》注："诡，异也。又违也。"张衡《西京赋》说："岂不诡哉？""诡"是奇怪。《玉篇》说："诡，欺也，谩也，怪也。"《类篇》说："诡，诈也。"《正韵》说："诡，戾也。""戾"是乖戾、矛盾。《孙子·计篇》说："兵者诡道也。"《穀梁传·文公六年》说："诡辞，不以实告人。""诡"是欺诈。

"诡辩"这个词，中国古书中有，《四库全书》出现 126 次。最早"诡"和"辩"是分开说的两个字。如《管子·法禁》说："行辟而坚，言诡而辩，术非而博，顺恶而泽者，圣王之禁也。"

"言诡而辩"，翻译为言论诡异，而善于狡辩，或把奇谈怪论，讲得头头是道。到汉代，"诡辩"两个字才合在一起，成为"诡辩"这个双声词。如《淮南子·齐俗训》说："争为诡辩。"即用诡辩的言辞相争。

《史记·五宗世家》说，赵王彭祖"持诡辩以中人"，即用诡辩的言辞中伤人。唐司马贞《史记索隐》卷十六说："诡辩：诡诳之辩。"《汉书·佞幸传》说，石显"持诡辩以中伤人"，唐颜师古注："诡，违也，违道之辩。"

"诡"的基本意思，是"违"，即违反。诡辩是违反事实、真理和逻辑的辩论。宋苏舜钦《苏学士集》卷九说："词之削，诡辩生焉。"即玩弄词句，产生诡辩。宋真德秀《大学衍义》卷十八说："诡辩，奸诡不正之辩。"明王守仁《尊经阁记》说："侈淫辞，竞诡辩。"即充斥过分的说法，竞相诡辩，"淫辞"与"诡辩"类似。

《吕氏春秋》有《淫辞》篇，辑录公孙龙等人的诡辩故事。《吕氏春秋·离谓》东汉高诱注："诡辩，反白为黑。"诡辩家运用诡辩手法，能反白为黑，弄假成真。明焦竑《老子翼》卷一引苏辙说："诡辩之悦耳，怪行之惊世。"诡辩的词句悦耳动听，犹如奇怪的行为，惊世骇俗。

《淮南子·诠言训》说："邓析巧辩而乱法。"世人交际，巧妙辩论是需要的，但诡辩家过于巧辩，辩论技巧过人。春秋末期的邓析，史家称其为名家第一人，精于巧辩，善于诡辩，其"巧辩"含有诡辩之意。《吕氏春秋·离谓》把邓析"巧辩"的故事，归于"言意相离"的悖惑（矛盾、混乱）之词，批评其"巧辩"中的诡辩。

黑格尔说："诡辩这个字，是一个坏字眼。特别是由于反对苏格拉底和柏拉图的缘故，智者们弄得声名狼藉。诡辩这个词，通常意味着以任意的方式，凭借虚假的根据，或者将一个真的道理否定了，弄得动摇了，或者将一个虚假的道理弄得非常动听，好像真的一样。我们要把这个坏的意义抛在一边，把它忘掉。相反地，我们现在要进一步从它的积极的方面，严格地说，即是从科学的方面，来考察智者们在希腊究竟占据什么地位。"

论题、论据和推论形式，是论证的三个基本要素。黑格尔说："诡辩这个词，通常意味着以任意的方式，凭借虚假的根据，或者将一个真的道理否定了，弄得动摇了，或者将一个虚假的道理弄得非常动听，好像真的一样。"恰恰说到了论证的三个基本要素，即论题、论据和推论形式。

黑格尔说"诡辩这个词，通常意味着以任意的方式"，是说推论形式。意指诡辩家所用的论证形式是任意的、非有效的、违反逻辑的。论证形式，是论证中所用的推理形式。论证中所用的推理形式，是论据和论题之间的逻辑联系，是属于论证的结构，跟论证内容没有直接关联，它回答的问题是"怎么论证"。

　　论证中所用的推理形式有效，即合乎逻辑。这种逻辑，是全人类共同的思维形式，有客观必然的规范性和强制性，不是诡辩家想怎样，就怎样。用全人类共同的逻辑标准范式衡量，可以判定诡辩家所用的论证形式，是怎样非有效和违反逻辑学的。

　　黑格尔说诡辩家"凭借虚假的根据"，是说论据。意指诡辩家论证所用的论据虚假，不合事实。诡辩家"或者将一个真的道理否定了，弄得动摇了，或者将一个虚假的道理弄得非常动听，好像真的一样"，是说论题。意指诡辩家论证的论题虚假，不合事实。

　　"或者将一个真的道理否定了，弄得动摇了"，即弄真成假。"或者将一个虚假的道理弄得非常动听，好像真的一样"，即弄假成真。弄真成假，弄假成真，都是颠倒是非，混淆黑白。

　　可给诡辩下一个新定义：诡辩是用非有效的推论形式和虚假论据，论证虚假论题。论据和论题虚假，指论据和论题不合事实。推论形式非有效，指推论形式不合逻辑学。这个新定义跟上面的定义，即"诡辩是违反事实、真理和逻辑的辩论"一致。因为"诡辩是用非有效的推论形式"，是说"诡辩违反逻辑"。说"诡辩是用虚假论据，论证虚假论题"，是说"诡辩违反事实和真理"。

　　虽说诡辩是一个坏字眼，不是好字眼，但是，肯定古希腊智者派诡辩家，或中国名家辩者有好的和积极的意义，才是科学的态度，正确的研究方法。一件复杂的事情，总是有两面，或多方面的性质和意义。

　　中国名家辩者，在当时社会之所以能够存在和发展，必有好坏和积极消极两面。如今研究中国名家辩者，要像黑格尔说的，把坏和消极的意义抛在一边，把它忘掉，进一步从它积极的方面，严格地说，即是从科学的方面，考察中国名家辩者，在中国和世界究竟占什么地位。要像黑格尔一样，把诡辩派（古希腊智者，中国名家辩者）看做社会存在，全面衡量其功过、好坏两面，消极、积极两种意义，分析其对文化的特殊贡献，及其所占的历史地位。

9. 戏玩一世

　　宋叶适《习学记言》说："战国群谈聚议，妄为无类之言，彼固自知其不可，而姑为戏，以玩一世，其贵人公子，亦以戏听之。"战国时期的名家辩者，聚众谈辩，妄为"白马非马"、"离坚白"等无类诡辩，他们本来都"自知其不可"，即违反事实，不能成立，而姑且游戏，玩弄一世，贵人公子，如魏国公子牟等，都当做游戏玩耍，姑妄言之，姑妄听之。

《公孙龙子·迹府》载，公孙龙跟孔穿辩论，对孔穿说："子知难白马之非马，不知所以难之说。"批评孔穿只知道要反驳"白马非马"，却不知道怎样才能驳倒"白马非马"。实际表明，公孙龙本来也自知"白马非马"命题为"不可"，是虚假论题，可以驳倒，他自己知道该怎样驳倒。"白马非马"、"离坚白"等无类诡辩，其一方面的功能，是充当辩者门徒教授辩论技巧的练习题。

《四库全书》总纂官纪昀《公孙龙子提要》说："盖其（指公孙龙）持论雄赡，恢恍恣肆，实足以耸动天下，故当时庄、列、荀卿并著其言，为学术之一特品。目称谓之间，纷然不可数计，龙必欲一一核其真，而理究不足以相胜。故言愈辩，而名实愈不可正。然其书出自先秦，义虽恢诞，而文颇离奇可喜。陈振孙概以浅陋迂僻讥之，则又过矣。"

名家辩者著书立说，炮制违反常识、戏玩一世的奇怪练习题，的确使人感到"离奇可喜"。黑格尔在谈到古希腊智者时说："我们所谓谐谑，在他们乃是正规行业。"所谓谐谑，即语言滑稽，略带戏弄。智者有许多"开玩笑的、双关的话"，"他们在互相嘲弄和寻开心"。

亚里士多德在《智者的论辩》中，叙述智者的一个论证游戏："你有一条狗，它是有儿女的；因此这条狗是父亲。因此你有一个父亲，它的儿女是狗；因此你本身是那些狗的一个兄弟，并且本身是一条狗。"这是通过偷换概念的诡辩手法，把"狗父亲"魔术般地变成"人父亲"，以制造噱头，戏弄对方。战国时期名家"离奇可喜"的"群谈聚议"，跟古希腊智者的诡论游戏酷似。

10. 白马非马

公孙龙年轻时就显露交替运用诡辩和逻辑的杰出才能，后成为战国时期名家辩者最著名的代表，学术思想的集大成者。公孙龙一生的主要活动，是做赵国平原君赵胜的门客和谋士，为赵国宫廷出谋划策，历时近 40 载（公元前 290—前 252）。

公孙龙《白马论》在古本《公孙龙子》中排序第二，是迄今所见名家辩者"白马非马"论题最详细的论证。其论证中最主要的问题，是错误运用"彼止于彼，此止于此，彼此非彼，彼此非此"（相当于 A＝A，B＝B，AB≠A，AB ≠B）带逻辑语义学意味的"正名"原则，坚持"白是白，马是马，白马是白马，白马非马"的公式。用主客对话体写成，客方代表常识观点，主方代表公孙龙观点。

"白马非马"是公孙龙等辩者借以成名的主要辩题，训练门徒辩论技巧的重要习题，对中国逻辑学的诞生，有前导和刺激作用。公孙龙因辩论"白马非马"的杰出才能，被平原君收为门客，又凭借平原君的供养，广收门徒，从事谈辩。

公孙龙"白马非马"的怪论，名震一时，耸动天下，孔子六世孙孔穿受众人委托，专程到赵国，劝说公孙龙放弃这一诡辩，公孙龙却进一步用这一诡辩反驳。《公孙龙子·迹府》载公孙龙自称："龙之所以为名者，乃以白马之论尔！今使龙去之，则无以教焉！"公孙龙辩论"白马非马"的才艺，是他借以谋生的手段，他宁愿因这一辩论不得人心，而被主人解雇，至死未放弃这一辩论。

（1）成名关键。《公孙龙子·迹府》载："龙与孔穿，会赵平原君家。穿曰：'素闻先生高谊，愿为弟子久，但不取先生以白马为非马耳。请去此术，则穿请为弟子。'龙曰：'先生之言悖。龙之所以为名者，乃以白马之论尔。今使龙去之，则无以教焉。'"

孔子六世孙孔穿说："早就听说先生您德高望重，一直想做您的弟子，但是不赞成先生您的'白马非马'之辩。请您放弃这个学说，那么我就请您收我为徒。"公孙龙说："先生您的说法是荒谬的。我公孙龙之所以成名，就是靠'白马非马'的学说。现在您让我放弃它，那我就没有什么可以教的了。"

公孙龙把"白马非马"的论辩看成自己成名的关键。清纪昀《四库全书总目》卷一百一十七评论《公孙龙子》"持论雄赡，实足以耸动天下，故当时庄、列、荀卿并著其言，为学术之一特品。目称谓之间，纷然不可数计，龙必欲一一核其真，而理究不足以相胜。故言愈辩，而名实愈不可正。然其书出自先秦，义虽恢诞，而文颇博辩"。

说《公孙龙子》"为学术之一特品"，即学术的一个特殊品类，这是说公孙龙学术的性质和价值。现代研究，就是要充分阐发这一特殊品类的意涵。又说公孙龙持论实足以耸动天下，这是说公孙龙学术的社会作用和影响，要给予批判分析。

公孙龙在战国中期惠施从事学术活动的时期，就崭露头角，表现了出色的辩论才能。《庄子·天下》说："公孙龙，辩者之徒，饰人之心，易人之意，能胜人之口，不能服人之心，辩者之囿也。"

即公孙龙是职业辩论家的门徒，能蒙蔽人心，偷换概念，使人口服，不能使人心服，这是职业辩论家的局限。这里是说公孙龙年轻时的情况。后来公孙龙带了许多徒弟，著《公孙龙子》传世，是战国后期名家辩者最著名的代表。

一提起公孙龙，人们会立刻想到"白马非马"。今存《公孙龙子》的《白马论》、《坚白论》和《通变论》等，是古代世界少有的诡辩名篇。《淮南子·诠言训》说："公孙龙粲于辞而贸名。""粲于辞"，即文辞华丽。"贸名"，是偷换概念。"贸"，变换、变易。

高诱注："公孙龙以'白马非马'、'冰不寒'、'炭不热'为论，故曰贸也。""冰不寒"、"炭不热"，即认为寒热不是冰炭的客观性质，而是人的主观感觉。西汉扬雄《法言·吾子》说："公孙龙诡辞数万。"公孙龙的诡辩词句有几万字之多。

王充《论衡·案书》说："公孙龙著坚白之论，析言剖辞，务曲折之言。"剖析言词，曲折诡辩，是《公孙龙子·坚白论》的特色。刘勰《文心雕龙·诸子》说："公孙之白马、孤犊，辞巧理拙。"即公孙龙"白马非马"、"孤犊未尝有母"等辩论，词句巧妙但不能阐明道理。

（2）奇文共赏。《白马论》模仿主客对辩的方式，表达主方"白马非马"

的论点。我们用现代汉语翻译出它的主要意思。

客方问：说"白马非马"，可以吗？

主方答：可以。

客方问：为什么呢？

主方答：马说的是形体，白说的是颜色，说颜色的不能说形体，所以说"白马非马"。

客方问：有白马，不能说没有马。不能说没有马，难道不是马吗？有白马是有马，说"白马非马"，是为什么呢？

主方答：找马，黄马、黑马都可以算数。找白马，黄马、黑马不能算数。假如白马是马，那么找马和找白马，就是一回事。找马和找白马，是一回事，则白马就跟马没有区别了。白马跟马没有区别，那么黄马、黑马有可以算数的，有不能算数的，是为什么呢？有可以算数的，有不能算数的，这中间的不同，是很明显的。所以同样是黄马、黑马，可以说是有马，却不可以说是有白马，说"白马非马"，是很清楚的。

客方问：因为马有颜色，就说不是马，天下并没有无色的马，说天下没有马，可以吗？

主方答：马本来有颜色，所以说有白马。假使马没有颜色，只说有马就是了，还哪里去找白马？所以说"白马非马"。

主方答："白马"，是"马"跟"白"的结合。"马"跟"白"的结合，难道是马吗？所以说"白马非马"。"马"不等待跟"白"结合，就是"马"。"白"不等待跟"马"结合，就是"白"。把"马"与"白"结合起来，构成复合名词"白马"，是把相结合的用不相结合的作为名称，这是不可以的，所以说"白马非马"。

主方问：把有白马，说成是有马，那么把有白马，说成是有黄马，可以吗？

客方答：不可以。

主方论述：把有马跟有黄马区别开来，是把黄马跟马区别开来。把黄马跟马区别开来，就等于说"黄马非马"，说"黄马非马"，而说"白马是马"，这犹如说"天上飞的入了池，棺椁拆开放异处"，这是天下的矛盾言论，混乱词句。

说"有白马，不能说没有马"，这是把白分离开来的说法。不把白分离开来，就不能说有白马是有马。所以说有马，只是以马为有马，并不是有白马说有马。所以说有马，不是说马马（马是马，白马是马，变成"马马"，归谬反驳）。

说白，不确定是指什么东西白，我们可以暂时把它忘掉。说白马，这个白确定是指马的白。确定是指马的白，并非不确定是指什么东西的白。说马，对颜色无所排除和选择，所以黄马、黑马都可以算数。说白马，对颜色有所排除和选择，所以黄马、黑马都因黄、黑的颜色而被排除，而只有白马可以算数。对颜色无所排除的，不是对颜色有所排除的，所以说"白马非马"。

（3）诡辩逻辑。《白马论》这一篇奇文，可以作为学习思维艺术和逻辑的特殊练习题，分析其中的诡辩与逻辑思想。毫无疑问，《白马论》的主旨是诡辩。我们曾给出如下定义："诡辩是违反事实、真理和逻辑的辩论。""诡辩是用非有效的推论形式和虚假论据，论证虚假论题。"《白马论》的主旨，符合这个定义。在《白马论》的论证中，有部分论据符合事实，有部分说理包含逻辑萌芽。对《白马论》中的诡辩和逻辑思想，需逐项分析。

a. 论题虚假。《白马论》论证的论题，是"白马非马"。公孙龙在论证的过程中，有数次归结为这一论题。"白马非马"，有时被说成"白马之非马"，意思一样。"白马非马"不是事实，它的矛盾命题"白马是马"，才是事实。这是常识和动物学所承认的。

按理说，现实生活和科学中需要解决的问题很多，辩论的题目不止千万，未必要在"白马是不是马"的问题上争论不休。古人选择这个题目辩论，是为了训练思维论辩技巧，表达他们对世界哲学问题的看法。

最早指出"白马非马"论题虚假的是《韩非子·外储说左上》，其中说："儿说，宋人，善辩者也，持白马非马也，服齐稷下之辩者。乘白马而过关，则顾白马之赋。故借之虚辞，则能胜一国，考实按形，不能谩于一人。"

儿说是宋国人，是当时的善辩者。他在公孙龙成名之前，就坚持"白马非马"的论题，把齐国稷下学宫的学者，都辩输了。但等到兒说乘白马而过关，则只好看着自己的白马，乖乖地交马税。

这说明借助虚假的词句，尽管能够辩输一国的人，但是考察实际形体，却不能瞒过一人。清王先慎"顾白马之赋"注说："顾，视也。古人马税，当别毛色。故过关视马，而赋不能辩也。"

汉桓谭《新论》说："公孙龙常争论曰白马非马，人不能屈。后乘白马，无符传，欲出关，关吏不听。此虚言难以夺实也。"意思跟《韩非子·外储说左上》一样，但故事的主人公，由兒说变成公孙龙。

三国魏刘邵《人物志·材理》凉刘昞注说，公孙龙论证"白马非马"，"一朝而服千人，及其至关必赋，直而后过也"。即公孙龙论证"白马非马"，一个早上就辩输了一千人，但是到乘白马度关，却必须交马税，说实话承认"白马是马"，才能过关。

唐《古类书》第一种文笔部说："公孙龙度关，官司禁曰：'马不得过。'公孙曰：'我马白，非马。'遂过。"即公孙龙过关，官吏禁止说："马不能通过。"公孙龙说："我的马是白的，所以不是马。"照这么说，管理关口的这位官吏糊涂，竟然听信公孙龙的诡辩，让说假话的公孙龙蒙混过关。故事在流传过程中，情节难免会有变异，但公孙龙"白马非马"的诡辩故事，一直被学人谈论。

b. 推论无效。假论题，在本质上不可能通过有效论证变为真论题。虚假论题的论证者，经常利用非有效的推论形式，进行似是而非的论证，使人误信其论题为真。《白马论》说："马者，所以命形也。白者，所以命色也。命色者非命形也。故曰：白马非马。"

这里分析说，"马"这个词，是用来称呼形体的。"白"这个词，是用来称呼颜色的。称呼颜色的，不是称呼形体的。这样说，在局部范围内，是正确的，作为论证的论据，是真实的。

但是从这个论据，推不出"白马非马"的论题。因为论据说的是"白马"这个词的构成，而论题说的是白马是不是马的事实，论据和论题之间，没有必然联系，论据和论题不相干，论据成立，不是论题成立的充足理由。

《白马论》又说："白马者，马与白也。""合马与白，复名白马，是相与以不相与为名，未可。故曰白马非马。"即"白马"，是"马"跟"白"的结合。把"马"与"白"结合起来，构成复合名词"白马"，是把相结合的用不相结合的作为名称，这是不可以的，所以说"白马非马"。这些话，同样是用对"白马"的语词和概念分析，混淆和偷换论题说的"白马是不是马"的事实问题，从论据推不出论题。

《白马论》全篇，所有从论据推出论题的结构，其推论形式都是非有效的。所用的手法，无非是偷换概念和论题，牵强附会，强词夺理。《白马论》通篇是不合逻辑的论证，尽管其部分论据真实，部分说理包含逻辑学的萌芽，但不能改变其整体结构不合逻辑的实质。

c. 部分真。《白马论》说："求马，黄黑马皆可致。求白马，黄黑马不可致"；"可与不可，其相非明。故黄黑马一也，而可以应有马，而不可以应有白马"。即黄马、黑马是马，但不是白马，这当然是事实，是真实论据，但从这个论据，也推不出论题"白马非马"。

《白马论》又说："马者，无去取于色，故黄黑皆所以应。白马者，有去取于色，黄黑马皆所以色去，故惟白马独可以应耳。"即说马，对颜色无所排除和选择，所以黄马、黑马都可以算数。说白马，对颜色有所排除和选择，所以黄马、黑马都因黄、黑的颜色而被排除，而只有白马可以算数。

"对颜色无所排除的，不是对颜色有所排除的"，这是事实，是真实论据，但从这个论据，推不出论题"白马非马"。因为论据说的是"白马与马有异"，而论题说的是"白马不是马"。

论据"有异"即有差异，有不同，因为"白马"这个小类，从属于"马"这个大类。而论题"白马不是马"，说的是"白马"与"马"全异，"白马"的外延自外（排斥）于"马"的外延。把"有异"说成"全异"，是偷换概念、偷换论题的诡辩。

d. 逻辑萌芽。矛盾与悖。《白马论》说："以黄马为非马，而以白马为有马，此飞者入池，而棺椁异处，此天下之悖言乱辞也。"这里"悖言乱辞"，指自相矛盾和混乱的言辞，是矛盾律的运用，而"悖"是一个自觉的元逻辑语义概念。"飞者入池，棺椁异处"，是公孙龙独创的形容自相矛盾的比喻。这种说理包含逻辑萌芽，但公孙龙鼓吹"黄马非马"，否定"白马是马"，则是属于论据和论题虚假的实质性谬误。

抽象和具体。《白马论》说："有白马不可谓无马者，离白之谓也。不离者，有白马不可谓有马也。"这里"离白"，是理论思维的抽象法，即把"白马"中"白"的颜色性质抽象舍弃（舍象），而只把握"马"类的实质，就可以引出"白马是马"的正确论题。

公孙龙发现了"离白"这种理论思维的抽象法，这是他的贡献，但是他却不主张在辩论中运用，相反，他主张运用"不离"的方法，即守住具体，不进行抽象，这在《白马论》的辩论中叫"守白"。

《迹府》说公孙龙"为守白之论"，"以守白辩"。《隋书·经籍志》"道家"类著录《守白论》一卷。唐成玄英《庄子·天下》疏："公孙龙著有《守白论》，见行于世。"《庄子·秋水》疏说，公孙龙"著守白之论，以驳辩知名"。《庄子·齐物论》疏："坚执守白之论，眩惑世间，虽宏辩如流，终有言而无理也。"

"守白"，即死守住"白马"中"白"的性质，守住"白马"的具体，不要对其进行"马"类的抽象，那就只能说"白马是白马"和"白马非马"。这是同一律的错误运用，对应于《公孙龙子·名实论》中"彼此止于彼此"和"彼此非此"的公式，是正名逻辑语义原则的错误运用、歪用，是公孙龙的蓄意诡辩。

（4）辩论轶事。《公孙龙子·迹府》是公孙龙轶事的汇集，道出公孙龙作为辩者的学术范式。首段说："公孙龙，六国时辩士也。疾名实之散乱，因资材之所长，为守白之论。假物取譬，以守白辩，谓白马为非马也。

白马为非马者，言白所以名色，言马所以名形也。色非形，非色也。夫言色，则形不当与。言形，则色不宜从。今合以为物，非也。如求白马于厩中，无有，而有骊色之马，然不可以应有白马也。不可以应有白马，则所求之马亡矣，亡则白马竟非马。欲推是辩，以正名实，而化天下焉。"

首句说明公孙龙的时代和学派归属，即邓析、惠施、尹文之后的著名辩者。《迹府》称公孙龙为辩士，《庄子·天下》叫辩者，《吕氏春秋·不屈》叫察士，司马谈、司马迁、班固叫名家。

下文意即：针对当时社会语词概念与实际关系混乱的状况，公孙龙凭借自己才能的长处，提出"守住白色"的论点。公孙龙用具体的实际事物打比方，用"守住白色"来论辩，坚持"白马非马"的论题。

"白马非马"论题论证的梗概是，说"白"是称呼颜色的，说"马"是称呼形体的。颜色不是形体，形体不是颜色。说颜色，形体就不应当参与。说形体，颜色就不应当跟从。把颜色和形体合成一个事物，是不对的。如在马厩中寻找白马，没有，而有黑马，但是不能说有白马。不能说有白马，则所寻找的马就没有，所寻找的马没有，就说明"白马非马"。

公孙龙企图推广这种辩论，以纠正语词概念与实际关系混乱的状况，而教化天下。这里显示，公孙龙作为名家的学术特色，针对"名实散乱"的社会现实，用"正名实"的手段，来达到教"化天下"的目的。这跟司马谈、司马迁父子论诸子百家都"务为治"，即都以治理天下为最高理想，是一致的。

司马谈父子论名家的学术范式说："名家使人俭而善失真，然其正名实不可不察也。名家苛察缴绕，使人不得反其意，专决于名，而失人情，故曰使人俭而善失真。若夫控名责实，参伍不失，此不可不察也。"

"苛察缴绕"即"缠绕不通大体"，有烦琐哲学的倾向。上文引公孙龙说赵惠文王和燕昭王"以偃兵"，是公孙龙从"正名实"的实例。这里所说公孙龙"白马非马"的诡辩，是《四库全书总目》所说其"言愈辩，而名实愈不可正"的事例。

（5）公孙被绌。南朝刘宋裴骃《史记集解·平原君传》注引汉刘向《别录》说："齐使邹衍过赵，平原君见公孙龙及其徒綦母子之属，论白马非马之辩，以问邹子。邹子曰：不可。辩者别殊类使不相害，序异端使不相乱，抒意通指，明其所谓，使人与知焉，不务相迷也。故胜者不失其所守，不胜者得其所求。若是故辩可为也。及至烦文以相假，饰辞以相悖，巧譬以相移，引人声使不得及其意，如此害大道，夫缴纷争言而竞后息，不能无害君子。

坐皆称善。"

据《史记·平原君传》说，赵惠文王弟平原君赵胜，有宾客数千人，并说"平原君厚待公孙龙"，"及邹衍过赵，言至道，乃绌公孙龙"。邹衍当面否定公孙龙"白马非马"的诡辩，并对比正反两面辩论的原则区别，平原君听邹衍所讲的这篇大道理，把公孙龙免职。可见，对公孙龙而言，成名之辩是"白马非马"，免职之因也是"白马非马"。

11. 坚白盈离

（1）众家评论。《史记·平原君传》说："平原君厚待公孙龙，公孙龙善为坚白之辩，及邹衍过赵，言至道，乃绌公孙龙。"《孟子荀卿列传》说公孙龙为坚白之辩。《汉书·艺文志》著录《公孙龙子》十四篇，班固自注："赵人。师古曰：'即为坚白之辩者。'"

王充《论衡·案书》说："公孙龙著坚白之论，析言剖辞，务曲折之言，无道理之较，无益于治。"可见，坚白之辩，也是公孙龙的代表性辩论，是仅次于白马之辩的第二大辩题。因其持论离奇、违反常识而"耸动天下"。

《庄子·秋水》载，公孙龙"离坚白，然不然，可不可，困百家之知，穷众口之辩"，即让一块石头中的坚和白互相分离，从"不然"中分析出"然"，从"不可"中分析出"可"，让百家的智慧都陷于困境，让众口的辩才都陷于穷竭。《庄子·天地》"可不可，然不然"，郭象注说："强以不可为可，不然为然。"

从方法论说，公孙龙"离坚白"和"白马非马"的论证，由"盈"到"离"，由"是"到"非"，由统一到分离，由融合到排斥，导致绝对主义的诡辩。"然不然，可不可"，即"两可两然"，双重论证。"两可"，即可是可，不可也是可。"两然"，即然是然，不然也是然。这导致相对主义的诡辩。

《淮南子·齐俗训》说："公孙龙析辩抗辞，别同异，离坚白，不可与众同道也。""析辩抗辞"，是分析辩论，把词句，而不是事实，放在第一位。东汉高诱注说："公孙龙，赵人，好分析诡异之言，以白马不得合为一物，离而为二也。"公孙龙把"白马"和"坚白"的统一体，都分离为两个不可调和的对立物，这导致绝对主义的诡辩。

唐杨倞《荀子·修身》注说："坚白，谓离坚白也。公孙《坚白论》曰，坚白石三，可乎？曰不可。二，可乎？曰可。谓目视石，但见白，不知其坚，则谓之白石。手触石，则知其坚，而不知其白，则谓之坚石。是坚、白终不可合为一也。司马彪曰，坚白，谓坚石非石、白马非马也。""坚石非石"和"白马非马"是同一类诡辩，是公孙龙错误运用《名实论》中"彼此非此"矛盾律公式的结果。

《庄子·天地》说："辩者有言曰，离坚白，若悬宇。"郭象注："言其高显易见。"成玄英疏："雄辩分明，如悬日月于区宇。"即辩者有话说，坚白的相离，犹如日月高悬天宇，显而易见。

《庄子·德充符》说惠施"以坚白鸣"，《庄子·齐物论》说惠施"以坚白之昧终"。《史记·鲁仲连传》正义引《鲁连子》说，齐之辩士田巴，"离坚白，合同异，一日服千人"。可见，"离坚白"的辩题，除了公孙龙之外，也为一般辩者如惠施和田巴等人所谈论。

（2）坚白之辩。《公孙龙子·坚白论》，模拟主客对辩，展开"离坚白"观点的论证。

客人说："说坚白石是三种东西可以吗？"

主人说："不可以。"

客人说："说坚白石是两种东西可以吗？"

主人说："可以。"

客人说："为什么呢？"

主人说："看不到坚，只看到白，是白和石两种东西。摸不到白，只摸到坚，是坚和石两种东西。"

客人说："看到白，不能说没有白。摸到坚，不能说没有坚。这块石头，就是这个样子，难道不是三种东西吗？"

主人说："看不到坚，而只看到白，那是没有坚。摸不到白，而只摸到坚，那是没有白。"

客人说："天下没有白，不能够看见石头。天下没有坚，不能够叫做石头。说坚白石不是互相排斥，而是互相隐藏可以吗？"

主人说："是它们各自隐藏自己，并不是一个隐藏在另一个中。"

客人说："那个白，那个坚，在石头中必然是互相包含的，说它们各自隐藏自己，是为什么呢？"

主人说："看到白，摸到坚，感觉到和没有感觉到，是分离的。白和坚石，坚和白石，都不互相包含，所以就分离了。分离了，就是自己隐藏。"

客人说："石头的白，石头的坚，感觉到和没有感觉到，是两个（白石，或坚石）与三个（坚白石），犹如面积中的长和宽，互相包含。这个举例不恰当吗？"

主人说："物的白，不确定是什么东西的白。物的坚，不确定是什么东西的坚。不确定是什么东西的白和坚，兼通万物，为什么一定是说石头呢？"

客人说："摸石头，没有坚就没有石头。没有石头，无从找白石头。坚白石三者不互相分离，本来如此，永远如此。"

主人说："石头是一个，坚白是两个，存在于石头，所以有知道的和不知道的，有见到的和没有见到的。知道的和不知道的，互相分离；见到的和没有见到的，互相隐藏。隐藏了，谁能说它们不互相分离？"

客人说："眼睛不能看到坚，手不能摸到白，不能说没有坚和白。眼睛和手有不同功能，不能互相代替。坚白存在于石头，怎么是分离的呢？"

主人说："坚不固定于石头，兼通万物。坚不固定于万物，坚本身必然是坚。不固定于石头和万物的坚，天下没有，而是隐藏起来。白如果不能使自己本身白，怎能使石头和万物白呢？必须自己本身白，并不是使物白，自己才白。黄、黑跟白一样。如果石头本身没有，哪里去找坚白石呢？坚白石三者互相分离。分离的原因，就是如此。用能力和智慧证明，不如相信分离。

况且白是用眼睛和光线看见，而光线本身看不见，则光线跟眼睛加一起也看不见，而靠精神看见。但精神也看不见，而只看见离开石头的白本身。坚用手知道，手用棍知道，棍和手知道，而人不知道，精神也不知道。神奇吧？这就叫分离。分离，从而天下万物各自独立地存在于自己的正位。"

《公孙龙子·坚白论》，是一个逻辑哲学的练习题。从这个练习题中，我们可以思考以下两个论点。第一，盈坚白：客方观点。公孙龙模拟客方观点：一块坚白石，不依赖于人的认识器官，而独立地存在着。坚白两种性质，互相包含，共存于一块石头。人通过触觉、视觉器官的感觉和思维的综合，可以认知石头的存在和坚白的互相包含。

关键词"盈"，即包含、充满。《墨子·经上》："盈，莫不有也。"坚白相盈，即坚中有白，白中有坚，坚白互相包含。客方观点"盈坚白"，是一种朴素辩证的哲学观和方法论，跟一般人所持的常识观点一致。

公孙龙模拟客方的观点，是准确的，这种观点在《墨经》中有完整体现。《墨子·大取》说："苟是石也白，败是石也，尽与白同。"套用这一说法，也可以说："苟是石也坚，败是石也，尽与坚同。"即把一块坚白石打碎，可见其每一颗粒，既坚又白，这是"盈坚白"观点真理性的实践检验。

第二，离坚白：主方观点。公孙龙自述主方观点：坚、白、石，原本是各个独立存在、互相分离的不同概念，它们与具体事物结合后，不能被人的触觉和视觉器官同时把握，也不能被思维、智慧和精神认知。

各个独立存在、互相分离的抽象概念，跟具体事物结合后，不再是抽象概念本身。所以构成如下命题：坚石非石，石坚非坚，白石非石，石白非白。概括地说，即具体非抽象，个别非一般。这是《名实论》中"彼此非此"正名和矛盾律公式的错误运用。主方观点"离坚白"，是一种脱离实际、孤立片面、神秘离奇的哲学观和方法论，跟一般人所持的常识观点相反。

清纪昀等《四库全书总目》卷一百一十七评论公孙龙说："目称谓之间，纷然不可数计，龙必欲一一核其真，而理究不足以相胜，故言愈辩，而名实愈不可正。"公孙龙的"离坚白"，把坚、白、石三个概念"一一核真"后所引出的结论，在一般人看来，是离奇荒谬、不合理的，确实是"言愈辩，而名实愈不可正"。

（3）辩论意义。坚白之辩的意义，是一种朴素辩证的哲学观和方法论与脱离实际、孤立片面、神秘离奇的哲学观和方法论的较量，是一般人所持的常识观点，跟公孙龙反常识观点的较量。这个较量的哲学成果，经过公孙龙哲学思辨过滤器的过滤，被《公孙龙子·坚白论》设置在主方胜过客方的格局中。

实际上，如清纪昀等《四库全书总目》卷一百一十七评判公孙龙的坚白之辩，尽管"持论雄赡，实足以耸动天下"，但"理究不足以相胜"，即辞胜理败。《庄子·天下》评论公孙龙之徒"饰人之心，易人之意，能胜人之口，不能服人之心"，即迷惑人心，曲解人意，使人口服心不服。

司马谈父子对名家的评价是"使人俭而善失真"，即叫人检视名词，却失掉真意，"苛察缴绕，使人不得反其意，专决于名，而失人情"，即名词抠得很细，但论证烦琐，缠绕不通大体，偷换概念，转移论题，叫人心迷意乱，不能返回原意，把名词放到第一位，失去人情事理。这也道出了公孙龙诡辩的方法论根源。

《孔丛子·公孙龙》引孔穿对公孙龙之辩的评价，是"言非而博，巧而不理"，"甚难实非"，即把假话说得头头是道，言辞巧妙，不合道理，论证难以成立，不符合事实。燕客史由说公孙龙之辩，是"辞则有焉，理则否矣"，即言辞很好，但不合理。平原君对公孙龙之辩的评价，是"辞胜于理"，即言辞胜过道理，也就是从言辞上能胜过别人，但从道理上却输给别人，亦即使人口服，而心不服。公孙龙的坚白之辩，正是这样。

《墨经》表达跟公孙龙相反的哲学观和方法论。公孙龙的坚白之辩，从反面刺激《墨经》哲学观和方法论的成熟。《庄子·天下》说："（墨家门徒）相里勤之弟子，五侯之徒，南方之墨者，苦获、已齿、邓陵子之属，俱诵《墨经》，而倍谲不同，相谓别墨，以坚白同异之辩相訾。"

即墨子死后，墨家门徒之间，就"坚白同异之辩"热烈争论，这一争论在学派外的动力，是公孙龙"离坚白"的诡辩。至今我们在《墨经》中所见关于坚白之辩的观点，跟《公孙龙子·坚白论》的观点是相对立的，是先秦坚白之辩的正确总结。

《公孙龙子·坚白论》模拟的主客对辩，其客观的模型，就是墨家和公孙龙两家围绕"坚白盈离"而展开的争辩。《墨经》关于坚白之辩的观点，是针对公孙龙"离坚白"的诡辩而发。而《公孙龙子·坚白论》所模拟的客方论点，恰恰是《墨经》观点的改头换面。其中有些词句，非常相像。《墨经》与公孙龙模拟客方观点，见表43。

表43　　　　　　　　　**《墨经》与公孙龙模拟客方观点**

墨经观点	公孙龙模拟客方观点
见不见离，一二不相盈，广修坚白相盈	石之白，石之坚，见与不见二与三，若广修而相盈也
石，一也。坚白，二也，而在石。故有知焉，有不知焉可	石，一也。坚白，二也，而在于石。故有知焉，有不知焉

可见，没有公孙龙"离坚白"诡辩的反面刺激，就不可能有《墨经》"盈坚白"哲学观和方法论的正确总结。荀子、韩非等从儒法学派的泛政治伦理观点出发，对公孙龙的坚白之辩提出了更严厉的批判。

《荀子·儒效》说："坚白、同异之分隔也，是聪耳之所不能听也，明目之所不能见也，辩士之所不能言也。虽有圣人之知，未能偻指也。不知无害为君子，知之无损为小人。工匠不知，无害为巧，君子不知，无害为治。王公好之则乱法，百姓好之则乱事。而狂惑戆陋之人，乃始率其群徒，辩其谈说，明其辟称，老身长子，不知恶也，夫是之谓上愚，曾不如相鸡狗之可以为名也。"

《荀子·修身》说："夫坚白、同异、有厚无厚之察，非不察也，然而君子不辩，止之也。"《韩非子·问辩》说："坚白无厚之词章，而宪令之法息。"这些都表达儒家荀子和法家韩非的泛政治伦理观点，以及对公孙龙学说思辨哲学意义的忽视。

12. 二中无一

（1）"二无一"。《公孙龙子·通变论》表述两个有关集合和元素的诡辩，第一个叫"二无一"，即集合"二"中没有元素"一"。这个命题，违反常识和集合论知识。从常识和集合论的观点看，是"二有一"。

如把"夫妻"、"父子"和"兄弟"看做集合，则以下命题成立：夫妻有夫，夫妻有妻；父子有父，父子有子；兄弟有兄，兄弟有弟。把"牛马"看做集合，则以下命题成立：牛马有牛，牛马有马。这是很显然的。

公孙龙"二无一"的命题，是怎么产生的？在公孙龙看来，这个"一"的元素和那个"一"的元素，组成"二"的集合，这个"二"的集合，就不再是原来这个"一"的元素和那个"一"的元素。

如，这个单身男人和那个单身女人结婚，组成一对"夫妻"的集合。这对"夫妻"的集合，就不再是原来这个单身男人和那个单身女人。用公孙龙的话说，这是"二非一"。原来这个单身男人和那个单身女人，已经发生质变，分别变成了有配偶的男人和女人。

这种情况，仍然不能概括为公孙龙的命题"二无一"，因为这种情况，仍然是"二有一"，即这对"夫妻"的集合中，有一个男人的元素和一个女人的元素。公孙龙把特定意义上的"二非一"，偷换为一般意义上的"二无一"，就成诡辩。

"二无一"，是公孙龙系列诡辩中的一环，与公孙龙的其他诡辩，组成一套互相呼应、衬托的公式链、公式系统。公孙龙用诡辩手法，把"白马是不是马"这一实际问题的辩论，局限为"白"、"马"和"白马"的名词之争。

在公孙龙看来，"白未与马为白"，"马未与白为马"，"白"和"马"都是分离、自藏、各自独立存在的一般概念，都是各自独立存在的"一"。而"白马"是"马与白"结合而成的"复名"（复合名词），是集合"二"。套用"二非一"、"二无一"的公式，就引出"白马非马"、"白马无马"的结论。

用《公孙龙子·名实论》的话来说，那个"彼"和这个"此"的元素，结合为集合"彼此"。集合"彼此"，并非那个"彼"和这个"此"的元素。用公式说，即"彼此非彼"、"彼此非此"。

用例子说，如"牛马非牛"、"牛马非马"。所以《经说下》说："牛不二，马不二，而牛马二。则牛不非牛，马不非马，而牛马非牛、（牛马）非马无难。"即牛不是两个元素，马不是两个元素，而"牛马"是两个元素构成的集合。因而以下命题成立：

牛是牛，马是马，牛马是牛马（同一律）

牛马非牛，牛马非马（集合不是元素）

牛马有牛，牛马有马 ·（二有一）

《墨经》中有集合论的知识。《经上》说："体，分于兼也。"《经说上》解释说："若二之一、尺之端也。"这里"体"是组成集合的元素，"兼"是由元素组成的集合。元素与集合的关系，相当于部分和整体的关系。

如集合"二"中有元素"一"，"尺"（线段）中有"端"（点）。《经下》说："区物一体也，说在俱一、惟是。"《经说下》解释说："俱一若牛马四足。惟是当牛马。数牛数马则牛马二，数牛马则牛马一。若数指，指五而五一。"这是墨家从日常生活和古代科学中概括出的集合论知识，公孙龙"二无一"的诡辩命题，跟这相反。

（2）"鸡三足"。下式是《公孙龙子·通变论》中的原话：

谓鸡足，一

数足，二

二而一，故三

这是把"鸡足"集合和"鸡足"元素机械相加的诡辩，违反不同类不能相加的算术规则。

（3）"牛羊足五"。下式是《公孙龙子·通变论》中的原话：

谓牛羊足，一

数足，四

四而一，故五

这是把"牛羊足"集合和"牛羊足"元素机械相加的诡辩。

（4）"臧三耳"。《孔丛子·公孙龙》说："公孙龙又与子高泛论于平原君所，辩理至于臧三耳。公孙龙言臧之三耳甚辩析。子高弗应，俄而辞去。明日复见，平原君曰：'畴昔公孙之言信辩也，先生实以为何如?'答曰：'然，几能臧三耳矣。虽然，实难。仆愿得又问于君：今为臧三耳，甚难而实非也；谓臧两耳，甚易而实是也。不知君将从易而是者乎? 亦从难而非者乎?'平原君弗能应，明日谓公孙龙曰：'公无复与孔子高辩事也。其人理胜于辞，公辞胜于理。辞胜于理，终必受诎。'"①

"臧三耳"与"鸡三足"的诡辩相似，其推论过程如下：

> 谓臧耳，一
> 数耳，二
> 二而一，故三

在这段记载中，以下两点值得注意：第一，对"臧三耳"诡辩的评价，是"甚难而实非"，即很难成立，并违反事实。对"臧两耳"命题的评价，是"甚易而实是"，即很容易成立，并符合事实。

第二，对孔穿议论的评价，是"理胜于辞"，即道理胜过言辞，从道理上能胜过别人，从言辞上却输给别人。对公孙龙议论的评价，是"辞胜于理"，即言辞胜过道理，从言辞上能胜过别人，从道理上输给别人。

并警告公孙龙说："辞胜于理，终必受诎。"即如果坚持不改，终究必然被罢职辞退。"诎"通"黜"，即贬退、罢免、罢职、革职、辞退、解雇、开除、"炒鱿鱼"、"卷铺盖"、"拎包袱"走人。公孙龙被平原君"罢黜"后不久，就无声无息，不知所终，大概没多久就去世了。对诡辩的评价，"甚难而实非"和"辞胜于理"这两条评价，具有普遍的方法论意义，对任何诡辩都适用。

（5）"黄马骊牛三"。这是与"鸡三足"类似的诡辩，语出《庄子·天下》，其推论过程是：

> 谓黄马骊牛，一
> 数黄马骊牛，二
> 二而一，故三

---

① 《吕氏春秋·淫辞》："孔穿、公孙龙相与论于平原君所，深而辩至于臧三耳。公孙龙言臧三耳甚辩，孔穿不应。少选，辞而出。明日，孔穿朝，平原君谓孔穿曰：'昔者公孙龙之言甚辩。'孔穿曰：'然。几能令臧三耳矣。虽然，难。愿得有问于君：谓臧三耳，甚难而实非也。谓臧两耳，甚易而实是也。不知君将从易而是者乎？将从难而非者乎？'平原君不应。明日谓公孙龙曰：'公无与孔穿辩。'"跟《孔丛子·公孙龙》的记载相似。

这都是集合和元素机械相加的诡辩。

13. 物莫非指

《公孙龙子·指物论》释文如下：

［主］事物都是由一般概念构成的，一般概念是第一性的本体，它不是由其他一般概念构成的。

［客］万物是可感知的客观实在，一般概念是不可感知的抽象，把客观实在的事物，归结为抽象概念，是不可以的。

［主］你说一般概念不是天下的实际存在，因而不能把客观实在的事物，归结为抽象概念，但是这不能把客观实在的事物归结为抽象概念，不也是一种抽象概念吗？既然这也是一种抽象概念，那么事物就没有不是由一般概念构成的。

所谓一般概念不是天下的实际存在，因而不能把客观实在的事物，归结为抽象概念，并不是有什么不能分析为抽象概念的事物。既然没有什么不能分析为抽象概念的事物，那么事物就没有不是由一般概念构成的。事物既然没有不是由一般概念构成的，那么一般概念就是第一性的本体，它不由其他一般概念构成。

［客］我说一般概念不是天下客观存在的实体，出自万物各有名称，并不等于一般概念的事实。我说万物不等于一般概念，你说这也是一种一般概念，是把一切都变成一般概念。你把我说的万物不等于一般概念，说成万物都是一般概念，是不可以的。

［主］"指"是兼称天下万物的普遍概念。天下虽无可感的"指"存在，万物不能说不能分析为抽象概念。万物不能说不能分析为抽象概念，即并非有不能分析为抽象概念的事物。并非有不能分析为抽象概念的事物，就是事物都是由一般概念构成的，一般概念是第一性的本体，它不由其他一般概念构成。一般概念与事物结合，不是一般概念本身。

假使天下没有与事物结合的一般概念，谁还来说与事物结合的一般概念，不再是一般概念本身？假使天下没有由一般概念转化来的事物，谁还来说一般概念？假使天下只有一般概念，而没有与事物结合的一般概念，谁还来说一般概念是第一性的本体，它不由其他一般概念构成？谁还来说事物都是由一般概念构成？并且一般概念本来就具有转化为不再是自身，而是事物的能力，哪里还等待与事物结合，才称为一般概念？

《指物论》的错误，第一是论题虚假。《指物论》模拟主客对辩方式，表达对事物和概念关系的论点。什么是"物"？《公孙龙子·名实论》说："天地与其所产焉，物也。""物"指天地及其所产生的一切，这与《墨经》和荀子的"物"概念一致，相当于物质、存在、实体。

什么是"指"？"指"的意义，有一个从具体到抽象的演变过程。"指"的第一个也是最原始的意义，是人肢体的一部分，即手指。《经说下》说："若数指，指五而五一。"即例如数指头，指头的个数有五个，而五个指头组成一个"五指"的集合。

"指"的第二个也是最初引申的意义，是人表达交流思想的手段，即用手指指着某物、指向某物说话。《经说下》说："指是鹤也，是以实示人也。"即用手指指着某物、指向某物说："这个是鹤。"这相当于实指定义的交际方式，通过展示实物的方式，让人了解。

《经下》说："所知而弗能指，说在春也、逃臣、狗犬、遗者。"《经说下》说："春也，其死固不可指也。逃臣，不知其处。狗犬，不知其名也。遗者，巧弗能两也。"即有些我们所知道的，而不能用手指指着说，例如死去的女奴春、逃亡的臣仆、狗犬这两个语词的定义、遗失不见的宝物。

如春这个女奴已经死了，本来不能用手指指着说。同样，逃亡的臣仆不知道他在哪里；狗犬这两个语词不知道其定义；遗失的宝物，再巧的工匠也不能造出两个完全一样的来：这些都不能用手指指着说。

"指"的第三个也是再引申的意义，是人对事物的一种认知，即指认（指出并确认）。它还没有完全摆脱"用手指指着某物、指向某物说话"的含义，但又包含一般认识的含义。它既适用于公孙龙说的"用手摸坚，用目视白"，又从"用手摸坚，用目视白"中超越，泛指对事物一切不同性质的指认。

如《经下》说："有指于二，而不可逃，说在以二参。"即假设有二人，同时指认事物两种不同性质，那么，这两种不同性质，就可以同时为人所把握，而无所逃逸，论证的理由在于，假设有二人同时参与认识活动。

《经说下》说："若知之，则当指之知告我，则我知之。兼指之以二也。横指之，参直之也。若曰：'必独指吾所举，毋举吾所不举。'则二者固不能兼指。所欲指不传，意若未较。"你如果知道了事物的一种性质，则应当把你已经知道的这一种性质告诉我，那么我就也知道了，用这种方法我们可以同时知道事物的多种不同性质。

同时指认事物的各种不同性质，也就可以同时把握它们。你如果故意跟我为难，说："你必须仅仅指认我所已经列举的性质，而不许指认我还没有列举的性质。"那么事物的各种不同性质自然不能同时被认识。我想让你指认的性质，你偏偏不指认、不传播，那么意识、判断就不能彰显明白。

"指"的第四个也是进一步引申的意义，是人对事物的概念、意识。《指物论》中的"指"，连标题在内，共出现 46 次，都可以用"一般概念"或"抽象概念"来解释。这种"指"的含义，在《公孙龙子》的《白马论》和《坚白论》中都有应用。

《白马论》中：a. "白马者，马与白也。"这里"马与白"，指一般概念或抽象概念，《指物论》中叫"指"。b. "马未与白为马，白未与马为白。"这里未与白结合的"马"，未与马结合的"白"，指一般概念或抽象概念，《指物论》中叫"指"。c. "白者不定所白，忘之而可也。白马者，言白定所白也。定所白者，非白也。"这里"不定所白"的"白"，指一般概念或抽象概念，《指物论》中叫"指"。

《坚白论》中：a. "物白焉，不定其所白。物坚焉，不定其所坚。不定者兼，恶乎其石也?"这里"不定其所白"的"白"，"不定其所坚"的"坚"，指一般概念或抽象概念，《指物论》中叫"指"。b. "坚未与石为坚，而物兼。未与物为坚，而坚必坚。其不坚石、物而坚，天下未有若坚，而坚藏。白固不能自白，恶能白石、物乎? 若白者必白，则不白物而白焉。黄、黑与之然。

石其无有，恶取坚白石乎？"这里自离自藏、各自独立存在的"坚"、"白"、"黄"、"黑"、"石"等，都是指一般概念或抽象概念，《指物论》中叫"指"。

把《指物论》中的"指"，解释为一般概念或抽象概念，则《指物论》的论题"物莫非指"，意为"事物都是由一般概念构成的"，这在本体论、存在论、宇宙观上，是一个虚假命题。事实是，先有事物，后有概念，概念是事物的反映，而不是相反。由于"物莫非指"论题虚假，违反事实，所以，不可能通过逻辑论证，证明其为真，这样，在公孙龙的论证中，必然会有"强词夺理"、"窃取论点"、"推不出"等逻辑谬误产生。

《指物论》的错误，第二是诡辩一环。《指物论》说："指与物，非指也。使天下无物指，谁径谓非指？""天下有指无物指，谁径谓非指？""指与物"，就是"一般概念与事物结合"，就是"物指"，物化的指、具体化的概念，它不再是物化、具体化前的抽象概念。从公孙龙这些议论中可以抽出"物指非指"的公式，这是公孙龙全部诡辩体系中的一个环节，被应用到白马、坚白等具体辩论中。

如《白马论》说："白马者，马与白也。马与白，马也？故曰白马非马也。曰：马未与白为马，白未与马为白，合马与白，复名白马，是相与以不相与为名，未可。故曰白马非马。"抽象概念"白"与"马"结合成为"白马"，是"物指"，物化的指、具体化的概念，它不再是物化、具体化前的抽象概念"马"，所以说"白马非马"，即具体物"白马"不是抽象概念的"马"。

《坚白论》说："坚未与石为坚，而物兼。未与物为坚，而坚必坚。其不坚石、物而坚，天下未有若坚，而坚藏。白固不能自白，恶能白石、物乎？若白者必白，则不白物而白焉。黄、黑与之然。石其无有，恶取坚白石乎？故离也。""离也者，天下故独而正。"晋司马彪解释公孙龙的意思是"谓坚石非石、白马非马也"，则同样的公式还可有石坚非坚、白石非石、石白非白等，可以无穷列举。

"物指非指"的公式，是《名实论》中"彼此非此"正名和矛盾律公式的错误运用。"彼此非此"正名和矛盾律公式，运用到"牛马非马"的对象，是成立的，运用到"白马非马"和"坚石非石"等，是错误的。

这里有一个被公孙龙忽视的区别，即"彼此"和"牛马"是并列词组表示的"兼名"，即集合概念，其中前后两项是这一集合概念独立、平等的子集合，自然可以引出"彼此非此"、"牛马非马"的命题。

而"白马"、"坚石"、"石坚"、"白石"、"石白"、"物指"，是偏正词组，运用概括的方法，排除前面形容词所表示的性质、种差，剩下的主体词表示一个更大的类，只能是肯定命题"白马，马也"，不能是否定命题"白马非马"。彼此非此公式应用，见表44。

表44　　　　　　　　　　**彼此非此公式应用**

正确应用	错误应用	
彼此非此	白马非马	白石非石
AB 非 B	坚石非石	石白非白
牛马非马	石坚非坚	物指非指

六、归谬反驳

1. 智者归谬

普罗泰戈拉是爱利亚学派芝诺（Zeno，公元前 5 世纪）归谬法的重要发展者。柏拉图《优苔谟斯篇》286C 说，普罗泰戈拉第一个在论证中使用推断矛盾不可能的方法。第欧根尼·拉尔修《名哲言行录》9 卷 8 章 53 节说，普罗泰戈拉"首先提出如何攻击与辩驳人们所提出的任何命题"，即针对论敌的任一论题，提出反论题，诘难对方。高尔吉亚《论自然或非存在》杰出运用芝诺的归谬法，揭示巴门尼德存在论的荒谬。①

---

① 参见苗力田主编：《古希腊罗马哲学》，176～196 页；苗力田等主编：《西方哲学史新编》，19～51 页。

归谬法（reductio ad absurdum），又称归于不可能（reductio ad impossibile），是辩论术和逻辑学的核心。其论证形式是：如果 P 则 Q；非 Q；所以非 P。希腊文辩证法 dialektikos 本指归谬法，即在辩论中揭露对方矛盾，以战胜对方的方术，后成为西方对逻辑学的第一个专门术语，从古代到近代以前，一直是逻辑学的统称。

印度逻辑术语梵文 tarka，原指归谬式推论，后扩大为逻辑学统称。葡萄牙人傅泛济（P. F. Furtado，1587—1653）与李之藻合译首部西方逻辑著作《名理探》，葡萄牙高因盘利学院 1607 年刊行的原书名，用辩论术（dialecticam）一词。①

2. 辩者归谬

归谬轶事。《迹府》载公孙龙的辩论轶事，是公孙龙运用归谬论证的实例。公孙龙跟孔穿在赵国平原君家里会面。孔穿说："早就听说先生德高望重，一直想做您的弟子，但是我不赞成先生'白马非马'的学说。如果您放弃这个学说，就请您收我为弟子。"

公孙龙说："先生的说法是荒谬的。我之所以成名，就是靠'白马非马'的学说。现在您让我放弃它，那就没有什么可教。并且想让我做老师，是因为智慧和学问不如我。现在叫我放弃学说，这是先教我，而后拜我做老师。先教我，而后拜我做老师，这是自相矛盾的。

况且'白马非马'，是孔子所赞成的。我听说楚王张开繁弱大弓，搭上忘归快箭，在云梦大泽射杀蛟龙兕牛，而遗失了弓。随从们请求寻找。楚王说：'不用找了，楚王遗失了弓，楚人拾到了，又何必寻找呢?'

孔子听到说：'楚王的仁义胸怀还不够宽大，他应该说：人遗失了弓，人拾到了，这样说多么好，何必要加上一个楚字呢?'照这么说，孔子是把楚人和人区别开来。您肯定孔子把楚人和人区别开来，却否定我把白马和马区别

---

① 《名理探》原书名：Commentarii Collegii Conimbricensis Societatis Jesv: *In Universam Dialecticam Aristotelis Stagiritae*（耶稣会立高因盘利学院刊行《亚里士多德逻辑概论》），德国科隆，1607，1976 重印。

开来，是自相矛盾的。先生您修习儒家学术，而否定孔子所肯定的。想向我学习，而叫我放弃所教的学说，即使有一百个公孙龙在这里，也是办不到的。"孔穿无话可答。

公孙龙是赵国平原君的门客。孔穿是孔子的后裔。孔穿与公孙龙相会。孔穿对公孙龙说："我住在鲁国，久闻大名，仰慕先生的智慧，赞美先生的德行，早想到先生的门下受业，今日才得见面。但是我不赞成先生的，就是您的'白马非马'。如果您放弃'白马非马'的学说，我就请求做您的弟子。"

公孙龙说："先生的话自相矛盾。我的学说，就是'白马非马'。叫我放弃，就没有什么可教了。让我没有什么可教，而向我学习，这是自相矛盾的。并且想向我学习，是因为智慧与学问不如我。现在叫我放弃'白马非马'，是先教我，而后再拜我为师。先教我，而后再拜我为师，是不可以的。

先生用来教我的，跟齐王对尹文的说法相似。齐王对尹文说：'我很喜欢士，可是齐国没有士，这是为什么呢？'尹文说：'请问大王所说的士，是什么样的人？'齐王回答不出。尹文说：'现在有人在这里，事奉君主则忠诚，事奉父母则孝顺，交接朋友则守信，乡里相处则和顺，有这四种德行，可以叫做士吗？'

齐王说：'好，这正是我说的士呀！'尹文说：'大王得到这个人，肯用他做臣吗？'齐王说：'很愿意，但是得不到！'这时的齐王很喜欢勇敢。于是尹文说：'假如这个人，在大庭广众中，受到欺侮，而始终不敢斗争，大王肯用他做臣吗？'

齐王曰：'这怎么算士呢？受到欺侮，而不敢斗争，是耻辱，忍受耻辱的人，我不用他做臣。'尹文说：'虽然受到欺侮，而不敢斗争，并没有失掉作为士的四种德行。这个人没有失掉作为士的四种德行，他就可以算作士，然而大王一会儿让他做臣，一会儿不让他做臣，那么您一向所说的士，难道不是士吗？'齐王回答不出。

尹文说：'现在有一位国君，治理国家，别人有错则批评，无错也批评，有功劳则奖赏，无功劳也奖赏，反而埋怨人不听管理，这可以吗？'齐王说：
'不可以。'尹文说：'我观察下面官吏治理齐国的方法，就是这样。'齐王说：
'我治理国家，真如先生所说，人民虽然没有治理好，我也不敢埋怨，我想没
有这样严重吧！'

尹文说：'我这样说，岂敢没有论证？大王有令说：杀人要偿命，伤人要
判刑。人们害怕大王的命令，受到欺侮，而始终不敢斗争，这是为了成全大
王的命令。而大王说：受到欺侮，而不敢斗争，是耻辱，说是耻辱，这是批
评，没有错误，而大王批评，因为这而革除官职，不让他做臣。不让他做臣，
是处罚。这是没有罪，而大王处罚。

并且大王批评不敢斗争的人，必然表扬敢于斗争的人。表扬敢于斗争的
人，这是大王肯定他，必然让他做臣。必然让他做臣，是奖赏他。他没有功
劳，而大王奖赏。大王所奖赏的，是官吏所诛罚的。上面所肯定的，是法令
所非难的。赏罚是非，四者相互悖谬，即使有十个黄帝，也无法治理。'齐王
回答不出。

公孙龙对孔穿说，我认为您说的话，跟齐王相似。对于'白马非马'，您
想反驳，却不知道怎样才能驳倒。您这种情况，就像齐王喜欢'士'的名称，
却不知道实际分辨'士'的类别。"

公孙龙有以下五次说孔穿的议论"悖"：第一，"先生之言悖"。第二，
"先教而后师之者，悖"。第三，"夫是仲尼异楚人于所谓人，而非龙异白马于
所谓马，悖"。第四，"先生之言悖"。第五，"无以教，而乃学于龙也者悖"。

"悖"，是一个自觉地表示论敌议论自相矛盾的元语言语义概念，是运用
归谬论证辩论方式的标志。所引"齐王之谓尹文"的故事，是为了类比说明
孔穿议论的自相矛盾。《吕氏春秋·应言》载"公孙龙说燕昭王以偃兵"案
例，公孙龙列举事实，据理力驳燕昭王自相矛盾的思维混乱，使燕昭王"无
以应"。

归谬论证是诸子百家最常用的辩论方式，被视为最终战胜论敌的不二法
门。辩者杰出运用和精彩总结归谬反驳论证方式。《公孙龙子·名实论》从孔
子"正名"的术语出发，引申归谬反驳论证方式，可跟《墨经》的论述相媲

美。正名归谬，见表45。

表 45 　　　　　　　　　　　　　　　　**正名归谬**

	《公孙龙子·名实论》	《墨子·经说下》
正名归谬	其名正，则唯乎其彼此焉。谓彼而彼不唯乎彼，则彼谓不行。谓此而此不唯乎此，则此谓不行。其以当不当也，不当而当乱也。故彼彼当乎彼，则唯乎彼，其谓行彼。此此当乎此，则唯乎此，其谓行此。其以当而当也，以当而当正也。故彼彼止于彼，此此止于此可，彼此而彼且此，此彼而此且彼不可。	正名者：彼彼此此可：彼彼止于彼，此此止于此。彼此不可彼且此也。彼此亦可：彼彼止于彼此。若是而彼此也，则彼亦且此此也。
同一律	彼止于彼 此止于此	彼止于彼 此止于此 彼此止于彼此
符号代换	A＝A B＝B	A＝A B＝B AB＝AB
实例代换	牛＝牛 马＝马	牛＝牛 马＝马 牛马＝牛马
矛盾归谬	彼此而彼且此， 此彼而此且彼不可	彼此不可彼且此也。 若是而彼此也，则彼亦且此此也
符号代换	并非（（AB＝A）并且（AB＝B）） 并非（（BA＝B）并且（BA＝A）） 并非（（AB＝AB）并且（AB≠AB）） 并非（（BA＝BA）并且（BA≠BA））	并非（（AB＝A）并且（AB＝B）） 并非（（AB＝AB）并且（AB≠AB）） 若C而AB也，则A亦且BB也
实例代换	并非（（牛马＝牛）并且（牛马＝马）） 并非（（马牛＝马）并且（马牛＝牛）） 并非（（牛马＝牛马）并且（牛马≠牛马）） 并非（（马牛＝马牛）并且（马牛≠马牛））	并非（（牛马＝牛）并且（牛马＝马）） 并非（（牛马＝牛马）并且（牛马≠牛马）） 若羊而牛马也，则牛亦且马马也

数理逻辑和计算器学家吴允曾（1921—1987）说，《公孙龙子·名实论》"彼止于彼"、"此止于此"类似同一律。"彼此而彼且此，此彼而此且彼"类似矛盾律。公孙龙和墨家说"彼此"指集合概念，如"牛马"。《经说下》归谬论证式"若是而彼此也，则彼亦且此此也"，"是"这个古汉语代词，用具体例子说如"羊"。

用具体例子"牛马羊"代换古汉语代词"彼此是"，《经说下》归谬论证式可改写为："若羊而牛马也，则牛亦且马马也。"用拼音字母"ABC"代换古汉语代词"彼此是"，《经说下》归谬论证式可改写为："若 C 而 AB 也，则 A 亦且 BB 也。"这是用归谬法，说明违反同一律、矛盾律，势必产生逻辑谬误。

表述同一律、矛盾律，公孙龙和墨家用古汉语代词，西方逻辑学用拼音字母，所用元语言工具不同，逻辑本质等价。归谬反驳的论证方式，为中西智辩派和逻辑家互相贯通，共同运用。中西智辩派学说跟逻辑学的对立统一，矛盾渗透，构成世界逻辑学的丰富多彩和亮丽风景。①

诗以咏之：

> 司马谈迁论名家，苛察缴绕有道理。
> 服人之口不服心，反面教员讲歪理。
> 前导刺激有名家，荀墨升华有逻辑。
> 中国逻辑放异彩，多样统一是真理！

---

① 参见拙文《中西智辩派比较》，载台湾《哲学与文化》，第 37 卷第 8 期，2010（8）；《从比较逻辑学观点论名家》，载《南通大学学报》，2011（6）。

第九讲 论正名：儒家智者的逻辑

题头诗：

> 中国逻辑有总结，荀子正名是其一。
> 正名名实加辩经，荀墨名家鼎足立。
> 荀子正名放异彩，中国名学有典籍。
> 名辞说辩成体系，概念逻辑数第一！

一、智者正名

第十讲标题"论正名"，"正名"是儒家逻辑学的旗帜，字面意思是纠正语词概念，这是"正名"一词的狭义。"正名"一词的广义，包含"名辞说辩"各种思维表达形式的论述。《墨经》在"正名"标题下，讲逻辑学同一律、矛盾律的知识内容。《荀子·正名》和《公孙龙子·名实论》都用"正名"一词的广义。晋代鲁胜《墨辩注序》"名"和"辩"合流，内涵外延近似。

经战国二百多年诸子百家争鸣辩论，各家名辩思想都趋于总结阶段，最杰出的，排序第一是《墨经》，晋代鲁胜称之为"墨辩"和"辩经"。排序第二是《荀子·正名》，是儒家名辩思想集大成，中国概念逻辑学高峰，其中谈到"名辞说辩"各种思维表达形式的定义、次序和体系，是跟墨家逻辑学并驾齐驱的第二个逻辑体系。《公孙龙子·名实论》逻辑排序第三。龙墨荀逻辑经典三足鼎立，构成中国逻辑学大厦的三个坚强支柱。

《荀子·正名》逻辑学有畸形，特别突出概念逻辑学，展开为体系。儒家从孔子开始，特重"正名"，成为儒者的专业特长。而对"名辞说辩"各种思维表达形式的展开论述，显得贫乏，不如墨家对"名辞说辩"各种思维表达形式平等看待，全面展开。我把《荀子·正名》展开的概念逻辑学和"名辞说辩"论述，叫"儒家智者的逻辑"。《荀子·正名》多次说到"智者"。① 荀子自认属"智者"之列，自觉完成"智者"的使命。

荀子（公元前313—前238），名况，字卿，战国后期儒学大师。年十五，到齐国都城临淄稷下学宫游学。一度到楚，又回稷下，在齐国稷下学宫当老师。曾应聘到秦国考察。做过楚国兰陵的县令。曾跟赵孝成王议论军事。晚年定居兰陵著书。一生从事教学和著述，韩非和李斯是他的两个杰出弟子。

孔子说的"名正言顺"，影响深远，尽人皆知。儒家逻辑宗旨是"正名"，名即语词概念，"正名"即矫正语词概念。儒家逻辑叫"名学"，"名学"元典是《荀子·正名》，是儒家正名逻辑学的总结和集大成，论述名的作用、正名方法和谬误论。

从现代科学眼光看，《荀子·正名》论述的学科性质，属逻辑学、认识论和语言哲学，其中包含逻辑元研究的因素和闪光点。荀子逻辑学是儒家智者的逻辑学，有儒家智者的特色。荀子自称"智者"，有理性论的精神。荀子适应当时的社会需要，从儒家智者的视角，创发正名逻辑学，建构以概念论为中心的逻辑体系。如果把"墨家辩学"看做中国逻辑学的第一个高峰，"荀子名学"则是第二个高峰，《公孙龙子·名实论》是第三个高峰。

"荀子名学"的精蕴，是概念论、语言论、本体论、认识论、判断论、推

---

① 《荀子·正名》："知者为之分别制名以指实。""知者之言也，虑之易知也，行之易安也。""知者论道而已矣。""知"同"智"。"知者"同"智者"。

理论、诡辩论、语言规范与华夏一统。荀子名学，有积极的现实意义。我们用现代科学方法和语言工具，对其进行现代式元研究，揭示其积极意义。

"荀子名学"，渊源于孔子正名。孔子从当时政治伦理的思维表达实际中，概括"正名"的思辨课题，对诸子百家产生深刻影响。诸子百家从不同角度，阐发正名课题，各自提出独到见解。有儒家特色的逻辑名篇《荀子·正名》，是名辩思潮从儒家角度的理论总结。

名有指谓和交际功能。语词的指谓功能，涉及语言符号跟所指称、意谓对象的关系，是符号学分支语义学的研究对象。荀子《正名》说："故知者为之分别制名以指实。"并提出"制名以指实"的系统理论，相当于符号学分支语义学的知识。

现代逻辑符号学（semiotics），分为语法学、语义学和语用学三个领域。语义学（semantics）讲语词指号的指谓功能，即语言符号跟对象的关系。"正名"是属于语义学的研究。荀子提出"制名以指实"的系统理论，属于语义学范围。

语词凝结人对事物本质的认识，这是属于逻辑概念论的范畴。从语义学和概念论两个角度分析"正名"论，不是对立的，而是相容互补的。以语词形式，巩固、凝结对象及其本质反映的意识内容，是逻辑学概念论的应有之义。现代学者用"符号学语义学"和"逻辑学概念论"这两种方法，分析荀子的正名论，并行不悖，不是水火不容、势不两立。

荀子正名论的逻辑体系，由"名"、"辞"、"辩说"三元素构成，即荀子说："名也者，所以期累实也；辞也者，兼异实之名以论一意也；辩说也者，不异实名以喻动静之道也。"荀子正名论详于语词和概念论，使用"名"的统称，故被后人称为名学。墨辩和荀子名学本质一致，各有侧重。它们同为中国古代百家争鸣和名辩思潮的硕果，是儒墨两家显学对中国古代思维方式理论化建设的范型，是中国古代逻辑的两大典型。

"名"是中国逻辑学的专门术语，相当于当今逻辑教材中的"词项"。古代逻辑家对名的论述，涉及语言符号和概念两方面。《荀子·正名》说："名也者，所以期累实也。"名称语词是各种实体、实质、本质的概括。唐杨倞注引"或曰"："累实当为异实，言名者所以期于使实各异也。"名称语词是区分、说明各种不同对象的工具。

墨家、荀子从反映论、认识论的角度，揭示名称语词的实质是用来列举、模拟和表示不同实体、实质和本质的，名称、语词是称谓、指谓对象及其性状，包含概念、意义的语言符号。《墨经》和荀子对名的论述，具有相当于语义学（符号学）和概念论（逻辑学）两方面的内容。语词和概念，是一个统一体的不同侧面，二者是对立统一、一体两面。

"正名"即矫正和规范语词概念，这是符号学语义学的任务，也是逻辑学概念论的应有之义。荀子逻辑著作标题为"正名"，意味着其逻辑是以概念论为主轴来展开的。荀子提出"制名之枢要"，即制定语词、概念的基本原则。

二、名学渊源

荀子名学的理论渊源是孔子正名。孔子首创的"正名"方法，说"名不正，则言不顺。言不顺，则事不成"。"君子名之必可言也，言之必可行也。君子于其言，无所苟而已。"意即语词概念不正确，说话就不能顺理成章。说话不能顺理成章，事情就办不成。君子用词，一定可以做出解释。做出解释，一定可以行得通。君子说话，一定要严肃认真，不可苟且随便。

孔子在中国历史上，首先提出说话用词是否正确，语词概念是否具有确定性和确指性的问题。孔子的"正名"（语词概念正确），要求名称与实际一致，名实相符，即纠正语义，保持语词意义的确指性、确定性。所谓"名不正"，即语词与其所指对象脱离，语义转变，名不符实。

《论语》中不乏对"孝"、"仁"等政治伦理概念的定义。子游问孔子什么叫做"孝"，就是请孔子对"孝"的概念下定义。孔子对"孝"概念的解释，应用了逻辑学上对概念下定义的方法。

对父母和对狗马，都有"能够养活"的特点，这是二者的共同属性。二者的性质，除共同属性之外，还有各自的特有属性。孔子批评当时有人把对父母的"孝",说成是"能够养活",这没有把握对父母"孝"的特有属性、本质特征,没有同养活狗马区别开来。

对父母"孝"的特有属性、本质属性,是"尊敬"。如果对父母不尊敬,把对父母的孝,说成是"能够养活",这就同对狗马的"养活"相混淆。针对这一混淆,孔子从内涵上指出"孝"的特有属性、本质属性和种差,是对父母的"尊敬",这就从特有属性、本质属性和种差上,把对父母的"孝",同对狗马的"养活"明确区分开来。孔子把从内涵上区别概念的方法,叫做"正名"。

孔子提出"正名"方法的社会背景,是社会的进化、变动,导致语词概念使用混乱。孔子"正名"的目的,是解决社会上用名混乱的现象。孔子首倡正名,影响深广。孔子在教育、游说中首创的"正名"方法,在中国古代逻辑学领域发生重大影响。诸子百家都受孔子"正名"的影响,从各种不同角度发挥"正名"的理论。"正名"和定义的逻辑技巧,在表达和辩论中不可缺少。

三、名学前驱

荀子名学的前驱是尹文。尹文(公元前350—前270),曾在稷下学宫讲学,是荀子老师辈的同事。《吕氏春秋·正名》载,尹文用归谬法,跟齐王辩论。尹文在跟齐王辩论中,齐王承认:如果一个人具有"忠孝信悌"四种德行,就认为他是自己理想的"士",并愿意以他为臣。

尹文问齐王:如果有一个人,具有"忠孝信悌"四种德行,但在大庭广众之中"见侮不斗"(遇到欺侮,不感到耻辱,忍耐而不争斗),您愿意以他为臣吗?齐王说:不愿意。于是尹文根据齐王前后的不同说法,引申出齐王既以他为士又不以他为士、既以他为臣又不以他为臣的矛盾,把齐王驳得哑口无言。《公孙龙子·迹府》和《孔丛子·公孙龙》记载,公孙龙在自己的辩论中,熟练引用尹文驳斥齐王的归谬法,驳斥论敌。

《史记·太史公自序》载司马谈、司马迁说，对名家的专长"正名实"，"不可不察"，即不能不看到。又说："若夫控名责实，参伍不失，此不可不察也。"即选取一个名称、语词、概念，看它是否合乎实际，需要三五错杂地进行比较研究，才能少犯错误，这是不能不看到的。

南朝刘宋裴骃《集解》引晋灼解释"控名责实，参伍不失"："引名责实，参错交互，明知事情。"《韩非子·备内》："偶参伍之验，以责陈言之实。"《扬权》："参伍比物。""控"：引。"责"：责问、索求。

沈有鼎说："《汉书·艺文志》把惠施、公孙龙列入'名家'，但列入'名家'的，也还有不务诡辩的《尹文子》。""不务诡辩"，就是不从事诡辩，不把诡辩当做职业，从现存《尹文子》一书看，确是如此。

尹文在名家学派中，是典型地体现名家"正名实"专长的学者。《尹文子》内容，跟《荀子·正名》接近，时代略早，是荀子正名的前驱。东汉高诱说："尹文，齐人，作《名书》一篇，在公孙龙前，公孙龙称之。"

《汉书·艺文志》列尹文为名家第二人，著录"《尹文子》一篇"，班固自注："说齐宣王，先公孙龙。师古曰：'刘向云：与宋钘俱游稷下。'"这里选录《尹文子》资料，是经长期流传的产物，其中可能保留高诱所称尹文《名书》的内容。

(1) 性质作用。《尹文子》说："名者，名形者也。形者，应名者也。然形非名也，名非形也，则形之与名，居然别矣，不可相乱，亦不可相无。""名也者，正形者也。形正由名，则名不可差。""有形者必有名，有名者未必有形。形而不名，未失其方圆白黑之实。名而无形，不可不寻名以检其差。故亦有名以检形，形以定名，名以定事，事以检名，察其所以然，则形名之与事物，无所隐其理矣。""名不可不辩也。名称者，别彼此而检虚实者也。自古及今，莫不用此而得，用彼而失。失者由名分混，得者由分察。"

名是名称、语词和概念。形是形体、实体、事物、对象。以上大意是，名称是用来称呼形体的，形体与名称是对应的。但是形体不是名称，名称不是形体，形体与名称是有区别的，不能互相扰乱，也不能互相缺失。

名称是用来规范形体的，形体的规范要借用名称，则名称就不能有差错。

有形体，必须有名称来称呼，但是有名称，却未必有对应的形体。有形体，暂时没有给出名称，并没有失掉方圆白黑的实体。

有名称，而没有对应的形体，不能不寻找名称，以检验它的差错。所以就有这样一些工作，用名称来检查形体，用形体来规定名称，用名称来确定事实，用事实来检查名称，审察其所以然的因果关系，则形体、名称与事物的道理，就无法隐藏了。

名称不能不分辩。名称是用来区别彼此和检验虚实的。从古到今，莫不是用这个道理而成功，不用这个道理而失败。失败是由于名分混淆，成功是由于名分清楚。这些论述，无疑包含着合理的因素，从名实关系的角度定义名的性质和作用，为"正名"奠定本体论、存在论的基础。

（2）正名意义。《尹文子》说："大要在乎先正名分，使不相侵杂。""今万物俱存，不以名正之则乱。万名俱列，不以形应之则乖。故形名者，不可不正也。"这是接受并改造孔子"必也正名乎"的命题，从孔子偏重政治伦理的解释，扩展到一般名称与事物、形体的关系，把"正名"的课题一分为二，即"以名正物"（用名称规范事物）和"以形应名"（用形体对应名称）的双向操作。

同时，把"正名"的术语改造、诠释为"正形名"，也就是"以名正形"（用名称规范形体）和"以形正名"（用形体纠正名称）的交互运作。这就把孔子提出的"正名"课题，变成名家的专门学术领域和职业本分。

（3）名有三科。《尹文子》说："名有三科"，"一曰命物之名，方圆白黑是也。二曰毁誉之名，善恶贵贱是也。三曰况谓之名，贤愚爱憎是也"。"科"即类别，品级。"况谓"即比较称谓。这是把名称粗略地划分为三种。

第一种是一般事物的名称，如方圆白黑。第二种是诋毁赞誉、批评表扬的名称，如善恶贵贱。第三种是比较称谓的名称，如贤愚爱憎。第一种是自然界一般事物的名称，第二、三种的界限不是很明确，二者的合并，是社会政治伦理的名称。

（4）性质实体。《尹文子》说："语曰'好牛'，不可不察也。'好'则物之通称，'牛'则物之定形，以通称随定形，不可穷极者也。设复言'好马'，则复连于'马'也，则好所通无方也。设复言'好人'，则彼属于'人'也，则'好'非'人'、'人'非'好'也。则'好牛'、'好马'、'好人'之名自离矣。故曰：名分不可相乱也。"

这是对"好牛"、"好马"、"好人"名称的逻辑和语法分析。"'牛'则物之定形"，即"牛"是实体概念。"好则物之通称"，即"好"是性质概念。"好"这种事物的普遍性质，可以用来形容"牛"、"马"、"人"各种确定的实体，这叫做"以通称随定形，不可穷极者"，"好所通无方"。

《尹文子》所谓"'牛'则物之定形"，相当于《墨子·大取》说的"以形貌命者"，如"山丘室庙"，是实体概念。"好则物之通称"，相当于《墨子·大取》说的"不可以形貌命者"，如"白"、"大"，是性质概念。名家和墨家这种思维方式，是脱离具体政治伦理的一般哲学思考。

(5) 虚名失实。《尹文子》说："宣王好射，悦人之谓己能用强也。其实所用弓不过三石，以示左右。左右皆引试之，中关而止，皆曰：'不下九石，非大王孰能用是？'宣王悦之。然则宣王用不过三石，而终身自以为九石。'三石'，实也。'九石'，名也。宣王悦其名，而丧其实。"

这是说名称可以拿是否如实反映实际情况，而分为虚假概念和真实概念。齐宣王喜欢射箭的竞技，很高兴别人说自己能用强弓。实际上他用的弓不过三石，叫左右的人看看，左右的人都假装拉弓试射，拉弓到不扣扳机就停止，然后都欺骗齐宣王说："这弓不下九石，要不是大王，谁能拉开这么强的弓？"齐宣王很高兴。

但是宣王用的弓不过三石，而终身自以为能用九石弓。"三石"是实际情况。"九石"是虚假概念。宣王喜欢虚假概念，而丧失实际情况。《荀子·正名》说："名无固实，约之以名实，约定俗成谓之实名。"左右大臣迎合齐宣王的虚荣心，故意用"九石"的虚假概念，掩盖"三石"的实际情况，使齐宣王终身受骗而不自知。

(6) 偷换概念。《尹文子》说："齐有黄公者，好谦卑，有二女，皆国色，以其美也，常谦词毁之，以为丑恶，丑恶之名远布，年过而一国无聘者。卫有鳏夫，时冒娶之，果国色，然后曰：'黄公好谦，故毁其子，妹必美。'于是争礼之，亦国色也。国色，实也；丑恶，名也。"

《尹文子》这里所举，是一个典型的偷换概念案例。齐国黄公，有好谦卑之癖。黄公有两个女儿，是全国容貌最美的，但恰恰因为女儿美，黄公常用谦卑之词诋毁女儿，说女儿长相"丑恶"。"丑恶"的虚假名称广泛传播，使女儿耽误了最佳的结婚年龄，遍齐国都无人敢娶。

卫国有位鳏夫（年老无妻），贸然娶黄公的大女儿，一看竟是全国最美的，然后对人说："黄公有好谦卑之癖，故意诋毁女儿，黄公的小女儿必然很美。"于是人们争相礼聘黄公的小女儿，一看果然也是全国最美的。在这个案例中，"国色"是实际情况，"丑恶"是虚假名称。

（7）名有固善。《尹文子》说："庄里丈人，字长子曰盗，少子曰殴。盗出行，其父在后追之曰：'盗！盗！'吏闻，因缚之。其父呼殴喻吏，遽而声不转，但言：'殴！殴！'吏因殴之，几殪。康衢长者，字童曰'善搏'，字犬曰'善噬'，宾客不过其门者三年，长者怪而问之，人以实对，于是改之，宾客复往。"

庄里丈人，把大儿子叫盗，小儿子叫殴。大儿子盗外出，庄里丈人在后边追着喊叫"盗！盗！"负责维持治安的官吏听到了，就把大儿子盗捆绑起来。庄里丈人想叫小儿子殴向官吏解释，匆忙中话说不清，只是叫："殴！殴！"负责维持治安的官吏就殴打大儿子盗，差一点打死。

康衢长者，把家里的男仆叫善搏（寓意善于搏斗），把家里的看门狗叫善噬（寓意善于咬人），三年没有一位宾客来访，康衢长者奇怪地问别人，别人把实际情况告诉他，他马上改正，宾客就跟他恢复了正常的交往。

《吕氏春秋·离谓》说："言者以谕意也。言意相离，凶也。""夫辞者，意之表也。""听言者，以言观意也。"《尹文子》所说庄里丈人和康衢长者，因为别出心裁，标新立异，用不恰当的语词，客观上误导听众，使听众在特殊语境中，错误地理解语词的原意，使正常的语言交际和思想交流陷于困境。

《荀子·正名》说："名有固善，径易而不拂，谓之善名。"名称有本来就是好的。直截了当，通俗易懂，不引起混乱和矛盾，就是好名称。庄里丈人，把大儿子叫盗，小儿子叫殴，康衢长者，把家里的男仆叫善搏，把家里的看门狗叫善噬，按照《荀子·正名》的标准，就不是好名称。因为这几个名称，在具体的交际语境中，容易造成误会，引起混乱和矛盾。

在中国近代，翻译家严复所翻译的西方社会科学、哲学和逻辑学词汇，因为刻意求"雅"，似乎越古越好，越少有人了解越好，按照《荀子·正名》的标准，不够"径易"，即不够直截了当和通俗易懂，就不便为中国学术界广泛采纳。

比严复稍早的日本学者西周，翻译西方社会科学、哲学和逻辑学词汇，刻意求"径易"，方便为中国学术界采纳。西周翻译的抽象、具体、归纳、演绎等，为中国人采纳，严复把抽象、具体、归纳、演绎翻译为"玄"、"察"、"内籀"、"外籀"，几乎无人知晓，无人用。《尹文子》记述庄里丈人和康衢长者的负面典型，严复和西周的反向译名实践，说明《荀子·正名》提出的制名标准"径易而不拂"，对正确运用语言交际手段，有重要意义。

（8）语境语义。《尹文子》说："郑人谓玉未理者为'璞'，周人谓鼠为腊者为'璞'。周人怀璞谓郑贾者：欲买璞乎？郑贾曰：'欲之。'出其璞视之，乃鼠也，因谢不取。"郑国（河南郑州）人，把没有经过打磨的玉石叫"璞"。周国（河南洛阳）人，把没有经过风干腊制的新鲜老鼠肉叫"璞"。

周国人怀中揣着"璞"（没有经过风干腊制的新鲜老鼠肉），对郑国商人说："想买璞乎？"郑国商人说："想买。"把"璞"拿出来一看，原来是"没有经过风干腊制的新鲜老鼠肉"，而不是自己所理解"没有经过打磨的玉石"，只好改口说："抱歉，我不买了！"

同一种语言，在不同语境中，有不同语义。因此，在语言交流中，成功有效的交际，需要遵守《墨经》提出的"通意后对"原则，这是同一律在语言交际中的应用。名家"正名"的议论，是中国古代语言逻辑的萌芽，有助于思维的精密和语言的有效运用。

在《尹文子》所举的例子中，如果郑国商人知道语言歧义和"通意后对"的原则，面对周国商人"欲买璞乎"的询问，就应该先反问："璞何谓也？"待周国商人给出其所谓"璞"的定义"乃鼠也"，郑国商人就可以给出"不欲买"的正确回答，而不会陷于先说"欲之"，后又"因谢不取"的困境。

四、名学范式

（1）辨别同异。《荀子·正名》体现儒家名学的范式。荀子名学，是以"名"统"辩"的概念论逻辑和语言学逻辑。荀子总结"制名之枢要"，即制定名称的基本要点。荀子"制名之枢要"开宗明义说："然后随而命之：同则同之，异则异之。单足以喻则单，单不足以喻则兼。单与兼无所相避则共。虽共，不为害矣。知异实者之异名也，故使异实者莫不异名也，不可乱也，犹使同实者莫不同名也。"

即命名的原则，是对相同事物，给予相同名称；对不同事物，给予不同名称。由一个字构成单名，足以清楚表达，就用单名。由一字构成单名，不足以清楚表达，就用两个以上的字构成兼名。单名和兼名不互相排斥，就用概括的方法，也没有妨害。知道不同事物，应有不同名称，所以要使所有不同事物，都有不同名称，不能混乱，就像所有相同事物，要有相同名称。

荀子概念论逻辑的第一要点，是"所为有名"，即解释为什么要有名称，是讨论制名的目的。他的答案是："异形离心交喻，异物各实互纽，贵贱不明，同异不别，如是，则志有不喻之患，而事必有困废之祸。故智者为之分别制名以指实：上以明贵贱，下以辨同异。贵贱明，同异别，如是，则志无不喻之患，事无困废之祸：此所为有名也。"

即不同形体、事物、实质，离开主体的认识器官，纷然杂陈，互相纽结纠缠。所以智慧的人就要为不同的形体、事物、实质，分别制定不同的名称、语词和概念，把事物的同异辨别清楚，思想就能正常交流，行动也易于产生预期效果。

如牛、马是不同的动物，要分别用不同的名称来称呼。如果人要牛却说要马，要马却说要牛，则必然达不到目的，事情也会搞乱。荀子倡导"别同异"的制名原则，今日仍然有效。

荀子概念论逻辑的第二要点，是"所缘而以同异"，即解释凭借什么来辨别同异，然后形成不同类别的语词概念，这是说制名的本体论和认识论基础。从本体论角度说，客观事物存在形体、声音、口味、气味、状况等差异。从认识论角度说，人类天生有感性和理性的认识器官和认识结果，即"天官意物"（眼、耳、鼻、舌、身不同感官的感觉）和"心有征知"（心思证明的知识）。

荀子说："然则何缘而以同异？曰：缘天官。凡同类同情者，其天官之意物也同，故比方之疑似而通，是所以共其约名以相期也。""心有征知。征知，则缘耳而知声可也，缘目而知形可也。然而征知，必将待天官之当簿其类然后可也。五官簿之而不知，心征知而无说，则人莫不然谓之不知。此所缘而以同异也。"

即人类面临同样的客观世界，具有同样的认识器官，经过对事物情况的比较、推断、模拟、反映的认识功夫，对同样的事物，会形成同样的意识。再通过约定共同的名称、语词，形成概念，人们就能在交往中相互了解。

用目区分形状、颜色，用耳区分声音的清浊调谐，用口区分甘苦咸淡，用鼻区分香臭芬郁，用触觉区分冷热痛痒，用心思区分喜怒哀乐。眼耳鼻舌身五种感官，接触、感应事物的不同性质，形成感性认识。

思维器官，在感性认识的基础上，加以推理、论证，具有"征知"（理性认识，证明的知识）。如闻语声而知有人，见炊烟而知有火等。有感性和理性认识，还要用语言明确表达，使人了解。有感性认识，不发展到理性认识，有理性认识，不能用语言明确表达，使人了解，都还不是完全的知识。

荀子从本体论和认识论角度，论述语词概念的形成过程。其概念论同语言论密切结合，以实证论的本体论和唯理论的认识论为基础。从逻辑学上说，"同则同之，异则异之"的制名原则，要求保持语言符号指谓对象的确定性，是同一律的要求。

儒墨两家政治学术观点不一，但思维规律一致。《墨经》引用孔子"正名"，总结思维规律："正名者"，"彼止于彼"，"此止于此"，"彼此止于彼此"。把古汉语代词"彼此"，置换为英文字母 AB，则原公式变形为：A＝A，

B＝B，AB＝AB。

二者逻辑意义等同。对应实例是：牛＝牛，马＝马，牛马＝牛马。墨家剔除孔子"正名"的政治伦理含义，变型为纯粹的思维规律，说明儒墨两派的对立渗透和思维规律的工具性。思维规律比较，见表 46。

表 46   思维规律比较

荀子	同则同之，异则异之
解释	语言符号指谓对象确定性，语义同一律
墨家、公孙龙	彼止于彼，此止于此，彼此止于彼此
逻辑	A＝A，B＝B，AB＝AB
实例	牛＝牛，马＝马，牛马＝牛马

（2）单兼共别。荀子提出的"制名之枢要"说："故万物虽众，有时而欲遍举之，故谓之物。物也者，大共名也。推而共之，共则有共，至于无共然后止。有时而欲偏举之，故谓之鸟、兽。鸟、兽也者，大别名也。推而别之，别则有别，至于无别然后止。"

即万物虽多，有时想普遍列举，把万物总称为"物"。"物"是外延最大的共名。按普遍性程度往上推演，一种普遍性上还有更大范围普遍性，一直到没有再大范围普遍性为止。有时想要特殊列举，所以说"鸟"、"兽"。"鸟"、"兽"是外延较大的别名。按特殊性程度往下推演，一种特殊性下还有更小范围的特殊性，一直到没有再小范围的特殊性为止。共别推演，见表 47。

表 47   共别推演

术语	遍举	偏举
解释	概念概括	概念限制
规律	推而共之，共则有共，至于无共然后止	推而别之，别则有别，至于无别然后止
实例	我的一匹好白马→好白马→白马→马→哺乳动物→动物→物	物→动物→哺乳动物→马→白马→好白马→我的一匹好白马

这跟现今逻辑教材中阐述的概念概括和限制的知识，实质一样。单、兼

之名，是从语言形式上分的。单名是单音节的词，如"马"。兼名是复音词（双音词、多音词或词组），如"白马"、"好白马"、"我的一匹好白马"等，都可以根据表达、交流思想的需要来应用。单名和兼名不相违背，有共同性、兼容性，就可以采用概括的方法。如我的一匹好白马→好白马→白马→马，就是概念概括的过程。

共名和别名，是从反映事物一般性和特殊性不同性质上对名的分类。它们的区分是相对的。如对"动物"而言，"马"是别名。对于"白马"而言，"马"是共名。共名和别名，是指在概念概括和限制过程中，出现的相邻概念。共名相当于现今逻辑学中所说的属概念，别名相当于种概念。

概念概括的方法，叫"遍举"，即往普遍化的方向列举。其特点是"推而共之，共则有共，至于无共然后止"，即依据一般性往上推，一般之上还有一般，一直到哲学上的最高类概念"物"，因为它没有上位概念，就到达概括极限。"物"是"大共名"（外延最大的普遍概念）。如我的一匹好白马→好白马→白马→马→哺乳动物→动物→物，就是概念概括的逻辑推演。

《孟子·梁惠王下》说："老而无妻曰鳏。"《礼记·王制》说："老而无妻者，谓之鳏。"宋魏了翁《尚书要义》卷一批评说："无室家名鳏，不独老无妻。无妻曰鳏。""舜于时年未三十，而谓之鳏者。书传称孔子对子张，舜父顽母嚚，无室家之端，故谓之鳏。鳏者无妻之名，不拘老少。"《诗》云，何草不玄，何人不鳏。暂离室家，尚谓之鳏。"

这等于指出，"老而无妻曰鳏"的定义过窄，需要去掉"老"的限制词，而扩大到"无妻"，包括像"时年未三十"、"无室家之端"或"暂离室家"的成年男性，这是使用荀子"共"、"遍举"（概括）的逻辑方法，使概念精确化。

概念限制方法叫"偏举"，即往特殊化的方向列举，特点是"推而别之，别则有别，至于无别然后止"。即依据特殊性往下推，特殊之下还有特殊，一直到表示个体的单独概念，因为它没有下位概念，达到限制的极限。

单独概念是"小别名"（外延最小的概念）。把概念的概括过程逆转，是限制。如：物→动物→哺乳动物→马→白马→好白马→我的一匹好白马。"我的一匹好白马",是"小别名"。

荀子说"鸟"、"兽"是"大别名",是指外延较大的"别名",有继续限制的余地。

荀子关于概念种类共名、别名的逻辑性质和概念概括、限制逻辑推演方法的元理论研究,是对符号学语义学和逻辑学概念论的杰出贡献,至今仍有充沛的生命活力和实践价值。

(3)合适名称。荀子提出"制名之枢要"说:"名无固宜,约之以命。约定俗成,谓之宜。异于约,则谓之不宜。"即名称没有本来就合适的,人们共同约定用它来指称某一个实体。词语被人们共同约定,在应用中形成习惯,就是合适的。违反约定俗成的原则,是不合适的。

如犬、羊两个语词,在最初命名时是主观任意的,而在命名以后,在应用中已经形成习惯,就是合适的名称。如果有人违反约定俗成的原则,把犬叫做羊,羊叫做犬,名称就不合适。诡辩家有"犬可以为羊"的命题,是夸大最初命名时的主观随意性,而抹杀名称约定俗成原则所造成的诡辩。合适名称,见表48。

表48 合适名称

辨别	正名	不正名
术语	宜名	不宜名
解释	合适名称	不合适名称
定义	名无固宜,约之以命,约定俗成,谓之宜	异于约,则谓之不宜
实例	犬为犬,羊为羊	犬可以为羊

(4)真假名称。荀子提出"制名之枢要"说:"名无固实,约之以命实。约定俗成,谓之实名。"即名称本来并没有其固定所指的实际,是人们共同约定它来指称某一个实际。合乎约定的,就是真实名称,否则就是虚假名称。如把和氏璧叫做"良玉",是真实名称;把它叫做"怪石",是虚假名称。荀子认为在推理的前提和结论中,都使用同一的真实概念,才能得到可靠的结论。真实名称,见表49。

表 49　　　　　　　　　　　　　　　　真实名称

辨别	正名	不正名
术语	实名	不实名
解释	真实名称	虚假名称
定义	名无固实，约之以命实，约定俗成，谓之实名	异于约，则谓之不实名
实例	和氏璧叫良玉	和氏璧叫怪石

（5）好名称。荀子提出"制名之枢要"说："名有固善。径易而不拂，谓之善名。"即名称有本来就是好的。通俗易懂，而不引起矛盾与混乱的，是好名称。好名称，见表 50。

表 50　　　　　　　　　　　　　　　　好名称

辨别	正名	不正名
术语	善名	不善名
解释	好名称	不好名称
定义	名有固善，径易而不拂，谓之善名	曲折矛盾，则谓之不善名
实例	白马马也	白马非马

通俗易懂，便于普及，利于流通。不引起矛盾和混乱，才能保证准确表达思想，进行正常交流和交际。否则，就如前面提到的老汉把自己的两个儿子分别叫"盗"、"殴"，因名称用得不好，引起误解和混乱，大儿子"盗"差点被殴打丧命。

（6）按实定名。荀子提出"制名之枢要"说："物有同状而异所者，有异状而同所者，可别也。状同而为异所者，虽可合，谓之二实。状变而实无别而为异者，谓之化。有化而无别，谓之一实。此事之所以稽实定数也：此制名之枢要也。后王之成名，不可不察也。"

即事物有相同形状，占有不同处所，有不同形状，占有相同处所，可以区别。事物有相同形状，占有不同处所，虽可合用名，但还是两个实体。形状改变，实体无别，呈现不同叫做化（变化）。有变化，无实质区别，叫一个实体。这是考察事物实体，确定名数量，是制定名称关键。后世帝王定名，不能不考察这名实关系。按实定名，见表 51。

表 51   按实定名

定义	实例
状同而为异所者，虽可合，谓之二实	孔子，孟子
状变而实无别而为异者，谓之化，有化而无别，谓之一实	中年孔子，老年孔子

荀子认为事物有两种情况，应该加以区别。第一种情况，是不同个体，有共同性质。它们虽然可以合用同一个普遍概念来概括，但毕竟是同一类属之下的不同个体。如孔子和孟子，都是"儒者"，但毕竟是两个不同的"儒者"：孔子是儒者的第一个代表人物，孟子是第二个代表人物。他们有共同点，也有不同点，不能混同。

第二种情况，是同一个体，在不同阶段，有不同性质。这种情况，叫做化（变化）。有变化而实体还是一个，就应该用同一个单独概念。如"青年孔子"、"中年孔子"、"老年孔子"，尽管情况有所变化，但毕竟还是同一个"孔子"，不能看做不同个体。如果注意这两种情况的区别，叫做根据实际情况，来决定名称的数量。这是荀子原创的独特概念"稽实定数"（根据实体，确定名称数量）的含义。

荀子提出"制名之枢要"，即制定语词、概念的六大基本原则，是荀子原创逻辑学概念论的精华，反映人类思维认识和言词交际"施诸四海而皆准"的普遍真理，具有"行诸百世而不悖"的永久价值，把它移植到今日逻辑教材，依然正确精彩，是今人思维表达应该掌握的"运用概念的艺术"。

（7）一网打尽。元王恽《秋涧集》卷六十六赞《荀卿》诗说："金声绝响，诡辩纵横。兰陵著书，吐辞为经。愤彼谲变，欺世迷民。性恶之说，有激而云。""金声"，即钟声，比喻才学精妙。"谲"，即奇特、怪异。

荀子以儒家智者的风范，敢挑总结先秦儒学的重担。在逻辑哲学领域，荀子在横扫战国诡辩风云的激战中，汲取战国名辩思潮的逻辑营养，把孔子"正名"的逻辑语义学传统发挥到新高峰，建构以"名"统"辩"的儒家"正名"逻辑体系。

荀子以其正名逻辑中的"制名之枢要"（制定名称的要点），即"所为有名"（为什么要有名）、"所缘以同异"（根据什么来辨别同异）和"约定俗成"

（相约定名，形成习惯）的三原则，横扫战国三类诡辩，即"三惑"，试图把当时流行诡辩一网打尽。

荀子说："凡邪说辟言之离正道而擅作者，无不类于三惑者矣。故明君知其分而不与辨也。"所谓"三惑"，即"用名以乱名"、"用实以乱名"和"用名以乱实"三种诡辩。三者是名实关系排列组合的全部可能性，这说明荀子正名逻辑体系一定程度的完整性、全面性和严密性。

荀子在中国古代百家争鸣中，全面、深入思考名实关系所涉及的概念理论。荀子一网打尽所有诡辩的自信，有一定根据。"用名以乱名"、"用实以乱名"和"用名以乱实"，从名实关系角度，穷尽了全部可能性的排列组合。三惑说，见表52。

表52   **三惑说**

用名以乱名	a 乱 a
用实以乱名	b 乱 a
用名以乱实	a 乱 b

从现代观点看，一网打尽所有诡辩的说法，是夸大其词。诡辩和谬误问题复杂，种类繁多，涉及客观世界和人类思维表达的一切领域，需用到哲学、逻辑学和语言学等各科知识。古往今来，人们并没有穷尽对诡辩和谬误的认识与分类，预期未来也仍是一个亟待探讨的繁难课题。

a. "用名乱名"。"用名乱名"的诡辩，用"所为有名"（制名目的）的原则反驳。荀子说："'见侮不辱'、'圣人不爱己'、'杀盗非杀人也'，此惑于用名以乱名者也。验之所以为有名，而观其执行，则能禁之矣。"

"见侮不辱"，是古代哲学家宋钘的观点。意思是遇到欺侮，心理上不感到耻辱，就不会产生斗争的意念，发生斗争的行为，于是就能天下太平。这是用"不辱"的概念，把"侮"的概念弄混乱。

实际的情况是，受到欺侮，就会感到耻辱，侮和辱紧密相连，不是互相排斥的。用"所为有名"的理论衡量，说"见侮则辱"是行得通的，因为它符合制名目的（指称实际，辨别同异）的原则，而说"见侮不辱"是行不通的，因为它不符合制名的目的。

"圣人不爱己",可能是墨子的观点。墨子提倡以古代圣人夏禹为榜样,自苦利人,"爱人"而"不爱己"。荀子认为圣人爱人,圣人也是人,所以圣人爱人包括爱自己。说"爱人不爱己",是把自己这个人,从"人"的普遍概念中排除,也就是用"不爱己"的概念,搞乱"爱人"的概念,这不符合制名的目的。

墨家著作《大取》说:"爱人不外己,己在所爱之中。己在所爱,爱加于己。伦列之:爱己,爱人也。""己,人也。爱己,爱人也。"这种"附性法"的复杂概念推理,符合《小取》中"是而然"的侔式推理的格式、样式,是正确的推理。荀子批评的"圣人不爱己"论点,不是《大取》的观点。可能是由于荀子等人的批评,墨家学派自身,起而修正本派祖师墨子的观点。

"杀盗非杀人"的命题,见于《墨子·小取》。荀子从生物学的意义着眼,认为盗是人,杀盗是杀人。这符合《小取》中"是而然"的侔式推理的格式,是正确的推理。如果说"杀盗"不是"杀人",是把作为盗的人,从普遍概念的"人"中排除,不符合"区别同异"的制名原则。荀子把"杀盗非杀人",看做用"非杀人"的概念,搞乱"杀盗"的概念。

出于响应论敌批评的需要,《小取》精心辩护"杀盗非杀人"的命题。墨家指出论证这个命题的推论模式,不是应用"是而然"的"侔",而是应用"是而不然"的"侔"。杀盗非杀人论证,见表53。

表 53　　　　　　　　　　　　杀盗非杀人论证

序号	是	不然
1	获之亲,人也	获事其亲,非事人也("事人"指做别人奴仆)
2	其弟,美人也	爱弟,非爱美人也("爱美人"指两性之爱)
3	车,木也	乘车,非乘木也("乘木"指乘未凿的原木)
4	船,木也	入船,非入木也("入木"指进棺材)
5	盗,人也	多盗,非多人也("人"指"盗"以外的一般人、好人) 无盗,非无人也 恶多盗,非恶多人也 欲无盗,非欲无人也 爱盗,非爱人也 不爱盗,非不爱人也 杀盗,非杀人也

为论证"杀盗非杀人"的命题，墨家提供许多同类事例作为类比素材，以增添议论说服力。墨家总结"是而不然"侔式论证的核心，在于前提谓项附加新词素，在结论中构成的新谓项意义发生变化，出现与前提中不同的新概念，违背荀子所谓"不异实名，以喻动静之道"的辩说原则，所以不能应用"是而然"的"侔"，即不能像荀子说的"盗是人，杀盗是杀人"，而只能应用"是而不然"的"侔"，说"盗是人，杀盗非杀人"。

荀子对"杀盗非杀人"命题的批评，着眼于"盗"的生物学意义。墨家对"杀盗非杀人"命题的辩护，着眼于"盗"的伦理学意义。两家对同一概念，意义理解不同，应用的论证模式不同，结论不同。

b."用实乱名"。荀子所谓"用实乱名"的诡辩，在现今逻辑学教材的谬误论中，称为"特例概括"、"非典型论证"、"仓促概括"、"以偏概全"或"逆偶然"，是属于论据不足型的、错误归纳的谬误。

"用实以乱名"的诡辩，用"所缘而以同异"（制名的本体论和认识论基础）的原则反驳。荀子说："'山渊平'、'情欲寡'、'刍豢不加甘，大钟不加乐'，此惑于用实以乱名者也。验之所缘以同异，而观其孰调，则能禁之矣。"

"山渊平"，是邓析、惠施等人的命题。荀子认为，这是用个别事实来搞乱一般概念。从个别事实说，有的山（较低的山），和有的渊（高山上的渊），一样平。但从一般概念说，山和渊是不平的：山高于平地，渊低于平地。这种一般概念，是对大量事实的概括。用个别、特殊和偶然的事例，来否认一般概念，是一种诡辩手法。

"情欲寡"是宋钘的观点。就实际情况说，个别生理不正常的人，是情欲寡浅的。一般生理正常的人，是情欲多。眼睛喜欢看美丽的颜色，耳朵喜欢听悦耳的声音，嘴巴喜欢尝可口的味道，鼻子喜欢嗅醇厚的气味，身体喜欢享受轻松安适。宋钘的诡辩，是用"情欲寡"的个别、特殊、偶然事例，抹杀"情欲多"的一般概念。

"刍豢不加甘，大钟不加乐"，是老庄、宋钘或墨子等人的观点。少数生理和心理情况特殊的人，不喜欢吃牛羊猪狗肉，不喜欢听钟鼓音乐。多数生理和心理情况正常的人，感觉牛羊猪狗肉好吃，钟鼓音乐好听。

"刍豢不加甘，大钟不加乐"的诡辩，也是以个别、特殊、偶然的事例，抹杀一般概念。荀子认为，以"所缘而以同异"的理论，即制名的本体论（对象的同异）和认识论根源（不同感官的感觉和理性的概括）来衡量，就能禁止这种"用实以乱名"的诡辩。

c. "用名乱实"。"用名乱实"的诡，用"名约"（名称约定俗成）的原则反驳。荀子说："'非而谓盈'，又'牛马非马也'，此惑于用名以乱实者也。验之名约，以其所受，悖其所辞，则能禁之矣。"

"非而谓盈"，是针对公孙龙"白马非马"之类的诡辩。"非"即"不是"。"白马非马"论断定主项"白马"，跟谓项"马"为概念的全异、排斥关系。但这违反名称约定俗成的原则。

因为"白马"和"马"，在命名时就表示它们是"盈"，即兼容、包含关系，即"白马"包含在"马"中。按概念的共、别（属种）关系说，"白马"是别名（种概念），"马"是共名（属概念），"白马"的概念隶属于"马"，可以往上概括为"马"。公孙龙用"非"（全异、排斥）的概念，来称谓"盈"（兼容、包含）的关系，是混淆概念的诡辩。

"牛马非马"的命题，见于《墨经》。在《墨经》中，这个命题不是诡辩。《墨经》的意思是，"牛马"是集合，"马"是其中的元素，二者不等同，所以说"牛马非马"。这是对集合和元素关系的正确说明。

可能有人撇开《墨经》中这一命题的科学内容，从字面和经验上曲解《墨经》命题，把《墨经》命题误解为某人家里有"牛马"，却没有"马"，即只承认有"牛马"的集合，不承认"牛马"的集合中有"马"的元素，这自然就陷入诡辩。

荀子说这是用"非马"的概念，来搞乱"牛马"的概念，指出用名称约定俗成的原则，看人们是接受有"牛马"为有"马"，还是接受有"牛马"为"非马"。荀子认为人们肯定接受前者，而不接受后者，这样就能禁止"牛马非马"之类的诡辩。但这样从字面和经验上误解《墨经》"牛马非马"的命题，是忽略《墨经》集合与元素概念分类思想的理论倒退，或许是由于文化交流的障碍，而受错误传闻的影响所致。

（8）判断推理。a. 概念和命题。荀子较为透彻地研究逻辑概念论，在一定程度上涉及概念论和判断论、推理论的联系。荀子说："名也者，所以期累实也。辞也者，兼异实之名以论一意也。"名（语词和概念），是对许多事物实质的概括反映。

《荀子·非相》说："人之所以为人者，非特以其二足而无毛也，以其有辨也。"《荀子·王制》说："人有气、有生、有知，亦且有义。""人能群。"即人是有道德、有知识、有社会性的动物。

这种对人本质的概括，是关于人的概念。辞（语句、判断），是联结"异实之名"（反映不同事物的名称），表达完整意思。如"人是有道德的动物"是"辞"。其中"人"是"单名"，"有道德的动物"是"兼名"。

荀子认为名称有累积、联结，构成语句的功能。《正名》说："名闻而实喻，名之用也。累而成文，名之丽也。用、丽俱得，谓之知名。"即听到名称，就能明白它所意谓的实际，是名称的作用。累积名称，构成文句，是名称的配合。会用名称指谓实际，并能联结名称造成语句，才可以说是知道名称。

荀子说："命不喻然后期。"即给事物命名，还不能使人明白，就加以期会表白，即用语句、判断，揭示概念的内容，这是给概念下定义的方法。如说："人是有道德的动物。"概念是判断内容的浓缩，判断是概念内容的展开。通过下判断，概念的内容就能揭示明白。荀子对概念和判断关系的认识，有启发意义。

荀子正确阐述名称和语句的认识意义和交际意义。他说："名足以指实，辞足以见极。"即语词贴切地指谓实际，语句恰好说到问题的关键，就是"正其名，当其辞"，即正确的名称，恰当的词句。这是说名称、语句的认识意义。

荀子把名称、语句看做"志义之使"，即表达思想的工具。"白其志义"，"足以相通"，是指名称、语句的交际意义。他把不利于认识和交际的花言巧语，叫做"诱其名，眩其辞"，认为这种言词，会把人引向邪路，应该引为警戒。

b. 概念和推论。荀子列举思维表达形式的次序，是名（语词、概念）、辞（语句、判断）、说（推理）、辩（证明、反驳）。他认为说和辩，是较复杂的形式，其中包含着较简单的形式名和辞。

荀子说："辩说也者，不异实名，以喻动静之道也。期命也者，辩说之用也。"即辩论是用前后一致的真实概念，弄清是非的道理，概念、判断是辩说中应用的元素。如说："人能群。中国人是人。所以，中国人能群。"这是推理，它由概念、判断组成，其中每一概念，出现的前后意思一致。可见，荀子的推理论，是在概念论的基础上展开的。

荀子的推理论，有精彩之处。他说："推类而不悖。"即推理中所用的类概念，要前后一致，不矛盾，相当于逻辑同一律、矛盾律的要求。他说："辩则尽故。"是指证明、反驳要全面列举理由。

荀子说的"言之成理"、"持之有故"，被作为成语千古流传，永存不衰，成为众所周知的规范思维表达的一般原则。"言之成理"，即言论顺理成章，自圆其说，相当于推论形式正确的要求。"持之有故"，即持论有充足理由。这是推论原理的重要概括，相当于充足理由律的要求。

（9）华夏一统。荀子的概念论，同语言论密切结合。篇名为"正名"，不仅要探讨概念的性质、种类和相关逻辑推演，而且包含提倡语言规范化、促进华夏大一统的用意。荀子盛年，距公元前 221 年秦统一中国，为期不远。当时秦统一中国的大势，已初露端倪。

公元前 268 年前后，荀子应邀到秦国考察政治、军事、地理和民俗。秦相范雎问荀子入秦的观感，荀子称秦国自然条件优越，百姓纯朴，官吏廉洁，大夫不结党营私，朝廷治国有方，必然在未来大一统中占据优势。荀子写《正名》，意在以儒家智者的身份，为未来统一中国的王者，制定语言名分的蓝图。

荀子看到语言规范化是促进华夏大一统的重要因素。《正名》开篇，建议未来统一中国的王者，应有一套标准的名称："刑名从商，爵名从周，文名从礼。散名之加于万物者，则从诸夏之成俗曲期。远方异俗之乡，则因之而为通。"主张刑法的名称根据商朝，等级的名称根据周朝，礼节的名称根据《礼经》。一般事物的名称根据华夏文化发达地区的习俗和普遍约定，边远不同风俗的地区则据此沟通了解。

荀子编制一份有关人自身的一般语词目录。性（本性）：人天生的本性，也指本性所产生，精神和事物相接触、相感应，不经过人为的自然性质。情（感情）：人的本性好、恶、喜、怒、哀、乐。虑（思虑）：心智对感情的选择判断。伪（人为）：人的官能根据思虑的判断而行动，也指积久的思虑和官能行动的习惯所形成的规范。事（事业）：符合功利的行为。行（德行）：符合道义的行为。知（认识能力）：人所固有的认识事物的才能。智（知识）：人的认识能力接触外界所获得的认识。能（本能）：人天生所固有的本能，也指人的本能发挥作用而获得的效果（效能）。病（残疾）：本性所受的损伤。命（命运）：各种条件巧合所带来的遭遇。

这是语言规范化的尝试，为未来统一中国的王者提供可参考的范本。荀子劝诫未来王者，应颁行规范的名称，谨慎地率领百姓走向大一统。这种思想有合理价值。《荀子·正名》是精彩的中国逻辑学元典。①

五、严复正名

严复引进西方逻辑学，跟中国传统"名学"贯通，促进国人思维表达的精确化。严复译述《名学浅说》说："夫名学为术，吾国秦前，必已有之"，"盖惟精于名学者，能为明辩以晰"。严复译逻辑学为"名学"，概念为"名"，判断为"辞"。

严复译述《穆勒名学》部甲篇一第一节原著原意是"为什么名称理论是逻辑学的必要部分"，严复借用孔子"君子于其言，无所苟而已矣"，意译为"论名之不可苟"。严复借孔子"正名"说，开宗明义说："言名学者深浅精粗虽殊，要皆以正名为始事。"

---

① 参见拙文《儒家智者的逻辑》，载《孔子研究》，2004（3）。

《名学浅说》第二十九节说："治名学，第一事在用名不苟。即有时与人辩理，亦须先问其所用名字界说云何。"严复说："科学入手，第一层工夫便是正名。""既云科学，则其中所用字义，必须界线分明，不准丝毫含混。""科学名词，涵义不容两歧，更不容矛盾。""孔子曰：'必也正名乎！'未有名义含糊，而所讲事理得明白者。"

严复译述《穆勒名学》部甲第二按语说，中文名义更需在通晓"文理"（文章条理、上下文、语境、语构）的基础上辨识。"读者必合其位与义而审之，而后可得。""位"指语词所在的语句、上下文的位置。"义"即语义、概念。需从语法（语形、语构）和语义的联系上来确定词类性质。严复是"正名"的提倡者，更是实行者。严复说自己写书为文，"一名之立，旬月踟蹰"，"字字由戥子称出"。

严复译述《名学浅说》第三十节，列举现实生活实例说："即如中国老儒先生之言'气'字。问人之何以病？曰：'邪气内侵。'问国家之何以衰？曰：'元气不复。'于贤人之生，则曰'间气'。见吾足忽肿，则曰'湿气'。他若'厉气'、'淫气'、'正气'、'余气'、'鬼神者二气之良能'，几于随物可加。今试问先生所云气者，究竟是何名物，可举似乎？吾知彼必茫然不知所对也。然则，凡先生所一无所知者，皆谓之'气'而已。指物说理如是，与梦呓又何以异乎！他若'心'字、'天'字、'道'字、'仁'字、'义'字，诸如此等，虽皆古书中极大、极重要之立名，而意义歧混百出，廓清指实，皆有待于后贤也。"翻译引进西方逻辑学，融会弘扬中国名学，是严复的理想和期待。

六、《正名》元典

荀子《正名》是名学元典。该篇讨论名的作用和实质，正名的目的、根据、方法、原则和谬误论，是先秦正名思想的总结和集大成。名相当于语词和概念。正名是矫正名实关系，正确运用语词和概念。荀子的正名，出于当时政治和伦理的需要，在正名目的、根据、方法、原则和谬误论的讨论中，涉及逻辑学、认识论和语言哲学等问题，具有至今正确有用的内容。清《四库全书》本《荀子·正名》，见图 4。

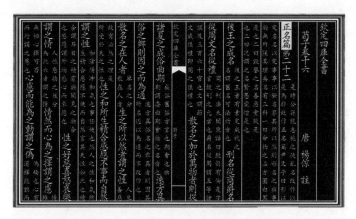

图 4　清《四库全书》本《荀子·正名》

诗以咏之：

> 儒家智者有逻辑，荀子正名是典籍。
> 儒家名学成范式，华夏一统有逻辑。
> 严复正名学荀卿，翻译名学有根据。
> 孔子正名到荀卿，一脉相传展新意！

第十讲　论辩经：中国逻辑树典型

题头诗：

> 墨家为义有三科，谈辩一科出辩经。①
> 墨经取名叫辩经，中国逻辑树典型。
> 辩经就是辩论经，逻辑科学孕育成。
> 小取打开入门锁，解读辩经走捷径！

一、辩经通论

第十讲标题"论辩经"。"辩经"一词，源于晋代鲁胜《墨辩注序》。鲁胜说："作辩经以立名本。"即墨家创作辩经，建立名学的基础。"《墨辩》"有上

---

① 《耕柱》："治徒娱、县子硕问于子墨子曰：'为义（实现理想事业）孰为大务？'子墨子曰：'譬若筑墙然，能筑者筑，能实壤者实壤，能睎（测量）者睎，然后墙成也。为义犹是也，能谈辩者谈辩，能说书者说书，能从事者从事，然后义事成也。'"谈辩"：谈话辩论。"谈辩"一科的酝酿成熟，即《墨经》《辩经》的制作。

下《经》，《经》各有《说》，凡四篇。"强调《墨经》是"辩论之经"。《墨经》讲辩论术，是中国逻辑学的典型，即典范的型式样态。

由于鲁胜提倡，《庄子·天下》所称《墨经》，后世也叫《墨辩》、《辩经》。近现代把翻译的西方逻辑学叫"辩学"，渊源于此。广义《墨经》，是《墨子》的《经上》、《经说上》、《经下》、《经说下》、《大取》和《小取》六篇，明正统十年（1445）刊《道藏·墨子》，排序第四十到第四十五。六篇《墨经》，前四篇《经上》、《经说上》、《经下》和《经说下》，叫狭义《墨经》，篇名中都带有"经"字。明《道藏》本《经上》，见图5。

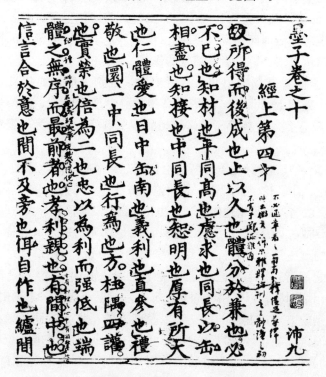

图5 明《道藏》本《经上》

狭义《墨经》，从内容到形式，都极为特殊，学者称"天下奇书"。《墨经》内容，全是古代逻辑科学知识。《墨经》形式，是定义、划分、简单命题和复杂命题的论证说明。《大取》和《小取》是狭义《墨经》的余义和发挥。

我从战国时期学术发展的大势推定，《墨经》著作年代在战国末期，跟荀子《正名》和公孙龙子《名实论》同时代。《墨经》总结春秋战国期间，诸子百家争鸣辩论和朴素科学认识的思维表达方式，有跟《荀子·正名》和《公孙龙子·名实论》互相争论、渗透应和的蛛丝马迹和思想脉络。《荀子》、《公孙龙子》跟《墨经》思想语言的同时代性，历历在目，真实可信，无法造假。

孙诒让《墨子间诂·墨子后语上》说："按《墨经》即《墨辩》，今书《经》、《说》四篇，及《大取》、《小取》二篇，盖即相里子、邓陵子之伦所传诵而论说者也。""传诵而论说"，反映《墨经》是学派集体编著的漫长过程和机理，隐约表示《墨经》是后期墨家的作品。

《墨经》全面总结墨家思想，有所斟酌，批判汲取。如狭义《墨经》四篇，扬弃墨子鬼神上帝观念，升华提高墨子科学理性因素，把墨学推进到新质发展阶段。《墨经》发挥墨子名辩思想的零星点滴，提升为墨家辩学的成熟体系。

《荀子·正名》、《公孙龙子·名实论》跟广义《墨经》六篇的"名辞说辩"论，即概念论、命题论、推理论、规律论、方法论，思想一致，言词近似，磨砺简练，语义浓缩，亟须用现代科学方法和语言，准确诠释，大力弘扬。

《墨经》称呼，流传到墨家集团之外，已是学界约定俗成的称呼。总论先秦学术源流的《庄子·天下》，在综论墨家的部分说："相里勤之弟子，五侯之徒；南方之墨者，苦获、已齿、邓陵子之属，俱诵《墨经》，而倍谲（背异）不同，相谓别墨，以坚白、同异之辩相訾，以奇偶不仵之辞相应。"

即相里勤的弟子，五侯的门徒，以及南方的墨者，苦获、已齿、邓陵子一派人，都诵读《墨经》，却背异不同，互相斥责说对方是非正统的墨家，用"坚白"、"同异"的辩论，互相诋毁，用"奇偶"不合的言辞，互相对应。"奇偶"指元素与集合，部分与整体，多样性与统一性，一与多。《墨经》有多条专门论述。

战国末《韩非子·显学》说："自墨子之死也，有相里氏之墨，有相夫氏之墨，有邓陵氏之墨。故孔、墨之后，儒分为八，墨离为三，取舍相反不同，而皆自谓真孔墨。"战国时期，源出鲁国地区的墨家学派，游说各诸侯国，逐渐散居各地，足迹遍华夏，影响达九州。

战国中期《孟子·滕文公下》惊呼："墨翟之言盈天下！"墨家四出宣传学说，各诸侯国接纳墨者，在神州大地逐渐形成三个墨者活动中心，即东方鲁国、南方鲁阳（属楚）和西方秦国。

《庄子·天下》说的"相里勤之弟子，五侯之徒"，是《韩非子·显学》说的"相里氏之墨"，是北方之墨者。从西方秦国说，称"东方之墨者"，活动中心在东方鲁国。《庄子·天下》说的"南方之墨者，苦获、已齿、邓陵子之属"，是《韩非子·显学》说的"邓陵氏之墨"，活动中心在南方鲁阳（属楚）。《韩非子·显学》说的"相夫氏之墨"，是"西方之墨者"，活动中心在秦国。

沈有鼎依据史料，推断狭义《墨经》四篇，是学术文化发展水平较高的北方（秦国说东方）墨者，即"相里勤之弟子，五侯之徒"的著作。其论证论据的简括术语用"说在"。"南方之墨者"的著作《大取》，论证论据的简括术语用"其类在"，两种论证公式不同。"说在"意思是"论证的理由在于"。"其类在"意思是"论证的典型事例或相似事例在于"。二者都是论证的标志性联结词。

《大取》学说比较原始，含义丰富，重形式的趋势较弱。韩非子说的相夫氏之墨，即西方墨者，不参加以上两派争论，满足于《小取》完整而简明、但较晚出的辩学体系。①沈氏这一合理假说，能较好地解释现存广义《墨经》六篇的歧异。

《墨经》主要内容，是辩论术，逻辑学。狭义《墨经》183条，逻辑学专条有71条。狭义《墨经》183条，全部都是自觉运用墨辩的"名辞说"（概念命题论证）形式表达。《小取》是古代逻辑专论，《大取》论重要逻辑原理。

从晋代鲁胜开始，把《墨经》叫《墨辩》。鲁胜把所写《墨经》四篇注，叫《墨辩注》。《小取》开头"夫辩者"，对辩学即逻辑学的内容、功能和作

---

① 沈有鼎：《谈公孙龙》，见《沈有鼎文集》，393 页。

用，给出明确总结。这是墨家辩学、先秦辩学和中国辩学名称的来由。

所谓"经"，即经典、典范、规范、常道和路径之意。《释名·释书契》说："经，径也，如径路无所不通，可常用也。"《墨经》包含古今中外常用的普遍真理，有"施诸四海而皆准，行诸百世而不悖"（胡适语）[1] 的思想观念。

杨向奎说："一部《墨经》，等于整个希腊。"[2] 我把这句话修改为："一部《墨经》，等于浓缩的古中国和古希腊。"因为从形式、内容和价值，以及概念范畴和命题论证看，《墨经》可说是古中国和古希腊思想文化的浓缩和缩影。这是一个有趣的比喻说法，颇有启发意蕴。

《墨经》有学人说明发挥的广袤空间，是一个有开端，无终点，有预想，待完善的中国文化科学化、逻辑化的理想蓝图。墨家逻辑是中国古代逻辑的高峰，诸子百家争鸣辩论和朴素科学认识的思维工具，中国传统文化的精粹，值得永续研发、创新和转型。

以墨家逻辑为对象，以现代科学为工具性元理论的现代诠释、发挥和发展，是有重要意义的中国文化现代化急务，是进一步研发墨家逻辑的使命和目标。恩格斯说："在希腊哲学的多种多样的形式中，差不多可以找到以后各种观点的胚胎、萌芽。"[3]

墨家逻辑含有现代逻辑分支（如时间模态逻辑）的胚胎、萌芽。[4] 近年，同一个墨家逻辑，研究者观点多样，视野不同，被解释为不同的逻辑。如传统逻辑、形式逻辑、非形式逻辑、批判性思维、论辩逻辑、论证逻辑、逻辑符号学、语义学、语用学、语言逻辑、辩证逻辑、认知逻辑等，众说纷纭，莫衷一是。墨家逻辑包含现代逻辑分支的胚胎萌芽，可供持续诠释，永续研究发展。

我的韩国博士留学生黄晟圭，从我专攻《墨经》。黄晟圭以《墨经》研究为博士论文选题。他偕夫人李善瑛一起留学，李善瑛以《墨经》研究为硕士

---

[1] 胡适：《中国哲学史大纲》（卷上），166 页，上海，商务印书馆，1919。

[2] 转引自《墨子大全》，第 68 册，52 页，北京，北京图书馆出版社，2004。

[3] 《马克思恩格斯选集》，1 版，第 3 卷，468 页。

[4] 参见拙文《〈墨经〉论时间的模态》，载《逻辑与语言学习》，1985（6）。

论文选题。黄晟圭夫妇听我逐字逐句讲《墨经》，感慨说："《墨经》每一条，都可以写一篇文章！"我主编《墨学与现代文化》，黄晟圭分工撰稿韩国墨学研究专题，李善瑛分工撰稿墨家科技专题。① 几年后，二人都以《墨经》的研究成果，获学位归国。

《墨经》产生于中国传统文化的轴心时代，中华民族智慧大爆炸的春秋战国时代，作为时代精神升华和民族智慧结晶的《墨经》元典，包含可永续研发的潜质和学术增长基点，肯于耕耘灌溉，胚胎幼芽可长成参天大树。这是《墨经》被深埋地窖泥里（梁启超、沈有鼎语）两千年后，在现代吸引越来越多有识之士深切关注的内在缘由。

按照现代学术分类的术语，可把狭义《墨经》183 个条目，区分为如下类别：一、逻辑学；二、世界观；三、认识论；四、方法论；五、历史观；六、经济学；七、政治学；八、伦理学；九、数学；十、力学、物理学和简单机械学；十一、光学；十二、心理学。其中第一至第八，属于哲学社会科学。第九至第十二，属于自然科学。《墨经》分科，见表 54。

表 54 《墨经》分科

一级分科	序号	二级分科	《经上》、《经说上》	《经下》、《经说下》	合计
哲学社会科学	1	逻辑学	30	41	71
	2	世界观	14	6	20
	3	认识论	7	5	12
	4	方法论	8	10	18
	5	历史观	0	2	2
	6	经济学	0	2	2
	7	政治学	6	1	7
	8	伦理学	15	0	15
		小计	80	67	147

---

① 参见拙编《墨学与现代文化》，北京，中国广播电视出版社，1998；收入《墨子大全》，第 76 册，北京，北京图书馆出版社，2004。

续前表

一级分科	序号	二级分科	《经上》、《经说上》	《经下》、《经说下》	合计
自然科学	9	数学	15	1	16
	10	力学物理学简单机械学	1	7	8
	11	光学	0	8	8
	12	心理学	4	0	4
		小计	20	16	36
合计			100	83	183

　　"《墨经》分科"表中的数字，表示在《墨经》中所占的条目数量。如专论逻辑学，在《经上》、《经说上》占30条，在《经下》、《经说下》占41条，合计71条，占狭义《墨经》总条数183条的近40%。

　　占60%多的其他自然社会科学门类，则都是自觉用《墨经》逻辑学定义、划分和论证的形式表达。自晋代鲁胜以来，把《墨经》全部称为《墨辩》和《辩经》，是采用"墨辩"（墨家辩学）的广义，即把逻辑学的理论和应用全部包含在内。

　　中国逻辑学总体的一个特点，是没有把西方常见的"纯粹逻辑学"、"纯形式逻辑学"分离开来，作为独立的研究叙述对象。而是把"理论和应用"、"内容和形式"、"对象逻辑和元逻辑"，结合起来论述。这是中国逻辑学论著的一个显著特点。

　　从"理论和应用"结合的意义说，可看做优点，为一些人所满意。从没有抽象出"纯粹形式的符号逻辑"、"纯形式化的逻辑"说，可看做缺点，为另一些人所不满意。"中国古代有逻辑论"者和"中国古代无逻辑论"者双方，都可以从这里找到论述根据。

　　表面看来，这可谓"公说公有理，婆说婆有理"。我认为，面对这种"一体两面"、"同异交得"、"对立统一"客观存在的事实，争论双方可在辩证方法论的基础上，达致双赢。兼收并蓄，博采众长，这是吕不韦、刘安、司马谈、司马迁和班固所开辟的学术宽容多样的康庄大道。

　　中国逻辑学有没有？归根结底看事实。"事实胜于雄辩。"第十讲标题

"论辩经：中国逻辑树典型"，"辩经"指《墨经》，借用晋代鲁胜称呼。《墨经》原来的写作样式，即有些人推崇的所谓"土生土长的原生态"。

《墨经》"土生土长的原生态"，拿来摆到传统文化博物馆陈列，供人观瞻拍照，很好，但却不适合广大人民群众阅读应用。因《墨经》"土生土长的原生态"，用先秦古汉语写成，一般人很难读懂。

先秦《墨经》原本，写在竹木简牍。后经汉代史学家刘向、刘歆校勘整理，录为帛书。传到明代，《墨经》入《道藏》，上下栏目，篇章紊乱，误衍脱窜甚多。《墨经》古文，不分段，无标点。墨家用语，古奥专门，语法特异，语义浓缩，简之又简，读来佶屈聱牙，学者素称难读，于是弃之不顾。①

清代著名古文字学家孙诒让说，《墨经》之学"赅举中西，邮彻旷绝，几于九译乃通"，故"学者之罕能津逮也"。即几乎翻译九次，才能使人懂，专家学者都难读懂。"《经》、《经说》上下及大小《取》六篇，文义既苦奥衍，章句又复襍贸，昔贤率以不可读置之。"

《墨经》六篇，文句晦涩难懂，文字讹误错乱多。因读不懂，置之不理。梁启超、沈有鼎说，《墨经》逻辑学，两千年被埋在地窖泥里，不见天日，长眠不醒。孙氏承认自己对"《经》、《说》诸篇，闳义妙旨，所未窥者尚多"，即对《墨经》的宏大义理，微妙旨趣，他没有窥察出来的，还有很多。

《墨经》"土生土长的原生态"，不适合现代广大读者群体阅读。唯一出路，是用现代科学方法和语言，进行创造性诠释，才有助于广大人民群众阅读、理解和运用。

为阅读广义《墨经》的《经上》、《经说上》、《经下》、《经说下》和《大取》五篇，可先读《小取》。《小取》是读《墨经》的入门向导，相当于墨家逻辑学的绪论，简明教学大纲。先读《小取》，能把握墨家逻辑学的纲领要目。"纲举目张。""提纲挈领。"先读《小取》，墨家逻辑体系，可迎刃而解。

---

① 《墨经》有些话，像绕口令，读来拗口，听来如堕云雾，但意义精妙绝伦。如《经下》、《经说下》第180条："非诽者悖，说在弗非。""非。非诽：非己之诽也。不非诽，非可非也。不可非也，是不非诽也。"本条共32字，"非"字10个，"诽"字5个，否定词"弗"加"不"4个，肯定词"可"字2个。可推荐相声演员当做绕口令诵读，作为锻炼口舌伶俐、吐字清晰能力的实用教材。

清《四库全书》本《小取》，见图 6。

图 6　清《四库全书》本《小取》

二、《小取》入门

　　《小取》是墨家逻辑学的简明纲要，论述清晰流畅，是中国逻辑学的专论，是理解《墨经》其他各篇逻辑思想的入门，在世界逻辑史上占重要地位。孙诒让解释《小取》题名的来由说："《小取》者，与取譬之取同，《小取》篇云'以类取，以类予'，即其义。"

　　墨家议论，"取"有思维方法的意义。《墨子》共用"取"字 74 次，其中多具思维方法意义。如《经上》第 98 条说："取此择彼，问故观宜。"《经下》

第 149 条说："知其所不知，说在以名、取。"《经说》第 149 条说："取、去俱能之，是两知之也。"

本文一论"辩"学（中国古代逻辑学）的目的、宗旨，二论或（特称）、假（假设）、效（建立和代入公式）、譬（譬喻类推）、侔（比词类推）、援（援例类推）、推（归谬类推）等命题推论形式的定义、要点，三论譬、侔、援、推等推论形式的局限和易犯错误，四论侔（比词类推）式推论的正误。

《小取》开宗明义，先说辩学目的论，即"辩"这门学问的目的，是用来判明真理与谬误的分别，审察治理和混乱的头绪，判明同一与差异的所在，考察概念和实际的原理，权衡处置利益与祸害，洞察决断迷惑和可疑的痕迹：于是能反映概括万事万物的面目与根源，讨论探求各种言论的利弊和得失。

这是墨辩的目的、宗旨，突出墨辩的工具性。古今中外逻辑，都是思维工具。亚氏逻辑著作叫《工具论》。培根逻辑著作叫《新工具》。墨家逻辑是中国古代百家争鸣辩论和朴素科学思维的工具。

《小取》再说思维规律论，即根据事物的类别取例证明，根据事物的类别予以反驳。自己赞成的论点不能反对别人赞成，自己不赞成的论点不能要求别人赞成。《尚贤下》载，墨子要成立"治国任贤能"的论点，就取"王公大人杀牛羊、制衣裳、治疲马和张危弓，都知道任贤能"的同类事例来证明，这是"以类取"。

墨子批评王公大人不知"治国任贤能"的论点为荒谬，就取"王公大人杀牛羊、制衣裳、治疲马和张危弓，都知道任贤能"的同类事例来反驳，这是"以类予"。因为"王公大人杀牛羊、制衣裳、治疲马和张危弓，都知道任贤能"，就不能非难墨子"治国任贤能"的论点，这是"有诸己不非诸人"。

因为王公大人不放弃"杀牛羊、制衣裳、治疲马和张危弓任贤能"的论点，就不能要求墨子放弃"治国任贤能"的论点，这是"无诸己不求诸人"。这是表达同一律和矛盾律的思想，要求保持思维的一致性，避免自相矛盾，表明中外逻辑的共性，都遵守同一律、矛盾律。

《小取》再说思维形式论，即用语词概念反映事物实质，用语句命题表达思想意念，用推论说辞揭示理由根据。这名辞说三者，恰与西方传统逻辑的概念论、命题论和推理论三部分相当。

"或"是表示一类事物中仅有一部分是如此，即并非全部都是如此。"假"是表示思想上的假定，并非表示现实就是如此。"效"是提供标准的辩论形式和法则，所"效"是被提供的标准辩论形式和法则，所以合乎这些标准辩论形式和法则的是正确的，不合乎这些标准辩论形式和法则的是不正确的，这就是"效"。

"或"是一个区别的特称量词。即在一类事物中，仅有部分是如此，并非全部是如此。如说："马或白。"指在马类事物中，仅有部分马是白的，并非所有马是白的。公式是：S 或 P＝有 S 是 P，并非所有 S 是 P。

"假"是假定、假设、假想，而现实并非如此。如梁启超在《墨子之论理学》中说："假使今日中国有墨子，则中国可救。"而"今日中国有墨子"，只是假定，并非事实。公式是：假定 S 是 P。

"效"是建立公式（法式、标准、原则、模型、形式、格式）。"所效"是公式（法式、标准、原则、模型、公式、形式、格式）。"中效"是代入公式，符合公式者为是、对、正确；不符合公式者为非、错、不正确。

如《经说上》说："彼举然者，以为此其然也，则举不然者而问之"，"取此择彼，问故观宜。以人之有黑者、有不黑者也，止黑人"。即建立公式：M_1 是 P，M_2 是 P，∴所有 M 都是 P，用"有 M 不是 P"反驳。如说张三是黑的，李四是黑的，所以，所有人是黑的，这时，我就可以用"有人不是黑的"来反驳。这便是代入公式，并且"中效"的正确推论。

"譬"是列举其他事物来说明这一事物，简称譬喻类推。"侔"是比较同类词句说明它们都是行得通的，简称比词类推。"援"是说："你可以这样，我为什么偏偏不可以这样呢？"简称援例类推。"推"是我摆出一个证明给对方来反驳他，我这个证明是说明，对方所不赞成的与对方所赞成的本为同类，简称归谬类推。

"援"和"推"都是以同一律与矛盾律为根据的论证方式。"是犹谓"（这就好比说）的说法，是用来表示前后两种议论同类，是正类比的连接词。"吾岂谓"（我难道说）的说法，是用来表示前后两种议论不同类，是反类比的连接词。

《小取》论名、辞、说、辩等思维表达方式和或、假、效、譬、侔、援、推等论辩方式，从中国古代辩论实践中总结出来，又回到辩论实践中去，为墨家和诸子百家普遍运用，是墨辩和中国古典逻辑的范式。

从《小取》逻辑的本质看，中外逻辑推论都遵守同一律和矛盾律。《小取》总结的譬、侔、援、推等推论方式，有类比和归纳的或然性推论成分，也有归谬法的必然性推论成分。《小取》所列举推论方式的性质，是类比、归纳和演绎推论因素的朴素结合和综合运用，是古代论辩和论证的逻辑。

《小取》再说思维谬误论，即事物有相同之处，并不因此就完全相同。词句的同类比较（侔），在一定范围内是正确的。事物的现象或结果，有其所以形成的原因。其现象或结果相同，其所以形成的原因不一定相同。赞成某一论点，有其所以赞成的理由。双方都赞成某一论点，他们所以赞成的理由不一定相同。

所以，"譬"、"侔"、"援"、"推"的词句，无类比附会混淆差异，辗转列举会发生诡辩，生拉硬扯会失去本义，牵强推论会离开根据，于是就不能不慎重，也不能到处搬用。所以对言论的多方面的道理、特殊的类别和不同的缘故，就不能片面地观察。

《小取》论譬、侔、援、推辩论方式的合理性界限和容易发生的谬误，跟事物、思维和语言的复杂性有关，跟认识论和批判性思维结合，是具体分析和讲道理的演绎成分，增强古代论辩、论证的必然性和可靠性。

《小取》再说比词类推，列举五种典范的比词类推。其用古汉语元语言总结的"是而然，是而不然，不是而然，一周而一不周，一是而一非"等术语，使用排列组合，正反对照的修辞技巧，富有美感和欣赏价值，充分体现作者的深思熟虑和语言技巧。

第一种，"是而然"，即前一命题肯定，后一命题肯定。从其所举例来看，其公式是：$A=B$，并且 $CA=CB$。如：白马是马，乘白马是乘马。骊马是马，乘骊马是乘马。获是人，爱获是爱人。臧是人，爱臧是爱人。

第二种，"是而不然"，即前一命题肯定，后一命题否定。从其所举例来看，其公式是：A＝B，并且 CA≠CB。如：获的父母是人，获事奉她的父母不能说是"事奉人"（指做别人的奴仆）。她的妹妹是美人，她爱妹妹不能说是"爱美人"（指爱美色）。车是木头做的，乘车不能说是"乘木头"（指乘一根未加工的木头）。船是木头做的，入船不能说是"入木"（指进入木头）。

强盗虽然是人，但某地强盗多，不能简单地说"某地人多"；某地没有强盗，也不能简单地说"某地没有人"。怎么知道这一点呢？讨厌某地强盗多，并不是讨厌某地人多；想让某地没有强盗，并不是想让某地没有人。

世上的人大家都赞成这一些。如果是这样的话，那么我们说"强盗虽然是人，爱强盗却不能说是'爱人'，不爱强盗不能说是'不爱人'，杀强盗也不能简单地说是'杀人'（指杀好人，犯杀人罪）"，就也应该是没有困难的。

后者和前者是属于同类，世人赞成前者而不自以为不对，墨家的人主张后者却要加以反对，没有其他的原因：这就是所说的"内心胶结，对外封闭，听不进不同意见"，与"心里边没有留下一点空隙，胶结而解不开"的缘故。

第三种，"不是而然"，即前一命题否定，后一命题肯定。从其所举例来看，其公式是：A≠B，并且 CA＝CB。如："读书"不等于"书"，"好读书"却等于"好书"。"斗鸡"不等于"鸡"，"好斗鸡"却等于"好鸡"。"将要入井"不等于"入井"，阻止"将要入井"却等于阻止"入井"。"将要出门"不等于"出门"，阻止"将要出门"却等于阻止"出门"。

如果是这样的话，那么我们说"'将要夭折'不等于'夭折'，阻止'将要夭折'却等于阻止'夭折'（即采取措施使'将要夭折'的人有寿，却是真的把'夭折'的人转变为长寿）。儒家主张'有命'论，不等于真的有'命'这东西存在；墨家'非执有命'，却等于'非命'（即墨家反对儒家坚持有命的论点，却等于实实在在地否定'命'的存在）"就也应该是没有困难的。

后者和前者是属于同类，世人赞成前者而不自以为不对，墨家的人主张后者却要加以反对，没有其他的原因：这就是所说的"内心胶结，对外封闭，听不进不同意见"，与"心里边没有留下一点空隙，胶结而解不开"的缘故。

第四种，一周一不周（一种说法周遍，一种说法不周遍）。公式：AB 一语，A 有时遍及于 B 所有分子，有时不遍及 B 所有分子。如说"爱人"，必须周遍爱所有人，才可以说是"爱人"。说"不爱人"，不依赖于周遍地不爱所有人。没有做到周遍爱所有的人，因此就可以说是"不爱人"。说"乘马"，不依赖于周遍地乘所有马，才算"乘马"。至少乘一匹马，就可以说是"乘马"。说到"不乘马"，依赖于周遍不乘所有马，才可以说"不乘马"。

第五种，一是而一非，即一种语句结构，代入一种内容成立，代入另一种内容不成立。从其所举例来看，其公式是：$F(A)=G(A)$，并且 $F(B)\neq G(B)$。如居住在某一国内，可以简称为"居国"；有一住宅在某一国内，却不能简称为"有国"。

桃树的果实称为"桃"，棘树的果实却不称为"棘"（称为枣）。探问别人的疾病可以简称为"探问人"，讨厌别人的疾病却不能简称为"讨厌人"。人的鬼魂不等于人，兄的鬼魂在某些特殊情况下可以权且代表兄。祭人的鬼魂不等于祭人，祭兄的鬼魂可以权且说是祭兄。

这个马的眼睛瞎，可以简称为"这马瞎"；这个马的眼睛大，却不能简称为"这马大"。这个牛的毛黄，可以简称为"这牛黄"；这个牛的毛众（指牛毛长得茂密），却不能简称为"这牛众"（牛众是指牛的个数多）。

一匹马是马，两匹马是马，说"马四足"，是指一匹马四足，不是指两匹马四足；但是说"马或白"（指有的马是白的），却是在至少有两匹马的情况下才可以这样说，如果在只有一匹马的情况下就不能这样说。元语言公式，见表 55。

表 55　　　　　　　　　　　　　　　　　**元语言公式**

序号	元语言公式	符号表示
1	是而然	$A=B$，$CA=CB$
2	是而不然	$A=B$，$CA\neq CB$
3	不是而然	$A\neq B$，$CA=CB$
4	一周而一不周	AB 一语，A 有时遍及 B 所有分子，有时不遍及 B 所有分子
5	一是而一非	$F(A)=G(A)$，$F(B)\neq G(B)$

以上《小取》所列比词类推，各有一大批丰富的例证支撑，反映当时诸子百家争鸣辩论的主题内容和生动激烈状况。其对五种比词类推形式的总结，跟先秦古汉语的语法、语义和语用紧密联系，表明墨家辩学即逻辑概括，受中国民族语言特点的制约。

由《小取》的论述可知，墨家辩学（中国古代逻辑学），是诸子百家争鸣辩论的利器，是中国古代的论证逻辑和语用逻辑，经过创造性诠释和改造转型，跟现实生活结合，可转化为中华民族锐利的思维工具。

三、《经上》、《经说上》

《经上》逻辑学、哲学和科学知识，用定义、划分和简单命题表达，《经说上》简略解释。清《四库全书》本《经上》，见图7。《经说上》，见图8。

《墨经》是天下奇书。胡适说："《墨子》的《经》上下、《经说》上下、《大取》、《小取》六篇，从鲁胜以后，几乎无人研究。""到了今日，这几篇二千年没人过问的书，竟成了中国古代的第一部奇书了！"《墨经》之所以说是天下奇书，第一是表达形式奇，第二是表达内容奇。

图7　清《四库全书》本《经上》

图8 清《四库全书》本《经说上》

从表达形式说，《墨经》文本简练得出奇。《经上》共100条，524字，平均5字一条。条目最短3字。如第8条："义，利也。"（道义是给人以实际利益。）条目最长11字。如第93条："执所言而意得见，心之辩也。"（根据所听到的言论，把握对方说话的意思，是理智的辨别分析作用。）

从表达内容说，《墨经》也很出奇。人们常说，中国传统文化长于政治伦理，短于科学和逻辑。但《墨经》情况相反。《墨经》的长处，正在于科学和逻辑。《墨经》跟其他中国古籍的不同处，是用精练的古汉语，概括哲学社会科学和自然科学各科知识，是中国古代一部微型的百科全书。

从《经上》说，100个条目，有78条用定义方法，11条用分类方法，或是用分类和定义结合的方法，规定古代科学和逻辑范畴。还有11个条目，运用这些范畴，表达古代科学和逻辑命题。

把《经上》100个条目的内容，纳入现代科学知识的分类系统，可清晰看出墨者的真知睿智，领略墨家科学和逻辑的深湛义理，洞察《墨经》的崇高学术价值。

《经上》100 个条目内容，属于哲学社会科学知识 80 条。其中属于逻辑学 30 条，世界观 14 条，认识论 7 条，方法论 8 条，政治学 6 条，伦理学 15 条。属于自然科学知识 20 条。其中属于数学 15 条，力学 1 条，心理学 4 条。

属于逻辑学的，有 30 条。在《经上》的条目归类中，纯逻辑学的条目，占全部条目的 30%。逻辑学之外的其他条目，全都是《墨经》逻辑学理论的自觉运用。《墨经》的全部内容、精神和框架，都是逻辑学式的：一部分自觉讲解逻辑学，一部分自觉运用逻辑学。

晋代鲁胜洞见《墨经》的这一真谛，率先把《墨经》直接称为《墨辩》和《辩经》，意即《墨经》是墨家辩学之经、辩论之经，诸子百家争鸣辩论的形式和原理。用现代跟国际接轨的术语或话语系统说，就是中国古代的逻辑学。

如《经上》说："故，所得而后成也。"《经说上》举例解释说："小故：有之不必然，无之必不然。体也。若有端。大故：有之必然，无之必不然。若见之成见也。""故"指原因，"后成"指结果。

"故"分"小故"和"大故"。"小故"相当于必要条件，特征是"有之不必然，无之必不然"。即有点不一定有线，而无点一定无线，点为线的必要和非充分条件。反过来，可以说线为点的充分条件，即有线一定有点，而无线不一定没有点，线是点的充分和非必要条件。设 p 为 q 的必要和非充分条件，则 q 为 p 的充分和非必要条件。

《经上》说："体，分于兼也。"《经说上》举例解释说："若二之一，尺之端也。"点和线的关系，是部分和整体的关系。这是对"体"所下的关系定义。"体"是部分、元素，"兼"是整体、集合。"尺"相当于几何学的"线"，"端"相当于"点"。"线"是无数"点"的集合、整体，"点"是"线"的部分、元素。这相当于欧几里德几何中"全体大于部分"的公理。《墨经》证明点是线的必要条件，线是点的充分条件。

第 1 条规定的"故"范畴，从世界观（宇宙观、本体论、存在论、形上学）角度解释，即"原因"，在逻辑学上，可引申为推论的理由和根据，即论据。"有之必然"，是墨家用古汉语，对因果联系和推论式（正确的大前提以及前提和结论的必然联系）的元语言概括。

相当于用现代语言说"如果 P 则 Q"。在第 1 条定义"故"即原因范畴后，第 96 条运用这一范畴，列举简单命题说："巧传则求其故。"即对代代相传的手工业技巧，要求取其原因，道出《墨经》科学知识的形成机制。

第 79 条说："名：达、类、私。"《经说上》解释说："物，达也，有实必待之名也命之。马，类也，若实也者必以是名也命之。臧，私也，是名也止于是实也。声出口，俱有名。若姓字丽。"即以语词表达的概念，分为外延最广的普遍概念、一般类概念和单独概念三种。

如"物"（物质），是外延最广的普遍概念，凡是存在着的实体，一定都等待着用这一个概念来概括。"马"是类概念，凡如此这般，具有马属性的实体，一定都用这个概念来概括。"臧"是单独概念，这个概念只用来指称一个特定的实体。凡语言从人们口中说出来，里面都一定包含着语词概念。语词概念指称事物，就像一个姓名，都跟随着一个人的实体一样。

名的实质，是用语词表达概念。自从孔子在春秋末期提出"正名"的思辨课题之后，诸子百家都讲"正名"。《荀子·正名》和《墨经》细致研究关于"名"，即语词概念的理论，形成中国古代名学，即逻辑学的系统知识。

第 79 条说的"达名"，即外延最大的名，外延最广的普遍概念、最高类概念，就是各门科学的范畴。"达"是通达、周遍。《墨经》在中国传统知识宝库中的重要性，借用德国文化史学者雅斯贝尔斯的话说，是在人类文化的轴心时代，参与奠定人类的精神基础，囊括"所有我们今天依然在思考的基本范畴"。

范畴，希腊文 kategoria，即种类、类型、范围。译名"范畴"，源自《尚书·洪范》的"洪范九畴"。周武王打败商纣王，向商代贵族箕子（商纣王诸父，官任太师）咨询治理天下的大道，箕子用"洪范九畴"来回答，是说治理天下的大道分为九类。宋蔡沈《书经集传》解释说："治天下之大法，其类有九。"

"洪"是大,"范"是法式、模式、模范、范型、范围、类型。《广韵》:"范,法也,式也,模也。"《易·系辞疏》:"范,谓模范。"《尔雅·释诂疏》:"范者,模法之常也。"王充《论衡·物势》说:"今夫陶冶者,初埏埴作器,必模范为形。"陶工搅和黏土,制造器皿,一定要借助模子成型。"畴"是类、类型。

范畴是反映事物普遍本质的基本概念、大概念、类概念。范畴是人类认识成果的概括和结晶,是进一步认识的方法与工具。黑格尔说:"我们可以完全正确地掌握一种语言;可是如果没有文化,就不能善于说话。文化可以使精神具有各式各样的观点,使它即时想起这些观点,使它拥有一大批考察一个对象时所运用的范畴。因此,人们可以从智者们学得的技巧,就是顺利地掌握一大批这样的观点,以便依据这些观点即时地来考察对象。"①

黑格尔对古希腊智者派的论述,完全适用于分析《墨经》的语词、概念和范畴理论。黑格尔把世界和人类的认识,比喻成一面网,而范畴就是这面网上的牢固纽结。"这些纽结是精神生活和意识的依据和趋向之点。"②

列宁解释发挥说:"如何理解这一点呢?在人面前是自然现象之网。本能的人,即野蛮人没有把自己同自然界区分开来,自觉的人则区分开来了。范畴是区分过程中的一些小阶段,是帮助我们认识和掌握自然现象之网的网上纽结。"③

《经上》100条所包含的上百个逻辑和科学范畴,是中华民族认识和改造世界历史的里程碑,是认识和掌握自然现象之网的网上纽结。黑格尔说:"中国人是笨拙到不能创造一个历法的,他们自己好像是不能运用概念来思维的。"④ 黑格尔这样说,是海外奇谈。

---

① 黑格尔:《哲学史讲演录》,第2卷,11~12页。
② 黑格尔:《逻辑学》,第二版序言,15页。
③ 列宁:《哲学笔记》,90页。
④ 黑格尔:《哲学史讲演录》,第2卷,275页。

《墨经》是"运用概念来思维"的典范，有丰富深刻的概念理论和范畴体系。《墨经》的概念论，涉及名（语词、概念）的性质、作用和种类等问题，列举并解释众多逻辑和科学范畴，是中国古代概念论的宝库。

第31和32条说："举，拟实也。言，出举也。"《经说上》解释说："告以之名举彼实也。故言也者，诸口能之，出名者也。名若画虎也。言，谓也。言由名致也。"即名（语词、概念）的实质，是举实、拟实，列举和模拟实际事物。用语词、概念列举实物，"举"的定义是"模拟"，即用模拟事物性质的语句、短语或摹状词反映事物。"举实"、"拟实"，表示语词（词项）的指谓、表意和认识功能。用语句来"举实"、"拟实"，构成概念的内涵和外延。

在名（语词、概念）和言（语句）关系上，墨家认为名对实的反映作用，是通过一系列语句来实现的。从结构上说，语句是由名联结而成的。从认识作用上说，名对实的反映，靠语句对事物的列举、指谓来实现。利用名（语词、概念）和言（语句），认识事物、表达感情、进行交际和指导行动，这是人类特有的性质。

名的作用是列举实际事物，列举是模拟，即反映、抽象、概括。列举、模拟、摹略，是人的意识对外界事物的认识作用。列举、模拟、摹略，是概念、范畴的抽象、概括作用。这种抽象、概括作用，需要通过语言来实现。表达概念、范畴的"名"（语词），可以通过口说出来。用"模拟"定义"列举"，拿图画比喻概念、范畴对事物的反映作用，表明墨家概念论以能动反映论的认识论为基础。

告诉你这个名称，列举那个事实，语言是人们用口说出名称，表明名称、语言的指谓和交际作用。指谓和交际，是语言的两大功能。墨家从事物、语言和意义（人的意识对事物列举、模拟、摹略的结果）三者关系上，说明了名的性质和作用。而名称（语词、概念）是语言的构成元素，是推论说词的细胞，所以概念论是逻辑研究的重要内容。

第79条说："声出口，俱有名。""声"即"言"，"言为心声"。这接近于黑格尔所谓"人只要一开口说话，在他的话中就包含着概念"，说明人注定要跟语词、概念打交道，说明语词、概念运用的普遍性。

第 80 条讨论名称的指谓作用，列举指谓的三种含义：命名、列举和附加感情因素。把犬叫做"狗"，是命名。用"狗"名做主项构成命题，说"狗是犬"，这是用名称列举事物。对着狗叱责说："狗！"这是附加感情因素。

名（语词、概念）有抽象、概括作用。第 40 条对"久"（时间）的定义，是"弥异时"，即概括各种不同的具体时间，如古、今、旦、暮等。感官只能感知个别的时间，思维才能抽象一切时间的共同性质（普遍本质），用语词"久"概括，成为"时间"的哲学范畴。《墨经》中上百个逻辑和科学范畴，是通过心智理性的抽象、概括而获得的。

黑格尔说，中国哲学"没有能力给思维创造一个范畴［规定］的王国"[1]，"中文里面的规定［或概念］停留在无规定［或无确定性］之中"[2]。黑格尔这样说，也是海外奇谈。

《墨经》有一个哲学范畴的体系。范畴是大概念，即《墨经》说的"达名"（外延最广的概念）。《经上》从"故"至"正"共 100 条，用定义分类的方法，从内涵外延上规定一百多个哲学、逻辑和科学范畴。《墨经》形成一个庞大的"范畴王国"，对这些范畴各有专门的规定。既有范畴的理论，又有理论的运用，至今仍具有重要的认识和实践价值。

第 99 条说，"止"用来区别和限制一般性道理。这是止式论证的功用定义。《经说上》论止式论证的步骤说，对方列举若干正面事例，仓促概括出不正确的普遍结论，我则列举反面事例，予以反驳。

用符号语言改写即：$\because M_1$ 是 P，M_2 是 P…，$\therefore$ 所有 M 是 P。但 $\because$ 有 M 不是 P，$\therefore$ 并非所有 M 是 P。《经说上》给出的例子是："以人之有黑者有不黑者也，止黑人"，即用"有人不是黑的"，反驳"所有人是黑的"。《墨经》总结的止式论证，跟现代和西方逻辑的推论式相通，表明古今中外全人类思维形式和规律的一致性。

属于世界观的，有 14 条。例如关于世界观的范畴"物（物质）"、"实（实体）"。物（物质）是外延最广的哲学范畴，所有的实（实体）都用它来概

---

[1] 黑格尔：《哲学史讲演录》，第 1 卷，128 页。
[2] 同上书，132 页。

括。时间范畴是概括一切不同的具体时间（如古代、现代、早上、晚上）。空间范畴是概括一切不同的具体空间（如东方、西方、南方、北方）。

用尺子量度一个空间，前面容不下一尺，这叫"有穷"。若前面永远、处处容得下一尺，这叫"无穷"。变化、质变就是特征、性状改变，如蝌蚪变为青蛙，鹌鹑蛋变为鹌鹑。增益是量的扩张，减损是量的缩小。法则（规律）是遵循着它，就可以取得一定结果的东西。如使用圆规，遵循"圆，一中同长也"的法则，可以制定一个标准的圆形。

属于认识论的，有 7 条。例如关于认识论的范畴"虑"。虑即思考，是以认识能力求知的状态和活动。但仅有思虑求知的活动，不一定能取得知识，就像仅用眼睛斜视，不一定能看清楚对象一样。"知，材也"的"知"，指人的认识能力。材即才能、本能。

墨家的认识论是可知论，充分相信人对世界的认识能力，认为凭借自身所具有的认识能力，再加上其他条件和过程，人就一定能取得知识。犹如人具有健全的视力，再加上其他条件，就一定能看见东西。

"知，接也"的"知"，指感性认识。"接"是接触事物。感性认识是用人的认识能力与物相接触、相过从，而能描摹出事物的相貌，犹如以健全的视觉能力接触事物，从而构成事物的视觉形象一样。

"虑也者，以其知有求也，而不必得之。"墨家认识到思考的重要性，是求知的重要活动。这与当今重视科学思维的要求一致。《经说上》说："传受之，闻也。方不障，说也。身观焉，亲也。"分析获得知识的不同途径，强调"亲知"，注意调动各种认识手段。生产和理论结合，感性和理性并重，是墨家科学成就的认识论根源。

"知，明也"的"知"，指理性认识。"明"是清楚明白。理性认识是用人的认识能力整理分析事物，而能取得深切显明的认识，犹如用眼睛仔细看东西，看得清清楚楚，明明白白。

从来源说，知识分为闻知、说知和亲知；从内容说，知识分为名知、实知、合知和为知。《经上》把有意识的自觉的行为，也叫做知识。人在实践中追求的最高境界，是用正确理论、知识指导行动，按规律办事，达到预期目的，实现动机和效果的统一。

合：相合、符合。正：正合，指动机与效果正好符合。符合有正合、宜合和必合的不同。由于勤学苦练，把握规律，掌握技巧，射箭想射中靶心，果然射中，这就是动机和效果的正确结合。

"讹"指犯错误。错误的发生，是由于没有用理智去支配行动，而是受欲望盲目支配的结果。墨者主张人的行为应该受理智的支配。相反，不受理智支配，受欲望或不确定的意见（疑问）支配，就难免在行动中犯错误。这是对犯错误原因的认识论和心理学解释。

属于方法论的，有 8 条。例如第 89 条说，同一性和差异性是互相渗透的，可以同时把握，如"有"和"无"集于同一人之身。一个人有富家、无良知，或无富家、有良知，是"有"和"无"集于同一人之身。一数与不同的数相比，既多且少。蛇、蚯蚓旋转，既去（离开）且就（接近）。

鸟儿筑窝折用的梧桐树枝，既坚且柔。用剑杀死敌人，同时就保存了自己的生命，所以剑这种杀伤性武器，也有如铠甲一样的防御作用，兼有死生两种性质。一个未出嫁女儿的母亲，既长（对于她的女儿来说）且少（对于她的母亲来说）。一物颜色比甲物淡，又比乙物浓，既白且黑。

一圆的中心可以是另一圆的周边，既是"中央"又是"旁"。言论与行动、行动与行动、学问与实践，既有是又有非。母鸡孵雏的某一时刻，幼雏既成又未成。兄弟三人中的老二，说他是兄和弟都合适。一个人的身体处在这里，而心志却跑往别处去了，是既存且亡。霍本指鹤，又因为霍兼做了人的姓氏的缘故，使"霍"这个字有了歧义。

买卖双方商议合适的价格，对卖方说是够贵的，他才肯卖，对买方说是够贱的，他才肯买，这是既贵且贱。以超越城墙为目标的竞技活动，既有运动，又有静止，这是"运动、静止"的统一。这里用 15 个事例，论证"同异交得"的方法论命题。"同异交得"，即同一性和差异性互相渗透与同时把握，这是辩证法"对立统一"规律的别名。

第 85 条《经说上》说："权者两而勿偏。"即权衡思考，要遵守两点论、全面性的原则，而不要犯片面性的错误。第 83 条说观察有部分和全面两种。

只见一面，叫部分观察。看到两面，叫全面观察。

《经上》和《经说上》运用其所规定的同异、两偏等范畴，表达"同异交得"和"两而勿偏"的方法论命题，是杰出的辩证法世界观与思维方法论，有深刻的科学性，精到的真理性和超前的现代性。

属于政治学的，有 6 条。例如关于政治学的范畴"功、罪、赏、罚、诽（批评）、誉（表扬）"等。属于伦理学的，有 15 条。例如关于伦理学的范畴"仁、义、礼、忠、孝、任、勇、利、害"等。

属于自然科学知识的，有 20 条。其中属于数学 15 条，力学 1 条，心理学 4 条。例如关于数学的范畴"方、圆、平、直、中、厚、倍"等。《墨经》数学，主要是几何学，有数学名词的定义，讨论方、圆、直线的性质，点、线、面、体的关系，相交、相切、相离问题。《墨经》和西方欧几里德《几何原本》有许多概念、理论相符。

点线面体，是几何图形的元素。点是《墨经》的几何学概念。《经上》说："端，体之无厚而最前者也。"这是"端"（点）的定义。《墨经》的"端"含义有两种：第一，相当于欧几里德几何学中的点。在欧氏几何中，点被定义为"不可分"。第二，没有厚度，也没有长度和宽度，是物体的最前部分。

《墨经》的"端"，是没有长、宽、高三维，无穷小的物质微粒。这种物质结构论，相当于古希腊自然哲学家的原子论。原子论或物质微粒说，是人类认识物质的一个阶段，里程碑。再进一步，人类探讨原子或物质微粒的深层结构，提出物质无限可分说。物质结构是可分和不可分的结合，是可分的阶段性、有限性和进展性、无穷性的统一。

《经上》说："撄，相得也。"《经说上》举例解释说："尺与尺俱不尽。端与端俱尽。尺与端或尽或不尽。""撄"的含义，是"相交"、"相遇"、"接触"。分三方面考察：

其一，"尺与尺俱不尽"：线和线相交，双方都不完全重合，因为线是无数点的集合，线和线相交，只交于一点。

其二，"端与端俱尽"：点和点相交，完全重合，完全占有对方，没有空隙，因为点没有长、宽、高。

其三，"尺与端或尽或不尽"：点和线相交，从点方面说，是完全重合（尽），从线方面说，是不完全重合（不尽）。

《经上》说："比，有以相撄，有不相撄也。"《经说上》解释说："两有端而后可。"这是几何学中图形比较的方法。同类的图形，可相互比较。如两条线、两个角、两个圆、两个矩形等。可用叠置法比较。

《经上》说："次，无间而不相撄也。"《经说上》解释说："无厚而后可。""次"：序次、排列、相切。"相切"：两个图形的共同点只有一个。"无间"是两个图形之间没有空隙。"不相撄"是不相交，相交是有两个共同点，"相切"是有一个共同点。

墨家认为，两个图形相离的时候，中间有空隙。《经上》说："有间，中也。"《经说上》解释说："谓夹之者也。"《经上》说："间，不及旁也。"《经说上》解释说："谓夹者也，尺前于区而后于端，不夹于端与区内。及，非齐及之及也。"《经上》说："离，间虚也。"《经说上》解释说："虚也者，两木之间，谓其无木者也。"

这是说图形相离。如一座建筑两根立柱间的空隙，可计算。"间，不及旁也"，说明"及"不是"齐及"（相等），而是"包含"。"尺前于区"，相当于欧几里德几何学中的定义"面的界限是线"。"后于端"，相当于欧几里德几何学中的定义"线的界限是点"。面夹于周边之间，线夹于点之间，不能说线夹于点和面之间。

有穷、无穷概念，是近代数学史上的重要概念。《经上》说："穷，或有前不容尺也。"《经说上》解释说："或不容尺有穷，莫不容尺无穷也。""或"："有时"。"尺"：线。"前"：一个区域的最前面。一个空间是有穷的，在度量的时候，前面不能容纳一线，这就是"或不容尺有穷"。一个空间是无穷的，在度量的时候，前面永远可以容纳一线，这就是"莫不容尺无穷也"。

方圆定义。《经上》说："方，柱、隅四权也。"《经说上》举例解释说："矩写交也。""柱"：边。"隅"：角。"方"的定义，是四边、四角相等。"方"是用矩尺做出的四边相等、四角为直角的平面图形。墨家知道"矩"这种工具的性质和作用。工匠没有矩，寸步难行。这个定义既科学，又实用，反映用矩尺做方的生产技术。

《经上》说："圆，一中同长也。"《经说上》解释说："规写交也。"圆有一个中心，从中心到周边有同样长度。"规"是画圆工具，"写"即"画"。用圆规一脚抵住中心，用另外一脚画出圆周的轨迹。

《经上》说："同长，以正相尽也。"《经说上》举例解释说："楗与框之同长也。"《经上》说："中，同长也。"《经说上》解释说："心，自是往相若也。""同长"：比较两个物体同样长度，如门楗和门框有同样长度。"中"是圆心，从圆心到圆周都有同样长度，距离相等。现代科学发达，但画圆仍是如此。

直线和圆。《法仪》载墨子说："直以绳。"墨子在木工的生产实践中总结出画直线的方法。中国木工用墨斗工具画直线的实践，从理论上接近于欧几里德几何学的思想。其一，从每一点到另一点可引一直线；其二，通过不同两点的直线必定存在；其三，通过不同两点的直线至多有一条；其四，推论：任意两个不同的点，确定唯一的通过它们的直线。

《经上》说："直，参也。"《经说上》说："圆无直。""直"：直线。"参"：第三个东西加入两个东西中间。《广雅·释言》："参，三也。"直线是有一点，恰好介于另外两点之间。在一直线上的三点，有一点恰好介于其余两点之间。希尔伯特《几何基础》整理欧几里德几何公理学公理体系的顺序公理：

公理一：设有 A、B、C 三点，若 B 介于 A 和 C 之间，则 A、B、C 是一直线上三个不同的点，并且 B 也介于 C 和 A 之间。

公理二：对于任何不同的 A 和 B 两点，在直线 AB 上至少有一点 C，使得 B 介于 A 和 C 之间。

公理三：在一直线上任何不同的三点中，至多有一点，介于其余两点之间。

希尔伯特公理和《墨经》直线概念的内容相通。《墨经》在分别定义圆和直线后，确认圆和直线关系的定理"圆无直"，即圆周上无直线；一圆周上任何三点，都不在一直线上；没有一圆，能通过同一直线上的三点。《墨经》认为，这条定理可以通过科学方法证明。《经说上》说："有说，过五诺，若

'圆无直'。""说"：论证。"五诺"：论证科学知识的五种问答法。

加倍和还原。《经上》说："倍，为二也。"《经说上》说："二尺与尺但去一。""倍"是乘以2。2尺和1尺之差，是1尺。从2尺中减去1尺，剩余1尺。2尺是1尺的2倍。这是"倍"的定义和还原算法。

《墨经》有许多数学概念，和欧几里德《几何原本》符合。《墨经》是中国数学史上的宝贵文献，其中记述的数学知识，与中国工匠几千年实际运用的生产技术密切结合，变为尽人皆知、耳熟能详的基础性理论。

《墨经》有丰富的物理学知识。对时间和空间、运动和静止等概念，从生活经验出发，运用推理能力和高度想象，进行深刻论证。时间和空间这两个概念，在中国古代很早就形成了，古籍中常"宇宙"二字并举。"宇"：空间概念。"宙"：时间概念。

《经上》说："久，弥异时也。"《经说上》举例解释说："古、今、旦、暮。"《经上》说："宇，弥异所也。"《经说上》举例解释说："东、西、南、北。"这是时间和空间的定义。"久"指时间概念。尸佼《尸子》："天地四方曰宇，古往今来曰宙。"《淮南子·齐俗训》："往古来今谓之宙，四方上下谓之宇。""久"与"宙"古音相通，"久"就是"宙"。

《经上》说："始，当时也。"《经说上》说："时或有久，或无久。始当无久。""始"指开始、开端。所有物体运动变化都有"始"。"始"是物体运动恰当开端之时，是属于无穷小的时间（一刹那）。

《墨经》对于力、重、运动之间的关系，有一定认识。《经上》说："力，形之所以奋也。"《经说上》说："重之谓，下举重，奋也。"这是"力"的定义。"力"是物体运动的原因。"举"是使物体上升，提起重物。

《经上》说："尽，莫不然也。"《经说上》说："俱止、动。"《经上》说："动，或徙也。"《经说上》说："偏徙者，户枢、蛇、蚕。"《经说上》说："无久之不止，若矢过楹。有久之不止，若人过梁。"《经说上》说："蛇、蚓旋圆，去就也。"

关于物理学的范畴，论述"动（运动）、止（静止）、力"等。物体运动的实例，是从实际生活中观察到的。"俱止"：全部静止。"俱动"：全部运动。

门的运动，是绕轴做扇形旋转。蛇、蚕和蚯蚓的运动，是一部分动，一部分不动（偏徙）。《墨经》分析瞬间运动和历时运动。"无久之不止"指瞬间运动，如飞行着的箭，经过一根柱子所占有的时间。"有久之不止"指历时运动，如人经过一座桥梁。

所谓"巧传则求其故"，表明《墨经》科学是代代相传手工业工匠技巧的升华提高和理性概括。《墨经》科学，同现代和西方科学可互相解释。《经上》"力，形之所以奋也"的力学定义，可跟牛顿力学理论挂钩。

墨家认为"力"是物体运动状态变化的原因，人体具有运动能量转移和变化的内在潜质。《墨经》数学，尤其是几何定义，跟欧几里德《几何原本》可互相参证。由以上分析，窥豹一斑，以小见大，可领略《经上》和《经说上》的深湛义理，洞察墨家学者的真知灼见，认知其超越学派和时代局限的普世价值，理解奇书《墨经》的重要理论、历史与现实意义。

四、《经下》、《经说下》

《经下》共83条，用极精练的文字，列举古代逻辑学和科学命题，并用"说在"的格式化字样，标举少量的关键词，点出论证该命题的理由或例证。《经说下》是对《经下》的简略论证，是对《经下》"说在"的字样下所列举的关键词（理由或例证）的简略展开。

"说在"的意思是："论证在于"，或"论证的理由、论据在于"。这"论证的理由、论据"，如果是一般概念，那可以理解演绎三段论论证的中词，把它与欲证的论题（命题），补充为完整的演绎三段论论证方式。这"论证的理由、论据"，如果是个别事例的例证，则与欲证的论题（命题），构成归纳论证的方式。

把《经下》83个条目的内容，逐条分析，其中属自然科学知识16条。在自然科学知识中，属于光学8条，力学、物理学和简单机械学7条，数学1条。属于哲学社会科学知识67条。在哲学社会科学知识中，属于逻辑学41

条（占全部条目近50%），世界观6条，认识论5条，方法论10条，历史观2条，经济学2条，政治学1条。

科学在总结生产技术经验的基础上发展，是人在改造自然的实践活动中取得的对世界系统性、理论性的认识。墨家学派的科学活动，以亲身参加生产实践为基础。墨家的科学知识，有浓厚的实用性。墨家科学活动的出发点是生产和生活。他们在生产和生活中观察自然现象，进行科学实验，论证科学命题，体现为生产服务的实用科学观。

墨家集团接近手工业阶层，从事直接的生产和技术活动。墨子一身兼有经验家、技术家、工匠、大匠师、科学理论家的训练教养和素质品格。他是技术高明的工匠，熟悉各种手工业技术，特别是木工技巧，把行业技术上升为科学理论。

墨子是学者、哲学家、理论家和科学家，既能从实践中获得丰富的科学技术资料，又能对科学技术资料进行系统理论研究。墨家探索自然现象，思考生产实践中的科学问题，体现"摹略万物之然"的科学精神，正确描述事物现象之"然"，穷究其"所以然"，在专注分析世界万物的"然"和"所以然"中，排除主观和迷信因素。考察狭义《墨经》4篇5700余字的内容，通篇专论科学技术，绝无一字一句、一丝一毫诉诸迷信的迹象。

墨家有重要科学成就。《经》和《经说》记载墨家科学思想，如数学、物理学和光学，内容丰富。《墨经》科学知识，以生产和科学实验为根据。其中有自然科学知识的定义、划分和命题论证。

在光学方面，记载小孔成像实验，论述光的直线传播原理，光的反射现象，光源和物影的关系。这些光学知识，在现代投影技术方面仍被广泛应用，放映机、投影仪，都根据这些投影知识设计制造。

《经下》说："非半弗斫则不动，说在端。"《经说下》说："斫半，进前取也。前则中无为半，犹端也。前后取则端中也。斫必半，无与非半，不可斫也。"一根有穷长的棍子，不管从一头往前取半，还是从两头往中间取半，每次取一半，最后不能再取半。这就是"端"，即不可分的点。

《庄子·天下》说："一尺之棰，日取其半，万世不竭。"提出物质无限可分的论点。《庄子》的论点是"不竭"，《墨经》的论点是"竭"，即存在"不能取半"、"不动"的"端"点。物质结构是可分和不可分的结合，是可分的阶段性、有限性和进展性、无穷性的统一。《墨经》"竭"和《庄子》"不竭"两种论点，都各有其局部的真理性，都有所见，有所不见。

《墨经》分析物体运动与时间、空间的关系。时间和空间是物体存在的形式，物体离开运动不可想象。物体在空间（宇）的运动（徙），必然关联到时间（久）的连续。从运动（徙）过程中的时间（久）先后，必然关联到空间（宇）的延长。

《墨经》以人走路为例，论证运动、时间和空间的关系，是统一的、不可分割的。没有物体的运动变化，就没有时间和空间。空间和时间具有的共通性，是"弥异"，就是连续变化的运动性。

墨者从当时的生产、生活实践中，总结杠杆、斜面的力学知识。春秋末期，运用杠杆原理的桔槔简单机械，已在民间应用。桔槔应用于生产和生活，也应用于军事。墨家细述桔槔机的应用和杠杆原理。墨家以杠杆原理，分析桔槔机技术。其构造，是用一直木立于地，另一根横木，用绳交结于直木上。杠杆横木处于平衡状态，在一端加一个重量，这一端必然下垂。假如权和重物相等，杠杆的支点在横杆的中点，这时杠杆会出现平衡状态。

中国古代对杠杆原理的应用，除桔槔机外，又有称衡。桔槔是应用动力学原理的机械，称衡是应用静力学原理的机械。墨家的一大贡献，是有机统一技术和科学，科学是技术的升华，为技术服务。

《墨经》论述滑轮的工作原理。滑轮工具广泛应用于工程建设，可节省劳力。"挈"是提升，"收"是收取，二者用力方向相反。"权"用于起平衡作用。提升重物时，长重的权向下拉引，短轻的重物会向上提举。重物越来越达到顶端，权会越来越达到地面。收是从地面收取上面的重物，权越来越上到顶端，下降的重物越来越达到地面。

桔槔和滑轮是形态上不同的两种工具，二者遵循的原理是相同的，即利用杠杆的力学原理。在应用杠杆原理以外，也应用斜面原理。车梯是前后各有两个轮子的梯子，可以斜放做梯子搬运东西，也可以做车子牵引前行。凡重物上面不拉，下面不引，旁边不推，就垂直下落。物体在斜面上运动，会受到斜面本身的限制。在斜面上流动的物体，不能垂直下落。

放一块石头在平地上，它本身有重量，但由于受地面限制，不会垂直下落。它没有受从旁边来的作用力。用人力牵引绳子，使车梯往前走，就像在水中拉船往前走一样省力。用肩扛重物，支撑、牵引和投射都是斜面运动的例子。墨家从技术中概括科学原理，用以创造发明更多工具。墨家的创造发明，服务于劳动人民的生产和生活，有实际应用价值。

《经下》阐述科学的比较法。《经下》说："异类不比。"认为不同类事物不能比较，论证的理由在于度量标准不同一。木长属于空间，夜长属于是时间，无共同长度可比。智慧是精神财富，粟米是物质财富，无共同数量多少可比。爵位、亲属、操行、物价不同类，无共同价值贵贱可比。麋鹿走于地，仙鹤飞于天，无共同高度可比。"异类不比"的原则，对现代物理学同样适用。

《经下》运用假说和想象。假说是对自然现象尝试性的说明。科学由假说演变而来。墨家曾提出大胆假说，是对公孙龙"发引千钧，势至等也"论点的论证。墨家说，如果头发结构均匀，可悬挂或轻或重的物体，不断裂。头发断裂，是由于它结构不均匀。墨家的设想，在今日得到证明。金属线弹性形变的实验研究证明，金属线所受张力大到一定程度，不会断绝。但较纤细的部分，有伤损裂痕，含杂质的部分会断绝。

墨家科学思想，建立在科学实验的基础上，把假说和想象看做认识的环节、阶段和过程。在认识论上，区别知识、智慧和猜测、想象。《大取》说："智与意异。""智"：知识、智慧，是关于事实和必然性的认识。"意"：猜测、想象，是有或然性、不确定的假说。科学需要假说和想象，假说和想象不等于科学，假说和想象的证实，变为科学。墨家对假说和想象的认识，与现代科学方法论一致，有合理意义。

《墨经》有八条论述光学的条文，从光的直线传播原理出发，论物影的定义和成因，说明影是光照不及所致。论本影和半影现象及其成因，指出在两个光源之下，物体有两个影。用小孔成像实验，说明光的直线传播原理。

论光的反射，经反射后的日光，照到人体，投在地面的人影，必在日与人之间。论物影变化的规律，直立木杆，在光源照射之下，投在地面影子长度大小的变化规律。论平面镜、凹镜、凸镜成像规律，作出接近科学的说明。

《经下》说明光和影的关系，分析影子移徙的物理本质。物体影子本身不迁徙，影子迁徙是由物体与光源位置改变的结果。如果物体不动，光源移动，或者光源不动，物体移动，光照射到的地方，影子就消失。如果光源和物体都静止不动，这影子永久留在那里，而这是不可能的。

墨家论点和名家有一致性。《庄子·天下》载辩者辩论有"飞鸟之影未尝动也"。《列子·仲尼》有公孙龙论点"有影不移"。公孙牟子对公孙龙论题的解释是："影不移者，说在改也。"二者相比较，可见其间的相互影响。

《经下》解释重影现象及其原理，涉及本影和半影。在光学上，两个影子相互重叠的地区，叫做本影，而本影周围构成的影子，叫做半影。墨家解释形成重影的原因，是由于"二光"的存在。两个光源所造成的两个半影，夹着一个本影。

庄子以本影和半影现象表达自己的哲学观点，《齐物论》说"罔两问影"。一个物体，在两个以上光源照射下，形成影子。"影外之微阴"是罔两，两影重叠处较黑的部分是"影"。现代光学分别称"本影"和"半影"，即墨家说的"影"和"重影"。墨家通过实验观察，提出本影和半影的现象和原理，是一大贡献。

《经下》用小孔成像来实验，说明光的直线传播原理。在黑暗小屋朝阳的墙上开一小孔，人对着小孔站在屋外，在阳光照射下，屋里相对的墙上出现一倒立的影子。墨家说明光线的传播，像箭一样，是直线进行的。下面的光线照进暗室，射到墙上边。上面的光线射到下边。光线射进或远或近的屏上的小孔，就在墙上形成倒影。这是墨家的光学实验，结论正确。

墨家研究光的反射现象。人影投在迎向太阳的一面，是因为太阳光经过某一物体（平面反射镜）的反射，转变方向。太阳光被反射后，照在人身上，影子形成在太阳与人之间。墨家用一根木头实验，研究物影的变化。影子形成的大小，决定于物体位置的斜正和光源的远近。木头斜放，影子短而大。

大头正放，影子长而小。光源小于木头，影子大于木头。不仅光源小于木头，还与光源的远近有关。

这是分析在木头摆放的斜或正、光源比木头大或小、光源离木头远或近等不同情况下物影的变化。光学家用"斜正"试验叫"光度"，即光体发光强弱之度，可由标准物的斜正来决定。用"远近"试验叫"照度"，即物体受光浓淡之度，可由标准物的远近来决定。

1976 年在河南安阳小屯妇好墓出土的四面铜镜，是商王武丁之妻的梳妆用铜镜，直径有 12 厘米左右。证明中国在殷商武丁时期（公元前 12 世纪）已经使用铜镜制造技术。出土商周以后的铜镜，大部分是平面镜，也有凸面镜、凹面镜。墨家通过实验，论证了平面镜、凸面镜、凹面镜成像的原理。

《经下》讨论各种球面镜、凹面镜和凸面镜成像的特点和一般规律。人正立在一个球面镜前面，影像的大小、状貌形态、明暗程度、影像的远近、倒和正都跟物体有所区别。假如在镜中成像，镜与像同时存在，物体和像接近或离开镜面的运动也同时发生，而物体和像的运动方向总是相反。物体的容貌在镜中都会有所反映。镜像的容貌多种多样，并且跟原物总有所区别。就磨制不均匀的镜面而言，在同一地方的物体，镜面不同部分，会形成不同的像。

墨家分析说明凹镜成像规律。从凹镜的远处走向镜面，自焦点迎面而来，可以观察到自己小而倒立的像。走过焦点，再向镜面走去，在镜后面可以观察到大而正立的像。《经说》说明"中之内"和"中之外"情况。"中之内"是物体在焦点内的情况。接近焦点时，成像比较大。反之远离焦点时，成像比较小。成像都是正立的。

"中之外"是物体在焦点外的情况。接近焦点时，成像比较大。远离焦点时，成像比较小。成像都是倒立的。这正确说明凹面镜成像的情况。平行光线经凹镜反射后聚焦于焦点，它的成像有以下五种：

a. 物体在球心外，得到倒立实像，是在球心和焦点之间比物体小的像。b. 物体在球心处，得到跟物体一样大、方向相反的实像。c. 物体在球心、焦点间，得到比物体大的倒立实像。d. 物体在焦点不成像。e. 物体在焦点内，得到比物体大的正立虚像。

墨家没有说明物体在球心、焦点以及球心和焦点之间的成像情况。当时除眼睛以外，没有别的观察仪器。在这样实验条件下，得到凹面镜成像的某些规律，难能可贵。墨家分析说明凸面镜成像的实验。"鉴团"指凸面反射镜。物体在凸镜前，无论什么位置，在镜面距离远近，都在镜后构成正立的比物体小的虚像，这是凸面镜成像的规律。

《经说》分析像大小的情况，非常奇妙。凸面镜只得到比物体小的像。但是物体位置不同，像的大小不同。物体接近镜面时像大，物体远离镜面时像小。物体无论在哪儿，成像都是正立的。墨家通过实验观察得到的科学知识，跟现代凸面镜成像理论一致。墨家通过实验，清楚说明光学的某些一般原理，在世界光学史上占有重要地位。

中华民族的伟大复兴，有待于科学技术的繁荣发展。建设现代化的国家，期待科学技术的现代化。科学技术在国民经济各部门的作用，越来越重要。墨家是先秦诸子百家中最重视科学技术的一家，《墨经》的科学成就，是中国传统文化中耀眼的明珠。《墨经》的科学思想，是中国古代科技的典范，是现代科技的有益借鉴。

墨家成员来源于社会下层，多为手工业工匠，由参加生产劳动，取得丰富经验。《墨经》的科学内容，多涉及手工业实践的规律。墨家科学活动的出发点是生产和生活，求故明法是科学知识形成的机理。现代和西方的科学知识，是理解和说明《墨经》科学的工具和钥匙。《墨经》科学是现代和西方的科学知识的萌芽和参照。

《墨经》科学，同现代西方科学可互相解释。墨家通过实验，阐述光学理论，由简单到复杂，从影的分析到像的分析。《墨经》从物体位置和距离的不同，研究物影变化的法则，是原始的观察实验方法。墨家的科学认识活动，有实践性、应用性和经验性，与当时铜镜制作、简单机械使用等生产环节联系，跟提高劳动效率与产品质量的动机有关。

墨家科学认识活动，首先依赖感觉器官。《经下》说："知而不以五路，说在久。""五路"即五种感官通道，是认识事物的基础。墨家不局限于从感官获得知识，进一步要求理性思维。墨家认识到思考的重要性，是求知的重要活动。这跟当今重视科学思维的要求一致。生产和理论结合，感性和理性并重，是墨家科学成就的认识论根源。

墨家科学活动的目的是为人民服务，这跟现代科学的目的论一致。这种功利主义的价值观，有其合理意义。墨家发明的动机，是服务于劳动人民的生产和生活需要。科学的目的，是增进百姓福利。

墨家是中国两千多年前从事科学活动的学派，创始人墨子是东方的亚里士多德。亚里士多德在西方科学界享有很高声誉，他研究科学的方法被后人遵循和改进。文艺复兴后，西方科学一日千里，中国有识之士把目光投向西方，以求强国富民。西方的科学思维方法，被系统引进。墨子在两千多年前从事科学活动，不逊于亚里士多德，在科学发达的现代社会大有用武之地。

墨家的科学活动体现系统完整的科学观，其科学思维方法有启发意义。墨家认为，科学的真正价值在于能为人民谋福利，现代科学也如此。今日社会对科学的效益越来越重视，效益背后是它能否使人民生活改善。墨家的科学观揭示科学跟效益功利的联系。

《墨经》的科学成就，已被现代人发展。现代科学的产生和发展，以古代科学成就为基础。《墨经》重视的实验方法，开辟的科学发展方向，在儒学占统治地位时没有继承发展，是人类文明史值得反省的教训。

《经下》和《经说下》内容、精神和框架最重要的特色，是逻辑知识和论证形式。这不仅在于其纯逻辑学的条目，占两篇文本的近半，还在于其全部文字，是"以说出故"论证形式的典范运用。

《经下》的条目结构，是先列出一个比较复杂，需要特别论证的论题，然后用"说在"的字样，加上极少量的关键字，标出论证的理由，在《经说下》解释。"说在"是《经下》论证形式格式化语言，意为"论证的理由在于"。

《经下》每条"说在"字样下所加少量关键字，如果是用一般概念表示的论证理由，则论证展开后的形式是演绎推理。如第 1 条紧接《经上》末尾，总结止式论证说："止，类以行之，说在同。""止，类以行之"，即"止"这种反驳方式，应该按照事物类别进行。这是一个比较复杂，需要特别论证的命题。

"说在同"，即"止"这种反驳方式，之所以应该按照事物类别进行，是因为我所要反驳的，跟对方所要证明的，应该是同一个论题。本条在"说在"字样下所加关键字，只有一个"同"字，是用一般概念表示的论证理由，论证展开的形式是演绎推理。用现代语言整理本条意涵，其演绎推理形式是：所有论证需遵守同一律，止式论证是论证，所以，止式论证需遵守同一律。

本条《经说下》总结止式论证的形式说："彼以此其然也，说是其然也。我以此其不然也，疑是其然也。"即对方从不正确的全称命题大前提出发，用演绎推理，推出个别性的结论，我则用跟对方大前提相反的命题，怀疑对方推出个别性结论的可靠性。

用符号语言改写《经说下》用古汉语对止式论证形式的总结如下：对方推理：∵所有 M 是 P，［而所有 S 是 M］∴所有 S 是 P。我则反驳说：∵并非所有 M 是 P，［而所有 S 是 M］∴所有 S 是 P 可疑。

《经下》每条"说在"字样下所加少量关键字，如果是用具体事实表示的论证例证，论证展开的形式是典型分析式的归纳推理。如第 166 条说，跟一个共同标准相合的东西，都属于一类，这就像跟标准的方形相合的东西都属于方形，论证理由在于分析方形的事例。这是列出论证论题，用一个事实例证，作为论证理由的典型分析式归纳论证。

《经下》第 140 条说："所知而弗能指，说在春也、逃臣、狗犬、遗者。"《经说下》解释说："春也，其死固不可指也。逃臣，不知其处。狗犬，不知其名也。遗者，巧弗能两也。"是列出论证论题，用四个事实例证，作为论证理由的典型分析式归纳论证。

墨子在百家争鸣中，出于论证说服的需要，率先在辩论中总结元语言的语义概念"悖"，表示对方自相矛盾、荒谬和悖理。《墨经》熟练运用"悖"概念和归谬法，反驳百家争鸣中的自相矛盾议论。

《经下》说，假就是不成立。如果这个人这个言论成立，就是有并不虚假的言论，有成立的言论；如果这个人这个言论不成立，认为它恰当，必然不恰当。《墨经》指出论证的关键，是"说在其言"，即"一切言论是虚假的"中"言论"、"虚假"的概念，涉及自身，自我相关。这是对悖论成因的深刻理解，同印度和西方逻辑相通。

玄奘译印度陈那《因明正理门论》论自语相违似宗（自相矛盾的错误论题）的举例，是"一切言皆是妄"，与"言尽悖"论酷似，驳词也与《墨经》相近。亚里士多德《形而上学》，批评克拉底鲁论点"一切命题是假的"："说一切为假的人就使自己也成为虚假的。"（1012b15—20）"从一切断语都是假的这一主张，也会得出，这话本身也不是真的。"（1063b30—34）

古希腊有"说谎者"悖论。克里特岛人爱庇门德说："所有克里特岛人说的话都是谎话。"如果这句话真，由于它是克里特岛人说的话，则这句话本身是谎话，即假。如果这句话假，能推出其矛盾命题"有克里特岛人说的话不是谎话"，不能推出这句话真。这是不典型的语义悖论。《墨经》批评的"言尽悖"论，同爱庇门德的"说谎者"悖论相似。

"说谎者"悖论，后表述为"我说的这句话假"，这是典型的语义悖论：由真推假，由假推真。悖论是矛盾的恒假命题。语义悖论是涉及语言意义、断定和真假概念的悖论。同样，《经下》和《经说下》还有对"非诽"、"学无益"和"知知之否之足用"等另外三个悖论的反驳，都极其精彩，很有现实意义。中印西三大逻辑传统，对逻辑语义悖论有相同思考的事实，是对墨家逻辑学普遍性和中西逻辑学同一性的证明。

有一棵树，活了五十年，第五十一年被砍伐，做成了桌子，可以说这棵树，既活得久，又活得不久，是久与不久的"同异交得"，对立统一。指出现在有如下两种情况：第一种情况是，现在是"是"，将来还是"是"；第二种情况是，现在是"是"，将来变成"不是"。在这两种情况下，现在都是"是"这一点，是相同的，论证的理由在于在这两种情况下，现在都是"是"这一点，没有什么差别。

现在是"是"，将来变成"不是"，但就现在来说，这个"是"仍然是"是"。现在这个"是"，维持其为"是"，已经很久了，于是不再是"是"，而变成"不是"，所以现在这个"是"，又有其"不久"的一面。

现在这个"是"，虽然有其"不久"的一面，但就现在来说，这个"是"，仍有其相对长久的一面。现在这个"是"，不能长久地维持其为"是"，但是又在一定限度内，长久地维持了这个"是"。

所以说：现在这个"是"是长久的；又说：现在这个"是"不是长久的。这两种相反的说法，同样可以成立。《墨经》认为事物既随时间而变化，而在一定的历史阶段，又有其确定性，坚持事物、概念确定性和灵活性的对立统一，是理论思维规律的辩证逻辑概括。

《经下》第 106 条说，人各有所能，也各有所不能。人有所不能，不害其有所能。人有所不能，并不是害处，论证的理由在于，拿人面部器官的作用来打比方：耳能听，不能看，不害其能听；目能看，不能听，不害其能看。

举重运动员不善举针绣花，因为举针绣花不是大力士的职任。握筹善算的数学家不善演讲辩论，因为演讲辩论不是数学智能的专长，就像耳管听，目管看，各有职任专长，不能互相替代一样。

《墨经》科学知识是当时实践经验和应用技术的总结。在先秦诸子中，墨家最重视生产经验、应用技术的理论总结。由手工业工匠上升的墨家学者，有条件把当时的手工业生产经验、应用技术，上升到科学知识。墨家的科学知识，以实践经验为基础，以逻辑论证为手段，是实践性和理论性的统一，是技术经验和科学理论的结合。

墨家学者一身兼具经验家、技术家、工匠和科学理论家的素质与品格。墨子熟悉当时的各种手工业生产技艺，会造车，善造守城器械。墨家注意在生产中观察实验，如小孔成像实验，光学投影实验。墨家从桔槔、辘轳、车梯等简单机械中总结杠杆、斜面原理，设计制造各种器械，减轻劳动，提高效率。

墨家从世代相传的手工技巧中探明缘故，总结规律，提炼数学、力学、光学和简单机械学知识，在科技史上留下光辉一页。从"影不徙，说在改为"到"鉴团影一"等八条，系统讨论几何光学知识。《墨经》对桔槔机的结构和作用原理，有正面的描述总结。

墨家科学精神的要点，是求故明法重理性，求真务实重实证。认为事物之所以如此的原因，与人们之所以知道这原因的途径，与之所以使人知道的方式，不一定相同，如某人生病。在某种情况下他受到伤害，这是他之所以生病的原因。我亲眼看到了他因受伤而生病，这是我之所以知道这原因的途径。我亲口告诉了别人，这是我之所以使人知道的方式。

万物之"然"和"所以然"，即结果和原因，是认知对象。"知之"，是认识的途径、方式、方法。"见"即观察，是一种认识的途径、方式、方法。"所以使人知之"，是思想交流、语言交际的媒介、手段。"告"即告诉，是一种交流、交际的媒介、手段。

《墨经》要求全面认识事物的"然"和"所以然"。知事物之"然"，即确认事实如何，用实然命题形式"P"表达。知事物之"所以然"，即确认原因、本质和规律如何，用必然命题形式"必然 P"表达。把"然"和"所以然"，即前件和后件，用语言表达出来，就构成标志事物因果规律的命题。

《经下》和《经说下》用事实和道理，论证 83 个科学命题。《墨经》的体例，就是"求故明法重理性，求真务实重实证"的模范，始终贯穿求真务实，实事求是的科学精神。实证，就是实际的证明，拿真实的事实来证明。实是事实，证是论证。有论证才成为科学。

《经下》第 158 条说，"意"和知识、智慧相对比，是指臆测、猜测、假说和想象，是或然、可能。"假说"也是认识的形态，但真正的知识，即智慧，是真切确实的认识，跟"假说"这种臆测、猜测和想象，不是一回事。

假如我猜想这房子的柱子是圆柱形的，这只是我的猜想，并没有亲自看见，这就是"意"，不算是知识。但若是我看见了圆柱形的柱子，而反映在脑里，这是不会改变的，所以叫做"智"（知识、智慧）。《经下》第 151 条说，推论要有充分根据，不能仅仅根据过去已经怎样，就推论现在也怎样，把猜测当做确实的知识是错误的。

墨家的科学精神，是贯穿在其自然知识中的观点和方法，是其自然知识的统帅与灵魂。《墨经》的科学知识，已被现代科学知识在新的基准上囊括覆盖，大为超越。但其所包含的科学精神和方法，值得仔细领略，发扬光大。

五、《大取》说粹

本节是解说《大取》篇的精粹、精华。《大取》论述墨家逻辑学和伦理学思想，包含精彩的理论。如规定"故、理、类"推论原理、辩证分析同异关系、权衡利害等。逻辑学思想最重要的，是提出推论原理，要求"辞以故生，以理长，以类行"，即论题有充足理由，用合理方式推出，用同类事例论证。《大取》还提出概念分类的理论。辩证分析同异关系，是辩证逻辑思维方法论。伦理学思想，从新角度论证墨家兼爱理想的整体性、不可分割性，提出"爱众世、寡世相等"，"爱上世、今世、后世相等"，强调普遍爱人利人、爱无差等，批评儒家"爱有差等"、"爱利分离"（"有爱而无利"）的观点。

沈有鼎用科学想象力，评论《大取》"学说比较原始，含义丰富，重形式的趋势较弱，可能是南方之墨者的著作"①。"南方之墨者"，活动于楚国。楚国封君鲁阳文君驻地鲁阳（河南鲁山），是其大本营。

题名《大取》由来，各家认识不同。毕沅说："篇中言'利之中取大'，即《大取》之义也。"这个看法值得重视。《经上》第 85 条说："权者两而无偏。"本篇开头，讲权衡利害轻重，决定弃取。

广义《墨经》，"权"和"取"两个概念范畴，有普遍思维方法论的意义。辩证思维学说和一般逻辑原理，是本篇重要的理论成果。一定意义上，可打比方说，《大取》是墨家的"大逻辑"（辩证逻辑），《小取》是墨家的"小逻辑"（一般逻辑）。

《大取》内容，从现代科学分类系统说，属于逻辑学、方法论和伦理学。从研究专题说，属于逻辑学的概念种类、推论原理和推论事例；方法论的同异之辩；伦理学的权衡利害原则。

第一专题，概念种类（逻辑学）。就逻辑学的概念种类来说，"以形貌命

---

① 沈有鼎：《谈公孙龙》，见《沈有鼎文集》，393 页。

者"和"不可以形貌命者",是对概念一种二分法。"以形貌命者",是以事物的形体状貌来命名的语词概念。其特点是,一定要知道这个事物是什么,才能了解它。

所谓"以形貌命者",是指实体概念,具体概念,如"山"、"丘"、"室"、"庙"等。"不可以形貌命者",即不能够以事物的形体状貌来命名的语词概念,虽然不知道这个事物是什么,也能了解它。这是指抽象概念,属性概念,如"白"、"黑"、"大"、"小"等。

"不可以形貌命"的抽象概念,属性概念,又分两种情况。第一种情况,如"白"、"黑"等,是绝对的性质概念,它反映渗透在物质中的绝对性质。假如一块石头是"白"的,把这块石头打碎,每一小块也都是"白"的。

第二种情况,如"大"、"小"等,是相对的关系概念,它反映物质之间的相对关系。假如一块石头是"大"的,把它打碎了以后,每一小块却不一定都是"大"的。这是因为有使之称为"大"的另一参照物以供比较的缘故。这些关于概念种类的理论,十分精彩。现在看来,还是正确和有用的。

第二专题,推论原理(逻辑学)。就逻辑学的推论原理来说,《大取》有一部分叫"语经"。"语经",孙诒让解释是"言语之常经",即"辞以故生,以理长,以类行"三句话。这是思维表达的基本规律,论证原理的经典性概括。

"辞以故生",即一个论题成立,要有充足理由。建立一个论题,而不明白它所由以成立的充足理由,可能虚妄不实。这相当于逻辑的充足理由律。"辞以理长",即推论形式有效,顺理成章。犹如出行,要明白路线。出行不明白路线,虽有强健身体,也要立刻受困。

"辞以类行",即推论过程符合类的同异关系,这相当于逻辑的同一律和矛盾律。《经下》第1条,紧接《经上》末尾,总结止式论证说:"止,类以行之,说在同。"即"止"这种反驳方式,应该按照事物的类别来进行,遵守同一律和矛盾律。

第三专题,推论事例(逻辑学)。原文第一组:"故浸淫之辞,其类在鼓栗。圣人也为天下也,其类在于追迷。或寿或卒,其利天下也相若,其类在誉名。一日而百万生，爱不加厚，其类在恶害。爱二世有厚薄，而爱二世相若，其类在蛇纹。爱之相若，择而杀其一人，其类在坑下之鼠。小仁与大仁行厚相若，其类在田。凡兴利，除害也，其类在漏壅。厚亲不称行而顾行，其类在江上井。不为己之可学也，其类在猎走。爱人非为誉也，其类在逆旅。爱人之亲，若爱其亲，其类在官唘。兼爱相若，一爱相若，一爱相若，其类在死蛇。"

原文第二组："一曰乃是而然，二曰乃是而不然，三曰迁，四曰强。"

原文第三组："以臧为其亲也而爱之，爱其亲也。以臧为其亲也而利之，非利其亲也。以乐为利其子而为其子欲之，爱其子也。以乐为利其子而为其子求之，非利其子也。"

原文第四组："知是世之有盗也，尽爱是世。知是室之有盗也，不尽恶是室也。知其一人之盗也，不尽恶是二人。虽其一人之盗，苟不知其所在，尽恶其非也。"

原文第五组："昔者之虑也，非今日之虑也。昔者之爱人也，非今之爱人也。爱获之爱人也，生于虑获之利。虑获之利，非虑臧之利也，而爱臧之爱人也，乃爱获之爱人也。昔之知穑，非今日之知穑也。"

原文第六组："爱人不外己，己在所爱之中。己在所爱，爱加于己。伦列之爱己，爱人也。"

原文第七组："友有于秦马，友有于马也。"

原文第八组："爱众世与爱寡世相若，兼爱之又相若。爱上世与爱后世，一若今之世人也。'圣人有爱而无利'，儒者之言也，乃客之言也。天下无人，子墨子之言也犹在。志功为辩。志功不可以相从也。利人也，为其人也；'富人'，非为其人也；有为也以富人，富人也。"

就逻辑学的推论事例来说，所选《大取》八组资料，是墨家逻辑赖以概括的辩论素材，从中可以窥见墨家思想发展的轨迹。其中第一组资料，最引人注目。从思想内容来说，是墨家兼爱思想的继续发展。

其中"爱"字用了十次，"爱人"两次，"兼爱"一次，"仁"两次，"圣人"、"为天下"、"利天下"、"兴利除害"各一次，并提出新的论证，如"兼爱相若，一爱相若，一爱相若，其类在死蛇"，是论证"兼爱"这一关系命题（所有人爱所有人）的不可分割性。

从论证形式来说，第一组推论事例，十三次重复"其类在"的同一论证格式，即先列出一个一般命题，然后用一个同类的典型事例，或一个类似的事例，来加以证明。用一个同类的典型事例来证明，整体构成一个典型分析式的科学归纳推理。

用符号表示，即"所有 M 是 P，其类在 M_1"。其中"所有 M 是 P"，是一个一般命题；"其类在"的含义是："用以论证的典型事例是。""M_1"则是所列举的典型事例。如"凡兴利，除害也，其类在漏壅"，凡兴办对人民有利的事，都包含着革除对人民有害的事，用以论证的典型事例是：兴办水利，需革除堤坝溃漏的水害。

这类似印度逻辑惯用事例："所有人工制造出来的都是非永恒的，如瓶"；"凡有烟处都有火，如厨房。"这种"其类在"的格式，在《经下》被概括为：所有 M 是 P，说在 M_1。如《经下》第 166 条说："一法者之相与也尽类，说在方。"

用一个类似的事例来证明，整体构成一个类比推理。用符号表示，即"所有 M 是 P，其类在 M_1"。其中"所有 M 是 P"，是一个一般命题；"其类在"的含义是"用以论证的类似事例是"。"M_1"则是所列举的类似事例。如"不为己之可学也，其类在猎走"，其中"不为己之可学也"，是待证的一般命题，意即"不为己"的忘我牺牲精神是可以学到的。"其类在猎走"，是举出一个类似的事例，意即"这犹如竞走的技艺是可以学到的一样"。

第二组，"乃是而然"，"乃是而不然"，是概括两类比辞类推的模式，在《小取》被展开为有丰富事例的类推模式。而"迁"和"强"，则指出转移论题和牵强论证的逻辑谬误类型，是属于批判性思维的理论闪光。

第三至五组，从推论形式说，都是属于《小取》"一是一非"比辞类推的模式。从思想内容说，都各有精微奥妙的意蕴内涵，耐人寻味。其中第三组"以臧为其亲也而爱之，爱其亲也；以臧为其亲也而利之，非利其亲也。以乐为利其子而为其子欲之，爱其子也；以乐为利其子而为其子求之，非利其子也”，把爱亲、爱子的感情，与物质利益实事求是地区分开来，是墨家思想从空想到更接近于实际的发展，并保留了墨子“非乐”论辩的余韵，体现了为人父母者担心儿子因沉溺音乐而玩物丧志的忧愁，很有现实感。

第四组，即知道这个世界上有强盗，还是要尽力提倡“兼爱这个世界上所有的人”这一最高理想和目标。但是知道这个房间里有强盗，却不能提倡厌恶这个房间里所有的人。假定这个房间里有两个人，又确知其中有一人是强盗，也不能同时厌恶这两个人。虽然确知其中有一人是强盗，但不知道强盗究竟是这两人中的哪一个，同时厌恶这两个人也是不对的。

这是进一步指出，爱要尽量多，即使知道这个房间里有强盗，也还要“尽爱是世”。但是“恶”（厌恶），却要尽量少，即使知道这个房间里有一人是强盗，也要严格控制只“恶”（厌恶）这一个强盗，而绝对不能把“恶”（厌恶）扩大化，牵累扩及好人，表明墨家力图兼爱众人的人道、人文关怀。

第五组，提倡思虑与时俱进，反映今昔变化，是狭义《墨经》进化论历史发展观的发挥。“昔者之爱人也，非今之爱人也”，寓意“爱人”要持之以恒，推陈出新，不断立新功。“爱获之爱人也，生于虑获之利”，寓意爱女仆人获的情感，根植于考虑获的物质利益。而考虑获的利益，不等于考虑臧的利益，要因人制宜。

“而爱臧之爱人也，乃爱获之爱人也”，寓意“爱人”的普遍性，爱男仆人臧，也要爱女仆人获，不存在性别歧视。“昔之知穑，非今日之知穑也”，是说勤俭节约，要持之以恒，始终不渝。

第六组，从推论形式说，是属于《小取》“是而然”比辞类推的模式。从思想内容说，是回应荀子的批评。荀子说：“凡邪说辟言之离正道而擅作者，无不类于三惑者矣。”所谓“三惑”，即“用名以乱名”、“用实以乱名”和“用名以乱实”三种诡辩。“用名以乱名”的诡辩，用“所为有名”（制名目的）的原则反驳。荀子把“圣人不爱己”作为“惑于用名以乱名”谬误的典型。

“圣人不爱己”，颇似墨子观点。墨子提倡以古代圣人夏禹为榜样，自苦利人，“爱人”而“不爱己”。荀子认为，圣人爱人，圣人也是人，所以圣人爱人包括爱自己。说"爱人不爱己",是把自己这个人,从"人"的普遍概念中排除,即用"不爱己"的概念,把"爱人"的概念搞乱,这不符合制名以辨别同异的原则。《大取》因为荀子的批评,修正了本派祖师墨子的观点,把墨子极端损己利人的片面性,拨正为"爱人包括爱自己"的常人常识观点,回归到普通逻辑。

第七组,即至少有一匹秦马为我的朋友所有,则至少有一匹马为我的朋友所有。这是用"个别寓有一般"这一辩证命题公式,回应公孙龙"白马非马",即"个别排斥一般"这一诡辩命题公式,捍卫常人常识的观点。

第八组,都是关于伦理学的应用逻辑,即对于人口多世代人们的爱,与对于人口少世代人们的爱是相等的,在兼爱他们这一点上是相等的。爱过去世代的人们,与爱未来世代的人们,和爱当今世代的人们,都是一样的。这是墨家对墨子兼爱学说的从新角度出发的再论证,是墨家人道人文思想的新发挥。

说"圣人只给予爱而不考虑利益",把爱利截然两分,这是儒者的言论,是论敌的言论。《论语·子罕》载孔子"罕言利"。《论语·里仁》载孔子说:"君子喻于义,小人喻于利。"《孟子·梁惠王上》说:"何必曰利,亦有仁义而已矣。"

《汉书·董仲舒传》载董仲舒说:"正其谊(义)不谋其利,明其道不计其功。"儒家讲"义利分裂",墨家讲"义利统一",是两家针锋相对的不同观点。墨家讲"义利"的对立统一,是合乎辩证法的合理思维。

说假定在将来的某一天,天下果真没有人了,我们老师墨子的言论,还会作为真理而永远存在着,这表明墨子后学对墨子思想的无比相信和崇拜心理。我们对墨子的思想,采取"取其精华,弃其糟粕"的辩证分析方法与科学态度。

说"志功为辩",即动机和效果应该加以分辨。"志功不可以相从也",即动机和效果不一定恰相一致。并非有什么动机,紧跟着就有什么效果。墨家讲"志功",即动机和效果的对立统一,是合乎辩证法的合理思维。

说利人,就是为人考虑;单纯地从口头上称誉人的"富有",不等于为人考虑；采取实际措施，以便使人富有，才是真正的富人之举。这是"一是一非"的比辞推论模式。其中说"有为也以富人"，即采取实际措施，以便使人富有，有积极的现实意义。

第四专题，同异之辩（方法论）。原文："重同，俱同，连同，同类之同，同名之同，丘同，附同，是之同，然之同，同根之同。有非之异，有不然之异。有其异也，为其同也。为其同也异。小圆之圆与大圆之圆同。不至尺之'不至'也，与不至钟之'不至'异。其'不至'同者，远近之谓也。长人之与短人也同，其貌同者也，故同。指之人也与首之人也异，人之体非一貌者也，故异。将剑与挺剑异，'剑'以形貌命者也，其形不一，故异。杨木之木与桃木之木也同。"

就方法论的同异之辩来说，两个名称指一个实体，叫"重同"。不同的人共同处于一个房间，叫"俱同"（合同）。不同部分在同一个整体之内互相联系，叫"连同"（体同）。不同事物在某一方面有共同性质，叫"同类之同"（类同）。不同事物使用同一名称，叫"同名之同"。不同事物共处同一区域，叫"丘同"。不同事物附属于同一整体，叫"附同"。

不同论点都符合实际（是真理），叫"是之同"。不同语句都说事物"是如此"，叫"然之同"。不同支脉有同一根源，叫"同根之同"。不符合实际（是错误）的不同论点，叫"非之异"。说事物"不是如此"的不同语句，叫"不然之异"。

小圆的圆与大圆的圆都同样是圆。不够一尺与不够一钟（容量单位）不同，因为一关远近，一关容量。但是不够一尺与不够一丈有相同一面，因为都是关于远近的。高个子的人与矮个子的人，在都作为人这一点上是相同的，这是由于他们的状貌性质相同，因此才相同。

以指头为代表的人与以头部为代表的人，在用来作代表的部位上是不同的，这是由于人的身体有不同的部位，因此才不同。用于体现将军威仪的大剑与战士用来刺杀的小剑，是不同的，这是由于剑是以形体状貌来命名的，它们的形体状貌不一样，因此才不同。杨木的木头与桃木的木头，在都作为木头这一点上是相同的。

同异之辩，是有关辩证法世界观和方法论的重要课题，各家各派都卷入争论，墨家仔细研究事物同异的各种表现，是准备用来参与争鸣的辩论素材。其中特别值得关注的精彩语句是："有其异也，为其同也；为其同也异。"这是讨论"异"这一概念，对"同"这一概念的依赖性。意即事物有其不同的一面，恰恰是因为有其相同的一面；这是在有相同一面基础上的不同一面。

世界上的事物千差万别，这是"异"；但这千差万别的事物，说到底都统一于"物质"，是同一物质的分化和不同表现；"异"为"同"所决定和制约，这跟《庄子·天下》所列惠施"万物毕同毕异"命题的意涵一致。

第五专题，利害权衡原则（伦理学）。原文："于所体之中而权轻重之谓权。权非为是也，亦非为非也。权，正也。断指以存腕，利之中取大，害之中取小也。害之中取小也，非取害也，取利也。其所取者，人之所执也。遇盗人，而断指以免身，利也。其遇盗人，害也。利之中取大，非不得已也；害之中取小，不得已也。于所未有而取焉，是利之中取大也；于所既有而弃焉，是害之中取小也。"

就伦理学的权衡利害原则来说，在所亲身经历的事情中，权衡利害的轻重大小，叫做"权"。"权"，即权衡。"权"不等于"是"，也不等于"非"。"权"是提供一个衡量利害大小即是非的标准。

在不得已的情况下，宁肯断掉一个指头，也要争取保存手腕。在利中是取大的，在害中是取小的。所谓"害中取小"，在一定意义上可以说不是"取害"，而是"取利"。这里所谓"取"，是指人所把握采取。遇到强盗，被迫断掉一个指头以保住生命，就保住生命这一点来说是利，就遇到强盗被迫断掉一个指头来说是害。

在利中取大的，不是被迫不得已的，而是自己主动从容争取的。在害中取小的，是被迫不得已的。在利中取大的，是在尚未存在的事情中，去争取实现某一种。在害中取小的，是在已经存在的事情中，被迫舍弃某一种。

这段话，突出体现墨家理论的长处，是从实践中总结概括正确的思维方法。这段话中理论思维的闪光，是从亲身经历的事情中，概括"利之中取大"和"害之中取小"的实践哲学原则，包含概念对立转化的辩证思维原则。

图书在版编目（CIP）数据

中国逻辑学十讲/孙中原著. —北京：中国人民大学出版社，2014.4
（人文大讲堂）
ISBN 978-7-300-19213-0

Ⅰ.①中… Ⅱ.①孙… Ⅲ.①逻辑学-研究-中国 Ⅳ.①B81

中国版本图书馆 CIP 数据核字（2014）第 076035 号

人文大讲堂
中国逻辑学十讲
孙中原　著
Zhongguo Luojixue Shijiang

出版发行	中国人民大学出版社			
社　　址	北京中关村大街 31 号		**邮政编码**	100080
电　　话	010 - 62511242（总编室）		010 - 62511770（质管部）	
	010 - 82501766（邮购部）		010 - 62514148（门市部）	
	010 - 62515195（发行公司）		010 - 62515275（盗版举报）	
网　　址	http://www.crup.com.cn			
	http://www.ttrnet.com（人大教研网）			
经　　销	新华书店			
印　　刷	北京东君印刷有限公司			
规　　格	170 mm×210 mm　16 开本		**版　　次**	2014 年 5 月第 1 版
印　　张	23 插页 2		**印　　次**	2014 年 5 月第 1 次印刷
字　　数	337 000		**定　　价**	58.00 元

版权所有　侵权必究　　印装差错　负责调换

"害之中取小也，非取害也，取利也。"即按照害中取小的理论原则和前提，处理两害相权，取其小的实践课题时，"取害"的概念，在整体保存和发展的意义上，就转化为"取利"，得出逻辑结论"非取害也，取利也"，即不是"取害"，而是"取利"。"遇盗人"，谋财害命，是"害"。

假如被迫"断指以免身"，在生命整体保存和发展的意义上，就转化为"利"。墨家从实践中概括权衡利害轻重、利中取大、害中取小的正确原则。《大取》的篇名立意，由此得以引申和确立。这是辩证逻辑理论和应用研究的先驱，极具启发和借鉴意义。①

诗以咏之：

> 墨家谈辩有教程，小取大取加辩经。
> 大取推论有原理，小取纲领简而明。
> 经上概念有定义，经下命题有证明。
> 辩经本是辩论术，中国逻辑树典型！

---

① 参见拙文《〈墨子·大取〉和〈小取〉的逻辑》，载《毕节学院学报》，2011（1）；《〈墨子·经上〉和〈经说上〉的逻辑》，载《毕节学院学报》，2011（2）；《〈墨子·经下〉和〈经说下〉的逻辑》，载《毕节学院学报》，2011（3）；《墨家〈小取〉》，见陈波主编：《逻辑学读本》，51～58页，北京，中国人民大学出版社，2009。